LES DÉLIRES DE L'ORTHOGRAPHE

Du même auteur :

L'orthographe française à l'époque de la Renaissance (Auteurs, Imprimeurs, Ateliers d'imprimerie), 495 p., Genève, Droz, 1968.

Orthographe et Lexicographie, I. *Variantes graphiques, mots latins et grecs, mots étrangers,* Didier, 1971. II. *Les Mots composés,* F.Nathan, 1980 (avec la collaboration de Golfand J., Denux R.)

La Ponctuation, Recherches historiques et actuelles, 2 vol., 272 et 293 p., Paris-Besançon, Publ.CNRS-HESO (Actes de colloque), 1977-1979.

L'orthographe, éd. « Que sais-je ? », Paris, PUF, 1978.

L'orthographe française, Traité théorique et pratique, Paris, F.Nathan (avec la collaboration de C.Gruaz, D.Duprez), 1980

Les listes orthographiques de base du français, les mots les plus fréquents et leurs formes fléchies les plus fréquentes, Paris, F.Nathan (avec la collaboration de F.Jejcic), 1984.

La Phonétisation automatique du français, éd. du CNRS (avec la collaboration de V.Meissonnier et F.Jejcic), 1984.

Pour une Théorie de la langue écrite, Paris, Presses du CNRS, 259 pp (Actes de colloque), 1989.

A paraître

(En collaboration avec Golfand J., Pasques L., Équipe CNRS-HESO), *Dictionnaire historique de l'orthographe française* (RENA), avec lexique général des modifications de l'Académie et des principaux dictionnaires qui l'ont précédé, Introduction générale et analytique, Bibliographie, Index.

La Ponctuation, éd. « Que sais-je ? », PUF.

NINA CATACH

LES DÉLIRES DE L'ORTHOGRAPHE

en forme de dictioNaire

Préface de
Philippe de Saint-Robert

PLON
8, rue Garancière
PARIS

ISBN 2-259-02136-0

Sommaire

Les mots composés en petites capitales dans le texte et suivis de l'astérisque renvoient aux différents articles. Les mots suivis de deux astérisques renvoient au Glossaire. Ceux précédés de l'astérisque sont des formes conjoncturelles.

PRÉFACE

Il y a quelque chose de joyeux et de désespéré dans cette ébauche de dictionnaire satirique de la langue française que nous donne ici Nina Catach. Mais, comme le fait dire Molière dans le sonnet injustement décrié à Philis, on espère encore alors qu'on désespère. Sinon, à quoi bon désespérer ? Il suffirait de se taire.

On sait la passion bizarre, orgueilleuse et un tantinet masochiste des Français pour leur langue dont les aspérités — ou, si l'on préfère, les exigences — fournissent de constants alibis à leur paresse, à leur ennui. On pourrait en effet soutenir que notre orthographe, que notre grammaire ont été inventées pour combattre le penchant naturel du gallican à la paresse et à la prétention. Combattre, ici, c'est en même temps nourrir.

Naturellement, le rapport de l'homme avec sa langue a quelque chose à voir avec l'état social, avec sa constante évolution. On nous dit : laissez vivre la langue française comme elle l'entend, puisque c'est une langue vivante ! Mais la langue française n'entend rien, elle est plutôt là pour faire entendre. L'évolution est un jeu qui, sauf à rencontrer quelques contrariétés, n'intéresserait plus personne. Rien ne va de soi, et Nina Catach le sait bien qui vous dévoile les arcanes de l'entendement par l'étymologie, le recours aux langues anciennes, l'enseignement dont elle déplore la déshérence, et la dégradation du « message » qui, dans le système actuel de la communication, devient sa propre fin aux dépens de la pensée réflexive et même de la simple information.

Le syndrome de la communication n'est pas le moindre de nos maux : l'état de notre langue souffre aujourd'hui davantage de lui que des anomalies de notre orthographe ou de la tyrannie de notre grammaire, mais il joue à cet égard un rôle de révélateur assez vilainement grossissant. Nietzsche disait que tant que l'homme croirait en Dieu, la grammaire aurait un bel avenir. Bien que Dieu soit mort, dit-on, ou parce qu'il passe pour mort, il faut bien que l'idée de Dieu se réfugie quelque part : la grammaire fait alors une ultime digue aux emportements de l'homme qui croit que tout est permis. Nina Catach ajoute : « L'orthographe, en France, c'est l'État. » Bien que l'État ne se porte plus très bien non plus, il faut encore que l'idée qu'il incarne depuis si longtemps se réfugie quelque part — quitte à voir se perpétuer son « action anxiogène » sur nos pauvres enfants, et bien que la « revanche des cancres » soit une aussi grande revendication que la fameuse égalité « par le bas », qu'elle soutient ferme. Rassurons-nous : tous nos clichés se portent à merveille, et vous en avez ici le bréviaire astucieusement commenté. Ils sont même sans cesse surenchéris par la désuétude de leurs supports traditionnels : « Loin que le mot survive à l'idée, disait Jean Paulhan, c'est l'idée qui survit au mot. » Ce qu'on croit être dérive du sens n'est que la navigation, pavillon haut, de nos idées reçues entre les courants du moment.

La vie sociale du langage est faite, elle aussi, de pressions et de résistances à ces pressions. Faut-il modifier ou aménager l'orthographe ? Nina Catach, renvoyant les phonétistes farfelus à leurs chères études, plaide pour des aménagements que justifierait la logique. Mais elle en soulève elle-même les difficultés liées, comme toujours, à l'état social : état social soudainement internationalisé par ce qu'il est convenu d'appeler l'émergence de la francophonie, vaste et incertain rassemblement d'États et de peuples « ayant en commun l'usage du français » et qui se réunissent de temps à autre pour parler de bien des choses. En effet, on voit aussitôt le piège. Alors même qu'on reproche à l'État (français) de bloquer les réformes, on doit constater qu'il n'est nulle réforme qui ne passe par lui, et elle sera alors rejetée par soupçon d'autoritarisme ou d'impérialisme. Cruel dilemme, qu'on a une fois de plus constaté à la manière dont s'est interrompue la louable entreprise qui consistait à féminiser l'appellation des emplois et fonctions : on vit l'État, après avoir entrepris, reculer lamentablement sous la double pression de l'Académie qui cessait soudain de se dire simple « greffier de l'usage » pour se proclamer juge et partie — et de quelques gazettes friandes de sensations et de moqueries. On peut donc aisément imaginer, à la moindre tentative de normalisation orthographique, les clameurs qui nous parviendraient de nos partenaires en francophonie devant un tel acte d'autorité, si nous nous y risquions : les pays de langue espagnole et ceux de langue portugaise connaissent au demeurant le même problème, et chacun sait que l'anglo-américain, à cause de la plasticité qui lui est propre et que nous feignons de lui envier, commence à diverger dangereusement d'un locuteur à l'autre. L'homme fait sans cesse renaître Babel des efforts qu'il s'impose pour le vaincre.

Dans *Eumeswil,* le dernier de ses livres où il montre l'utopie de l'État universel dont il avait en d'autres temps rêvé, Ernst Jünger force à peine le trait lorsqu'il écrit : « Dans un âge de déclin où l'on considérait comme glorieux d'avoir prêté la main à la destruction de son propre peuple, on ne pouvait s'étonner de voir aussi couper les racines du langage, et ceci, plus qu'ailleurs, à Eumeswil. La perte de l'histoire et la désagrégation du langage agissent l'une sur l'autre ; les Euménistes en firent leur tâche. Ils se sentaient appelés, d'une part à défeuiller le langage, de l'autre à porter l'argot au pinacle. C'est ainsi qu'en bas, dans la ville, sous prétexte de faciliter l'usage de la parole, ils dérobèrent au peuple sa langue, et avec elle sa poésie, tout en dressant sur les hauteurs leurs figures de gargouilles. L'agression contre le langage des siècles et la grammaire, contre l'écriture et le signe, fait partie de la simplification entrée dans l'histoire sous le nom de révolution culturelle. Le premier État planétaire projetait son ombre au-devant de lui. » Nous sommes tous des Euménistes conditionnés par l'esprit du temps, dont la consigne est à l'abolition des frontières, et nous feignons d'oublier que nos souverainetés furent et demeurent nos plus sûres libertés, la condition même du langage approprié et de l'échange nécessaire à la vraie vie dont nous savons bien, depuis Rimbaud, qu'elle nécessite un ailleurs.

Cela pose une question. A qui appartient, collectivement ou individuellement, une langue donnée — c'est-à-dire, toujours, donnée par l'histoire ? Qui a droit sur cette essentielle monnaie d'échange — éventuellement pour la dévaluer ? Grands traducteurs du temps passé qui ont su faire des emprunts une richesse et non une aliénation, grammairiens normalisateurs avec leurs puristes et leurs laxistes, linguistes à la science d'autant plus impérieuse qu'elle est récente et se diversifie à qui mieux mieux en sociolinguistique, en psycholinguistique, et la suite (il ne manquait plus que les phonétistes) — tant de spécialistes eux aussi saisis par le démon de la communication et pour qui le langage n'est plus qu'un champ d'expérience parmi d'autres, alors qu'il devrait demeurer le champ de toutes les expériences... ? Là encore, nous vivons un phénomène de dépossession, où les spécialistes s'emparent en maîtres d'un domaine dont ils ne devraient être que les humbles serviteurs : les démocraties sont de longue date malades de ce que les petits maîtres aient remplacé les grands. Les hommes d'État, les responsables politiques, auraient sans doute leur rôle à jouer, mais les principes au nom desquels ils sont censés exercer le pouvoir sont à ce point antinomiques avec les pratiques par lesquelles ils l'ont conquis, que l'opinion du moment est devenue leur seule maîtresse aux dépens de l'obligation de veiller à la bonne marche de la République. La *langue de bois* à laquelle ils recourent, et dont ils ont fait une sorte d'exclusivité française, marque assez le mépris où ils tiennent leurs mandants, qui n'est que le reflet du mépris où ils se tiennent eux-mêmes. S'ils s'aimaient davantage, ils feraient de grandes choses.

Mais justement, la crise que connaît notre langue, n'est-elle pas une crise du désir ? « La belle chose que de savoir quelque chose », s'écriait, admiratif, Monsieur Jourdain. Monsieur Jourdain était un homme de désir. Il encourageait un peu la pédanterie, mais son penchant à se cultiver était à tout prendre naturel et vif. Aujourd'hui, occupé à faire du saute-chaîne devant son poste de télévision, Monsieur Jourdain ne désire plus rien et pense, comme le lui a, naguère, fait croire un Premier ministre fier de n'utiliser que deux cents mots, que l'informatique est le « langage de demain ». C'est le décret de clôture de la culture, prononcé par des technocrates qui veulent en quelque sorte être les derniers à en savoir un peu plus que les autres : le prolongement de la scolarité jusqu'à seize ans s'est accompagné de l'exclusion du latin, langue source : « On n'allait quand même pas payer à tout le monde ce qui était dû à quelques-uns », commente ici Nina Catach. En réalité, ce qu'elle constate est ceci : la démocratie dégénérée en démagogie est le pire des élitismes.

Je soulève enfin avec elle deux points importants. La querelle des emprunts est d'une infinie mauvaise foi. Si les emprunts sont naturels à une langue qui vit, ils créent des liens et des dettes. Les liens favorisent les échanges, les dettes, les dépendances. D'où la nécessité d'une politique linguistique, qui aurait pour devise ce cri du cœur de Nina Catach : « Laissez vivre les bébés mots ! » Là encore, on constate la carence de l'État, qui décrète une politique terminologique qu'ensuite il n'applique pas, de crainte d'indisposer quelques communicateurs qui prennent leurs licences pour des libertés.

Deuxième point, Nina Catach dit ici que « le déchiffrement des écritures anciennes est une des seules voies d'accès à l'histoire de l'humanité ». On ne peut mieux exprimer cette évidence : un peuple qui renonce à sa langue est un peuple qui renonce à son histoire, qui en quelque sorte décide de n'en plus avoir. Il ne faut pas s'y tromper : vont dans le sens de ce renoncement, parce qu'égarant ou pervertissant l'attention, les caprices de la vieille dame du quai Conti, les fantaisies pédagogiques de l'Éducation nationale, les dictées et autres jeux ridicules qui accréditent l'idée que notre langue est la plus difficile du monde, la débilité des discours politiques étonnamment ressemblants d'un bord à l'autre, le jargon pseudo-scientifique de la technocratie triomphante, bref tout ce qui est usurpation des connaissances par un demi-savoir qui se hausse.

D'où le silence des poètes, l'atonie des écrivains, la crise d'amour de la langue. Et chacun de constater, de déplorer, de ne rien faire. Pis : d'empêcher surtout les autres de faire, de réveiller ; la médiocrité ne peut prospérer qu'en l'absence des rivalités que lui susciteraient immanquablement la sensibilité et l'exigence des derniers amoureux de la grandeur de dire, d'écrire, d'exprimer avec bonheur ce que penser veut être. On sait que la grandeur n'a pas bonne presse dans le monde où nous sommes. Parfois cinglant, Bernanos disait qu'elle n'a jamais rassuré les imbéciles. Même ou plus encore lorsqu'elle est humble, tout intérieure, la grandeur dérange, elle inquiète parce qu'elle conduit les signes au mot juste et les mots au sens fort. Or la grandeur, comme le disait Camus avec sa mesure, ce n'est pas d'être grand, c'est seulement vouloir l'être, et les mots forcent alors la parole, et la renforcent. La grammaire, l'orthographe, instruments du grand œuvre de notre esprit, changement du plomb en or, alchimie controversée des impérieuses métamorphoses de l'intelligence : idées reçues, idées déçues, montre ici Nina Catach avec un solide (a)plomb en nous montrant les pépites d'or qui demeurent aux gisements qui sont en nous. Si la plus haute autorité de l'État a pu dire qu'un peuple qui perd ses mots n'est plus entendu de personne, rappelant ainsi un court moment l'État au service de sa vérité, avec quelle joie n'entendrons-nous pas un peuple qui les retrouverait ? En 1985, j'avais créé à cette fin une académie des enfants, qui eut beaucoup de bébés-mots. Je reconnais que j'avais été quelque peu outrecuidant. Les grandes personnes qui vinrent après moi y mirent bon ordre. Mais même sans académie, les jeux de mots ne sont pas interdits : ce que nous rappelle ici Nina Catach. Qu'elle en soit remerciée.

Philippe de SAINT-ROBERT

INTRODUCTION

Vous ne m'avez pas crue,
eh bien vous m'aurez cuite.
Jeanne d'Arc.

Ceci n'est pas un véritable dictionnaire ou dictionaire. Plutôt une collection de billets d'humeur, un dictionnaire subjectif, en somme.

Et pourquoi pas ? Ne dit-on pas tout et n'importe quoi au sujet de l'orthographe ? L'un dit ceci, l'autre le contraire. C'est le seul domaine où tout le monde est compétent, où la mémoire se fait substance, où ce qu'a dit l'instituteur prend poids de catéchisme, que dis-je, de morale, de vérités existentielles.

Ce n'est pas une science, contrairement à ce que la formation du mot peut laisser croire. Ce n'est même pas un domaine, une discipline. Quoi donc alors ? Comment le ressentent les utilisateurs ? Ils n'ont jamais réfléchi à cela, tout simplement.

Rappelez-vous : « Je ne veux pas qu'on m'abîme mes mots », disait Colette. « Gaspillage de temps et d'énergie », dit un instituteur. « Des bourdes étonnantes », disent les jurys d'agrégation. « L'orthographe est le commencement de la littérature », disait Sainte-Beuve. « Mémoire de l'absurde... nous apprenons l'illogisme à nos enfants... cessons de la considérer comme tabou : elle n'est que la servante du langage et non pas sa maîtresse... », dit Hervé Bazin. « J'avais l'instinct de l'orthographe française et, aussi loin que je me souvienne, j'ai écrit sans faute, dit un autre. Je ne sais quel atavisme, lorsque j'avais huit ans, ajoute-t-il, m'empêchait de me tromper sur des mots difficiles comme *abbaye* ou *chanfrein*... » « L'orthographe légalisée empêche le scripteur de jouir de l'écriture », rétorque Roland Barthes.

Tout récemment encore, citons simplement la dernière « petite phrase » assassine, sortie de la bouche de notre collègue Claude Hagège : « La réforme ? techniquement souhaitable, socialement impensable... » Que penser de cette petite phrase ? Et qui croire ?

« Mesures d'urgence », concédait René Haby, ministre de l'Éducation nationale. « Corriger les plus choquantes anomalies », approuvait de son côté Jean Mistler, Secrétaire perpétuel de l'Académie française. Et il annonçait en 1976 « un certain nombre de recommandations que l'opinion (?) a bien voulu considérer comme des décisions... ».

Mais procédons par ordre. De quoi, d'abord, parlons-nous ?

I

A l'origine, le mot « orthographie » désignait, et désigne toujours en architecture, l'application, la projection sur la feuille ou le support, du modèle orthogonal strict des normes de construction. C'était ce que l'on appelait le « dessein », dans les deux sens que ce mot avait à l'époque, figure et projet. D'où l'emploi du même mot « orthographe » en matière de langue, légèrement modifié pour se distinguer de l'autre.

Comme on le voit, c'est un mot porteur : il s'agissait de s'en référer, sans en changer un iota, à un modèle traditionnel, fixé une fois pour toutes, latin évidemment. Ce modèle était celui des Saintes Écritures, que l'on ne connaissait qu'à travers le latin. Depuis le fond des temps, cette conception enfouie en nous-mêmes est là, plus forte que la raison. Quelque chose nous domine, nous précède, existe de toute éternité, comme les noumènes de Kant ou le fond de la caverne de Platon. Bien sûr, on a essayé de camoufler ces vérités secrètes en disant que l'écrit était le reflet de l'oral. Fausse perruque : il fallait exprimer, sans la dire, la loi d'interdiction absolue et philologique de toucher au modèle latin, lui-même indissociable de toute la tradition sacrée et civile de nos sociétés. Notre orthographe est notre histoire, c'est l'histoire d'un peuple bilingue, fils aîné de l'Église. C'est le Nombre d'or. Laïcisons notre écriture, faisons-la descendre du ciel sur la terre, et tout ira mieux.

J'exagère ? Lisez, il n'y a que quelques années de cela, les Textes du Grand Timonier (*Système graphique du français,* 1967). « Forme immanente de la langue », « logique immanente », « réalité profonde », etc. (pp. 92, 178, 363, 382...). Et n'est-ce pas une vue semblable qui nous guide à chaque pas, qui fait que nous nous conformons à un modèle inscrit quelque part, dans les Tables de la Loi, qu'il faut copier sans se lasser, non pas pour mieux le comprendre mais pour le mémoriser dans son intégralité de recette magique ou de talisman ? L'écriture, telle que la conçoivent nos lettrés, n'est d'une certaine façon qu'un art, qui consiste à graver, tracer, peindre, décorer, sculpter, comme d'ailleurs il en a toujours été, des hiéroglyphes aux versets du Coran, des enjolivures gothiques au lettrisme. Tout cela est bien plus architectural que linguistique.

Donc, je peux dire ce que je pense, et je le revendique. Cela dit, ce ne sera pas non plus un livre pourvoyeur de conseils, de formules, de recettes, de « règles » ou de leçons, ni de leçons de morale non plus, naturellement. Ce n'est pas un dictionnaire où vous allez apprendre l'orthographe. Pas désapprendre non plus, mais, je l'espère, comprendre autrement. En tout cas, tout plutôt que la sinistrose qui règne en ces tristes parages, et qui nous donne le bourdon. Que diable ! Qu'y a-t-il de triste là-dedans ? Prenons le temps d'en rire, il y a de quoi.

Comme vous le verrez, mon livre se veut à la fois philographique, phylographique et, n'hésitons pas, phyllographique. Il y a, j'en suis consciente, de l'outrecuidance à rappeler ainsi le Dictionnaire philosophique de Voltaire. Prenez-le de ma part comme un hommage que je lui rends. Mais ma hardiesse va encore au-delà.

Être philographe, c'est le contraire de la manière d'être des « orthographes », et donc des philologues, bien que je n'aie rien contre ces derniers. C'est rejeter tout psittacisme en matière de glose des « Anciens-scavants-qui-en-scavoient-plus-que-nous », phrase qui constituait le Pater Noster de Robert Estienne au XVIe siècle. C'est comprendre « l'amour de l'écrit » comme une adhésion pleine et entière et toujours renouvelée à notre écriture. Tout comme Rousseau, je ne rejette pas le contrat social, au contraire. Je le comprends non comme une contrainte, mais comme une liberté personnelle discutée avant de devenir nécessité.

Être phylographe, ou prophylographe, c'est vouloir la santé pour les autres comme on la veut pour soi-même. La graphie prophylographique peut se comprendre à la fois comme « graphie apte à la prévention et à la protection de l'espèce », et comme « étude de la protection de l'espèce contre la graphie », car, on le sait, mieux vaut prévenir que guérir.

Être phyllographe, enfin, c'est la ceinture noire de l'orthographe. *Phyllo-,* on le sait, c'est la feuille, la chlorophylle, la joie du dehors, l'imprégnation et l'épanouissement complet de l'individu qui a oublié qu'il est bien instruit comme on oublie qu'on joue ou qu'on est bien portant. Aimer, analyser, dominer les choses, en faire de la joie et sa substantifique moelle... n'est-ce pas ainsi qu'est formulée la sagesse pédagogique des peuples ?

Qu'il soit bien clair que ce n'est pas l'instrument de l'écriture (un vrai stradivarius) que je mets en cause en écrivant ce livre. Je l'aime plus que vous, et, chose étrange, plus je le connais, plus je l'aime. Mais que diriez-vous d'un professeur de violon qui taperait avec sur la tête des petits Mozart, comme nous le faisons avec nos chères têtes blondes, héritiers d'une tradition millénaire ?

La philographie, c'est concevoir l'écriture comme l'égale de l'homme, je veux dire de la langue orale. Ni dessus ni dessous, à côté, en couple. Le geste, la parole et le graphisme dépendent tous trois d'un seul et même moteur d'inférence, le cerveau humain, égal pour tous, comme la main, la face et l'œil de l'homme préhistorique. La massue, le silex, la roue et la ficelle ne sont rien à côté de la métaphysique, la philosophie ou la mathématique, avec implication semblable de l'écrit et de l'oral, soudés au niveau de la *verbalisation,* qui est le langage pour soi.

Certes, l'homme peut vivre sans écriture. L'écrit est artificiel. Et alors ? La mathématique aussi. Les chiffres, on peut partager. Ils sont universels, et l'on pourra sans doute aussi les partager avec d'autres planètes. Langage commun, reproductible, clair, alors que la langue apparaît comme une ville avec ses vieux quartiers et ses impasses, ses caprices, ses rires, ses larmes, ses souvenirs. C'est compliqué, mais ce n'est peut-être pas aussi compliqué qu'on le dit...

Des millions de Français s'intéressent à l'orthographe, et je m'en réjouis. Mais comment répond-on à cet immense besoin, à cette immense confiance ? On n'y répond pas, et c'est honteux. On les traite comme des mioches : « Obéis et tu auras la paix. » Je leur dirai plutôt : « Gère ta pensée et ta langue comme tes muscles et tu réussiras. »

Philographie, phylographie, phyllographie, quoi de plus évocateur que ces jeux graphiques porteurs de sens, d'une délectation sans égale pour celui qui sait ? Peu savent, et ils veulent le garder pour eux...

II

En janvier 1976, date mémorable, *le Monde de l'éducation* faisait donc paraître pour la première fois depuis fort longtemps un dossier sur l'orthographe, comprenant à la fois un article de Jacques Cellard (intitulé « Un monument de la pensée bourgeoise »), un autre d'Hélène Huot (« Les illusions de la dictée »), une page du ministre de l'Éducation René Haby (annonçant les « Mesures d'urgence »), une autre de Jean Mistler, Secrétaire perpétuel, présentant certaines réformes décidées par l'Académie française (« Corriger les plus choquantes anomalies »), ainsi que diverses opinions d'écrivains, d'enseignants, de correcteurs de jurys d'examens, etc. C'est de là également que sont tirées les citations ci-dessus. Qu'était-il donc arrivé à notre pays ?

Étant donné que rien de plus significatif n'a été publié depuis, sur un problème présent dans les esprits, mais curieusement caché dans les faits, j'ai opté de partir en premier lieu de ces documents, pour analyser la situation présente. Le cas échéant, j'y ajouterai d'autres textes, particulièrement éclairants, dans un sens ou dans un autre.

Si l'on voulait brosser un tableau (simplifié) du fond de la pensée des Français sur l'orthographe, il faudrait d'abord jouer au jeu des analogies : l'orthographe, ça vous fait penser à quoi ? Orthographe veut dire « pédagogie » et « réforme ». « Pédagogie » égale en ce domaine difficultés, fautes, échecs, zéros en dictées. « Réformes » égale « décret de 1835 », immobilisme, mais la plupart du temps aussi, vague désir de parvenir, par petites touches, à restaurer quelque peu un « monument » jugé trop vieux et passablement décrépit.

Mais le fond de l'attitude générale en France, sur ce sujet comme sur quelques autres, en particulier les problèmes de langue, c'est l'apathie, pour ne pas dire l'acceptation aveugle.

Analysant, de façon parallèle, les « idées reçues » (*received views*) de nos voisins d'outre-Manche, le linguiste Geoffrey Sampson, dans un ouvrage récent intitulé *Writing Systems* (1985, p. 194) rappelait ce que tous les Anglais ont plus ou moins appris à l'école (je résume en me tenant au plus près du texte) : si l'on remonte à un passé lointain, leur a-t-on dit, l'anglais avait une orthographe « phonologique », par laquelle les mots étaient écrits comme ils étaient prononcés. Mais la prononciation a changé au cours des siècles, tandis que l'écriture était conservatrice. Ainsi, la façon d'écrire que les Anglais utilisent aujourd'hui est, par essence, une écriture phonologique qui correspondait à un langage parlé qui a disparu depuis longtemps — ce qui fait que, en relation avec le langage parlé contemporain, l'orthographe de l'anglais est tout simplement chaotique. « Et c'est une mauvaise chose, poursuit Sampson. Cela semble être une de ces mauvaises choses qui doivent être endurées parce que l'on ne peut pas faire autrement ; mais, s'il était possible, par un coup de baguette magique, de donner à chaque adulte parlant anglais la compétence d'un nouveau système d'écriture phonologique, et de remplacer les millions de livres et de journaux dans les bibliothèques et les fichiers par des copies écrites dans le nouveau système, alors ce serait un grand bienfait pour les futures générations d'anglophones. La seule perte serait esthétique : beaucoup pensent que l'orthographe traditionnelle de l'anglais a une beauté qui compense quelque peu son manque de rationalité, et qui serait perdue dans un système qui écrirait *conquer* ou *passionate* "konker", "pashunut"... »

Comme on le voit, Sampson décrit fort bien un état qui, à peu de chose près, est celui des Français : « On voudrait bien, mais c'est impossible, et d'ailleurs tant mieux, car on perdrait beaucoup... » Personne ne sait très bien expliquer pourquoi, on convient que c'est parfaitement illogique, comme de tenir à des éléphants de plâtre venus de l'arrière-grand-mère, qui n'ont aucune valeur — mais c'est ainsi. « De toute façon, on n'y peut rien, puisque personne ne fait rien, que l'État et les autorités compétentes sont contre, qu'une loi et l'Académie nous l'interdit — et après tout, c'est tant mieux. Il est vrai que nos enfants souffrent. Mais nous avons aussi souffert, et nous n'en sommes pas morts. Si on faisait des réformes, nous serions coupés d'eux, comme cela s'est passé pour les mathématiques modernes, mais ce serait pis encore. Tandis que là, ils y passent aussi, et ça les rapproche de nous... »

Il faudrait naturellement faire une analyse plus fine, par couches, classes sociales, milieux, etc., par types de problèmes aussi : la position des académiciens n'est pas celle des instituteurs, ni des gens de lettres ou celle des gens du livre. Tout cela est d'ailleurs assez mouvant : l'imprimerie classique est en train de disparaître, et avec elle, sans doute, ce que Mac Luhan a appelé la « Galaxie Gutenberg », c'est-à-dire le règne du livre comme instrument suprême et privilégié de la culture. Les écrivains eux-mêmes reprennent courage devant leur écran, et se mettent à rêver d'innovations graphiques qui étaient devenues impossibles avec l'impérialisme des ateliers...

Cette crise de croissance et cette nouvelle liberté de l'écrit n'ont pas encore produit leurs effets. Mais les jeunes surtout sentent bien que « ce n'est plus pareil ». C'est surtout à eux que je m'adresse, car ils ne sont pas encore aussi marqués que leurs aînés par le poids des préjugés ambiants. Et ils sont, quant à eux, tentés de tout rejeter, non seulement parce qu'on s'y prend mal en leur tenant un langage qui n'est plus de mise, mais aussi parce que, comme on dit, dans les autres domaines, « tout fout le camp ». Il ne se passe pas de jour où des pans entiers d'idées reçues ne s'écroulent devant des lois sociales de réelle importance : abolition de la peine de mort, réformes de la contraception, de l'IVG, du divorce, des droits des femmes, choix des noms de famille, ouverture des prérogatives nationales et des frontières européennes, changements successifs du code électoral, privatisation de l'audiovisuel, etc., sans parler de sujets plus brûlants encore. Tout bouge, et on continuerait à les ennuyer avec la complexité d'un code que personne ne défend sur certains points, dont personne ne sait exactement à quoi sert son extrême sophistication, que personne ne domine vraiment dans son entier ? Au nom de quoi ? Personne, ni les parents, ni les enseignants et éducateurs, n'est capable de le dire, et pourtant les jeunes sentent bien que c'est important pour eux, que leur avenir en dépend.

Et ces contradictions, trop lourdes, et pour lesquelles les adultes ne les aident pas, se traduisent par des attitudes d'inertie, de refus, qui au-delà de la leçon de français atteignent l'ensemble de la scolarité et leur attitude dans la vie. Ils font, comme on dit, une « fixation », au moins pour les plus conscients d'entre eux, car les autres, privés même de la réprobation de leurs familles ou de leurs maîtres, ne voient carrément plus le problème...

Dans ce domaine comme dans beaucoup d'autres, et sans vouloir moi aussi m'attrister et vous attrister outre mesure, nous sommes coupables : coupables de ne pas gérer l'héritage, d'avoir trop accepté nous-mêmes. Crise de l'orthographe ? Non, mais crise de société, crise d'éducation et de culture. L'écriture nationale est un bien imprescriptible de chacun de nous, tout comme la langue nationale. On ne devrait pas laisser gérer ces choses-là par des élites, pas plus que la guerre par les militaires.

Ce que je rassemble ici, ce sont certaines idées à la fois « reçues » et « non reçues ». J'ai pensé, sans vouloir vêtir pompeusement tout cela sous les fanfreluches habituelles, donner par ordre alphabétique la matière brute, avec tout de même (car aucune matière brute n'a jamais conduit à la réflexion), aussi les éléments de chiffres et de connaissances dont nous disposons à l'heure actuelle, et qui sont, comme je l'ai dit, cachés curieusement au grand public. Je prends parti, mais, je l'espère du moins, sans « parti pris » et sans aveugle passion.

Ne nous enfermons pas nous-mêmes, par une sorte de masochisme national, dans un verrouillage gratuit de toutes les portes qui s'ouvrent à nous. L'orthographe, certes, est un domaine qui déborde de toutes parts non seulement vers d'autres terrains que ceux de la langue, mais encore tout bonnement vers celui du rêve et de l'irrationnel. Les leçons de l'histoire, celles des pays qui nous entourent et ont des problèmes assez semblables aux nôtres, sont les plus précieuses à cet égard, et ce sont celles sur lesquelles j'ai le plus insisté.

III

On jugera peut-être que j'ai la dent dure, et que je me gausse ici indifféremment de toutes les parties en présence. Chacun sait que le rire est la meilleure des médecines, si l'on rit tous ensemble. Mais quelques précisions ne sont sans doute pas inutiles avant de commencer, au moins afin de me faire pardonner.

L'enseignement de l'orthographe n'a guère changé depuis Jules Ferry. On reproche le plus souvent à l'école de ne pas avoir su s'adapter, de tourner sur elle-même, d'accepter le jeu infernal de la reproduction des forces de travail dont a besoin la société économique. Mais on ne remet jamais en cause la société elle-même, dont l'école n'est que la vitrine, tout comme la situation de l'orthographe n'est elle-même que la partie la plus visible des problèmes de l'une et de l'autre.

Démographie galopante des années soixante, prolongement de la scolarité obligatoire, dérèglement du travail et de la vie matérielle des gens, dures réalités d'adaptation pour les jeunes, absence de perspectives d'avenir, bouleversements de tous ordres, y compris des mentalités et des habitudes culturelles, sont-ce là des problèmes scolaires ?

Quant à ceux qui ont la responsabilité immédiate de transmettre malgré tout ce fameux savoir, jugé si important et qui reste cependant si mystérieux et si caché, comment sont-il préparés à leur tâche ? Plus de 60 % des maîtres du Premier degré actuellement en exercice enseignent sans avoir vraiment reçu de formation (H. Huot, *Et voilà pourquoi ils ne savent pas lire,* 1985). Sur 123 000 professeurs du Second degré, on ne compte que 4 000 agrégés, encore les enseignants de français n'ont-ils pour la plupart aucune formation de science du langage, puisque ce qu'on leur demande à cet égard dans les concours est plus que dérisoire.

Or, il faut savoir qu'il est vain, comme le demandait encore un ministre récemment, d'exiger absolument de l'école primaire qu'elle fournisse au lycée des élèves parfaitement formés dans les éléments premiers de leur langue maternelle. C'est tout simplement impossible. L'enseignement de l'écrit, en France, exige au moins neuf ans, encore devrait-il être mené autrement qu'il ne l'est. La première tâche est donc non pas de culpabiliser les maîtres, mais de débloquer, avant tout par une formation enseignante adéquate, ce goulet d'étranglement de la 6e où s'enlisent les élèves les plus faibles, dont on ne sait pas qu'ils ont d'immenses possibilités qui ne demandent qu'à être développées, si on leur en laisse le temps.

Car ce qui fait beaucoup de tort à ces enfants-là, à une grande partie d'entre eux, à vrai dire, c'est le rythme que l'on exige d'eux. Cela aussi, on ne le sait pas assez. Un enfant « lent », ce n'est pas un enfant « attardé ». On s'est aperçu qu'en doublant le temps laissé pour accomplir une tâche, non seulement on avait des résultats meilleurs dans cette tâche, mais aussi dans toutes les autres, et un progrès définitif pour la personnalité.

Les plus belles couleurs du « modernisme » dont se parent nos manuels et nos logiciels d'orthographe cachent mal une affligeante indigence, et la fameuse « rénovation », dont on ne parle que pour mieux la noyer, ne sort guère du cercle de quelques maîtres courageux mais impuissants. Plus on avance, plus on recule.

Rappelez-vous l'ébullition des années soixante-dix. Rapport de la commission Rouchette ; *Plan de rénovation,* rapport de la commission P. Emmanuel, *Manifeste de Charbonnières* des enseignants de français, que de textes, de recommandations, d'évidences si aveuglantes qu'elles ne pouvaient pas, semblait-il, ne pas entrer dans les faits par la seule force de leur affirmation !

« Désacraliser la faute », « donner à l'enseignement un caractère fonctionnel et non répressif », « éviter l'accumulation des difficultés », qui « placent l'élève en situation d'échec, puisque les moyens ne lui sont pas fournis pour résoudre les problèmes qu'il rencontre », etc. Mais où sont les textes d'antan ? Rêvons-nous, alors que ces paroles cent fois répétées ont déjà dix-huit ans ?

Que dis-je ? Il y en a de plus anciennes, celles sur la « réforme », ou « normalisation », « émondage », de l'orthographe, comme vous voudrez bien l'appeler. C'est la seule réforme de l'enseignement dont aucun ministre ne parle jamais. Et pourtant, les choses sont plus claires qu'avant, les acquis de ces dernières années prouvent combien étaient justes les intuitions de ceux qui ne voulaient pas « tout chambouler ». Trop de rigueur nuit, et l'on sait où peuvent conduire les cures trop poussées de « lojiqe », dans le domaine de la langue comme dans les autres domaines. Mais, inversement, je vous en prie, assez de sinistrose, assez de couplets sur « la mort du français », « le français condamné à mort », la « crise du français », « la santé chancelante du français », etc. Comme le dit si bien Claude Hagège, « le prétendu péril de la langue française est un mauvais film d'horreur ».

Dans ses grandes lignes, il semble bien que notre système d'écriture soit profondément adapté à notre langue, ce qui n'empêche pas qu'il ait de nombreux défauts, accumulés par pure paresse et indifférence. Cent ans de retard à peine, ce n'est rien par rapport aux Anglais. A force d'étudier le passé, on sait aujourd'hui qu'en France, nous savons faire les réformes, et pas seulement les révolutions. Tiens, au fait, si on profitait de 1989 pour remettre ça ? Une toute petite, pour se faire plaisir ?

IV

Mise en scène des principaux personnages de la comédie :

LE PÈRE : Personnage très grand, très fort, avec une barbe qui pique. Il parle toujours de ses responsabilités de chef de famille. Il n'admet pas que l'on fasse des fautes d'orthographe, alors que lui, il en fait. Il dit toujours :

— Moi, à ton âge...

Et quand maman pouffe tout bas : « Vaut mieux ne pas en parler », il rétorque de plus belle :

— Raison de plus ! Je ne me tue pas au travail pour que mon fils soit aussi bête que moi.

LA MÈRE : Personnage qui aime son enfant par-dessus tout, au besoin contre tout le monde, le diable, son train et même le père. Ainsi, quand la maîtresse lui dit que sa fille est une demeurée, incapable de faire sans fautes une dictée de deux lignes, elle rentre à la maison, la rage au cœur, les larmes aux yeux, en criant qu'on veut tuer les enfants, qu'on leur demande trop, qu'on paye des incapables qui feraient mieux de regarder dans leur assiette que dans celle des autres. Puis, toujours en criant, elle attrape un livre et fait faire trois pages de dictée d'un coup à la vilaine petite fille, laquelle semble faire exprès de regarder ailleurs et d'accumuler de plus en plus de fautes. Après quoi, la mère prive tous les enfants de télévision et ils se mettent tous à se chamailler jusqu'à l'heure de Disney Channel, encore faut-il que le père tape du poing sur la table pour obtenir alors un silence souhaité par tous.

MAITRESSE (la mauvaise) : Moi, d'après moi, dit cette maîtresse tout à fait particulière (mais que je n'ai pas inventée), un enfant qui n'a pas d'orthographe est un malade. Je ne peux pas éternellement perdre mon temps avec des élèves qui ont des problèmes, j'en ai trente, ce n'est pas un asile ici. Je m'occupe de ceux qui suivent et c'est tout. Et pourtant, je vous jure, je me donne du mal. Mais il y a des numéros qui, quand je prends cinq bonnes minutes pour dicter les devoirs à faire, arrêtent carrément d'écrire au bout de deux minutes, le nez en l'air, la bouche ouverte, et le reste leur passe par-dessus la tête, ce qui fait qu'ils reviennent le lendemain avec une page blanche. Ou alors, ils écrivent carrément n'importe quoi, des lettres à la file qui n'ont aucun sens, comme des enfants de quatre ans. Est-ce supportable ? Moi, d'après moi, je l'ai dit au Conseil, des enfants comme ça, qui ne suivent pas, ils n'ont pas à encombrer l'école et à faire perdre du temps à tout le monde. C'est la responsabilité des parents. A la limite, on se demande s'ils devraient avoir droit aux allocations et à l'enseignement obligatoire.

LE PROF (du secondaire) : Personnage qui n'a pas fait cinq ans d'études après le bac pour apprendre l'orthographe à des mioches. On a assez de mal avec le programme. D'ailleurs, le ministre l'a dit : lire, écrire, compter, c'est de la responsabilité pleine et entière de l'école primaire.

Si un môme arrive en 6e, dit l'un, en lisant ou en écrivant difficilement un simple poème de Prévert, je m'excuse, mais c'est tout bonnement un signe de débilité. D'ailleurs, dit l'autre, je vais vous dire : je ne suis pas assez payé pour en faire plus. En fait, je n'y connais rien, c'est tout. On ne m'a pas formé pour enseigner n'importe quoi, mais pour enseigner la littérature, ce que je fais, je pense, assez proprement. Ceux qui veulent en profiter en profitent. Les autres bonsoir, à la limite, ce n'est pas mon affaire. Que voulez-vous que j'y fasse, s'ils arrivent déjà chez moi avec un an de retard ?

LE CORRECTEUR (d'imprimerie) : Je souffre, nous confie douloureusement cet ancien correcteur de l'Imprimerie nationale, lorsque je vois un grand journal quotidien, que par pur décence je ne nommerai pas, laisser passer ses « unes », et même ses éditoriaux, en imprimant sans broncher des bourdes qui auraient fait les gorges chaudes des ateliers il y a seulement dix ans. On dirait qu'ils le font exprès, certains même pensent qu'il s'agit là d'une sorte de coquetterie malsaine. Les autres journaux, ce n'est guère mieux, même *le Monde* n'aurait jamais supporté, il y a quelques années, de se laisser voir dans cet état, comme quelqu'un en chemise et non rasé. J'en ai honte pour eux.

Il n'y a pas de miracle. L'orthographe, ça ne s'invente pas, c'est un métier. Si vous pensez que les journalistes, les écrivains, les hommes politiques ont une orthographe naturelle, vous vous mettez le doigt dans l'œil. C'est nous qui étions là, depuis toujours, pour nettoyer tout cela. Or, aujourd'hui, non seulement les journaux, mais les livres passent directement de machine en machine, comme dans *les Temps modernes,* de la première frappe à la saisie définitive, pratiquement sans que personne ne puisse jeter le moindre regard humain dans les étapes intermédiaires. On fait confiance aux robots, soit. Bientôt, ce sont eux qui vont écrire les livres. Cela reviendra moins cher. Pendant ce temps, moi, je suis au chômage, c'est encore une époque qui meurt.

L'ÉCRIVAIN : En tant qu'employé aux écritures, il se considère comme leur propriétaire passé, présent et à venir, *in saecula saeculorum.* Il est vrai que ce n'est pas tant comme écrivain que comme « élite », car en France il est convenu qu'il faut être bardé de diplômes pour toucher le public. En fait, c'est l'inverse, voyez les plus grands écrivains américains, du Nord ou du Sud, qui ont roulé leur bosse un peu partout et savent, eux, de quoi ils parlent. Vous connaissez votre orthographe, messieurs les écrivains, mais vous n'avez plus le temps de faire le reste.

LA SECRÉTAIRE : C'est le personnage le plus important de la comédie, comme a toujours été le scribe. Mais son importance réelle est cachée, ce qui sied à la modestie des femmes. Si elle pouvait parler, elle aurait bien des choses à dire sur la façon d'écrire de ses chefs, et même sur le grand chef. Mais quand elle ouvre la bouche, ils font comme le père de famille :

— Voyons, ma petite Lulu, si vous êtes là, c'est bien pour quelque chose !

Sa responsabilité ne cesse de grandir : de plus en plus de travail, de plus en plus vite, puisque « c'est l'ordinateur qui travaille ». Allez-y voir ! Il ne fait rien sans elle, et surtout il corrige une fois sur deux, ce qui ne fait pas le compte. Pour une erreur sur *opacification* (un ou deux *p ?* un ou deux *f ?* un *c* ou deux *s ?*), il vous propose *opacité, opacimétrie, oosphère, oothèque, opale, articulation,* n'importe quoi, et après il n'y a plus qu'à aller chercher le dictionnaire quand même.

LE PATRON : Ce que pense le patron (et lui, contrairement à sa partenaire, il ne se gêne pas pour le dire), c'est qu'il n'y a plus de bonne secrétaire. Même les ingénieurs, il est plus prudent de leur demander de répondre aux offres d'emploi par lettre manuscrite, afin que l'on puisse juger non seulement de leur caractère (la graphologie, c'est une science, même si elle n'est pas exacte), mais de leur orthographe. Et vous n'imaginez pas ce qu'on découvre, ou plutôt, ce que la secrétaire, qui malgré tout a quelques qualités, découvre.

Le rêve du patron, c'est de pouvoir se tourner vers la gauche de son bureau, appuyer sur un bouton et entendre une voix douce (synthétique, mais douce) dire : « Oui, boss, je suis prête » ; puis, de dicter ses lettres directement à un micro-ordinateur intelligent (on devrait dire : *une* micro-ordinateur), capable de comprendre ce qu'il dit, de taper automatiquement la lettre et de l'expédier à l'adresse indiquée. Ce qui ne l'empêcherait pas de se tourner ensuite vers la droite et de parler à loisir avec sa petite Lulu. On n'est pas des bêtes, tout de même.

LE LYCÉEN : Personnage qui est persuadé qu'on fait exprès de l'assommer avec des choses qui n'ont aucune espèce d'importance, comme de faire une visite à sa tante, ne pas répondre aux profs ou accorder les participes passés. Tout ça, dit-il, c'est bidon et compagnie. Si on insiste, en lui suggérant que l'orthographe, quand on la connaît, c'est utile pour trouver un emploi, mais que lorsqu'on ne la connaît pas, elle vous marque au visage comme une infirmité infamante, il répond tranquillement :

— Bon, je vois ce que c'est. Je vais vous faire un algorithme qui vous redressera vos textes au fur et à mesure, et on n'en parlera plus.

(Pour L'ÉCOLIER, un certain type d'écolier, heureusement assez rare, cf. ANXIOGÈNE*, pression, et aussi ÉCHEC* scolaire au CP, Jérôme et Jérôme).

LE MINISTRE : — Certes, admet-il, j'ai dit en arrivant que je ne ferais pas de réforme. Il ne s'agit pour moi de remettre en cause ni le remarquable travail de Christian Fouchet, ni celui, admirable, d'Edgar Faure, ni celui de Joseph Fontanet, de René Haby, encore moins de Chevènement, et je ne parle pas de ce pauvre Savary. Je condamne ce perpétuel tourbillon de changements qui donne l'illusion, mais seulement l'illusion, d'être à la mode. L'enseignement a besoin de continuité autant que de transformation. Une seule chose m'importe : l'égalité des chances.

Or, comme le disait excellemment un de mes prédécesseurs, « l'enseignement de 6e ne correspond pas à la moyenne d'âge mental à onze ans » (René Haby). Là où il avait tort, c'est qu'il voulait que certains attendent d'avoir douze ans, ou même davantage. L'expérience a montré que ces enfants en retard ne rattrapent jamais, pour la bonne raison qu'à quatorze ans on les envoie trop souvent à l'usine, et sans aucun bagage. Il y a là quelque chose d'insupportable. Je veux donc tout simplement rétablir le Certificat d'études primaires. Au moins, tous les enfants de France auront un diplôme. C'est cela, la véritable égalité des chances.

LE DÉPUTÉ : « Vous vous plaignez, Madame, de n'avoir pu trouver de place nulle part pour votre fille, désireuse d'apprendre la sténodactylo. Vous me dites qu'aucun établissement, dans les quatre communes jouxtant la nôtre, n'a voulu ni pu l'accepter. J'ai l'honneur de vous informer qu'en effet, des difficultés techniques et administratives ont contraint l'administration responsable à prendre des mesures de concentration.

« Renseignements pris, un seul établissement semble susceptible de répondre à votre choix et celui de votre fille : il se trouve, il est vrai, dans un autre département, et se déclare saturé. Mais il est possible, à la rentrée, que des vacances puissent survenir, et je vous conseille de prendre alors contact avec le directeur.

« Il y a également une autre solution, ce serait de changer d'orientation, les sections Cuisine et Couture ayant encore, semble-t-il, quelques possibilités. Il faut, si vous me permettez de vous donner un conseil, dire à votre fille d'être raisonnable et de ne pas se décourager.

« Veuillez agréer, Madame... »

LE STATISTICIEN : Personnage qui est payé, non, comme on le croit couramment, pour renseigner les hommes d'État et aider les gouvernements à prendre des décisions (le mot *statisticien* vient de l'italien *statista,* « homme d'État »), mais pour leur permettre de citer des chiffres et d'avoir l'air sérieux.

Ainsi a-t-on entendu de nombreux responsables dénoncer le fait qu'un enfant sur quatre ne pouvait lire couramment en entrant en 6e, ou qu'un enfant sur cinq redoublait le Cours préparatoire. Les statisticiens avaient ajouté, ce qu'on a moins claironné, que ces redoublements étaient fort peu efficaces, puisque les trois quarts des redoublants précoces de cinq-six ans se retrouvaient encore en queue de classement à la fin de leur seconde année.

Il y a malgré tout un domaine où ce genre de statistiques et ces redoublements ont été efficaces : les partisans des « dons » ont, eux, redoublé d'arguments pour que l'on admette enfin après cela la différence naturelle, définitive et incontestable entre les doués (et surdoués, lesquels y ont beaucoup gagné, ces dernières années), et les autres, pour lesquels un programme « allégé » était de toute évidence nécessaire.

LE PSYCHOLOGUE : Personnage qui reconnaît volontiers que parmi les enfants à problèmes (appelés pompeusement et parfois avec un peu de légèreté dyslexiques, quelles que soient les origines de leurs difficultés), se trouvent curieusement beaucoup de garçons perturbateurs, agités, mal dans leur peau, dont on confond volontiers les erreurs de comportement avec les erreurs de performances. Comme on a peur de dire que c'est à cause de leur trop grande énergie en classe (bien dure à supporter) que l'on décide du redoublement, on parle toujours de leurs difficultés en lecture, trébuchet suprême et suprême pensée, pour les pousser gentiment dans les voies de garage. En tout cas, ce n'est pas aux spécialistes du recyclage qu'il faut dire que l'écrit, lecture et écriture, a cessé d'être le pivot de la réussite.

Puis viennent les tests : ceux qui n'ont pas assisté à ce genre de performance ne connaissent rien au jeu de dés. C'est un peu « au pif », comme on dit. Ou vous trouvez la réponse qu'on attend de vous, ou vous ne la trouvez pas. Ce n'est pas comprendre et répondre que l'on vous demande ; c'est être assez astucieux, comme à la télé, pour deviner quelle est la réponse que le questionneur attend de vous et considère comme la « bonne » réponse. Vous connaissez : « Combien de temps met le fût du canon à se refroidir ?... »

L'ACADÉMICIEN : Personnage qui ne se sent pas plus concerné que n'importe qui par le problème de l'orthographe, plutôt moins, et pas plus concerné qu'un ministre par ses propres promesses. De plus, il ne faut pas confondre la position personnelle de tel ou tel académicien (par exemple Émile FAGUET*) avec sa position « en corps », si je puis dire.

« Il faudroit commencer par faire brûler nostre dictionnaire en l'estat où il est, car il donne lieu à une espèce d'idolâtrie qui n'est pas moins dangereuse que celle de la Chine. » Qui a dit cela ? L'abbé d'OLIVET*, en 1727, de loin le plus illustre et le meilleur des académiciens.

Quand à Jean Mistler, ancien Secrétaire perpétuel de l'Académie, il n'a pas craint de s'avancer beaucoup en 1976 en proclamant *urbi et orbi :* « L'Académie s'est attaquée au problème (de l'orthographe)... De ces travaux sont sorties un certain nombre de recommandations que l'opinion a bien voulu considérer comme des décisions (il doit y avoir entre l'opinion et l'Académie des réseaux de communication que la raison ne connaît pas). Elles tendent, sans rompre brutalement en visière avec l'usage, à corriger les plus choquantes anomalies de notre orthographe. » Suivent les décisions prises sur un certain nombre de points, verbes en *-eler/-eter,* accents, tréma, mots étrangers, décisions qui ne sont pas négligeables, même si l'on peut les discuter à certains égards. « D'autres réformes suivront », concluait courageusement Jean Mistler.

Douze ans ont passé, et, après quelques hésitations, apparemment, le « corps » n'a pas suivi la « tête », et rien ne sera fait. *Verba volant...*

LE CANTONNIER : Lettre du cantonnier de la commune à Monsieur le Maire : « Monsieur le Maire, vous avez bien voulu, depuis 1985, me permettre de participer aux Championnats nationaux d'orthographe, et je vous en remercie. Cette année encore, je viens renouveler ma demande, et j'espère encore une fois faire honneur à mes concitoyens, et ramener à la mairie, après avoir réussi à passer la barre des quarts de finale, une Encyclopédie Quillet, comme les années précédentes. Vous savez que l'an dernier c'est le mot *labyrinthiques,* sur lequel j'ai eu deux fautes (car on en compte une par syllabe fausse) qui m'a fait chuter, et surtout le fait que j'ai bêtement oublié *bric-à-brac,* ce qui m'a valu trois fautes et demie. J'ai soixante et trois ans, et c'est la première fois que j'oublie un mot depuis la dictée que j'ai dû faire pour devenir cantonnier, vous vous rappelez, Monsieur le Maire, vous étiez tout jeune alors. C'est même là que j'ai pris le goût de l'orthographe, et de cela aussi, je dois être reconnaissant. Je suis *senior* (et j'ai ainsi appris que l'on écrit *senior* sans accent, alors que *séniorité* en a un). Il ne faut pas confondre *séniorité* et *sénilité,* et je suis certain que cette année je ferai mieux que la dernière fois. Merci encore de votre compréhension. »

L'INFORMATICIEN : Personnage qui connaît mieux que personne, malgré sa familiarité avec les nouveaux médias audiovisuels, la place et le poids de la chose imprimée. Cependant, il est, comme les autres, bien incapable de traiter ces problèmes autrement que par des astuces techniques. « L'ordinateur, dit-il, ne pardonne pas. Ce n'est qu'une courroie de transmission. Si, dans une usine, vous avez à un bout des gens illettrés qui entrent *rata* pour *data* et SIST. pour SYST., vous aurez à l'autre bout un tel embrouillamini que plus personne ne pourra s'y retrouver. Quand on a la prétention de se servir d'un ordinateur, il faut commencer par le respecter et se respecter soi-même, ou alors il ne sera qu'un miroir grossissant de vos défauts et de votre légèreté. La disparition de l'écrit ? Laissez-moi rire. Pour la seule documentation technique d'un centre serveur ou d'une centrale atomique, on parvient déjà au bas mot à 100 000 pages. Entre les seules activités d'enseignement, de formation, d'interprétariat et de traduction assistée par ordinateur, on atteint un marché mondial de documentation de 9 à 27 milliards de francs, sans compter la production toujours en expansion des livres, dictionnaires, encyclopédies et autres mastodontes de l'édition. Oui, l'écrit est toujours là et il le sera encore longtemps. S'en occuper ? S'occuper de la formation ? Oui, il faut s'en occuper... »

V

On retrouvera ici, à l'enterrement de l'orthographe, tous ces Messieurs de la famille. Non seulement les ci-devant écrivains, les premiers concernés, Ronsard, Montaigne, Corneille, Racine, Molière, La Fontaine, Voltaire, Hugo, George Sand, Hervé Bazin... mais les grammairiens, les phonéticiens, les académiciens les plus illustres, les typographes les plus obscurs, les aristocrates les plus ignares, et un peu n'importe qui ; et aussi tous ces thèmes lancinants qui nous reviennent sans cesse à l'esprit et aux lèvres, sans être jamais résolus, et même pas posés. Accents, alphabets, arrêtés, Anglais, emprunts, étymologie, exercices, hiéroglyphes, idéographie, libertés, Mayas, mise en page, phonétique, point-virgule, pollution, préécritures, primaire et secondaire, ravioli, société, troubadours, zéros et le reste.

L'orthographe est morte. Et vive la philographie !

CHAPITRE PREMIER

L'ORTHOGRAPHE OU LE SYNDROME PÉDAGO

A : A majuscule, *a* minuscule ; A *antérieur* [a], A *postérieur* [ɑ], *a nasalisé*[ã] ; A, « en musique, la note *la* » ; *a* en physique, « le nombre de masse atomique, exprimée en gammes » ; *a,* symbole de l'ampère ; *a,* symbole de l'are ; *a,* élément du lat. *ad- (ac-, af-, al-, am-, ar-, as-, at-,* cf. AC*, mots en) ; *a-, an-,* exprime la négation,... « *a* privatif ».

A préposition, écrit *à ; ABC* (abécédaire) ; *ah !,* lat. *a* (h), onomat., *ha !,* « variante désuète de *ah !* » ; (il) *a,* du verbe *avoir.*

Avouez que les Français sont d'une inconséquence qui va jusqu'à l'extravagance : ils ont deux graphies pour *ah ! ha !,* et ne distinguent en tout par l'écriture que trois *a (a, à, ah !)* sur une bonne dizaine.

La préposition *à,* avec accent grave, nous vient des grammaires latines du Moyen Age, ce qui est, disons, normal. Mais je vous ferai remarquer que, pour le verbe, nous aurions dû écrire *ha,* comme l'italien, l'espagnol, etc., ainsi que le faisait notre petit père des peuples Robert ESTIENNE*, ainsi que Jean de TOURNES* et bien d'autres, puisque ce mot vient de *habeo.* De même, on devrait écrire j'*aimerhai,* je *chanterhai,* j'*écrirhai,* je *lirhai...* Nos voisins des langues romanes n'ont pas, pour une fois, raté le coche, et chacun peut s'étonner d'un tel manque à nos usages dans un pays aussi respectueux de sa filiation latine. Il y a de quoi rire, vraiment : *a, ah, ha, à.*

Alfonic : Par une idée relativement proche de celle de Sir James Pitman (cf. ITA*), le grand linguiste A. Martinet a imaginé, à la demande de certains instituteurs, de forger un alphabet qu'il appelle « sous-phonologique » pour le français, utilisable sans difficultés par l'enfant très jeune, en attendant qu'il passe au système si compliqué qui est le nôtre jusqu'à nouvel ordre. Cet alphabet, nommé ALFONIC*, est actuellement en expérimentation dans certaines écoles, où il semble donner satisfaction. Cependant, malgré la sympathie que peut inspirer une telle démarche, dont on voit bien les aspirations généreuses, elle ne peut que laisser perplexe : que deviennent ensuite ces enfants ? S'agit-il d'un jeu de symbolisation (chacun sait que de tels jeux sont utiles, à condition de ne pas s'y attarder), ou espère-t-on ainsi habituer la jeune génération à une orthographe phonétique ? En ce cas, il me semble qu'il s'agit là d'une fausse route, au moins pour le français. Fausse route, parce qu'une orthographe de ce type, totalement adéquate en tant que transcription, paraît totalement inadéquate pour nous servir d'écriture nationale. Également parce que, là aussi jusqu'à nouvel ordre, j'estime suffisamment mes semblables pour croire qu'il seront capables de comprendre un jour ce qu'est réellement une écriture pour l'unité nationale, en particulier la nôtre, une fois rénovée et remise à jour. Ce qui n'est peut-être pas une fausse route, mais, certainement, la route la plus difficile.

Ânonner : La condamnation est unanime : la « combinatoire » de grand-papa, c'est fini. Partir des lettres, construire des syllabes, passer des syllabes aux mots, aux phrases (ce que les maîtres appellent assez curieusement la méthode « synthétique »), quelle horreur ! D'autant, nous dit-on, qu'on arrive tout aussi bien avec les méthodes dites « naturelles » ou « globales » (qu'on appelle encore plus bizarrement « analytiques ») ce qui, après tout, serait peut-être vrai, si de telles méthodes « naturelles » existaient. Mais cela n'existe pas.

Le ministère s'en lave les mains : on fait comme on voudra, c'est le résultat qui compte. Quel résultat ? Comment le juge-t-on ? A-t-on des chiffres, des études ? Qui travaille là-dessus ? Le premier bateleur se présente, oui, il est le bienvenu. Pour le reste, rien n'a bougé, ne bouge ni ne bougera, on ne sait rien, on ne peut pas savoir, c'est insoluble...

Cependant, réfléchissons, et ne vous fâchez pas : n'y a-t-il pas, peut-être, quelque chose de bon à prendre dans une façon de procéder qui va du simple au complexe, qui a construit, au fond, toute l'humanité gréco-latine pensante, et nous-mêmes aussi, depuis qu'il y a des hommes, et qui écrivent avec un alphabet ? Ne faut-il pas nous servir de ce petit quelque chose, et plutôt améliorer ces méthodes que les jeter par-dessus bord ?

Mais holà ! doucement, ne triomphez pas, mes beaux messieurs de la tradition ancienne : prenons, s'il vous plaît, la chose par les deux bouts. Pas question de retour en arrière. La critique des enfants qui ânonnent, sans comprendre un mot de ce qu'ils lisent, a été faite, et bien faite. La véritable « synthèse », tout le monde le sait, c'est de partir EN MÊME TEMPS ET TOUR À TOUR du particulier au général, mais aussi du général au particulier, du global à l'analyse et de l'analyse à un « global enrichi », si je puis m'exprimer ainsi. Il faut une formation complète, c'est tout. Cette question de la combinatoire est donc un faux problème. Mais il faut bien discuter de quelque chose.

API : L'API (Alphabet phonétique international) est, comme d'autres lois et traités, par exemple la convention de La Haye, ou celle de l'ONU, une charte internationale, destinée à une notation unifiée des sons de toutes les langues humaines. Il y a au moins 3 000 grandes langues dans le monde, sans compter les petites, les dialectes, etc., et il est inutile d'insister sur l'immense intérêt d'une telle description unifiée. Tous ces systèmes peuvent être transcrits selon les mêmes normes, et le plus étonnant est que l'on n'atteint pas ainsi plus de quelques centaines d'éléments différents.

C'est plus, certes, que l'alphabet latin, lui aussi convention internationale, servant au classement mécanique des données lexicales. Je ne nie pas du tout l'avantage mnémotechnique d'un tel classement, et trouve normal qu'on le transmette aux enfants. Mais leur laisser prendre cet ordre purement mnémotechnique pour une description de leur propre langue, cela dépasse l'entendement. C'est comme si l'API, justement, par ailleurs si utile, était enseigné comme écriture quotidienne aux enfants des écoles.

Intégrons systématiquement dans la formation des maîtres et dans l'enseignement le maniement des signes de l'API nécessaires à la description de notre langue. Nous le faisons déjà pour les langues étrangères. Ces transcriptions sont depuis un quart de siècle dans tous nos dictionnaires. C'est un pas important et nécessaire à franchir, comparable à la prévention routière, aux vaccinations ou à l'éducation sexuelle, pour quitter le domaine de l'illusion langagière et entrer dans l'ère scientifique.

Et ne me dites pas qu'ainsi je montre impudemment le roi nu (l'oral) et que je tue l'écrit. L'un et l'autre ont tout à gagner à se libérer d'un syncrétisme commun et trompeur, et à acquérir chacun sa pleine et riche individualité. Ou est-ce cela, après tout, qui fait peur ?

Arrêtés (de 1900, 1901, 1976) : On connaît l'histoire. Faut-il écrire confitures de *groseille* ou de *groseilles ?* La réponse est : on doit écrire un arbre en *fleur* (un seul type de fleur) mais une prairie en *fleurs* (plusieurs types de fleurs), et de *fleur d'oranger,* au singulier, parce qu'il s'agit d'un nom générique. On doit donc dire confitures de *groseille* si l'on pense au nom générique, mais de *groseilles* si l'on pense aux groseilles concrètes. Et ainsi de suite.

L'arrêté de 1900 était, en ce sens, assez révolutionnaire : il admettait qu'à l'écrit comme à l'oral, le participe passé avec *avoir* reste invariable, exemples : les livres que j'ai *lu* ou *lus ;* les fleurs qu'elles ont *cueilli* ou *cueillies ;* la peine que j'ai *pris* ou *prise.* Il se livrait, à la suite d'A. FIRMIN-DIDOT* et O. GRÉARD*, à une analyse sérieuse et complète du problème des mots composés, soudant certains d'entre eux, séparant les autres, tolérant presque partout l'absence de trait d'union. Ces deux points sont toujours en débat aujourd'hui, et toujours aussi dignes d'un règlement efficace.

L'arrêté de 1901, quant à lui, mélangeait joyeusement les points de la langue et les points d'orthographe, soit qu'au ministère on ne fasse pas la différence, soit que les législateurs aient voulu ainsi, ce que je crois, faire passer quelques points brûlants d'orthographe avec d'autres points plus anodins de syntaxe.

C'est peut-être une idée à retenir. On pourrait, comme on l'a fait à la veille de Noël pour certaine loi fourre-tout sur la flexibilité, introduire les pluriels en *-oux* dans une circulaire sur l'augmentation des loyers, ou l'invariabilité du participe passé avec *avoir* devant un infinitif dans une loi du budget des armées de l'air.

Par ailleurs cet arrêté, bien qu'inférieur au précédent, tant par le fond que par la forme, est loin d'être sans intérêt, et inaugurait, du moins le voulait-il, une façon nouvelle d'aborder la langue en France, ce qui m'apparaît l'essentiel. Telle la petite souris sortie de la montagne, c'était là, rappelons-le, le seul résultat tangible d'une campagne de presse et de masse considérable en faveur d'une réforme, qui avait duré sans faiblir durant plus de vingt ans. Cet arrêté n'a jamais été appliqué.

C'est cette voie, amorcée alors, et couverte depuis de ronces et de broussailles, qu'a hardiment empruntée de nouveau le ministre HABY* en 1976, d'un pas ferme et confiant, qui donne le vertige. On peut, comme cela s'est passé pour G. Leygues, le chicaner sur des détails, mais le fait est là, et il est important : il est donc possible de faire quelque chose en France ? Pouvons-nous le faire ? Oui, nous pouvons le faire. Autre question ?

Barèmes : Permettez-moi, en tant qu'avocat de la défense, de prendre un exemple éclatant, qui vous éclairera mieux que mille discours, sur ce qu'est réellement un barème d'orthographe *(barème* vient de François *Barrême,* inventeur de tableaux numériques, et non orthographiques, comme l'indique la modification de son nom, donnant le résultat de certains calculs).

Cet exemple, nul ne pourra le contester : il s'agit de la DICTÉE* corrigée d'un journaliste à TF1 (celui qui, de lui-même, a dit : « Tu es un vrai con parce que tu devrais le savoir »), à un concours d'orthographe réalisé, un an avant les premiers Championnats, par *l'Événement du jeudi* (15-21 nov. 1984). Voici ce document dans son intégralité et je demande bien humblement pardon à l'auteur de ce texte d'entrer ainsi dans son intimité, mais j'espère qu'il comprendra dans quel esprit positif je le fais, comme un avocat se sert des pièces du dossier de son client pour le défendre (les fautes sont indiquées en gras, leur correction est à droite. A gauche, le nombre de points enlevés) :

1	-2	**Il** ne s'ét**ait** jamais fait appeler	**Ils aient**
2	-2	d'un nom quel qu'il fût. Il fall**u** toutefois	**ut**
3	-2 -1 -1	en concevoir un qui **eut** assez de **rais**on**e**ment	**eût résonnement**
4		pour que l'eau baptismale ne ruissel**â** point en	**ât (non compté)**
5	-1 -0,5	vain. Ce problème aux **rais**onnances aigües	**résonnances aiguës**
6	-2	donna lieu **a** des conciliabules véhéments où	**à**
7	-1	**blé**missait d'efforts l'aîné des missio**n**aires	**nn ê (non compté)**
8		à telle enseigne qu'en saignant du nez	
9	-2	il **du** s'allonger sous sa tente.	**dut**
10		**Au dehors** les innomés étaient dans l'attente	**Au dehors (non compté)**
11	-1	Le ciel opal**aissant** aux traînées jaune pâle	**opalescent**
12	-1 -1	se couvrit de **cy**rus puis de cu**mm**ulo-	**cirrus cumulo**
13	-1	nimbus grondants, comme si tous les ca**r**osses	**rr**
14		du to**nn**ere y avaient été déchaînés. Une	**rr (non compté)**
15	-1	pluie légère dégou**ta** d'abord, mais ce	**tta**
16		furent vite des flots incessants tombant	
17		de la voûte des nuages qui form**aient**	**ait (non compté)**
18		comme un baptistère cyclopéen, en	
19	-1 -1 -1 -2	l'occu**r**ence un bat**is**caphe **eut** été plus	**rr thys eût**
20		nécessaire.	
21	-0,5	Les anonymes dég**ou**tés en eurent assez de voir	**goû**
22	-2	dégouliner les ég**oûts** célestes. **Il** s'en furent. Plutôt	**Ils égouts (non compté)**
23	-1	renoncer à une appe**l**ation que subir une telle immersion	**ll**
24		Quand les zélés évangélisateurs ressortirent, la	
25	-2	plupart de leurs ouailles **étaient parties.** Ils	**était partie**
26	-1	restèrent atté**r**és tandis que le plus dévot	**rr**
27		d'entre eux bêlait vainement : « Bel	
28	-0,5	év**è**nement ! »	**événement**
		Simon Zimon.	

Manifestement, on n'a pas voulu faire preuve de sévérité excessive (six erreurs non comptées !). Mais tout de même, n'est-ce pas, il faut être sérieux, la loi est pour tout le monde.

Si vous le voulez bien, examinons un peu ce dossier : un verbe ou des pronoms au singulier, au lieu du pluriel (ligne 1, 22...), d'autres verbes sans *t* final : deux points sur vingt (quatre dans l'ancienne notation) ; rien à dire, dans la logique du système, qui consiste à ne pas noter ce qui est bon.

Mais autant pour l'accent circonflexe sur *qu'il eût,* subjonctif ; autant pour un accent omis sur *à* préposition ; et surtout autant pour un accord aussi douteux que :

La plupart de leurs ouailles étaient parties (au lieu de, orthographe correcte paraît-il, *était partie,* sanction qui est contraire à l'esprit des tolérances HABY* de 1976, section I, *Le verbe,* Accord du verbe quand le sujet est un mot collectif accompagné d'un complément au pluriel ; ainsi qu'aux vulgates, comme Top, *Complément du nom,* section V, B. *Exceptions,* p. 157 ; sans compter naturellement à l'usage. Dira-t-on : « Une centaine a été tuée, ou blessée », en parlant de soldats ?).

Passons aux fautes comptées par point unique : le mot *raisonnement* (1.3), orthographié ici *raisonement,* ce qui montre beaucoup de finesse, devait, si je comprends bien, s'écrire *résonnement,* de même que, 1.5 : *résonnances aiguës* (écrit *raisonnances aigües,* le même premier mot étant compté deux fois, avec un point enlevé pour *ai* et un autre pour *n* au lieu de *nn,* ce qui fait, au bout du compte, 3 points pour un seul mot non reconnu).

Commentaire : d'après le *Petit Robert,* on peut écrire : « *résonance* ou (vieilli) *résonnance* », ce qui devrait, et pourrait, légitimement s'appliquer à *résonnement,* comme à *résonnant* et *résonant* (voir Littré).

Autre commentaire : Rien, absolument rien, ne peut laisser prévoir, à la ligne 3, qu'il s'agit de *résonnement* et non de *raisonnement ;* pas plus, un peu plus loin, que *dégoutter* et non *dégoûter.* Traquenards absolus. Mais ce n'est qu'un jeu, et un jeu d'adultes...

Autres fautes par unités : *missionaires* (décidément, ce garçon a beaucoup de jugement) ; *innomés* (tiens, ce n'est pas une faute !) ; *opalaissant* (il y a du lait là-dedans) ; *cyrus* (pour *cirrus,* quelle époque ?) ; *cummulo-nimbus* (hypercorrection) ; *carosses* (comme *carillon,* même origine) ; *tonnere* (erreur oubliée par les correcteurs, bon poids, tout comme ligne 7 *blémissait,* sans circonflexe, ligne 10 *Au dehors,* sans trait d'union) ; *dégouta* (pour *dégoutta,* bon sang, mais c'est bien sûr !) ; *occurence* (pour *occurrence,* graphie réalisée partout aujourd'hui à 99,99 %, qu'attend le greffier de l'usage ?) ; *batiscaphe* (pourquoi pas *batiscafe ?,* ou alors, autre championnat : on ne comptera que les mots dont tout le monde connaît l'origine. Et pourquoi compter deux fautes différentes pour *th* et pour *y* ?) ; *dégoutés* de nouveau ; *attérés* (voir ALTERNANCES*)...

Si je résume bien, cela fait ici au moins 8 fautes sur 11 provoquées par le seul problème des consonnes doubles, 3 pour l'accent circonflexe, 2 par les lettres grecques. Et si l'on prenait des mesures ? Mais non, mais non. Comme le disait P. Daninos : « On enlèverait alors aux habitants de ce pays l'un de leurs plus sains loisirs. »

Bled E. : Il avait un an en 1900, et, comme il est dit sur la couverture de son dernier livre (1987), « quarante millions de Français ont appris l'orthographe » dans son célèbre *Cours,* rédigé par lui-même, Édouard Bled, et sa femme, Odette.

Quarante millions seulement ? J'aurais cru plus. Que je sache, voyons : dans les 500 000 exemplaires par an, le plus fort tirage de l'édition française (au lieu des 30 000 prévus au départ par la librairie Hachette !), depuis 1945, avec le *Cours élémentaire,* le *Cours moyen,* le *Cours supérieur,* les aménagements, les rééditions, les traductions, les ventes à l'étranger... quelle longévité, et quel placement ! Je m'incline et j'admire. Et ce n'est pas fini...

Comment expliquer le phénomène Bled ? Il n'y a rien à expliquer, ou il faudrait expliquer la France même. Prenez Colette, la merveilleuse Colette, pétillante, débordante de malice et de talent : « N'abîmez pas les mots, disait-elle, ne touchez pas aux *h,* aux *y.* Mettez-en partout ! Ce sera plus beau ! » « C'est cela, la France. Le petit livre de Bled, c'est LE livre, celui qui se trouve, avec les Droits de l'homme, gravé au fond de la conscience la plus secrète de chacun de nous. Une telle dépendance, un tel infantilisme béat devant la centralisation de la langue ne serait pas possible ailleurs. C'est ainsi, et c'est triste (cf. SONDAGE* Bled).

Bourgeois L. (circulaire de) : Homme politique français (1851-1927), député radical, plusieurs fois ministre et président du Conseil, sénateur, l'un des piliers de la IIIe République. Nous lui devons la plus sévère et la plus lucide mise en garde contre un certain intégrisme orthographique, qui avait apparemment (toutes proportions gardées) remplacé en quelques années, après les lois sur l'Enseignement public (cf. FERRY*) un certain intégrisme religieux.

« Nombre de mots usuels, disait le ministre, ont... une orthographe sur laquelle, à moins de pédantisme, nul ne peut prétendre à l'infaillibilité... dans ces cas et dans tous les cas semblables, quelle que soit l'opinion personnelle du correcteur, il ne peut pas demander à l'élève d'être plus sûr de lui que les maîtres eux-mêmes. [...] Au lieu d'inculquer, en pareil cas, dans l'esprit de l'élève l'idée d'une règle absolue et inviolable, ne vaut-il pas mieux lui laisser voir que c'est là au contraire une matière en voie de transformation ? N'y a-t-il pas toute vraisemblance que d'ici à une génération ou deux la plupart de ces bizarreries auront disparu pour faire place à des simplifications analogues à celles qu'ont opérées sous nos yeux, depuis moins d'un siècle, les éditions successives du *Dictionnaire de l'Académie ?* » (Circulaire ministérielle du 27 avril 1891).

Bureau typographique : Le XVIIIe siècle, ou siècle des Lumières, a également innové en matière de pédagogie. J'en prends pour preuve les expériences faites à partir du *Bureau typographique,* initialement en vue de l'éducation de « Monseigneur le Dauphin et des augustes enfants de France » (*La Bibliothèque des enfans, ou les premiers elemens des letres, contenant le sistême du Bureau tipografique,* etc., Paris, Pierre Simon, 1733, 4 vol. in-4).

La méthode était simple mais efficace, et l'on peut regretter qu'elle ait été abandonnée. Elle rappelle déjà à bien des égards les initiatives de l'instituteur Freinet : elle consistait à juxtaposer, pour apprendre à lire et à écrire, des lettres inscrites sur du bois ou du carton, et rassemblées, comme les caractères d'imprimerie, dans un « bureau » ou casse, ce qui amusait beaucoup les enfants. Le promoteur de la méthode, un certain Dumas, suivait l'orthographe alors à la mode des grands Grammairiens de son temps, fortement simplifiée : « Bien des gens, dit-il au début de son livre, s'imaginent que de comancer deus ou trois ans plus tot ou plus tard, cela ne sauroit guere influer ni en bien ni en mal dans le reste de la vie... La diference d'un enfant qui lit à trois ans et de celui qui à peine lit à sèt [sept] doit être contée [comptée] pour beaucoup dans la suite des études... »

Cette méthode a été très appréciée, témoin cette déclaration officielle adressée à M. le Chantre de l'Église de Paris, responsable de l'instruction dans le diocèse :

« Nous, après avoir entendu l'auteur et vu les enfants travailler audit bureau, aïant examiné le tout avec exactitude, avons jugé ledit système trés ingénieus, fort propre à avancer la jeunesse sans la dégouter et trés capable d'oter les epines qui se trouvent, surtout en aprenant aux enfans les premiers elemens. C'est pourquoi nous estimons et croyons que monsieur le chantre peut permettre la pratique de ce sistème et l'exercice du Bureau tipographique dans les écoles de sa juridiction et exhorter les maistres à la pratiquer. »

Par la suite, la méthode a été reprise, en particulier par les de Launay, père et fils (1741), puis par Pain, directeur d'école à Versailles : *La première instruction rendue facile et agréable aux enfants, ou l'art de lire et d'orthographier promptement par le mechanisme du Bureau typographique,* Paris, Royez, 1784 (cf. à ce sujet F. Brunot, HLF, IX, p. 507) ; Pain lui-même a continué à vendre sa méthode durant plus de quarante ans, et en vantait encore les effets en 1820.

Pourquoi ne pas généraliser les excellentes idées de Dumas, de Pain, de Freinet et de tant d'autres pédagogues, en les mettant à la mode d'aujourd'hui ? A quand les claviers d'ordinateur à la portée de tous les enfants, avec, bien entendu, toutes les possibilités de jouer et de créer eux-mêmes l'ensemble des signes qu'ils souhaitent, et avant tout les véritables GRAPHÈMES** du français ? (cf. CARACTÈRE* d'imprimerie).

L'écriture est un outil. Tant qu'elle reste étroitement dépendante de la main de l'homme, donc de son corps et de ses humeurs, elle ne peut déployer l'ensemble de ses caractéristiques. Celles-ci peuvent nous permettre, entre autres, d'extérioriser, d'objectiviser non seulement notre langage, mais notre pensée, de jouer avec l'un et l'autre en les tenant dans la main, comme des billes. C'est cet aspect tout à fait essentiel du jeu de l'écriture que permettait l'usage du bureau typographique, et que permet aujourd'hui l'ordinateur, étape moderne de la technologie de l'écriture.

Cime : « L'accent de *cime* est tombé dans l'*abîme* », dit-on aux enfants, qui ne peuvent rien à cette catastrophe. On leur dit aussi que leurs petites sœurs poussent dans les choux. Quel rapport, direz-vous ? *Cime* (grec *kûma,* d'où, c'est évident, latin *cyma,* que nous avons écrit longtemps *cyme,* mais où est tombé l'*y* ?) veut dire à l'origine « pousse de chou », lorsqu'elle pointe son nez en l'air, comme les petites filles. C'est seulement par erreur qu'on a poussé cette pousse au sommet des montagnes, d'où elle est redescendue ensuite. Quant à l'*abîme,* il vient du latin, non agricole mais religieux, *abyssus* (grec *abussos,* avec un *u* comme l'autre, noté lui aussi *y* en latin, adjectif, « sans fond ») ; l'on a longtemps écrit *abysme,* de *abissimus,* ce qui rendait plus superlative encore l'absence de fond des profondeurs infernales. Beaucoup de mots de respect humain ou de crainte religieuse ont conservé leur longueur d'origine, ou se sont curieusement allongés au cours de notre histoire, par pure dévotion (voyez aujourd'hui comment on prononce le nom de Gustav *Maaahler),* comme *grâce (gratia), chrême* (contrairement à *crème,* qui avait également un *e* long), *prône,* etc. *Abysme* est de ceux-là, d'où son accent circonflexe, qui ne signifie rien d'autre. On avait certainement plus peur de l'enfer qu'on n'aspirait au paradis, car l'abysme a conservé son *y* bien plus longtemps que la cime. Mais non son *s.*

« Je ne veux pas qu'on m'abysme mes mots », aurait dû écrire Colette. *Abîmer* n'a plus rien à voir ici avec l'évocation de l'enfer, pas plus que la *cime* avec le chou. Jusqu'à quand allons-nous raconter des histoires de bonne femme à nos enfants ?

Contestation : Dans les années soixante-dix, une vague de révolte a couru dans les écoles. « Que veut-on faire de nous ? disaient les maîtres. Du temps des hussards noirs de la République, on nous respectait. Nous étions secrétaires de mairie, les égaux du curé. Chacun y croyait, à l'orthographe, on nous encourageait. Aujourd'hui, nous servons de têtes de Turc à tout le monde. Si ça ne marche pas, c'est notre faute, et uniquement notre faute. On ne nous donne ni moyens, ni salaires décents, ni formation, ni aide morale. Nos maîtres à penser ont démontré que cette matière servait de moyen de sélection pour éliminer les plus faibles, ceux justement qui auraient le plus besoin de nous. Et qu'avons-nous à défendre, nous-mêmes, qu'avons-nous à faire de servir de chiens courants à une bourgeoisie qui s'en f... ? Basta ! Qu'on arrête ce cirque, nous ne marchons plus. » Et beaucoup ont abandonné cette ingrate, la plus ingrate partie de leur métier.

Dans les années quatre-vingt..., ils se sont repris. Rien n'avait changé, et rien n'était près de changer. Les enfants abandonnés à eux-mêmes étaient plus démunis que jamais. Il a bien fallu recommencer. On a rouvert le BLED*, valeur dite « sûre », en baissant la tête. On aurait mieux fait de continuer la courageuse révolte jusqu'au bout, et démolir certes, mais pour reconstruire autre chose. L'enjeu en vaut la peine, malgré tout. Il ne sert à rien de casser les machines, il faut savoir ce qu'on veut en faire. Et s'en donner les moyens. D'autre part, qui tient en main les notes et les classements ? On peut ébranler la sélection, il est en tout cas de l'honneur du métier d'essayer. Tout en continuant d'enseigner, non des détails sans intérêt, mais la structure générale de la langue.

Contrats (rupture de) : Une enquête récente (INRP, *Étapes de la recherche,* juin 1987, n° 20), portant sur 600 instituteurs et 800 professeurs, montre que les contrats « disciplinaires » et « didactiques » (c'est-à-dire les contenus de connaissances et les rapports mutuels attendus entre enseignants et enseignés) sont très différents entre l'école et le collège. Au collège, « le temps d'écrit augmente considérablement » (de un quart du temps à un tiers), sans compter, ajoutent les enquêteurs, les écrits « longs », faits en règle générale à la maison. Il y a au collège une « accélération importante de l'activité requise des élèves », à l'écrit comme à l'oral. Pour le français, les deux tiers des élèves estiment qu'il sert avant tout « à écrire sans fautes d'orthographe », ce qui, note D. Manesse dans son compte rendu, « est à l'image de la pratique dominante en classe ». Mais il ne semble pas que cette pratique corresponde à une véritable « propédeutique de l'écrit complexe ». Autrement dit, l'élève n'apprend pas, l'écrit n'est pas considéré ici, comme dans le primaire, en tant qu'objet d'« acquisition », mais, par un ensemble d'exercices d'application, comme « véhicule de contrôle et de capitalisation des connaissances », et une plus grande maîtrise est requise des élèves.

Là commence ce que les auteurs de l'enquête n'hésitent pas à appeler des « ruptures de contrats ». Les parents envoient leurs enfants pour apprendre, et on se contente de les contrôler. Ainsi, vous allez à l'auto-école pour apprendre à conduire et on vous fourre des contraventions parce que vous ne savez pas conduire. Vos papiers ! Cette étonnante façon de procéder, cette absence totale de loi écrite engageant l'école à vous conduire jusqu'à la maîtrise complète de l'écrit, qui, rappelons-le, n'en est qu'à la moitié de son acquisition à l'arrivée au collège (cf. JONCTION* primaire-secondaire), non seulement tourne le dos à tout usage pédagogique, fondé en principe sur des leçons suivies de progrès, mais conduit inévitablement au résultat inverse : on désapprend ce qu'on a appris, retour à la case départ.

Critères (de classement) : — Dis, papa, c'est quoi une règle ?

— Une règle, c'est une loi générale. Par exemple, mon fils, le Grand Timonier l'a bien montré pour la série des mots en-*quaire :* on écrit *antiquaire* à cause de *antique,* mais *apothicaire,* puisqu'on ne dit pas **apothique.* De même, *révocable* (à cause de *révocation),* mais *remarquable,* parce qu'on n'a pas **remarcation ;* on a *blocage,* avec un *c,* à cause de *bloc,* mais *choquant, piquant,* parce que cela vient des verbes *choquer, piquer* et non de *choc, pic.* C'est l'évidence même.

— Et combien de mots sont couverts par chaque règle ?

— Peu importe. Il peut n'y en avoir qu'un, mais ça marche. Ainsi, le Grand Timonier a lumineusement démontré que l'on écrit un *n* à *honorable* parce qu'il y a un *o* après, alors qu'il y a un *e* dans *honnête,* et donc, cela prend deux *n ;* tandis que dans *monétaire,* il y a un *e* aussi, mais dans cette famille on écrit un seul *n* devant *e,* mais deux devant *a,* dans *monnaie.* On a *gréement* et *agrément,* c'est anormal, il faudrait écrire **agréement.* Mais pas **suppléement,* bien entendu, puisque ce mot vient non de *suppléer,* mais du mot latin *supplementum.* Si tu apprends à raisonner ainsi, mon fils, tu réussiras dans toutes tes études. C'est cela, se donner des RÈGLES* de vie.

Déductive (démarche) : Une démarche déductive est une démarche par laquelle on conclut « de propositions prises pour prémisses, à une proposition qui en résulte, en vertu de règles logiques » *(Petit Robert).* Le mot *déductif* s'oppose à *inductif,* qui désigne la démarche inverse, expérimentale, qui remonte de l'observation des faits à l'établissement des règles.

« Tu sais la règle et tu ne l'appliques pas ! » Ce n'est pas si simple. S'agit-il vraiment, pour l'enfant, d'inattention ou de mauvaise volonté ? S'agit-il même d'une question d'attention ou de volonté ? On ne connaît bien que ce que l'on a découvert soi-même, au bout d'un chemin plus ou moins long, mais qui vous est propre. C'est ainsi que se passent les choses pour l'exercice de la langue orale, et c'est ainsi qu'elles devraient se passer pour la langue écrite. Bien sûr, la pédagogie est en elle-même un raccourci, et l'on n'a pas le temps d'attendre, comme il faudrait le faire. Mais serait-ce bien du temps perdu si nous attendions ? Nous ne savons pas grand-chose des connections cervicales, du passage de la mémoire de travail (à court terme) à la mémoire centrale, qui seule sera capable de générer de façon autonome, probabiliste, la bonne solution au bon moment et au bon endroit. Mais on peut constater tous les jours que l'on comprend mieux les choses quand on les exprime, qu'on sait vraiment une matière seulement lorsqu'on l'a enseignée, etc. C'est peut-être à ce moment-là, justement, au moment du passage du passif à l'actif, que se fait le déclic.

Ce qui peut nous donner la patience d'attendre que l'enfant ait fait lui-même les tâtonnements nécessaires (et les erreurs, bienheureuses erreurs, indispensables), c'est ceci : il n'y a que le premier pas qui coûte. Une fois qu'il aura compris « comment ça marche » vous serez étonné de la rapidité de ses progrès. Alors ? Pourquoi l'assommer avec des règles, qu'il peut découvrir lui-même si vous lui en donnez les moyens, qui passeront mieux, pour ainsi dire, le comptoir d'enregistrement, et pour toujours ? « *Maxima debetur puero reverentia* » (on doit le plus grand respect à l'enfant), c'est Ceyrac qui l'a dit. Une fois qu'il aura passé dans un domaine le pas décisif, qu'il saura ce que c'est qu'une règle, ne vous inquiétez pas, il trouvera les autres.

Dérivaison : C'est ainsi que l'on appelait, au XVIe siècle, l'un des deux principaux procédés langagiers de création des mots (l'autre étant la composition), ce que nous appelons aujourd'hui la *dérivation.*

La formation par *dérivaison* se fait en général, par rapport au radical, par addition, suppression ou remplacement d'une partie de mot, que l'on appelle *suffixe,* ou *affixe.* Il est caractéristique que l'extrême variété de ces procédés en français oral ait été remplacée à l'écrit par la notion (mal comprise) de FAMILLE* (de mots).

Ainsi, à l'oral on peut ajouter : *cheveu/chevelu ; corps/corser, corporel ; cuit/cuisson ; doux/adoucir ; cher/cherté ; beau/beauté ; tabac/tabagie, tabatière,* etc. ;

— on peut aussi retrancher : *crier/cri, chanter/chant, abriter/abri, dessiner, désigner/dessin, dessein,* etc.

— on peut remplacer, en tout ou en partie : *sain/santé, sanitaire, prolétaire/prolétariat, cheval/cavalier, curieux/curiosité, ciel/céleste, feu/focal, nier/négation, œuvre/ouvrier/opérer/opération,* etc.

Ces derniers exemples nous entraînent loin : nous devons la plupart du temps, quand nous voulons avoir recours à un dérivé, retourner aux formes latines originelles, ce qui nous rend tous un peu bilingues (je n'ai pas dit dingues) : *clocher/claudication, cheveu/capillarité, chartre/incarcération, doux/édulcoré, fruit/fructification, flot/fluctuation, mûr/maturation, sevrer/séparation,* etc., sans compter les très nombreux doublets, comme *naïf/natif, cercueil/sarcophage, frêle/fragile, chétif/captif, porche/portique,* etc. Le goût marqué des Français pour le pédantisme les pousse depuis toujours à préférer le compliqué au simple, et c'est pourquoi nous disons *dérivation* et avons perdu le joli mot de *dérivaison.*

Dans ces conditions, que devient, à l'écrit, la notion de « marques dérivatives » ? Disons le mot : un leurre, comme la légende des ORIGINE(S)* troyennes de Rome ou d'Énée rêvant d'être fils de Vénus. Rien ne rattachera plus *rançon* à *rédemption, serment* à *sacrement, acheter* à *accepter, orgue* à *organe, épice* à *spécification, aigre* à *griotte, essaim* à *examen...* (cf. ÉTYMOLOGIE*).

Quand nous avons des régularités, gardons-les. Il est des langues (heureuses langues !) qui dérivent ainsi du même au même. Notre destin est autre. « La langue française, disait Rivarol, est une géométrie formée avec une ligne droite, tandis que le latin et le grec sont formés avec des courbes. » Complète illusion ! C'est tout le contraire qui est vrai. Ouvrons les yeux : la grande voie de la *dérivaison* moderne est tout entière duelle, franco-latine ou franco-grecque, parfois trielle (franco-latino-grecque), donc fondée sur le principe non de l'addition ou de la suppression (qui sont peu de chose), mais de la *substitution* ou des ALTERNANCES*, partielles ou totales. Par conséquent, d'une diversité extrême, du même à l'autre. Aucun corset, aucune crinoline graphiques n'y peuvent rien.

Diabète (prophylaxie du) : Peut-on guérir du diabète par d'« imprudentes affirmations ou par des sarcasmes trop faciles », comme le disait, en 1957, BESLAIS* à propos des problèmes de l'orthographe ? A la création de l'Académie française, la linguistique n'existait pratiquement pas. La médecine non plus. Beaucoup (dont Descartes) croyaient alors que l'homme n'avait qu'un poumon, et William Harvey, disciple de GALILÉE* et de Colombo, eut bien du mal à dévoiler les mystères de la circulation du sang. Lors de la remise en cause de la génération spontanée par Louis Pasteur, mêmes criailleries, mêmes attaques. Mais aujourd'hui, laisseriez-vous votre enfant diabétique aux mains des jeteurs de sorts, des donneurs de clystères et de saignées ? Vous contenteriez-vous de prier et de faire sur lui des abracadabras ?

Pourquoi donc, pour ses connaissances en langue maternelle, le laisseriez-vous aux mains des ignorants (cf. SONS*), qui *(nolentes, volontes)*, contribuent par leurs affirmations antiscientifiques à abîmer son enfance et parfois son avenir ?

Dictée (histoire de la) : Au Moyen Age, il n'existait pas de manuels, et très peu de livres. Les cours étaient notés au fur et à mesure par les écoliers et les étudiants, sous la « dictée » du maître, c'était ce que l'on appelait une *lectio* (lecture à haute voix, qui a donné « leçon »). De là est venue l'habitude de « dicter » de beaux textes, des citations ou passages d'auteurs, que les étudiants recueillaient précieusement, et revendaient à leur propre bénéfice, sous forme de morceaux choisis ou de compilations, accompagnés de « gloses ». « Écrire », au sens propre, a donc été à l'école, jusqu'à la fin du XIXe siècle, le privilège des « écrivains » : on appelait ainsi non seulement les créateurs littéraires ou scientifiques, mais les petits écoliers qui avaient passé au Second degré (le Premier étant la lecture), dominaient les principales sortes de calligraphies (lettre ronde, cursive, coulée, financière, de civilité...) et devenaient donc des semi-professionnels, capables d'être placés dans les officines de notaires, de devenir « clercs », puis à leur tour maîtres d'école ou maître-écrivains. Il ne faut pas oublier qu'au début du XIXe siècle, 30 % des Français savaient « lire », mais seulement 10 % à 15 % savaient écrire, encore faudrait-il préciser ce que recouvraient ces mots. Ainsi, l'orthographe acquiert, comme le disait P. Burney, « une véritable valeur commerciale » (on voit d'ailleurs reparaître aujourd'hui, çà et là, des maîtres-écrivains). On organisait des concours (déjà), et les étudiants payaient cher pour acquérir cette formation et en faire leur gagne-pain.

Lorsque l'imprimerie s'est étendue, une nouvelle formation professionnelle est née, les petits « écrivains » sont devenus des typographes, et là encore il ne fallait pas oublier un accent ni une virgule, il s'agissait de dominer, sous l'angle « mécanique » (comme du temps des praticiens) les moindres détails de cette spécialité. Telles sont les origines bassement utilitaires de notre dictée et de notre formation orthographique actuelle. L'amour des grands textes nous vient du Moyen Age. L'aspect méticuleux et tatillon nous vient de l'origine professionnelle de l'écriture, coupée de la formation générale et encore plus de la langue. Étendu à toute la nation, ce dressage avait en même temps la prétention (dans les deux sens du mot « écrire ») de faire de nos enfants de grands lettrés et de véritables spécialistes, des petits génies ou des singes savants, mais nullement de leur conférer un instrument langagier indispensable à leurs besoins et à leur plaisir.

Dictionnaires : Nous connaissons tous ces gros nounours que sont les dictionnaires, sans lesquels certains ne pourraient plus vivre ni s'endormir. Il y a tout là-dedans, et on se sent plus intelligents avec eux dans les bras. Certains les apprennent par cœur, à l'endroit et à l'envers, et gagnent de grosses sommes grâce à eux. Leur rôle ne cesse de grandir, au fur et à mesure que nous sommes dépassés par nos propres connaissances. On sait ainsi ce que sont les mots et les choses, l'étymologie, les sens, les contresens, les conjugaisons, les affixes, les noms des habitants des villes et des pays, les dérivés des noms de personnes, les datations, les expressions idiomatiques, et même les synonymes, homonymes, antonymes, les composés, dérivés, etc., et bien d'autres choses encore.

C'est beaucoup, mais ce n'est pas tout. Bien sûr, c'est merveilleux, et il faut tout notre sadisme pour prétendre en priver les enfants lorsqu'ils sont en difficulté (qu'attend le ministère pour offrir pour Noël un dictionnaire à chaque écolier ?). Mais aussi, ils sont dangereux. Ils donnent l'idée que la langue est une liste, un glossaire, une nomenclature, bien rangée par ordre alphabétique, et donc qu'il n'y a qu'à apprendre cette nomenclature par cœur pour savoir la langue. Cette méthode peut faire des champions des *Chiffres et des Lettres,* mais certainement pas de véritables connaisseurs, de beaux parleurs, encore moins de bons et parfaits « orthographes », comme on disait au XVIIe siècle.

Songez à ceci : tous les mots, dans le dictionnaire, sont ramenés au masculin, singulier, ou infinitif. Une fille, par exemple, ne s'y reconnaîtra pas. Ce sont des mots « théoriques », des portraits-robots de mots, des mots statufiés, idéalisés, des étalons de mots, comparables au mètre servant de définition à notre système métrique, et auquel aucun mètre au monde n'est exactement semblable. Le dictionnaire, c'est le squelette, os et cartilages de la langue, sagement étiquetés et épinglés, comme par un entomologiste. Au-delà, il y a son usage, c'est-à-dire sa chair, son odeur, son visage toujours divers et changeant...

Il ne suffit pas de donner un dictionnaire et de faire apprendre des listes de mots à des enfants. Et pourtant ça se fait.

Docimologie : La docimologie, ou « science des épreuves », devrait, en principe, avoir pour objectif d'améliorer les conditions des notations, examens et concours. En ce sens, ne serait-il pas nécessaire de mieux préciser ce que l'on attend de ces dispositifs pour les enfants ? N'est-ce point là, après tout, une question légitime ?

Dans un grand élan de générosité, on a, il y a un certain nombre d'années, successivement renoncé au Certificat d'études (en théorie, car il existe toujours, et c'est tant mieux) ; puis au Brevet (auquel on est revenu, et c'est tant mieux) ; puis aux redoublements, puis au simple principe de la notation. On a remplacé les vingt chiffres de notation par les cinq lettres, supprimé les compositions et les devoirs à la maison, parfois les leçons et même les livres, avec une belle critique de tout manuel. On est depuis revenu de tout cela, et c'est tant mieux. Mais où est-on allé ? Nulle part. Il fallait effacer l'ennui au profit de la joie, la crainte par la confiance, et tout esprit de compétition au profit de la saine émulation. Tout enfant devrait, nous dit-on, s'épanouir jusqu'à sa maturité, comme une fleur au soleil. Plus d'enseignement, mot trop dur. On parlerait d'apprentissage, ce qui suggère que l'enfant se prend en charge lui-même.

Une seule chose a résisté au milieu de ces holocaustes d'autorité, un seul type de sanction parmi ces ruines docimologiques : la leçon d'orthographe. Et là, je ne dis pas tant mieux.

Oh, certes, le ZÉRO* n'est plus ce qu'il était. La notation se fait moins brutale, plus indirecte. On diminue discrètement de quelques points les notes en rédaction ou en composition française, voire dans les autres matières ; dans les dictées, on ne compte pratiquement plus la ponctuation, et les accents comme les œufs, par quarterons de vingt-cinq. Qu'importe ? Tout d'abord, ce n'est pas du tout une solution, c'est la politique de l'autruche. De plus, la façon de compter est toujours aussi négative, dans tous les sens du mot. Ce qui fonde la docimologie, ce ne sont pas les BARÈMES* eux-mêmes, qui ne sont que relatifs, ce sont les rapports et les conséquences attendus et connus. L'atmosphère, empoisonnée, est la même, et en fait de fleur, l'enfant manque sérieusement d'oxygène.

Remettez les redoublements, le Brevet et le Certificat, rétablissez les notes sur vingt et les devoirs à la maison, suivez les manuels, faites des dictées tous les matins, mais, je vous en prie, changez l'atmosphère de la classe et aérez la docimologie en orthographe. De l'air, de l'air !

Dysorthographie : La *dysgraphie,* ou *dysorthographie,* serait, paraît-il, un trouble lié à la « difficulté à acquérir et à mettre en pratique » l'écriture et l'orthographe, tout comme la *dyslexie* pour la lecture. Le préfixe, en principe, ne devrait pas se traduire par « mauvaise orthographe », bien que le doute soit permis. On pourrait penser aussi, un peu trop facilement, à une véritable maladie ou lésion, comme *dysenterie, dystrophie,* etc. Et le gosse, vite fait, change de ministère, passant sans y penser de la tutelle de l'Éducation nationale à celle de la Santé et de l'hygiène mentale. Ouf ! Toujours un de casé.

A vrai dire, le mot est dur, et je prie tous les jours pour qu'il soit banni, tout comme *dyslexie,* de notre vocabulaire. Mais à quoi bon bannir le mot sans la pratique qui lui est liée ? Car je vais vous dire : ce n'est pas le mot qui m'inquiète, c'est la médecine. Le saviez-vous ? Est considéré comme dysorthographique « tout élève qui a subi une rééducation », qu'elle soit en cours, en fin de processus, ou deux ans après, pour contrôle.

C'est bien ce que je disais : pour un enfant qui aura vraiment des troubles de l'audition, de la vue, du geste ou tout autre chose de physique, il y en aura dix qui, trop jeunes ou immatures, auront subi un passage hasardeux, pour erreurs phoniques, mauvaises coupures de mots, « mauvaise orthographe » (mais oui !), et passeront ainsi de main en main jusqu'à ce que leur temps soit échu.

La *dysorthographie* me fait penser à ce pauvre caporal des Aurès qui n'avait jamais ni avancement ni permission. Renseignements pris, on trouva dans son premier dossier : « Boite un peu », ce qui arriva au ministère : « Buveur invétéré » (en passant par : « Boit un peu », puis « Boit beaucoup »...) Allez y comprendre quelque chose !

Écarquillons (les yeux) : Paradoxalement, les partisans de la LECTURE* (rapide) soutiennent en même temps que la lecture « renvoie directement au sens », mais que l'on ne lit pas par « groupes de sens », mais par « groupes de lecture », appelés aussi « groupes perceptifs ». Qu'est-ce qu'un « groupe de lecture » ? « Dix à quinze signes » en moyenne, saisis par fixations de « un tiers à un quart de seconde », selon les experts. Le but est alors d'ouvrir ces fixations pour agrandir le nombre de signes saisis en une seule prise de vues. D'où ce pénible reportage, aperçu à la télévision, sur ces jeunes gens et jeunes filles japonais écarquillant avec force grimaces les yeux dans un cours de lecture rapide.

Il y a une certaine différence entre un adulte expérimenté, comme J.F. Kennedy ou J. Berger, excellents lecteurs paraît-il, et un enfant : l'une de ces différences, qui rendent assez dangereuse cette conception des « groupes de lecture », est que l'adulte expérimenté a une vision *synthétique* des choses (il puise en particulier à la fois, et de façon sélective, dans sa mémoire, pleine à ras bord, son expérience de lecture et le texte), tandis que l'enfant lit de façon *syncrétique,* n'ayant ni trésor personnel ni expérience de lecture. Le résultat d'une lecture rapide de ce type, toute en surface, si elle était poussée au bout, me paraîtrait encore pire qu'une lecture de surface par syllabes. Au fait, à quoi bon, pour un enfant qui apprend, lire vite ? Ne vaut-il pas mieux, pour lui, lire bien, et avec plaisir, parce qu'il a le temps de comprendre ?

Autre remarque sur les « groupes perceptifs » : s'il s'agit uniquement d'agrandir l'angle de vue, on comprendra aisément qu'en appréhendant deux phrases au lieu d'une en un seul coup d'œil, ce sera mieux. Donc, les phrases les plus courtes (en « signes », c'est-à-dire, pour ces messieurs, en lettres) seront les meilleures. Donc, écrivons en transcription phonétique (cf. LECTURE* rapide en Chine).

Échec (scolaire au CP) : Jérôme et Jérôme entrent à l'école. Le premier habite Neuilly, il a 90 % de chances de ne pas connaître l'échec scolaire au Cours préparatoire. Le second habite Vénissieux, il n'a plus qu'une chance sur deux. On évalue en moyenne les redoublements au CP à 15 %. Qu'y fait-on ? On y apprend à lire et à écrire. Est-il possible que votre Jérôme soit tellement plus doué que le mien ? Je ne m'en étais pas aperçue à la Maternelle, où ils étaient l'un et l'autre de vrais petits rois, pleins d'entrain et de malice. Que s'est-il passé ? Simplement le mien n'est peut-être pas assez mûr, assez adapté, au moins pour le type de performances langagières qu'on attend soudain de lui. Les stades du développement sont importants à cet âge, alors qu'ils le sont moins par la suite. L'essentiel, au fond, n'est-il pas qu'il franchisse ce pas important et unique dans les meilleures conditions possibles ? Pourquoi ces directives impérieuses et démodées, « apprendre à tous à lire avant Pâques » ? Etes-vous devenus fous ? N'avez-vous pas vu ou eu des enfants qui marchent ou parlent un peu plus tôt, un peu plus tard ? Les textes sont formels, mais comme toujours ce sont les échelons intermédiaires qui font la sourde oreille : un peu de souplesse, vous disposez de deux ans au moins pour le stade lecture-écriture. Appliquons-les ! Dans de nombreux pays, c'est à sept ans qu'on entre à l'école, avec des résultats en général meilleurs. Un constat d'échec asséné à un petit de six ans, au seuil de la vie ! C'est une estampille qui déshonore non l'enfant ou la famille, mais la société, qui malmène ainsi ses propres descendants. Cela ne veut pas dire que l'on acceptera ensuite une avancée à deux vitesses. Au contraire. Donnons à tous des chances égales au départ, par une entrée réussie dans le domaine de l'écrit.

Échec (scolaire en 6e) : Un élève de 6e sur cinq entre en seconde. A la fin de la 5e, 40 % à la trappe ! A la fin de la 3e, encore 40 % ! Quel est le rôle de l'écrit dans cette farce tragique ? On dit (cf. ÂNONNER*) que 25 % des élèves de 6e ne savent pas lire. Voire ! Prenons garde que ces hauts cris ne recouvrent en fait une furieuse envie d'en rajouter, pour se débarrasser en criant très fort d'un problème gênant.

Trop tard ! Toujours trop tard ! Nous vivons dans une société janséniste (il faut avoir la « grâce ») et masochiste (tout va mal, tant mieux). Toutes les générations, depuis les origines, ont hésité dans leur lecture à onze ans. S'ils ne savent pas lire, ces chers petits (quoi ? Lacan ? Foucault ? Bernard-Henry Lévy ?) apprenons-le leur. Apprenons-leur à écrire aussi. Il faut savoir qu'au moins *la moitié* des connaissances nécessaires en lecture et en orthographe à un adolescent français de notre temps ne sont pas acquises et ne peuvent pas être acquises au niveau de la 6e (cf. JONCTION*). Avec nos populations scolaires actuelles, nous aurions besoin de véritables professeurs de *langue,* solidement et sérieusement formés. Mais ces éminentes élites du Secondaire sont de bien trop grands lettrés pour ça. D'ailleurs, non seulement ils ne *veulent* pas s'occuper de ces basses besognes, mais ils ne le *peuvent* pas. Une dictée de temps en temps, comme le garde champêtre de village lorsqu'il remplace le maître absent, d'accord. Mais expliquer l'origine des consonnes doubles, c'est plus trapu que de commenter la carte du Tendre. L'orthographe est non apprise, mais *désapprise* au niveau du Secondaire. Là est le cœur du problème, il n'y en a pas de plus important. La raison ? A part l'épreuve de l'ancien français, il n'y a *aucune* épreuve de *linguistique française* au CAPES de lettres modernes ! Voilà au moins l'une des raisons de cette situation paradoxale.

Empirisme (pédagogique) : Enseigner empiriquement, c'est enseigner à coups de règles, de recettes et de mémoire. Durant des siècles, nos chères têtes blondes ont appris à écrire auprès d'un homme dont le nom, comme ceux de M. et Mme BLED*, mérite de passer en France à la postérité : il s'agit de Dépautère, qui avait mis au XVIe siècle les règles de la grammaire latine en vers. On en avait fait une traduction qui servait, chez les Frères de la Doctrine Chrétienne (grands pédagogues, implantés dans la France entière encore au XIXe siècle) à apprendre (par cœur) les règles du français. Le célèbre Rollin, auteur du *Traité des études* (1726-1728) et pourfendeur de la tradition, écrit en parlant des enfants :

« Tout leur déplaisait dans Despautère... toutes ses règles leur étaient comme une noire et épineuse forêt où, durant cinq ou six années, ils n'allaient qu'à tâtons, ne sachant quand et où ces routes finiraient, heurtant, se piquant et chopant contre tout ce qu'ils rencontraient, sans espérer de jouir jamais de la lumière du jour. »

On pensait qu'il fallait apprendre le français *par force,* comme le latin. Avec l'institution de l'enseignement obligatoire, les tortures morales (et parfois physiques) infligées aux enfants étaient devenues (avec la meilleure volonté du monde, car les instituteurs étaient d'excellents hommes, idéalistes et dévoués) si fortes que le ministre de l'Instruction publique, L. BOURGEOIS*, s'est cru tenu d'intervenir vigoureusement (malheureusement sans succès).

Erreur (droit à l') : On se souvient de ces anciennes (absences de) méthodes pédagogiques, qui consistaient à empêcher un enfant de faire tout ce qui était susceptible de lui apporter un ennui. Il ne tombait pas, ne jouait pas, ne se salissait pas, ne parlait pas à table, ne répondait pas à ses supérieurs, etc. Aujourd'hui, on prend plutôt le chemin inverse, et l'on s'en trouve bien. C'est ce que l'on appelle les « méthodes actives » : on tombe, on se ramasse et on évite de tomber.

En orthographe, il en va de même : apprendre à l'enfant tout d'un coup, on ne le peut pas, en attendant que l'on puisse mettre un dictionnaire parlant sous son oreiller durant toutes ses nuits, et encore. Il faut qu'il essaye, qu'il tâtonne, qu'il recule, qu'il piétine, qu'il avance un peu plus loin (cf. FÔTE*). Il se conduira alors avec lui-même comme on le faisait au XIXe siècle avec les « cacographies » : on distribuait aux élèves des textes erronés, qu'il s'agissait de corriger. Bien sûr, à haute dose, c'était peut-être un remède pire que le mal. Mais à faibles doses, se relire et se corriger soi-même, lorsqu'on a acquis un minimum de compétences, est encore la plus sûre méthode que l'on puisse donner à quelqu'un, si on lui veut du bien. Pensons aux maladies d'enfance : autant qu'il fasse ses erreurs jeune, pendant que vous êtes encore à ses côtés. Si vous les lui faites éviter à tout coup, il les fera de nouveau plus tard, car on retombe toujours dans les mêmes, comme dans ses propres faiblesses.

Rien de plus normal, pour un enfant, que de se tromper ; de plus instructif pour nous que de voir où et comment il se trompe. C'est sa façon de raisonner qui est intéressante, et il y a beaucoup à apprendre avec ça. Il faut lui dire : viens-là, et discutons. Vous serez étonné de ce que vous entendrez. Et félicitez-le, car ainsi il rend service à tout le monde.

Étymologie : Science de l'origine des mots, la reine mais aussi la plus trompeuse des références. Colosse aux larges flancs et aux pieds d'argile, elle s'effondre parfois sous nos mains, avec d'autant plus de perfidie que l'on se fie à elle aveuglément.

Qui peut savoir pourquoi l'on écrit *colère* et *choléra, agrafe* et *paragraphe, phantasme* et *fantaisie, hydre* et *clepsydre, psychose* et *métempsycose, microlite* mais *monolithe ?* Et pourquoi, contre l'étymologie, *extrême* et *suprême, pôle* et *théâtre,* avec un circonflexe, alors que rien, en latin ou en grec, ne le justifie (cf. ORIGINE*) ?

Nous ne respectons pas l'étymologie. Nous nous en « servons », lorsque nous en avons besoin : pour distinguer, par exemple, *chômer* et *chaumer, soufre* et *souffre, goûter* et *goutter, crème* et *chrême, choper* et *chopper, cœur* et *chœur,* etc. Nous avons bien raison, pourquoi pas ?

Mais ailleurs, qu'avons-nous à en faire ?

Ferry J. (ou ils n'ont pas voulu cela) : Homme d'État français (1832-1893), surnommé successivement à Paris Ferry-la-Famine, puis Ferry-Tonkin pour sa dure politique coloniale, mais qui, avec Paul Bert (ministre de l'Instruction publique en 1881-1882), GRÉARD*, Ferdinand Buisson, Camille Sée et beaucoup d'autres, est aussi le plus fameux promoteur, dans l'enseignement public français, des grandes idées de gratuité, de laïcité, d'obligation scolaire, etc., que le monde nous envie. Ces hommes n'ont sans doute pas voulu ce qui est arrivé, et qui était terrible : emportés par l'idée de l'immense tâche qu'on leur assignait, « apprendre à écrire à tous les petits Français » (voir le livre d'A. Chervel), les instituteurs (que l'on appelait les « hussards noirs de la République ») ont oublié que la fin ne justifie pas les moyens. Ils se sont conduits, avec la meilleure volonté du monde, comme autant de petits chefs dans l'armée coloniale, et le résultat a été si désastreux qu'avant même la mort de Jules Ferry, lui et ses amis étaient obligés de rappeler les instituteurs à l'ordre (cf. BOURGEOIS*).

Fôte (ou fruit du péché) : Il *faudrait* que je ne *faillisse* pas, mais, *vaille* que *vaille,* je *faux,* tu *faux,* il *faut,* j'ai *failli,* je *faudrai,* j'ai tout *faux,* et le cœur me *faut.*

Mon père, j'ai *péché.* J'ai cru que le fruit du *péché* était le fruit du *pêcher,* et qu'Adam et Eve avaient croqué la *pêche.* J'ai appris, trop tard, qu'il y avait *pêche* et *pêche, pêcher, pêcher* et *pécher,* la *pêcheuse* et la *pécheresse,* et cette *peccadille* a été jugée cas *peccable...*

Mai, mon paire, ce n'et pas la le pirre : à présant je me trouble. Loin de m'inspiré le dézir de bien fer, la sévéritté que l'on a montrer en vers mois en me préssi pitant aux enfers me faient retombé sans sesse dans mes ereurs, tombé de fôte venielle en fôte mortelle, et de fôtes mortelles en pêchers originels.

Fournel V. : Un certain Victor Fournel écrivait, dans la *Gazette de France* du 28 janvier 1867, les lignes suivantes :

« Il en est du code grammatical comme de l'autre, où l'avocat général Servan se plaignait jadis qu'on ne pût se reconnaître à travers ce dédale de lois sur des lois, de lois contre des lois, de lois sans objet, de lois inutiles, insuffisantes, redondantes, oubliées, dangereuses, opposées, impossibles, et qu'on n'a cessé de compliquer soigneusement depuis, jusque dans les moindres recoins de la jurisprudence, par des arrêts sur des arrêts, contre des arrêts, autour des arrêts, pour les expliquer, pour les appuyer, pour les casser, pour les élargir, pour les restreindre, pour les éclaircir et pour les embrouiller. »

Il est bien vrai que le code orthographique, comme le Code civil, aurait besoin d'un sacré coup de plumeau.

Pour faire passer cette huile de foie de morue carrément imbuvable, les maîtres de tout temps ont fait appel à des prodiges d'ingéniosité, que rappelle ce même auteur : en 1509, un certain Ringmann, de Saint-Dié, représentait, paraît-il, « le nom par un curé, le verbe par un roi, le participe par un moine, la préposition par un marguillier et l'interjection par un fou ». Les Jésuites faisaient danser « le Supin en *u*... avec le Gérondif en *do* ». En 1787, Barthélemy, dans *la Cantatrice grammairienne,* réduisait la grammaire en chansons. D'autres mettaient en scène des dialogues entre le Substantif, le Pronom, l'Article, l'Adjectif, etc. Quant aux méthodes orthographiques, du BUREAU* typographique aux casses d'imprimeur de Freinet, en passant par les milliers de fortunes et de ruines échafaudées et plus malhonnêtement gagnées sur le dos des petits enfants de France, on ne les compte plus.

Imaginez, comme le dit le dénommé Fournel, que toute cette ingéniosité se soit employée ailleurs : quels enfants instruits nous aurions !

Fréquence (listes de) : Je ne suis pas de ceux qui disent que la fréquence des mots, ça n'existe pas.

Il est vrai qu'elle n'existe pas « en soi » : un terme sera très fréquent dans tel texte, absent dans l'autre. On ne peut que s'étonner, par exemple, de retrouver le mot « suceuse » dans le *Français élémentaire* (mille mots)... non pas, rassurez-vous, par une perversion pornographique cachée du grand linguiste GOUGENHEIM*, ni par goût des enquêteurs pour les textes révolutionnaires (la royauté suceuse de sang), ou pour les histoires de vampires ; simplement, je le suppose, à cause du dépouillement d'un texte concernant les machines agricoles. Il est vrai aussi, comme le remarquait plaisamment R. Galisson, que l'on peut fort bien trouver dans une liste de fréquence des « termes-noyaux », sans trouver également les « termes-satellites » nécessaires pour construire un véritable énoncé : « On ne sait que faire, disait-il, de la "vache fondamentale" [allusion au *Français fondamental*]... parce qu'on ne peut la traire et qu'il n'y a pas d'étable pour la rentrer !... »

On pourrait rappeler également les violentes polémiques (venues d'ailleurs autant de la droite que de la gauche, et non dénuées d'arguments) qui ont entouré, dans les années cinquante, le projet d'un français fondamental, traité alors avec mépris de *basic french* (assimilé au *Basic English,* ce qu'il n'était pas) : langue française dite « de base », destinée ouvertement et avant tout aux territoires d'outre-mer, à « l'Union française », aux « travailleurs étrangers » (voir l'historique de la question dans *le Français dans le monde,* n° 148, 1979, article d'H. Besse).

Notre langue, disait alors en toute bonne foi l'écrivain G. Duhamel (*le Figaro,* 17 nov. 1951) est certes une langue difficile, mais « la faveur dont jouit encore le français dans un grand nombre de pays tient justement à ce caractère », et il ajoutait, ce qui me semble encore plus douteux : il « permet de se former l'esprit par l'effet d'une gymnastique ardue... qui est l'un des principes d'un humanisme bien compris ». Nous y voilà ! Voyez-vous là pointer ce que j'aperçois ? Apprenez dans la douleur, mes frères, les femmes et les enfants surtout.

« On ne va tout de même pas, se rebiffait, quant à lui, avec une noblesse d'empereur romain, l'écrivain Maurice Garçon, comme G. Duhamel de l'Académie française, fabriquer un français petit-nègre pour étrangers fainéants ou incapables ! » On croit entendre la voix tonnante de leur grand ancêtre, RÉGNIER* Des Marais.

Sans qu'on puisse, quant à lui, lui attribuer l'idée d'une défense hargneuse de ses privilèges, ni l'idée saugrenue de multiplier les barrières pour mieux les protéger, un homme aussi généreux que COHEN* craignait, lui aussi, que derrière les bonnes intentions et le souci affiché de faciliter l'accès au français, ne se cachent, ce qui n'était pas tout à fait faux, des arrière-pensées politiques. Il s'élève donc avec une énergie tout à fait exagérée contre ce que ses amis dénommaient carrément une « croisade occidentale... à l'usage des réserves coloniales de chair à canon... » (*Lettres françaises,* nov. 1951).

Cette « bataille » de Marathon autour d'une simple avancée lexicologique prouve, une fois encore, combien la France n'est pas un pays comme les autres. Qu'on le veuille ou non, chez nous, tout est politique. Quant à l'idée de la langue que nous avons, c'est qu'elle nous appartient en propre, et que celui qui en parle (ou tout bonnement *parle*) doit nous rendre des comptes. C'est bien difficile d'avancer dans ces conditions.

Mais revenons aux listes de fréquence. Si elles ont pu, un tant soit peu, calmer cette soif de privilèges et cette démesure aussi effrénée que générale, si elles ont pu permettre de modérer les prétentions sans limites des instituteurs à gaver ces pauvres petits d'un « français complet » (comme le pain complet) à coups de ZÉRO(S)* et de listes d'exceptions interminables (cf. BLED*), qu'elles en soient bénies. Comme le disait avec malice QUENEAU*, qui se révèle ici comme ailleurs, parmi nos écrivains, l'exception qui confirme la règle : « Je suis pour, s'il s'agit d'apprendre aux indigènes... un rudiment à partir duquel ils pourront accéder à la culture (« Je suis indigène », ajoutait-il),... J'adore le *basic,* moi. Par exemple, je serais ravi qu'il y ait un chinois *basic...* »

Girault-Duvivier Ch.-P. : Charles-Pierre Girault-Duvivier ne sont pas, contrairement à ce que l'on pourrait croire, deux compères, aussi inséparables qu'Erkmann et Chatrian, mais ces deux noms sont unis à jamais en l'entité la plus typique de la Grammaire BCBG du XIXe siècle.

Parue pour la première fois en 1811, ses copieuses rééditions ne se comptent plus, et son impact sur nos mentalités est tout à fait comparable à celui de BLED* pour notre siècle. Elle s'intitule modestement « Grammaire des Grammaires, ou analyse raisonnée des meilleurs traités sur la langue française... avec une solution explicite pour toutes les difficultés... mis par l'Université au nombre des livres à donner en prix dans les Collèges »..., où effectivement elle fit fureur. On y trouvait tout : tout sur ce qui était dit ailleurs et aussi de bien belles inventions fumeuses personnelles, avec un raffinement dans les détails qui faisait dire à FIRMIN-DIDOT* :

« Ce volumineux travail a joui pendant longtemps d'une grande réputation. Le public, partant de cette idée que la meilleure grammaire devait être la plus complète, c'est-à-dire celle dans laquelle se trouveraient entassées en plus grand nombre, sous forme de règles, d'exceptions et d'exceptions de l'exception, les irrégularités et les contradictions de notre langue, a pendant trente ans accordé sa faveur à cette vaste compilation des traités de grammaire alors connus. »

Je n'insisterai pas sur ce goût prononcé des Français du terroir pour la thésaurisation et le bas de laine des exceptions, cette fureur à tout mettre et à tout investir dans leur orthographe, pour l'emporter ensuite dans leur tombe comme la cassette d'Harpagon.

Je ne relèverai pas ces innombrables et pesantes pages sur les consonnes doubles, les mots composés, etc. ; ces dissertations indigestes sur l'orthographe en général, sur les « solécismes », « disconvenances » « phrases équivoques, amphibologiques, louches », « remarques... sur l'emploi vicieux de certaines locutions », analyses logiques, analyses grammaticales, etc. Tout cela, c'est encore notre pain quotidien, et cette poussière est notre poussière. Nous vivons dans ces pots d'échappement, et, comme dirait Raymond Devos, nous ne pouvons pas respirer autrement.

Je n'attaquerai pas cette monstruosité grammaticale sous prétexte qu'elle n'a fait que piller ceux qui l'ont précédée, puisqu'on en a fait autant pour elle, car il n'y a pratiquement rien de nouveau sous le soleil pédagogique, en ce qui concerne l'orthographe.

Je me contenterai de protester pour le principe contre diverses contre-vérités flagrantes que l'on y lit, dont celle-ci (éd. de 1863, p. 935) :

« Au surplus, ce qui répond plus victorieusement encore que tout ce qu'on vient de lire, aux divers projets tendant à la réforme de l'orthographe ordinaire, c'est que RÉGNIER* Des Marais, le P. BUFFIER*, le P. Bouhours, MM. de PORT-ROYAL*, BEAUZÉE*, Condillac, GIRARD*, d'OLIVET* et le plus grand nombre de grammairiens modernes, se sont constamment opposés à leur adoption ; c'est que les écrivains du siècle de Louis XIV et enfin l'Académie, juge auquel doit se soumettre tout auteur, quelque célèbre, quelque éclairé qu'il soit, les ont rejetés. »

Les extraits que l'on pourra lire ici même concernant ces grammairiens et écrivains, et beaucoup d'autres, prouvent abondamment la légèreté, ou l'aplomb, d'une telle affirmation. Mais n'est-il pas permis au XIXe siècle de tout taire et de tout dire (cf. GRANDS* Écrivains de la France) ?

Grammaire (et orthographe) : La grammaire d'une langue, c'est son âme. Tant que l'écriture touche, comme en anglais, à son corps, à ses membres, c'est-à-dire à son lexique, ce n'est pas grave, on s'adapte. Demandez aux ANGLAIS* cultivés s'ils se plaignent de leur orthographe. Pas du tout : ils ont, comme les CHINOIS* cultivés, un dictionnaire bilingue dans la tête, bien classé et organisé : tel mot, telle graphie, telle graphie, tel mot. Ils y puisent lorsqu'ils en ont besoin, ou alors ils hésitent, et cherchent dans un dictionnaire réel, qui correspond point par point à celui qu'ils ont dans la tête. La seule chose différente, c'est qu'ils ont dans la tête non l'ordre alphabétique, mais un certain ordre, disons, par familles de mots, ou par champs sémantiques. Ces deux indexations se complètent admirablement. Toute sa vie, l'enfant anglais ou chinois thésaurise ainsi des mots à double entrée, graphique et phonique. Personne ne l'ennuie, il utilise ceux qu'il connaît. De plus, leur orthographe est suffisamment régulière pour deviner à peu près celle des mots nouveaux. Comme, en outre, ils n'ont pas de vulgates normatives sur leur table de nuit (à chacun sa vérité), et que tout individu, en Angleterre ou dans l'ensemble de l'univers, prononce ces mots anglais non à sa guise, mais comme il peut, tout se passe à peu près bien... sauf pour les Français anglophones, qui, comme saint Thomas, ne croient que ce qu'ils voient.

Ce dont ils se plaignent, nos amis Anglais, c'est de l'orthographe française. Écrire en français, c'est passer, disent-ils, des colonnes de la place de la Nation aux tours de la Défense sur une corde raide, et sans filet, je veux dire sans références, ni au-dehors ni au-dedans de soi. On vous donne au départ une vague notice sur l'accord du participe passé, les *e,* les *s,* les *t,* les *nt,* les *z,* les *r* et autres verrouillages de parachute à fermer dans certains cas, en vous disant de faire bien attention en sautant. Après, plus rien. Aucun repère, des *chausse-trapes* (mot typiquement français) à chaque pas, à vous donner le vertige. Autant choisir l'allemand, c'est plus sûr !

Le français est schizophrène : il a deux âmes. L'une, l'oral, on vous la donne, comme partout, pour ainsi dire en naissant. L'autre, l'écrit, si vous n'avez pas le « don », on ne vous la donne pas, et comme un malade à la recherche de son moi, vous en serez éternellement en recherche, autodépendant. Excellent exercice physique et intellectuel, unique au monde.

C'est cela qui fait son charme.

Grammaire (renouvellement de la) : Derrière l'écrit, en France, il y a la « grammaire » et derrière la « grammaire », le latin. Le temps n'est pas si loin où l'on n'abordait, et seulement au lycée, la structure des groupes de mots et de la phrase, comme du temps des vers latins de Dépautère, qu'à travers les règles du subjonctif ou du discours indirect chez Cicéron. Ces règles ont disparu, mais pas la « noire et épineuse forêt » dont parlait Rollin, et où les enfants ne vont qu'à tâtons, « heurtant, se piquant et chopant... sans espérer de jouir jamais de la lumière du jour » (cf. EMPIRISME* pédagogique).

Pourquoi cette situation ? Parce qu'on a beaucoup supprimé (en particulier le latin), sans pour autant remplacer. L'écrit, si on le connaissait bien dans sa structure d'ensemble plutôt que dans ses détails, serait sans doute plus facile à enseigner que les règles latines. Il y a, contrairement à ce qu'on croit, quelque chose de chaud et de vivant au cœur des liens morphosyntaxiques tissés entre l'oral et l'écrit du français. Mais pour les trouver, deux pas, pour le collège surtout, sont à faire : remonter carrément vers l'oral, que les enfants connaissent bien et où ils sont à l'aise. Puis, apprendre posément à passer de l'oral à l'écrit et de l'écrit à l'oral (car la lecture n'y suffit pas), en situation d'observation, puis en action. Une heure de bonne et vivante pratique linguistique remplace avantageusement dix heures de latin, et plus encore de dictées. Le renouvellement de notre enseignement est à ce prix. Mais c'est cher.

Haby R : Si l'on excepte L. Paye, qui en 1960 eut le courage, à la demande de l'Académie des Sciences, de former pour cinq ans la *Commission d'études orthographiques,* présidée par BESLAIS*, M. René Haby a été le seul ministre de l'Éducation à s'être occupé de cet épineux problème depuis... Georges Leygues, soixante-seize ans avant lui (cf. ARRÊTÉS* de 1900, 1901, 1976).

On ne mesure pas assez l'importance d'un tel engagement. Qui oserait, sans une sérieuse envie de s'attirer des ennuis, peut-être de risquer sa carrière et, qui sait, provoquer une crise de régime, mettre aujourd'hui une telle question à l'ordre du jour, non pas même au Parlement, mais lors d'une séance plénière de parti ou de syndicat ? M. Haby a eu l'intelligence de ne pas le faire. Il a compris qu'il fallait tourner la difficulté, à la fois de l'Académie et de l'opinion, en s'en tenant strictement à ce qui relevait de ses prérogatives ministérielles (publier dans son cabinet un nouvel arrêté de Tolérances, rectifiant l'ancien) et en restant à ce sujet aussi discret que possible.

Si discret qu'on est bien parti encore, à propos de cet arrêté, pour soixante-seize ans. Mais ce n'est pas seulement la faute de René Haby.

Hippocampéléphantocamelos : On ne demande pas à un enfant de savoir ce qu'est ce monstre fabuleux, sorti tout droit de l'imagination de Cyrano de Bergerac (et d'Edmond Rostand), et qui tient du cheval, de l'éléphant et du chameau. Ni de savoir bien prononcer ce mot bizarre. Mais on lui demande de savoir l'écrire.

Impératif (l'*s* de l') : RONSARD* est le premier écrivain qui, semble-t-il, à la suite d'une ancienne proposition du grammairien SYLVIUS*, ait écrit le *t* euphonique de *a-t-il, sera-t-il,* etc.

Jusque-là, on le prononçait, mais on ne l'écrivait pas. Pour *va-t'en, donne-m'en* (au lieu de **va-toi-en, *donne-moi-en,* comme *lave-toi, retourne-toi,* et on dit dans le Midi *donne-moi-z-en*), on n'intègre pas au verbe la consonne interne, qui reste encadrée par un trait d'union et une apostrophe, notant l'apocope. Pour *donnes-en, vas-y,* l'*s* est intégré au mot, contrairement à la règle générale qui veut que l'impératif des verbes du 1er groupe ou assimilés *(donne, sache, veuille, aie, cueille, offre)* ne présente pas d'*s* final.

Remarque mineure, direz-vous ? Détrompez-vous. C'est là l'exception qui confirme la règle : en principe, l'écrit du français note bien *tout* l'oral et plus encore dans la forme canonique du mot, contrairement à l'arabe. De plus, il conserve la forme longue au mot quels que soient les accidents du discours. Pourquoi donc n'y a-t-il pas d'*s* à nos formes régulières d'impératif de 2e personne du singulier ? Au nom de quoi une telle dérogation ? La seule raison que je puisse supposer est celle-ci : il n'y avait pas d'*s* en latin *(ama, da, i* de *amare, dare, ire).* Mais alors pourquoi ne le met-on pas entre traits d'union, **donne-s-en, *va-s-y,* ou inversement ne colle-t-on pas le *t* aux verbes dans **at-il, *serat-il ?* Pourquoi deux poids, deux mesures ?

En ce qui concerne l'impératif des formes en *e* et son absence d'*s,* il y a là, au sein d'un système morphologique visuel dans l'ensemble cohérent et efficace, une infraction regrettable. Si l'écrit, comme l'oral, se met à dérailler, où allons-nous ? Aujourd'hui, sans pudeur, certains vont jusqu'à dire *elle s'est laissé-r-aller, qu'ils ont su* (ou *pu)-t-éviter, qu'elles ont voulu-t-aimer, il pourra-t-être évité,* etc. (ce qui sera, qui sait, peut-être la règle demain). Et au nom de quoi, à ce moment-là, empêcher *les machines à écrire z exceptionnelles* ou *les chemins de fer z algériens ?*

ITA (Initial Teaching Alphabet) : Gens pratiques, nos cousins d'Albion (cf. ANGLAIS*) ont tenté de tourner l'obstacle du conservatisme orthographique de leurs contemporains d'une façon originale : rien à faire avec ces damnés solides gaillards adultes, se sont-ils dit. Il faut passer par les enfants, dont la résistance en la matière est nulle par définition. Grâce à une lutte acharnée, commencée dès 1850 par le vénérable Isaac Pitman (père de la sténographie, et auteur d'une Bible écrite en caractères phonétiques), poursuivie durant plus d'un siècle, et devenue apparemment victorieuse, grâce surtout aux efforts de Sir James Pitman, membre du Parlement et petit-fils d'Isaac (et aussi grâce à SHAW*, qui consacra sa fortune à cette juste cause), ils parvinrent à lancer dans certaines écoles un alphabet phonétique d'apprentissage de 43, puis 44 caractères, proche des habitudes générales et d'accès facile (voir Fig. 1). Le but était, en instruisant d'abord les enfants pendant deux années à écrire avec cet alphabet, de les amener plus vite et plus aisément à la culture de l'écrit, pour passer ensuite à l'écriture traditionnelle, lorsque leurs capacités psychologiques et cérébrales sont plus assurées. Malgré de réels succès (gain moyen de plus d'un an dans l'apprentissage de la lecture), l'expérience, poursuivie durant près de trente ans, semble aujourd'hui abandonnée, plus par manque de soutien de l'État que par un échec interne (cf. ALFONIC* et la revue *Études de linguistique appliquée* [*ELA*] 1972).

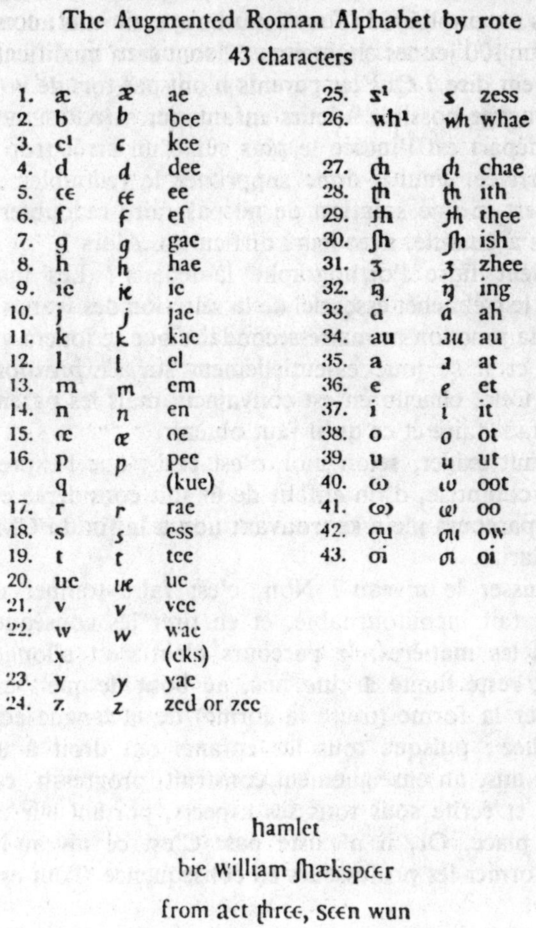
The Augmented Roman Alphabet by rote
43 characters

1.	æ	æ	ae	25.	z[1]	z	zess
2.	b	b	bee	26.	wh[1]	wh	whae
3.	c[1]	c	kee				
4.	d	d	dee	27.	ch	ch	chae
5.	ϵϵ	ϵϵ	ee	28.	th	th	ith
6.	f	f	ef	29.	th	th	thee
7.	g	g	gae	30.	ʃh	ʃh	ish
8.	h	h	hae	31.	ʒ	ʒ	zhee
9.	ie	ie	ie	32.	ŋ	ŋ	ing
10.	j	j	jae	33.	ɑ	ɑ	ah
11.	k	k	kae	34.	au	au	au
12.	l	l	el	35.	a	a	at
13.	m	m	em	36.	e	e	et
14.	n	n	en	37.	i	i	it
15.	œ	œ	oe	38.	o	o	ot
16.	p	p	pee	39.	u	u	ut
	q		(kue)	40.	ω	ω	oot
17.	r	r	rae	41.	ω	ω	oo
18.	s	s	ess	42.	ou	ou	ow
19.	t	t	tee	43.	oi	oi	oi
20.	ue	ue	ue				
21.	v	v	vee				
22.	w	w	wae				
	x		(eks)				
23.	y	y	yae				
24.	z	z	zed or zee				

hamlet
bie william ʃhækspeer
from act threе, seen wun

hamlet: tω bee, or not tω bee: that is the kwestion:
whether 'tis nœbler in the miend tω suffer
the sliŋz and arrœz ov outræjus fortuen,
or tω tæk arms agænst a see ov trubls,
and bie oppœziŋ end them. tω die: tω sleep;
nœ mor; and bie a sleep tω sæ wee end
the hart-æc, and the thousand natueral ʃhocks
that fleʃh is ær tω, 'tis a consummæʃhon
devoutly tω bee wiʃht. tω die, tω sleep;

Fig. 1. *L'Initial Teaching Alphabet (ITA)*
Alphabet phonétique d'apprentissage utilisé dans certaines écoles anglaises depuis les années 1960. Texte proposé : *Hamlet* de W. Shakespeare, Acte III, sc. 1 (*Cahiers pédagogiques*, n° 44, 1963, p. 59).

Jonction (primaire-secondaire) : Sur 100 jeunes cherchant pour la première fois un emploi, 35 (c'est beaucoup) sont sans aucune qualification ; mais sur 100 jeunes chômeurs, 52 sont sans qualification. Qu'est-ce que cela veut dire ? Que les parents n'ont pas tort de vouloir donner le meilleur bagage possible à leurs enfants (cf. ANXIOGÈNE*). Le retard scolaire au départ est l'indice le plus sûr d'un arrêt trop précoce des études à l'arrivée. Faut-il donc supprimer le redoublement ? On l'a tenté. Mais est-ce une solution de ne pas faire redoubler les élèves ? Leur retard s'accumule, avec leurs difficultés. Alors ?

Et que vient faire l'orthographe là-dedans ? Les mathématiques seront certes le trébuchet essentiel de la sélection des jeunes adolescents. Mais c'est à la jonction primaire-secondaire que se jouera véritablement leur avenir, et il se joue essentiellement sur *l'expression écrite* (cf. CONTRATS*). Cela, chacun en est convaincu, mais les parents ne savent pas ce qu'il faut faire et ce qu'il faut obtenir.

Ce qu'il faut exiger, selon moi, c'est ceci : que l'expression écrite, orthographe comprise, d'un enfant de 6e soit considérée comme à *mi-parcours*, le parcours plein se trouvant non à la fin du CM2, mais à la *fin* de la scolarité.

Est-ce abaisser le niveau ? Non, c'est faire tomber une illusion, constater un fait incontournable, et en tirer les conséquences. Alors qu'en toutes les matières, le parcours plein s'est allongé, il est, en orthographe, resté limité à cinq ans, au bout desquels un enfant est censé dominer la forme (toute la forme) de la langue écrite. Erreur, injustice, échec : puisque tous les enfants ont droit à une scolarité jusqu'à seize ans, un enseignement construit, progressif, complet de la langue orale et écrite sous tous ses aspects, portant sur dix ans, doit être mis en place. Or, il n'existe pas. C'est ce niveau-là qu'il faut hausser. Et former les professeurs en conséquence. Tout est là.

Jurys (d'agrégation) : Les erreurs d'orthographe relevées par les jurys d'agrégation devraient intéresser les psychologues (cf. FÔTE*). Elles révèlent certaines des tendances les plus profondes des mécanismes de la pensée et du langage. Ainsi, le jury de l'épreuve de composition française (lettres classiques) de 1973 notait, ce qu'on sait déjà, une étrange tendance française (hypercorrective ?) à rajouter des *h* à des mots comme *antichlérical,* et j'ai souvent noté moi-même *abherration, diachritique, éthymologie, lithurgie, hermite,* etc., sous la plume de mes plus estimés collègues (ou chollègues ?). Mais il y a plus : on retrouve dans les copies, nous disait-on en 1966, la tendance à « l'accord automatique avec le mot le plus rapproché » (ex. *la composition de ses écrits le prouvent) ;* ce qui précède l'emporte sur ce qui suit (ex. *les* *buts que visaient Valéry).* Des adverbes intégrés dans des contextes au pluriel s'accordent (ex. *les éléments purements sonores).* Enfin et surtout, ces Messieurs des jurys s'étonnent de ce qu'ils appellent de la « paresse phonétique » (ex. *cet rigueur, les seuls à inventé, ces œuvres non pas* pour fonction...). Non seulement les psychologues devraient nous aider à analyser ces fautes, remarquables chez des adultes, futurs agrégés de surcroît, mais les psychologues, les rapporteurs, les agrégés et futurs agrégés devraient manifester pour faire inscrire dans la Constitution ce droit sacré pour tous, petits et grands, et pas seulement pour eux-mêmes, dont Barthes réclamait en 1976 l'application immédiate : « Qu'on arrête d'exclure pour motif d'orthographe ! » (cf. ERREUR*, droit à l'). Ainsi cesserait l'une des plus grandes injustices modernes, qui est que plus l'on est petit, en âge et dans la hiérarchie sociale, plus on paye cher la pénalisation et la punition de l'erreur.

Latin (suppression du) : L'enseignement du latin était le cadre séculaire de l'enseignement de l'orthographe dans le Second degré. Deux évènements (j'ai bien écrit : *évènements* et je signe) majeurs se sont produits dans les années soixante : la suppression quasi totale du latin et la généralisation de l'obligation scolaire jusqu'à seize ans. Ainsi, en même temps, une masse d'enfants nouveaux a envahi les collèges, et on leur a retiré les seules structures qui jusque-là permettaient au moins à certains une véritable enculturation linguistique. On n'allait tout de même pas payer à tout le monde ce qui était dû à quelques-uns ! Ajoutons que les professeurs du Second degré sont avant tout des littéraires (à présent eux aussi privés du latin), que rien ne prépare à assumer leurs nouvelles responsabilités. Or, celles-ci n'ont cessé de se modifier et de grandir en matière de langue (nouvelles populations scolaires, immigrés, etc.). Faudrait-il alors réintroduire le latin ? Au niveau de la formation des professeurs, sans doute. Au niveau des élèves, l'enseignement des langues étrangères, si formateur qu'il soit, ne peut remplacer l'exercitation constante dans la langue maternelle. Et pourquoi pas quelques notions d'ancien français, d'histoire de la langue, de formation des mots, d'initiation phonétique, orthographique, lexicale, syntaxique ? Nos professeurs doivent pouvoir répondre aux questions des enfants : pourquoi écrit-on *honneur* avec deux *n* et *honorable* avec un seul, M'sieur ? Parce que c'est comme ça, mon petit, c'est comme le Grand Timonier te le dit. Mais l'orthographe a-t-elle quelque chose à voir avec la langue ? Là est la question. L'orthographe est « le latin des pauvres » (et des FEMMES*), disait-on au XVIIIe siècle. Si cela est, nous sommes à présent 55 millions de pauvres. Prenons-en enfin notre parti, et créons un enseignement complet et scientifique de l'orthographe dans toutes les universités et dans toutes les écoles.

Lecture (rapide en Chine) : « Lorsque je lis 80, je ne vois écrit ni quatre ni vingt », énonçait non sans raison l'un des plus célèbres chefs de file de l'école française de lecture de ces dernières années. Mais là où il va trop loin, c'est qu'il en conclut : « La lecture est idéovisuelle... les signes écrits renvoient directement au sens... » Dira-t-on que les *s* de *les* et de *petits* dans *les enfants, les petits enfants* sont « idéovisuels », ou qu'ils renvoient à des conventions et des règles connues de tous, qui permettent de les lire ? On écrit *80* et, par convention, on prononce « quatre-vingts », comme on écrit *s* et on prononce [z], *oi* et on prononce [wa], *M.* et on prononce [məsjø], etc. Va-t-on dire pour cela que notre écriture n'a ni conventions ni règles linguistiques ? Ce serait trop beau !

Mais voilà, il y a le CHINOIS* : il paraît que dans cet heureux pays, les signes lus « renvoient directement au sens », ce qui fait que l'on n'a nullement besoin d'apprentissage linguistique pour les apprendre : le cheval saute directement dans votre écurie, le canard laqué dans votre assiette et la paix, la vertu, le bonheur et autres notions abstraites rejoignent aussitôt le canard laqué. C'est ce qui fait que la lecture en chinois est un véritable plaisir de la table, et que depuis quatre mille ans tous les Chinois savent lire, à une vitesse telle qu'on croirait qu'ils n'ont jamais lu, et ne savent pas lire.

La meilleure nouvelle, c'est qu'il paraît que nous sommes comme eux.

Oral (et écrit) : Dans une société comme la nôtre, apprendre à lire et à écrire n'est pas un luxe, pas plus que, par exemple, avoir l'eau, le gaz, l'électricité. Mais, naturellement, c'est beaucoup plus important. Imagine-t-on aujourd'hui un enfant qui ne sache pas écrire ? Ce serait comme un individu qui ne saurait pas manger, se vêtir, parler, un enfant-loup.

Et pourtant, nous générons, à notre façon, des enfants-loups. Peut-être pas au sens propre, mais à quoi bon apprendre ses lettres, si c'est pour désapprendre ensuite ? Je ne crois pas vraiment aux 8 % de « dyslexiques », aux 15 % de « retards » réels au CP, aux 25 % des « non-lecteurs » en 6e, à tous ces chiffres abominables qui, comme les croque-mitaines et les histoires de revenants dans le bon vieux temps, nous feraient croire que nous avons enfanté des monstres, dont il faudrait avoir honte et qu'il faudrait cacher. Pour les enfants, je crois que l'on exagère beaucoup.

En revanche, je crois aux « délettrés », à ces 6 à 7 % de conscrits qui ont désappris à lire ; je crois à ces adolescents et à ces adultes (6 millions, dit-on !) qui, ne sachant plus rien et brouillant tout, parfois ne liront plus un livre ni n'écriront une lettre de leur vie ; je crois au gâchis, au gaspillage incommensurable d'énergie et d'efforts.

Considérons une fois pour toutes qu'apprendre ses lettres ne suffit plus. Notre but, ce n'est pas seulement l'alphabétisation de l'ensemble de l'humanité (dont sans doute, à l'heure actuelle, moins de la moitié sait lire, et le tiers écrire), c'est l'instruction totale, pleine et entière dans les deux langues, ou du moins les deux variantes universelles de la langue, que sont l'oral et l'écrit. C'est cela avant tout, et pas autre chose, amener 80 % d'une classe d'âge au bac pour l'an 2000.

Origine (des mots) : « L'orthographe... consiste à surcharger les mots du plus grand nombre possible de lettres inutiles, afin de conserver quelques précieuses reliques du bon vieux temps » (Lettre de Trerielle l'Aîné, de Lyon, 29 oct. 1828).

Les hommes se souviennent de leur père, de leur grand-père, mais au-delà ? Et cependant, la recherche de leurs origines les a toujours fascinés. Pour la langue, malgré tous les progrès accomplis par la science de l'origine des mots, nous sommes, selon les spécialistes eux-mêmes, en pleine conjoncture :

« On ne peut, dit J. Picoche, tenir l'ÉTYMOLOGIE* pour une science achevée... ni, bien entendu, pour une science totalement sûre » (Introduction au *Dictionnaire étymologique du français,* 1979).

Et elle évoque non seulement le sens des mots, dont on ne peut rêver vraiment de faire l'histoire, mais tous les problèmes d'authentification, d'étymologie populaire, d'analogie, de croisement (c'est ainsi que, par exemple, la rue *Gilles le Queux,* le « cuisinier », est devenue très poétiquement *Git-le-cœur,* et le quartier de la *Meute* celui de la *Muette,* avec une mauvaise lecture de l'ancien digramme *ue*) ; des onomatopées et mots expressifs, comme *bobine, bouffer, choper, taquet,* dont on ne peut le plus souvent savoir vraiment d'où ils viennent ; des dialectes et des argots, etc. Cependant, ajoute-t-elle, « la masse énorme des mots savants directement empruntés *par voie écrite* [souligné par moi] au latin ou grec... ne pose aucun problème ».

Et tous les autres ? Si l'on s'en tient au vocabulaire du parler le plus courant, celui que nous utilisons tous les jours, venu à nous à partir des fondations du latin vulgaire, puis du français, avec les apports du gaulois, du celte, du breton, du germanique et d'autres langues, érodés et transformés par les accidents de l'histoire au point de devenir méconnaissables, ou plutôt *entièrement nôtres,* que reste-t-il pour eux de leurs origines ?

Nous ne sommes pas si loin des calculs pittoresques accomplis par les grammairiens du XIXe siècle, en particulier MARLE* et Erdan (FIRMIN-DIDOT*, p. 335) pour les mots les plus courants :

Mots dont l'étymologie est tout à fait inconnue	3 000
Mots dont l'étymologie est douteuse	1 500
Mots qui n'ont plus leurs lettres étymologiques, dont ils se sont dépouillés successivement	10 000
Mots dont l'orthographe est contraire à l'étymologie	500
Total	15 000

Orthographe : Le problème est de savoir quelle différence il y a entre les mots ÉCRITURE(S)*, SYSTÈME* d'écriture et orthographe. En fait, cette différence est si ténue que l'on peut la tenir pour négligeable. On parle d'écriture, en dehors de ses autres sens, surtout de manière noble, en paléographie, par exemple pour les MAYAS*, les Sumériens, les anciens Égyptiens, etc., mais aussi pour le CHINOIS* qui est une langue actuelle. Le mot *orthographe,* qui apparaît dans les manuels latins, est lui « ignoble » (non noble), né dans un contexte bassement pédagogique (apprendre ce qui est correct, rejeter ce qui ne l'est pas) et il a conservé cette connotation désagréable. Cependant, et c'est caractéristique du degré d'abaissement où est tombé ce type d'études, c'est celui que l'on emploie le plus souvent aujourd'hui pour nos écritures nationales, surtout lorsque en dehors des systèmes de transcription on pense aux RÈGLES* (ces fameuses règles) d'assemblage et d'accord. Il peut sembler justifié d'opposer trois faces d'un même langage, même si ces termes peuvent être discutés : la *langue* (en tant que système), la *parole* (en tant que réalisation de ce système) et la NORME* (en tant que choix plus ou moins majoritaire entre ces réalisations, qui ne peuvent manquer à leur tour d'influencer le système). Le mot *orthographe* pourrait être pris au sens de la norme, mais on devrait n'utiliser qu'*écriture* ou SYSTÈME* d'écriture pour parler du système. Quant à opposer les *écritures* anciennes (ou toutes nouvelles, celles des peuples qui passent à l'écrit et ont en général encore des transcriptions toutes simples, dépourvues de complications) et les *orthographes* européennes, cela ne tient pas : nos systèmes sont tout aussi *nobles* et dignes d'intérêt, tout aussi sophistiqués, complexes mais chargés de sens, que les plus anciennes écritures, et, à mon sens, tout aussi dignes d'intérêt.

Pédagogie et savoir : Il faut de la pédagogie et il faut du savoir. Un bon équilibre entre les deux est une bonne chose. Ainsi, l'instituteur de 1830, dans son humble classe de campagne, donnait le peu de son savoir à l'élève le plus âgé, qui transmettait à ses camarades les plus proches, et ainsi de suite. C'est ce que l'on appelait d'un beau nom : « L'Enseignement mutuel ». Le maître de 1930 livrait à ses élèves, du mieux qu'il pouvait, ce qu'il possédait lui-même, avec des procédés qu'il jugeait au moins un peu meilleurs que ceux qu'il avait reçus. Depuis, les méthodes changent sans cesse, on tâtonne, on avance, on recule, on s'adapte ; on a développé des manuels en couleurs, en images, pour l'oreille, sur écran ; on veut plaire, on parle de jeux, de classes conviviales, d'enfants chercheurs, de maîtres à l'écoute, de joies à l'école, de sciences du comportement et du groupe, etc. Et le savoir ? Il est resté, pour l'orthographe, le même. Je ne dis pas que tout ce qu'on a fait en pédagogie soit inutile. Mais rétablissons l'équilibre, faisons-en autant du côté du savoir. L'hiatus est devenu trop grand entre ce que l'on enseigne et ce que l'on devrait enseigner.

Petites Écoles : La *Grammaire générale et raisonnée* d'A. Arnauld et C. Lancelot, dite *Grammaire de PORT-ROYAL** (1660), se situait, ne l'oublions pas, dans la lignée de l'enseignement octroyé dans les Petites Écoles de Port-Royal des Champs, dont Lancelot (1615-1695) était avec Pierre Nicole l'un des maîtres les plus prestigieux. Il avait d'ailleurs publié de nombreuses *Méthodes* pour les langues, et même un *Jardin des racines grecques.* Les Petites Écoles accumulaient à bien des égards en elles-mêmes de nombreuses nouveautés, non seulement théoriques, mais pédagogiques, dont les idées furent reprises au XVIIIe siècle par Rollin dans son *Traité des Études* (cf. RATIONNELLE*, orthographe), sans beaucoup de succès direct, mais tout faisait son chemin.

En particulier, fait remarquable à l'époque, on y enseignait à lire et à écrire à partir du français, alors que dans la plupart des écoles de campagne, nos enfants déchiffraient encore sur des catéchismes et des livres de prière écrits en latin du temps de Guizot, en plein XIXe siècle. Fondées en 1638, les Petites Écoles furent d'ailleurs fermées une première fois, en partie, en 1656, puis de nouveau en 1660, l'année même de la parution de la fameuse *Grammaire.* RACINE* y avait fait ses classes. On disait d'eux : « C'est ainsi qu'écrivent ces Messieurs de Port-Royal. »

Plaintes (de la société française) : Le concept actuel d'échec scolaire (cf. ÉCHEC*) ne date que du prolongement de la scolarité obligatoire, dans les années soixante. Celui de crise de l'orthographe est à la fois très vieux (Isocrate se plaignait déjà des jeunes générations incultes) et, dans sa forme actuelle, assez récent, avec un regain depuis les années soixante (cf. CRISE*). En fait, la vraie raison de nos problèmes, c'est peut-être cela : quelle idée de donner l'accès au lycée pour tous ? Avant, qui se plaignait ? Certainement pas les instituteurs, pour qui les enfants n'ont pas changé depuis FERRY*. Ils fournissent le même matériel qu'avant, mais personne n'en est plus content. Les enfants ? Ils en savaient suffisamment pour ce qu'on attendait d'eux. Les parents ? Ce ne sont certainement pas eux qui ont lancé les criailleries assourdissantes actuelles contre leurs rejetons. Alors, qui se plaint ? Les professeurs ? Ceux qui veulent vider le secondaire et les universités de gens qui, disent-ils, n'y ont rien à faire, et pour qui on ne peut rien. Les seuls qui prennent la chose au sérieux et s'entêtent à présent dans l'autre sens, ce sont les parents. Sans eux, il y a longtemps que l'on aurait balayé tout ça. Mais dix-huit réformes de l'enseignement n'y ont pas suffi, et seule, une bonne guerre y pourvoira.

Point de départ : De mon temps, dites-vous, ma grand-mère n'avait que le Certificat d'études, et elle ne faisait aucune faute (cf. FÔTE*). Regardez ces vieilles cartes postales attendrissantes, cette fine écriture, cette correction sans failles...

C'est sans doute vrai, mais elle était précisément de votre famille, peut-être une famille d'enseignants. Et puis c'est exactement comme si vous constatiez que personne n'échoue à courir 50 mètres, alors qu'on ne parvient pas aisément à tenir les 10 000 mètres. Écrire une carte postale, c'est bien. Mais on exige beaucoup plus d'un enfant d'aujourd'hui, de tous les enfants et dans tous les domaines, et c'est normal. En fait, un élève sur deux, à l'époque de votre grand-mère, échouait au Certificat, et l'on n'y présentait que les meilleurs, ils étaient à peine 250 000 en 1900 ! Voulez-vous que votre enfant s'arrête aujourd'hui aux connaissances solides, mais pauvres, que l'on exigeait alors pour ce fameux Certificat ? Qu'il ne sache, comme elle sans doute, que lire, écrire et compter, de mémoire, même parfaitement, alors qu'ils ont aujourd'hui tant de choses plus importantes à enregistrer dans leur tête ?

Ce qui constituait pour l'ensemble de la nation un point d'arrivée, c'est aujourd'hui un point de départ. Ne vaut-il pas mieux qu'ils sachent, certes, l'essentiel là-dessus, mais avoir des langues vivantes et tout ce qu'il faut de technicité pour réussir dans le dur monde d'aujourd'hui ? A cet âge, ils savent déjà à présent se servir d'une calculette, du Minitel, demain d'un correcteur d'orthographe. A quoi sert de se lamenter ? Les filles ne savent plus coudre, mais elles conduisent des camions. Ce qu'il faut qu'ils connaissent de l'orthographe évolue, comme leur expérience des mathématiques. Les données antérieures ne disparaissent pas, mais elles sont moins importantes, intégrées à d'autres qui les englobent. Ils partent pour courir le Marathon, et rien ne pourra les arrêter. Si : passer de précieuses années à enregistrer à toute force des âneries.

Pourcentage (des fautes d'orthographe) : Sur 1 000 copies de Certificat d'études primaires, 3 000 copies de Baccalauréat, 1 500 copies de Propédeutique (cf. Rapport BESLAIS*, 1965, et FÔTE*), les résultats globaux de relevés de fautes étaient entre autres les suivants :

Types de fautes	Propédeutique	Baccalauréat	Certificat d'études
Finales en *x* (et pluriels)	0,52 %	0,65 %	0,95 %
Finales en *ant/ent, ance/ence*	4,65 %	5,59 %	4,89 %
Homonymes	0,52 %	0,91 %	1,89 %
e parasite interne	0,00 %	0,13 %	0,44 %
Lettres grecques	5,20 %	2,21 %	3,27 %
Accent circonflexe	48,70 %	45,90 %	21,48 %
Consonnes doubles	28,33 %	34,72 %	56,31 %

Lorsque la température des performances atteint plus de 41 degrés, ou, disons, lorsque le nombre des non-performances devient une caractéristique générale de la population, élites comprises, deux attitudes sont possibles : casser le thermomètre, ou prendre des mesures (cf. JURYS*). Pourquoi tant d'omissions de consonnes doubles (car on n'a pas compté ici les redoublements de *consonnes simples,* mais seulement l'absence des *CONSONNES* doubles*), pourquoi cette superbe ignorance (comme lorsqu'on dit : *ignorer* quelqu'un) vis-à-vis du circonflexe, ignorance qui s'accélère chez les adultes (cf. CIRCONFLEXE*) ? Devinez : ces lettres et signes sont *hors système,* pour la plupart, ce qui confirme, par ricochet, la mise en règles qui sous-tend, même inconsciente, les mécanismes de l'écriture prétendue automatique. Les deux critères principaux qui, à mon avis, devraient guider les réformateurs sont la *pédagogie* et le *système.* Ici, l'on n'a ni l'un ni l'autre. Il en est de même pour la règle de l'ACCORD* du participe passé avec *avoir.* Elle est irréductible, dans ses côtés les plus subtils, à la pédagogie, et ne résiste pas à une analyse en système, ni à l'oral ni à l'écrit (cf. IRRÉDUCTIBLES*).

Quotient (intellectuel) : Le quotient intellectuel, ou mental, d'un enfant (appelé aussi QI, ce qui, simple coïncidence, signifie également *quorum* ou *quota d'immigration),* veut mettre en rapport « l'âge mental » et « l'âge réel » d'un enfant, ce rapport étant égal à 1 chez un sujet dit « normal ».

On comprend fort bien qu'une jeune science ait besoin de certitudes. Tout le monde doit gagner sa vie. Mais voyons les résultats : à quel âge un enfant est-il apte à apprendre à lire ? A cette question directe, la Science répond que certains enfants de dix ans ont un « âge mental » qui va de : « moins de quatre ans trois mois » (2,2 %) à « sept ans deux mois », ou même « sept ans huit mois » et « plus de sept ans huit mois » (2,2 %), avec une pointe de 50 % entre « cinq ans cinq mois et six ans six mois ». Haute précision ! Alors, la question ? Réponse : cela dépend des enfants, mais aux alentours de six ans, c'est plus sûr. Réponse qui a au moins le mérite d'être honnête.

Autre série de questions : Peut-on déterminer ceux qui seront aptes à faire des études longues ? Branle-bas de combat, appel à l'ordinateur, autre série de chiffres, puis la réponse : « Cela dépend des enfants, et d'une multitude de facteurs autres que leur quotient intellectuel. Nous n'avons pas tous les éléments. » Réponse honnête.

Certains vous diraient : Même si un enfant paraît à un certain moment avoir un gros handicap et un QI en chute libre, à son âge, qu'est-ce que cela prouve ? Cela ne devrait rien changer, car les calculs effectués ne seront pas plus sûrs que pour un autre enfant présentant au même moment toutes les caractéristiques du « surdoué » et des compétences phénoménales. Qui sait ce qui peut leur arriver ensuite ? Tels calculs, tels sondages, et on sait ce que valent les sondages... Ces enfants ont toute la vie devant eux.

Mais au fait, rien ? Si, cela devrait tout changer : les calculs des retards devraient au moins servir à sonner l'alarme. Et ce n'est pas le cas : on n'entoure guère plus ces enfants, on n'aide pas davantage à leur prise en charge scolaire et individuelle. On ne peut rien pour eux, tant qu'ils ne se sont pas réellement cassé la g... A ce moment-là, on intervient, à grands frais et grand renfort d'heures de soutien, ce qui revient fort cher. Mais c'est trop tard. Jusque-là, on se contente de les étiqueter, quand on n'établit pas pour eux une fiche qui va les suivre comme une marque infamante (cf. BARÈMES* et DYSORTHOGRAPHIE*). C'est cela, hélas, le QI. Un QI établi, rappelons-le, en fonction d'un certain type de compétences et de performances déterminées une fois pour toutes. Et si l'on installait ce lit de Procuste, si pratique, une fois pour toutes à la naissance de chaque enfant ? Tout bébé n'entrant pas dans le cadre exact des mensurations retournerait d'où il vient.

Règles (orthographe de) : Les « règles » (assorties de listes) sont toujours sans failles, dans la bouche des maîtres. On donne ainsi une idée fausse de l'écriture, mais aussi de la langue, qui n'est pas sans exceptions. De même, les personnes les plus spirituelles, les plus lettrées font des fautes, mais l'idéologie n'a rien à voir avec les faits. On vit d'une façon, on pense d'une autre, et allez vous étonner après ça que tout s'embrouille à un moment donné. En fait, il y a de vraies règles et de fausses règles, mais il y a toujours des exceptions, la seule différence entre les deux types étant que les premières en ont peu, tandis que les secondes en présentent tant, qu'il n'y a plus de règles du tout. Ce sont en général les secondes qui ont la faveur des maîtres (cf. mots en AC*). NODIER* était vers 1850 en train de lire devant l'Académie française des remarques sur la langue, et faisait observer que le *t* entre deux *i,* sauf exceptions, se prononçait *s :*

— Vous vous trompez, Nodier ; la règle est sans exception, lui cria E. Dupaty, autre Immortel, dont le nom n'est pas entré dans l'histoire.

— Mon cher confrère, rétorqua gentiment Nodier, prenez pi*c*ié de mon ignorance, et faites-moi l'ami*c*ié de me répéter seulement la moi*c*ié de ce que vous venez de dire.

Situation (de communication) : Dans son article intitulé « Les illusions de la DICTÉE* » *(le Monde de l'éducation,* 1976), Hélène Huot énumérait quelques-uns des progrès à faire pour renouveler l'enseignement de l'orthographe. Parmi eux, citons :

— l'utilisation de DICTIONNAIRES* ;

— la séparation de l'ORAL* et de l'écrit ; l'utilisation de l'API* ;

— l'amélioration de la situation et de la formation des maîtres ;

— l'introduction à l'école, surtout dans le secondaire, d'études et de pratiques de la grammaire et de la syntaxe du français, fondées et sérieuses (et aussi, ajouterai-je, de l'histoire de notre langue) ;

— une DOCIMOLOGIE* positive ;

— un enseignement de l'écrit en situation de communication, etc.

Il n'y a pas un mot à changer à cet inventaire des besoins. A propos de la situation de communication, on pourrait ajouter aux remarques judicieuses faites alors par H. Huot simplement celle-ci : faire réfléchir les enfants sur le fonctionnement de la langue, ce n'est pas leur dire, comme à l'armée : mets un *s* là, un *e* ici, un *t* à la ligne précédente, un *z* à la ligne suivante, un *ent* précisément à cet endroit et non à tel autre, demi-tour à droite, demi-tour à gauche, etc., ce qui ne conduit qu'à les déboussoler complètement. C'est, par exemple, leur faire écouter dans les discours publics le jeu délicat du *e* caduc (cf. E* « féminin ») ou des LIAISON(S)* à l'oral, qui apparaissent, disparaissent, tels des feux follets. Pourquoi ? Quand ? Comment ? Au hasard ? Que non pas. Il y a là-dessous une multitude de données linguistiques qui fourmillent et qui viennent au jour : l'origine géographique (on peut reconnaître les gens à leur façon de parler), le niveau de langue, l'affectivité, les groupes de sens, l'intonation, la nécessité de se faire comprendre, le respect des tout petits mots qui risqueraient de disparaître si l'on n'en prononçait pas le *e* ou les finales, la spécificité de ces phonèmes ou de ces morphèmes clignotants que nous avons en français, l'intervention puissante de l'écrit, le rôle prenant de l'image visuelle de l'écriture... et aussi le pédantisme, qui paralyse tant d'hommes politiques et autres, et de speakers français, au point de tirer des *s* et des *t* là où ils n'ont que faire ! C'est cela, voyez-vous, l'orthographe, c'est *aussi* cela...

Sondage (Bled) : « On ne concevrait pas, est-il dit dans l'une de ces merveilleuses préfaces de l'un des merveilleux produits BLED* au sujet des mathématiques, qu'un enfant eût à résoudre des problèmes sans avoir acquis le mécanisme et le sens des opérations, ou sans posséder des éléments de système métrique et de géométrie. »

Remarque judicieuse, qui laisse à penser qu'on ne concevrait pas, de la même façon, qu'un enfant eût à résoudre des problèmes d'orthographe sans avoir acquis le mécanisme et le sens de leur maniement oral, ou sans posséder des éléments suffisants du système de la langue qui lui permette d'en juger (cf. aussi AC*, mots en).

Le pensez-vous ? Vous auriez tort. Un sondage accompli sur le lexique d'un manuel Bled (4 689 mots recensés au début de chacune des pages du livre) donne des résultats saisissants : 85,7 % des mots ne se trouvent pas dans *le Français fondamental* (ce qui n'a rien d'étonnant) ; 56,8 % des mots ne se trouvent pas dans *l'Échelle Dubois-Buyse ;* 33,2 % ne se trouvent pas dans le *Vocabulaire orthographique de base :*

L. Freq.	% mots présents	nombre de mots présents	total des mots des Listes	% mots absents
DB	43,2	2 028	3 725	56,8
FF	14,3	674	1 475	85,7
VOB	66,8	3 136	7 691	33,2

Listes de FRÉQUENCE* *:*

DB *Échelle Dubois-Buyse,* 3 725 mots.
FF *Français fondamental,* 1 475 mots.
VOB *Vocabulaire orthographique de base,* 7 691 mots.

Mais il y a mieux : 26 mots du Bled (seulement dans ce sondage partiel) sont totalement inconnus, ils n'ont jamais été relevés dans aucun texte, même par des listes de fréquence aussi performantes que celle de l'INALF de Nancy (80 000 000 d'occurrences) : il s'agit de termes aussi familiers qu'*akène, mezzanine, mezzo-soprano, milk-bar, seoir, steam-boat, stud-back, sweat-shirt* ou *trolley-bus.*

En fait, sur les 4 689 mots relevés, 1 586 (33,7 %) ne se trouvent dans *aucune* liste de fréquence, sinon à titre d'« hapax » (c'est-à-dire qu'ils ne sont apparus qu'une seule fois dans les textes).

Parmi les « hapax », on trouve *amphitryonne, apostème, berber, brocoli, rhinite, tinctorial...* (cf. aussi EXERCICES*).

Il faut se souvenir, pour bien saisir toute la saveur de ce sur-savoir, que l'on fait ainsi ingurgiter à nos chers oisillons mille fois trop de mots pour écrire. On a prouvé, en effet, que si le vocabulaire de lecture (en compréhension) n'avait pratiquement pas de limites, nous n'utilisons jamais nous-mêmes en production écrite courante que 4 à 5 000 mots, pour les plus savants d'entre nous (La Fontaine lui-même n'en a pas utilisé davantage).

Mais c'est pour le plaisir, voyons ! Le plaisir de qui ? Et jusques à quand, *quousque tandem* (tandem avec qui ?), Bled, vas-tu régner ?

Typologie (des fautes) : La typologie des fautes (cf. FÔTE*) est avant tout, comme son nom ne l'indique pas, une *classification :* sont-elles, ces fautes, des *lapsi linguae* (erreurs de langue) ou des *lapsi calami* (erreurs de plume) ? Dans ce dernier cas, s'agit-il d'inadvertances du type **carosse* comme *carillon,* ou **tonerre* comme *détoner* (à corriger sans phrases, en attendant une leçon d'histoire de la langue), ou du type *lecon* pour *leçon, lange* pour *langue,* ou encore les *fraise* pour les *fraises,* les *oublis* pour les *oublies,* il *confie* pour il *confit,* beaucoup plus intéressantes à tous égards ?

Il est nécessaire de ne pas confondre *typographie, typologie* et *zérologie.* Le correcteur typographe juge les résultats et non les causes ; le typologue, les causes et non les résultats ; le zérologue ne juge rien du tout, il installe un compteur et met des ZÉRO(S)*.

Ce qui intéresse le typologue, ce n'est pas une technologie compliquée et imparable, pour aboutir à classer l'enfant dans une catégorie de QUOTIENT*, intellectuel, mais plutôt, en l'examinant et en le connaissant mieux, de lui fournir ainsi le *quotient respiratoire* dont il a exactement besoin chaque jour pour son équilibre personnel (cf. DOCIMOLOGIE* et PHYLLOGRAPHIE*). Le typologue n'est ni un entomologiste ni un inspecteur des impôts. Ses comptes seront pour lui autant d'indices précieux et de responsabilités devant ses élèves.

Il ne sert à rien en soi d'entourer l'enfant de chiffres et d'instruments, de l'enfermer dans un laboratoire, où les résultats sont faussés d'avance. C'est en situation réelle, au jour le jour, et pas à pas, que se feront les progrès ; encore faudrait-il concevoir, ce qui n'est pas évident, surtout dans le Second degré, qu'il y ait pour lui des progrès à faire, et non de lui permettre seulement de marcher à reculons, en position de défense, comme un soldat traqué sur le champ de bataille, sous les ZÉRO(S)* qui pleuvent de toutes parts.

Un des avantages d'une typologie, c'est qu'on peut au moins en discuter ensemble. On ne peut s'imaginer combien ces petites choses-là sont importantes.

Ventre mou (du système scolaire) : Le cœur du problème, c'est que notre orthographe est grammaticale. C'est la grande différence avec l'ANGLAIS* : il s'apprend par la mémoire et par l'usage, comme une nomenclature de noms propres ou de noms de lieux. Pour comprendre notre langue, il faut deux fois apprendre la grammaire, et à bien des égards on pourrait dire que nous avons deux systèmes de langue. Mais quoi ! Nous pourrions nous les payer, si, dans le pays de Descartes, nous examinions sérieusement ces problèmes. Seulement voilà : on a ficelé les choses de telle façon au XIXe siècle (et on en est toujours là) que la partie lexicale soit étudiée par les enfants du peuple, et que le reste ne soit sérieusement abordé qu'à travers le latin, dans un second temps, au lycée et au compte-gouttes. Le LATIN*, les classiques, le formalisme, l'élitisme, tels étaient les quatre piliers de notre enseignement secondaire traditionnel, et l'esprit a survécu aux faits. Changer l'enseignement de l'orthographe, « ventre mou de tout notre système scolaire » (J. Cellard), c'est toute une conception du monde qui s'écroule, puisque tout chez nous passe par l'écrit. Ou bien il s'agit comme par le passé d'une culture « désintéressée », « gratuite », « noble », visant à former des poètes, des avocats, des médecins, et surtout des professeurs (puisque notre enseignement ne semble fait que dans un seul but, se reproduire) — ou bien on conçoit l'écriture de façon nouvelle, comme un véritable outil technique et scientifique, une exercitation saine et indispensable de l'esprit à transmettre à tous, agriculteurs, ouvriers, employés, techniciens, cadres, pour qu'ils l'emploient constamment et de façon efficace (comme un *ordinateur,* et c'est bien cela qu'est l'écriture), sans se soucier des subtilités qui font se pâmer les comtesses. Littérature ou technique mentale, il faut choisir.

Zéro : Le mot *zéro* se disait *chiffre* ou *cifre* en ancien français (arabe *sifr).* Il remplace, nous disent les dictionnaires, « dans la numération écrite, les ordres d'unités absentes : *six et quatre dix, je pose zéro et je retiens un ». C'est une valeur nulle,* un ensemble *vide,* un *néant,* un *rien,* une *nullité :* par exemple, *avoir zéro à sa dictée, attraper un zéro, collectionner les zéros,* d'où, au figuré, *c'est un zéro,* « un homme qui ne compte pas, sans valeur » *(Petit Robert).*

Le zéro, notons-le, ne peut qu'être écrit, il ne peut exister nulle part qu'à l'écrit. En France, c'est le symbole même de l'orthographe, avec, bien entendu, les FÔTE(S)* et les ÉCHEC(S)*. Ainsi, l'apprentissage de la langue écrite, porte de la culture, est associé chez nous au péché et à la nullité. En somme, on éduque nos enfants à devenir des « ordres d'unités absentes ». Étonnez-vous après qu'ils n'aiment pas l'école : *zéro pour moi,* dans l'expression courante, veut dire « ce que je fais ne vaut rien », alors à quoi bon ?

CHAPITRE DEUX

UN PSYCHODRAME FRANCO-FRANÇAIS

AFF : Qu'est-ce que l'AFF (Association des Français Formalistes, ou Académie Française de France, je ne sais plus) ? Une association de gens de bien, une chambre de réflexion, une Chambre des comptes de la langue. Ce n'est pas une si mauvaise idée. Ce n'*était* pas une si mauvaise idée, si l'on avait continué de pratiquer la séparation des pouvoirs. Sous Louis XV, le plus démocratique des rois de ce point de vue, l'AFF était libre. Tout d'abord, en raison des impératifs de la modernité, la gentille confrérie des (meilleurs ?) écrivains s'était, tout à fait normalement, adjoint des spécialistes de la langue, en raison de problèmes qui manifestement les dépassaient largement. Flanc contre flanc, comme des frères, toutes disciplines de sciences humaines et même exactes confondues, ils prêtaient leur talent et leurs réflexions à quelques-uns de leurs collègues, chargés, avec des pouvoirs réels et justifiés, du travail du *Dictionnaire* (cf. CONSONNES* doubles). La Révolution a changé tout cela. L'argent tout d'abord, en première ligne (le dictionnaire a été promptement vendu dès 1794 à un certain M. Smith, négociant hollandais). Puis la pratique jacobine, prénapoléonnienne, du centralisme et du « droit de regard » (simple litote) sur les provinces et sur Paris. Ce n'est pas la faute des gens de bien, doux rêveurs que l'on avait choisis parmi les plus dociles. On l'a bien vu, lorsque en 1893 ces GE (gentils écrivains) ont eu l'outrecuidance de décider tout seuls, comme des grands, d'entériner le projet de réforme orthographique de GRÉARD*, leur estimé collègue. Ce dernier leur avait à juste titre inspiré confiance, étant à la fois universitaire, pédagogue et linguiste (cf. DUCS*). Tout cela a été liquidé l'espace d'un été par le parti légitimiste, qui tient à garder intact le privilège, instauré par deux Louis et dûment confirmé depuis, sur l'esprit et la *lettre* du français. Par la suite, nul ne s'y est plus frotté, et c'est toujours ce parti qui a la haute main en la matière. La bourgeoisie est ainsi strictement restée fidèle à ses options d'origine : pour décider ce qu'est le bien parler, abritons-nous derrière les perruques poudrées. Rappelez-vous Napoléon Ier (qui savait très mal l'orthographe, comme le français) et ses centaines de nominations royales, princières, ducales dans toute l'Europe. Rappelez-vous Rivarol, Charles X et Louis-Philippe, et Balzac, et Napoléon III, et les antidreyfusards, Maurice Barrès et Charles Maurras, pour ne parler que des plus anciens. A vrai dire, on ne sait pas qui s'abrite derrière l'autre, qui profite vraiment de l'autre. Les GE de l'AFF cachent les légitimistes, lesquels couvrent l'élite républicaine dirigeante, elle-même bien acceptée par l'élite bien-pensante, elle-même en phase avec un nombre très, très grand de citoyens...

Agnès (le maître d') : Certes, le contenu doit l'emporter sur la forme. Mais les littéraires, en France, non seulement considèrent la langue comme une simple forme, et donc soumise au contenu, mais se considèrent eux-mêmes comme le *seul* contenu possible pour la langue. Les 99,99 % des gens qui n'écrivent pas de livres, et donc ne racontent pas d'histoires n'auraient donc pas voix au chapitre dans le domaine de l'écrit ? Et pourtant, ils s'en servent ! Ou alors, à quoi bon leur avoir appris à lire et à écrire ? Ces Jeandelettres se croient encore sous l'Ancien Régime, entre personnes de bonne compagnie. Foin du *vulgum pecus,* du « vulgaire odieux ». « Nul n'entre ici s'il n'est écrivain... » Ils aiment la langue comme Arnolphe aime Agnès, bouclée pour eux-mêmes dans l'ombre à double tour. Un simple chiffre : sur les 20 à 60 milliards de mots traduits dans le monde (80 à 240 millions de pages, dont la moitié en anglais) les écrits littéraires ne représentent que 0,3 %, contre 35,4 % pour les écrits techniques et commerciaux. Que dire alors des humbles textes courants et personnels, dans un monde semi-lettré ou non encore lettré ? De Sumer au Conseil de l'Europe, les écritures, cela a toujours été l'économie, le droit, le commerce, la finance, la religion, la politique. Mais, Messieurs, si vous n'ouvrez pas la porte, Agnès s'en ira par la fenêtre...

Allées (et venues) : Charles Sorel, sieur de Souvigny (v. 1600-v. 1674) raconte, dans son *Histoire comique de Francion* (1622), une anecdote au sujet des lettres inutiles :

« Si l'on vous faisoit des gants qui eussent six doigts, vous ne les porteriez qu'avec peine et cela vous sembleroit ridicule. Il faudroit que la nature vous fît à la main un doigt nouveau ou que l'ouvrier ôtât le fourreau inutile ; regardez si l'on ne feroit pas ce qui est le plus aisé. Aussi, parce qu'il n'est pas si facile de prononcer de telle sorte les mots que toutes leurs lettres servent, que d'ôter ces mêmes lettres inutiles, il est expédient de les retrancher. »

L'Académie, en 1905, n'a pas été de cet avis : elle semble avoir alors été plutôt favorable à un alignement de la prononciation sur l'orthographe que l'inverse. Elle paraît juger, quant à elle, non seulement que l'on prononce deux *l* dans *allumer, amollir, ballade, ballot, cellier, allée,* etc., deux *t* dans *jette, nette, guette, sotte, hutte,* deux *r* dans *amarrer, barrer, beurrer, bourreau,* etc., mais, au sujet de cette dernière consonne, elle déclare :

« L'Académie a une tendance à maintenir cette double *r,* l'orthographe dût-elle amener une prononciation moins molle, moins nonchalante, que l'Académie jugerait plutôt souhaitable... » (rapport FAGUET*, Institut de France, *Discours,* année 1905).

Ainsi, travaillant depuis 1635 « à donner des règles certaines à notre langue... » (Statuts), la Compagnie aurait préféré, sans hésitation, la première solution évoquée par Charles Sorel, faire « à la main un doigt nouveau » pour un gant à six doigts, et non « ôter le fourreau inutile ». La vraie langue, c'est l'orthographe. L'autre n'a qu'à s'y conformer.

BRUNOT* (*Lettre ouverte,* 1905), remarque à ce sujet :

« Emportée par ce mouvement, la Compagnie déclare net qu'elle espère que l'écriture refera la langue... On croit rêver en lisant cette liste, que j'ai abrégée... Elle se demande de quelle région peuvent être les personnes qui ne prononcent pas un *bal-lot...* Dans le drame on roule les *r* de *terrible,* l'Académie, dans son indignation, a vibré les *l.* Je me représente les *al-lées* et venues du rapporteur, mâchant ses mots comme des *bal-les,* ainsi que le personnage de Daudet, tantôt *al-léchant* les collègues, tantôt *al-lumant* la colère de ceux qui semblaient *mol-lir,* démontrant à ceux qui invoquaient les souvenirs du *col-lège,* où on se faisait *col-ler* pour une dictée, combien les consonnes *embel-lissent,* combien elles ajoutent à l'harmonie... » (p. 45).

Anxiogène (pression) : Mon papa et ma maman exercent sur moi une pression anxiogène, c'est la dirlo qui l'a dit, elle l'a entendu de la psy (cf. ÉCHEC* scolaire). Ça veut dire qu'ils m'empêchent de vivre parce qu'ils se sont mis mal avec ma maîtresse, il paraît qu'ils sont venus l'autre jour en disant qu'ils avaient assisté à une conférence avec la psy de ma sœur qui est en 5e, et qu'on leur avait dit que si elle redoublait elle n'avait aucune chance d'avoir le bac, et eux ils veulent que j'aie le bac, c'est ça, une pression anxiogène. Ma sœur elle a appris ça et elle me l'a raconté, parce qu'elle elle va s'arrêter parce qu'elle a redoublé et elle est trop vieille, et la psy elle a dit que c'était mieux pour elle, et ma psy à moi elle a dit la même chose, que ce n'est pas grave, qu'il faut qu'on soit heureux et tout, mais les parents ils exercent une pression anxiogène, voilà. Il paraît qu'on bloque les enfants japonais quand ils veulent aller s'amuser ou en récré et après ils se suicident. Mais moi je ne me suiciderai pas, je saurai bien lire un jour, si c'est ça qu'ils veulent, après les vacances de Pâques, quand j'aurai mes six ans.

Artificiel (et naturel) : L'écrit, c'est mal, disent certains, parce que ce n'est pas « naturel ».

Ainsi, nos ancêtres, les hommes de cavernes, ne savaient pas écrire, ils savaient parler. L'enfant ne sait pas écrire, mais il apprend (naturellement ?) à parler. La parole est donc sacrée, car « le mot c'est le verbe et le verbe c'est Dieu » (HUGO*).

L'écrit nous apporte un langage qui n'est pas celui de tous les jours, dans lequel nous ne nous retrouvons pas, comme si l'on voulait nous imposer à chaque instant le charabia interminable et obscur des actes de succession. Il faut s'y déguiser, prendre des détours, rajouter des formules de politesse, éviter les interdictions, déjouer les pièges sans nombre, qui sont mis là, dirait-on, précisément pour nous faire tomber dedans. D'ailleurs, si l'on en croit par exemple LÉVI-STRAUSS*, il s'agit depuis toujours d'un instrument du pouvoir, accaparé, comme les richesses matérielles, aux mains des prêtres et des puissants...

Tout cela est peut-être vrai, et ROUSSEAU* l'a dit mieux que nous. Mais faut-il casser la machine, comme voulaient le faire les Canuts ? Qu'est-ce qui est « naturel » dans la société ? dans l'histoire ? Le progrès n'est-il pas « artificiel » ? Rien n'est « naturel » dans l'homme, et surtout pas le langage oral. Et n'y a-t-il pas des prêtres et des puissants dans les sociétés sans écriture ?

Après tout, les lois sont écrites, et qui gagne à la loi ? Si elle est bien faite, naturellement (cf. la citation de P.L. Courier sous DERRIDA*, et ORAL* et écrit).

Avances (féminines) : Curieusement (cf. DUCLOS*) on constate en général aujourd'hui (je veux dire non depuis que l'on fait des statistiques, mais depuis que les filles ont une éducation équivalant à celle des garçons), une certaine tendance des élèves féminines à être plus douées que leurs camarades masculins dans cet exercice de haute voltige que l'on demande en France aux jeunes générations, et qui consiste à sauter d'emblée plus haut que les adultes dans les prouesses orthographiques.

Passivité ? Docilité ? Rébellion courageuse des garçons contre certaines astreintes, certaines pilules inavalables ? Domination, chez les filles, du cerveau droit, plus global, sur le cerveau gauche ? Toutes les hypothèses ont été avancées, y compris, rarement, une supériorité intellectuelle des unes sur les autres. Quoi qu'il en soit, un test lancé sur 642 familles (Ateliers lyonnais de pédagogie, 1973) donnait une moyenne d'avance féminine de six mois (78,19 % de réussite sur l'échelle Dubois-Buyse, contre 70,91 % pour les garçons). Un autre SONDAGE* comparant des élèves nés en Afrique du Nord et d'autres de France métropolitaine est plus significatif encore, en raison de la place inférieure occupée, dit-on, par la femme de ces pays : 68,8 % de réussite pour les garçons nés en Afrique du Nord (71,66 % en France), contre 76,69 % de réussite pour les filles (78,81 % en France, ce qui confirme tout à fait les premiers chiffres).

N'hésitons plus : comment ne pas faire confiance à des créatures aussi douées ? Confions-leur nos destinées orthographiques. Créons une Académie féminine et nommons-les plénipotentiaires. Recevons-y même un garçon...

Bien (parler) : Le « bien », en matière de langage, cela a d'abord été le Roi d'Ile-de-France, puis la Cour, puis, au XVIIIe siècle, les « classiques » du XVIIe siècle, puis, au XIXe siècle, la bourgeoisie soi-même, du « Nord » pour Paul Passy (quand ce n'était pas la Touraine !), de « Paris » pour P. Fouché, les « personnes cultivées » pour Barbeau-Rhodes, les « vieilles familles de la bourgeoisie parisienne » pour M. Grammont, de la « bonne société », des « classes supérieures », ou « dirigeantes », pour G. Straka, A. Martinet ou A. Malécot, « l'élite » (J.P. Caput), etc. Aujourd'hui, on démocratise : ce sont « les générations moyennes des milieux urbains » (J. Dubois), les « classes moyennes » (Marcellesi) et les milieux « intellectuels » (Kaminker), ou même, selon Malmberg, « les phonéticiens sérieux »... Certains de ces phonéticiens, qui existent bel et bien, ramènent la NORME* à ce qui est « accepté par tous les sujets parlants » (P. Léon), ce qui n'est pas très clair, mais a au moins le mérite de la modestie. D'autres nous parlent à présent de « moyenne », de « fréquence », etc. Bref, on ne sait pas, exactement, on cherche encore qui est qui, et qui parle « bien ».

Comment, dans ces conditions, donner pour la radio et pour la télévision le prix à celui qui parle « le mieux » ? En tout cas, pour ma part, je ne donnerais pas ce prix à quelqu'un qui m'écorche à tout bout de champ les oreilles avec des imparfaits du subjonctif et des LIAISON(S)* mal-t-à-propos, dont certaines n'ont jamais existé ailleurs que dans sa bouche. Nos maîtres véritables, je veux dire les aristocrates, Charles de Gaulle en tête, détestaient par-dessus tout l'affectation et la pédanterie : prononcer toutes les lettres écrites pour eux en était une, digne des paltoquets, tout comme porter faux col et queue-de-pie pour aller chercher son pain. Celui qui parle le mieux est celui qui parle comme vous et moi, que je comprends, qui m'amuse et que j'ai plaisir à entendre. C'est aussi celui qui sait adapter sa façon de parler à son public ou à ses interlocuteurs, celui qui a *toutes* les cordes du français à son arc, et non pas une seule, « enveloppée dans la naphtaline », comme l'a si bien dit Claude Villers. Sinon, cette langue figée a un nom : c'est une langue de bois.

Bijoux (de la couronne) : Il y a deux sortes de reliques : les monuments et les grigris. On me dit que l'écriture du français est un monument historique. Je le veux bien. Le Sacré-Cœur, même très laid, est un monument historique. L'*x* des sept pluriels en *-oux* (qui sont huit, avec *chouchoux,* comme les Trois Mousquetaires étaient quatre) n'est qu'un grigri ridicule, fantaisie abréviative pour *-us* au Moyen Age, dont la conservation depuis dix siècles tient du miracle de Lourdes. Mains croisées, genoux serrés, ces diables de Gaulois (grande gueule et cœur tendre) s'acquittent depuis 365 000 jours de leurs dévotions à la poupée de chiffon. Ils me font penser aux pèlerins de N.D. de Bonfin, au Brésil, l'une des plus belles églises de Bahia (de tous les saints, *de todos les santos*). Pieux endroit où toutes les croyances se retrouvent dans le sein généreux et sous l'œil peu regardant de Notre Sainte Mère l'Église. Accumulations de porte-bonheur, amoncellement de médailles, cœurs et rubans rouges cousus, fleurs séchées, photos jaunies, messages touchants, parfois avec l'adresse et le numéro de téléphone, ensevelissent l'immense nef de la base au sommet, et l'on vous assaille sur le perron pour vous fournir par dizaines ces ex-voto de pacotille. Notre langue écrite est ainsi, sa noble stature défigurée de clinquant et d'amulettes, que chacun prend pour le Saint des Saints.

On dresse nos enfants à adorer ces bêtises, au point qu'ils en demeurent tout rassotés comme Thomas Diafoirus. Il est temps, grand temps, de ravaler ces façades, de dégager les lignes élégantes de l'architecture d'ensemble, de rejeter ces superstitions d'un autre âge pour une religion plus raisonnable.

Blocage (de la société française) : L'écriture du CHINOIS* est certainement plus difficile que celle du français. Celles de l'irlandais, du GREC*, de l'ANGLAIS* surpassent de très loin la nôtre en curiosités et anomalies. Cependant, les traces humiliantes des échecs de l'enfance, les inhibitions et affolements de l'adolescent, les fuites craintives de l'adulte, les vengeances du parent et du maître, qui de victimes deviennent vite bourreaux (bourreaux plus ou moins innocents), n'existent nulle part ailleurs au même degré que chez nous. L'orthographe, en France, c'est l'État, un État craint, chéri, respecté, d'autant plus respecté qu'il est incompris, une religion napoléonienne. Cela aurait pu être autre chose (la mode, par exemple, qui tue aussi en France).

En Angleterre, on remarquera aussitôt la façon de parler de son interlocuteur. Un certain regard, un frémissement d'humour ou de mépris, une allusion fine parfois entre amis (en dehors de la présence de l'intéressé) marqueront les distances, mais c'est tout. Pour l'écrit, pas de remarques désagréables, pas de complexes pour tout un chacun, pas de problèmes psychologiques particuliers, pas d'obsessions privées ou publiques, pas de crise, ni surtout de crises de purisme. A l'oral comme à l'écrit, l'anglais supporte bien les chocs, les déformations, les modes, les transformations. Pragmatique, il emprunte, il naturalise, il abrège, il crée à tour de bras ; il est souple et mobile, et ce n'est pas seulement parce qu'il est la langue de l'Amérique, nation dominante, qu'il s'étend partout comme une traînée de poudre. Ce qui nous nuit, en France, c'est notre rigidité. Soyons tolérants (cf. TOLÉRANCES*). Mais, comme chez nous rien ne se fait sans ordres venus d'en haut, faisons une loi, qui soit ainsi libellée : « Nul ne recevra moquerie, ombrage ni dommage s'il crée une forme nouvelle, en langue orale ou écrite. Celui qui ne sera pas tolérant sera puni. » Essayons durant dix ans, puis nous verrons.

Circonflexe (syndrome du) : — Nierez-vous, me dit mon ami Jean de l'Être, qu'à égalité avec le premier cancre venu, nos Diplômés des Grandes Écoles ne se soucient plus, mais alors plus du tout, de savoir si *cime* (cf. CIME*) s'écrit avec un accent circonflexe, contrairement à *abîme ?* Ne voyez-vous pas là, vous qui reconnaissez toute la valeur de l'écrit, une désaffection dramatique envers les vrais fondements de notre culture ?

— Quand cela serait, répondis-je, il s'agit chez eux d'une fièvre d'inertie, symptôme d'un mal beaucoup plus grave, que j'appellerais le syndrome du circonflexe.

— Qu'entendez-vous par là ?

— Pourquoi cette inertie ? On pourrait dire : parce que cet accent sur *abîme* ne sert à rien. Mais c'est pire : ils ne le savent même pas. Leur maître, lui, aurait dû le savoir. Au moins pour pouvoir le confier à l'oreille de nos futurs dirigeants. Mais voilà, le maître ne le sait pas non plus. Cependant, il y a une grande différence entre l'accent sur *abîme* et celui du mot *pâte,* par exemple, pleinement distinctif. Mais voilà : pour faire cette différence, il aurait fallu former les enseignants, ce qui coûte fort cher ; et surtout semer le doute dans l'esprit du petit cancre, qui n'a pas à savoir ces choses-là ; et enfin, introduire l'esprit critique là où il n'a que faire, en modifiant le cœur même de notre système d'enseignement.

— En effet, dit Jean dépité, ce serait inadmissible à tous égards. Et pourtant, le maintien des vraies valeurs exige que nos jeunes gens, eux, le sachent. Sinon, tout va basculer, il y va de l'avenir de notre civilisation. Qui se souviendra demain de ces finesses ?

— Nous ne perdrons pas grand-chose avec celle-là. Mais il est bien vrai que la révolution scientifique et technique, la démocratie, l'épanouissement de la race humaine exigeraient une formation langagière complète, orale et écrite, plus consciente et plus efficace que celle que nous donnons à nos enfants. En la matière, notre enseignement est dépassé et tombe en ruine. On pense avec des signes, ne l'oublions pas. Toute la science du monde passe par des notions claires et distinctes de leur maniement. C'est peut-être cela, la crise véritable, la chute de la cime dans l'abîme du syndrome du circonflexe.

Continuité (des Statuts de l'Académie) : Vu les Lettres patentes signées par le Roi Louis XIII portant formation de l'Académie française, en date du 23 janvier 1635 (cf. DÉCRETS*) ;

Vu l'enregistrement de ces Lettres patentes par le Parlement le 10 juillet 1637 ;

Vu les Statuts de l'Académie du 22 février 1635, associés aux Règlements de l'Académie (en particulier les articles 24, 25 et 26, ce dernier stipulant : « Il sera composé un Dictionnaire, une Grammaire, une Rhétorique et une Poëtique sur les Observations de l'Académie ») ;

Vu les modifications aux Statuts et aux Règlements de l'Académie signées en date du 2 janvier 1721 et du 30 mai 1752 ;

Vu la suppression des Académies le 8 août 1793 ;

Vu la restitution de l'Institut le 22 août 1795 (an III) ;

Vu la restitution de la IIe classe (classe de langue et littérature française) le 28 janvier 1803, avec nomination de Jean-Baptiste Antoine Suard comme Secrétaire perpétuel le 2 février 1803 ;

Vu l'Ordonnance signée du roi LOUIS XVIII* du 21 mars 1816 portant rétablissement des Académies dans tous leurs droits et prérogatives, complétée par les Règlements des 21 juin et 18 juillet 1816 ;

Nous, État de Droit, ne voyons aucune raison pour changer quoi que ce soit à une continuité nationale aussi remarquable, qui a traversé les règnes de huit Rois et Empereurs et de cinq Républiques ;

En conséquence, décrétons que tous les DICTIONNAIRES* devront s'aligner sur celui de l'Académie, de même que toutes les grammaires sur celle de l'Académie ;

Étant donné qu'aucune Rhétorique ni Poétique n'ont pu être produites jusqu'ici, les ouvrages correspondants parus depuis trois cents ans (1694-1989), contrairement aux autres, ne seront pas détruits ;

L'Université et la Recherche devront écarter de leurs découvertes, cours ou productions, tout ce qui serait susceptible de porter atteinte à cette continuité ;

D'un autre côté, et dans le même esprit, l'Académie est tenue pour sa part de respecter cette continuité ;

En conséquence, ordre sera donné de revenir dans tout le Royaume restitué au premier Dictionnaire fondateur de 1694, auquel des membres peu scrupuleux ont osé apporter à plusieurs reprises des modifications non négligeables.

Crise (de l'orthographe) : Un enfant sur deux, en France, présente un retard scolaire plus ou moins important à l'issue du primaire (cf. ÉCHEC* scolaire). Ces retards se manifestent dès le Cours préparatoire, où 15 % des enfants, dit-on, ne sont pas au niveau, ce qui ne peut être dû qu'aux retards en lecture-écriture. Les études sérieuses manquent, et l'on ne peut se satisfaire des affirmations pour le moins légères faites sur « 25 % des élèves qui ne savent pas lire en 6e », ou les statistiques fantaisistes sur la dyslexie-DYSORTHOGRAPHIE* (il y aurait plus de 8 % de dyslexiques !). Cependant, il est indéniable que « le français », comme on dit pudiquement pour parler de l'écrit, est, avec les mathématiques, la matière-charnière du jugement porté sur les enfants, qui décide par conséquent de leur carrière scolaire, comme de leur avenir. Y a-t-il « crise de l'orthographe » ? Si l'on entend par là une baisse moyenne des résultats matériels en cette matière, même si les BARÈMES* adoptés à l'école (ou l'absence de barème, ou de notation) en voilent les effets, peut-être, du moins si l'on s'en tient au collège ; si l'on entend par là une sorte de dégénérescence intellectuelle des nouvelles générations, certainement pas. Les résultats eux-mêmes sont trompeurs : plus de gens savent écrire, moins de gens relativement savent écrire *sans fautes,* personne, sauf quelques rares spécialistes, n'écrit sans *aucune* faute (cf. FÔTE*). Cela a toujours été ainsi et je demande depuis toujours un manuscrit ou une dictée de deux pages faite d'un trait par un adulte et qui n'en comporte pas. Mais faut-il faire de nos enfants des spécialistes ? (cf. DICTÉE*). Quoi qu'il en soit, l'essentiel n'est pas là. Tout d'abord, Messieurs, si cela va mal (et c'est indéniable), assumez votre orthographe, faites quelque chose, multipliez les classes, les heures de français, formez les maîtres, réintroduisez l'histoire et l'étude sérieuse de la langue et de la grammaire à l'école. Mais, surtout, la « crise » de l'orthographe est un symptôme, qui doit être pris très au sérieux. Le refus de l'écrit traduit une crise des consciences et de la *culture,* et non pas seulement une crise sociale. Oui, nos enfants veulent une pédagogie rénovée, liée à leur vie, et un écrit lié à leur oral. Ce n'est pas une crise de forme, c'est une crise de contenu. Changez les contenus, ils écriront mieux.

Décret de 1832 (mythe du) : Le « décret de 1832 » est en France, depuis plus d'un siècle, un véritable serpent de mer, qui a servi abondamment à ligoter toute velléité de réforme ou d'évolution de l'orthographe.

De même que rien, dans les Statuts de création de l'Académie (1635), ni dans les Ordonnances de 1816 (la restituant dans ses droits et privilèges après la Révolution), n'en fait explicitement mention (cf. CONTINUITÉ* et GREFFIER* de l'usage), rien ne s'est passé depuis à cet égard, et jusqu'à nos jours. Inutile de s'éterniser là-dessus, mais j'en prendrai seulement encore pour preuve le fait que ni FIRMIN-DIDOT*, ni PAUTEX*, ni CLÉDAT*, ni COHEN*, ni BRUNOT*, ni DAUZAT*, ni BEAULIEUX*, ni aucun de ceux qui ont consacré une bonne partie de leur vie à ces problèmes (ni non plus, d'ailleurs, aucun académicien) n'en ont jamais fait mention explicite ; et, à la façon de MARLE* (cf. BÉRANGER*), j'offrirais volontiers une bonne somme devant notaire à qui m'en apporterait jamais une contre-preuve.

Cette erreur dans les grammaires provient simplement d'une phrase maladroite, une seule, de Ferdinand Brunot dans son *Précis historique de la langue française,* qui disait : « Le Roi-citoyen, sur le rapport de Guizot, crée un enseignement primaire public. La grammaire élémentaire y trouve sa place. L'orthographe suivie est celle de l'Académie, qui devient ainsi orthographe d'État... Elle sera exigée pour l'admission aux emplois... » (p. XXVIII).

Cette phrase a laissé croire (on a voulu croire) qu'il y avait eu un décret, une loi, ou quelque chose de précis, qui se seraient substitués ou auraient été adjoints aux Ordonnances royales régissant les attributions de l'Académie. Or, il n'en est rien.

Même l'affirmation de Ferdinand Brunot, toujours emporté par sa fougue antiacadémique, semble exagérée. La loi Guizot sur l'instruction primaire (28 juin 1833) comporte seulement la phrase suivante :

« L'instruction primaire comprend nécessairement l'instruction morale et religieuse, la lecture, l'écriture, les éléments de la langue française et du calcul, le systême [sic] légal des poids et mesures » (Duvergier, *Collection des Lois,* 1833, série 9, t. V, p. 251).

Si, après sa parution, en 1835, le *Dictionnaire de l'Académie* est mentionné dans le « catalogue des livres propres à composer les bibliothèques des Écoles normales primaires », c'est-à-dire à être pris en considération pour l'enseignement public, il est signalé... au huitième rang des ouvrages sélectionnés, après GIRAULT-DUVIVIER*, Darbois, Boniface, Wailly, Pautex et quelques autres. Et il est bien spécifié dans un préambule, à propos de ces ouvrages recommandés, que « tous, même les plus anciens, restent proposés au choix des instituteurs » (cf. A. Porquet, 1976, p. 14).

C'est tout, et c'est peu...

Défense (de la langue française) : Beaucoup de gens s'occupent de la bonne santé de la langue. Nul ne vit oncques tant de grands médecins au chevet d'une malade, même accablée de tant de maux. Anémiée, dolente, meurtrie, « à la dérive », « en crise », « en détresse », attaquée de l'intérieur (l'*hexagonal*) plus encore que de l'extérieur, par les « jargons apocalyptiques » (ce qui n'est pas faux), mais aussi, apparemment, par les parlers les plus spontanés et les plus innocents qui jaillissent chaque jour de nos bouches pécheresses, on ne sait qu'admirer le plus, des efforts des médecins ou de la résistance de la mourante. L'AFTERM, la DLF, l'AFF et bien d'autres multiplient les ordonnances, appelées « mises en garde », pourchassent les « pléonasmes », les « faux amis », les « perles », les « impropriétés », les fautes de style autant que d'orthographe, qui bourdonnent, disent-ils, autour du futur cadavre, papillons et moustiques mêlés, avec la même furieuse énergie. Quant à sauver la patiente, deux médecines : saignées et clystères.

En fait, on peut constater une curieuse discrimination. Des milliers de mots de sens technique ou scientifique sont enregistrés chaque jour (comme *édulcorant, efficience, effluent* n. m., etc., dans le futur *Dictionnaire de l'Académie* lui-même), personne ne dit rien. Il y va, bien sûr, de la santé des entreprises et de notre commerce extérieur. Alors pourquoi cette diète par ailleurs, pourquoi considérer la seule langue générale comme chasse gardée ? Un tel acharnement ne se discute pas, dit-on, parce qu'il ne relève de rien de logique. Voire. Un million de mots (c'est le chiffre donné actuellement) entre par la grande porte et nous submerge, nul n'y trouve à redire. Dix malheureux changements de sens se glissent dans nos discours quotidiens, halte là ! « Fautes grossières et évidentes » à relever (cf. FÔTE*), tâche épuisante : un seul numéro de revue n'a pas donné moins de trente-huit remarques ! « Un habitat clairsemé », « déposer plainte à la gendarmerie », les « instances dirigeantes », « nous repartons à Paris », tout cela est mauvais, bien mauvais, d'autant plus qu'on ne s'en aperçoit pas. Nous voulons prévenir, seulement prévenir — pas de glottotoriums (ou *-ria ?*) pour l'instant.

Mais je vous dirai tout : pourquoi ces deux poids, deux mesures ? Parce qu'il y avait à l'origine deux *Dictionnaire(s)* de l'Académie :* l'un pour la langue générale, l'autre (celui de Thomas Corneille) pour les mots techniques. Le second n'a pas eu de suite, l'Académie ayant abandonné le terrain rapidement. Le premier, en revanche, telle la couronne britannique qui a « fixé » l'Angleterre et l'ensemble du Royaume-Uni, « a fixé le langage comme les pins fixent le sable des dunes » (Alain Peyrefitte). Depuis, selon certains, tout ce qui n'est pas dedans est dehors. Preuve : à un candide correspondant, qui demandait « si l'*h* de Henri IV doit être aspiré », la DLF (bulletin de novembre 1977, dont nous tirons la substance de cet article) répond : « L'Usage sur ce point, n'est pas fixé, le dictionnaire de l'Académie ne donnant pas les noms propres » (cf. EXPIREZ* l'*h*).

Dérive (le français à la) : Voici, dans un seul numéro de la vaillante petite revue *Défense de la langue française* (nov. 1977, président à l'époque : M. Genevoix, de l'Académie française ; vice-présidents : MM. R. Georgin et F. Deloffre) dont je suis une lectrice fervente, quelques-uns des joyeux combats qu'elle livre sans relâche, comme une bonne petite mangouste contre le serpent du mal, pour empêcher la « dérive de notre langue » : 1. Jacques Lacant y attaque avec beaucoup d'esprit et d'efficacité M.M. les nouveaux pédants, du type : « Je me sens concerné, voire interpellé, au niveau de la problématique de l'écriture. » Fort bien, bravo ; 2. « Les mots composés, ressource pour la néologie », bravo encore (cf. COMPOSONS*) ; 3. l'article « Sur le front de l'enseignement » n'a plus rien à voir, en réalité, avec la « dérive » du français, mais avec celle... de l'anglais. On y attaque assez méchamment une certaine enseignante et certaines méthodes pédagogiques dites « laxistes », ce qui laisse à penser qu'il y aurait un rapport entre certaines prises de position politiques et une certaine « défense » de la langue. Mais soit.

D'autres articles reprennent, sur un ton plus modéré, la réflexion sur le langage du droit, des ingénieurs, etc. Pourquoi pas ? Nous manquons de ces discussions dont se moquait MOLIÈRE*, et qui nourrissaient les après-midi des élégants salons du XVIIe siècle. Au fond, les tournures de la langue, c'est personnel, comme les goûts et les couleurs. On devrait pouvoir, comme en peinture, en musique, en architecture, littérature, etc., « défendre » ses opinions, donner ses avis, attaquer même...

Mais au nom de soi-même, et non d'une éventuelle Législation,

Constitution, Institution venues d'en haut, et qui d'ailleurs n'existent pas. Serait-on pour une médecine d'État, une littérature d'État, un art d'État, est-on pour une langue d'État ?

Mais continuons : les chroniques « Le français à la dérive » (nous y voilà !) « Instances à la une », « Nos lecteurs à la pêche aux perles »... devraient s'intituler : « N'hésitez pas, dénoncez vos petits camarades. » Ce mot de « perles » me fait songer à la jouissance ricanante de ces professeurs qui exercent leur supériorité (*cum libro*) en suçant comme des bonbons les erreurs appelées « bourdes » de leurs élèves, qui ne sont pas si bourdes que cela, et qu'ils qualifient de « délicieuses », « merveilleuses », « impayables », avec des mouvements gourmands de la bouche. Parmi donc les « perles » trouvées par ces zélés lecteurs surdoués, il y a, bien sûr, de simples coquilles, de simples fautes d'orthographe, comme chacun de nous en fait, et qu'il est bien facile de relever dans les journaux en se tapant la cuisse (cf. FÔTE*).

D'autres procès-verbaux sont plus surprenants : les expressions « C'est bien du sens des mots *dont* je voudrais... vous entretenir », « L'Église *n'est pas qu'*une institution humaine... » ne sont pas admises ; non plus que *forcing* (mots anglais interdits par la loi du 31 décembre 1977), *abribus,* la *promotion* d'un produit, « *l'option* choisie », « une rue *piétonnière* », « la seule *alternative* » (litanie), « *évacuer* la capitale *de* ses ordures », à côté de tentatives d'élocution langagière peut-être effectivement plus douteuses.

Ce qui me gêne dans ces petits jeux, c'est leur côté bizutage : on s'amuse tout seul, contre les autres. On téléphone déjà le matin aux journalistes de l'audiovisuel pour leur communiquer leurs relevés « fautifs » de la veille. Et il paraît que certains, loin de s'en plaindre, en redemandent ! Bernard Pivot n'est pas passé si loin de la réalité avec son malicieux premier avril de 1987, annonçant une retenue sur les salaires des pauvres « speakers » (faut-il dire « annonceurs » ?) pour cinq fautes (orales) par mois. Ah ! Si l'on pouvait le faire ! Le résultat le plus notable de cette quasi-inquisition est de paralyser sur nos chaînes les langues les plus déliées. Leur parole fourche à plaisir, les pataquès pleuvent, ces gens sont si émus, ils en rajoutent tant qu'on a peur de les regarder. Doublons-les chacun d'une orthophoniste, d'une psychanalyste, et surtout d'une *call-girl* (comment faut-il dire ?) aussi qualifiée que déshabillée pour les décomplexer.

Discours, usages et normes : Il faut bien distinguer *discours, usages* (bons) et NORME*.

Les *discours,* ce sont nos façons concrètes de nous exprimer, vous et moi, dans la rue, au travail, en famille : la parole vive. Français

« régionaux » et « dialectaux », réguliers et irréguliers, redites, lapsus, injures, argots, parlers drus et colorés, réussites et échecs langagiers : « S'il serait venu », « des gens normals », « malgré qu'il est grand », « l'homme que je t'ai parlé », « comment qu'il a dit », et aussi moins marquées, pratiquement normées, des expressions comme : « au coiffeur », « à vélo », « je me rappelle de tout », etc. Chacun de nous sera plus ou moins sensible à ces réalisations, selon nos habitudes et nos conceptions de la langue. Ce que certains jugent fautif, d'ailleurs, est souvent ancien, bien implanté, ou en train de devenir tout simplement le français courant des nouvelles générations. Ces FÔTE(S)* sont si nombreuses qu'on a pu en faire une grammaire (la *Grammaire des fautes,* d'Henri FREI*).

Ce qu'on appelle le *bon usage,* de Vaugelas à GREVISSE*, n'est pas forcément « correct ». C'est l'usage de ceux qui font l'usage, tel qu'on l'accepte parce que écrivains, hommes politiques, gens connus, ils ont un certain pouvoir langagier. On admet le « quarteron » de De Gaulle, qui est entré dans la langue, tout comme l'absence de ponctuation chez Aragon, ou de majuscules dans certaines revues. Ceux-là ont le « droit », ils sont de l'autre côté du manche. Il en a toujours été ainsi. La parole des courtisans de l'Ancien Régime était plus libre qu'on ne croit, peu leur souciait de suivre les pédants et les sots, et les lois n'étaient pas faites pour eux.

Puis vient la *norme,* le plus souvent écrite, car la parole est difficile à mettre en cage. Et c'est là où l'escalade est vite franchie. Vous avez écrit *apeler* dans votre demande d'emploi ? La belle affaire ! Et pourtant, on ne vous embauchera pas, et dans la lettre qui vous répond trônera une magnifique faute d'orthographe (cf. FÔTE*), que personne n'aura vue. On ramène en France le discours réalisé (une carte postale par exemple) au bon usage, le bon usage à la norme, la norme à la simple orthographe, et l'orthographe à la culture et à l'éducation, en oubliant tout le reste. Le code langagier devient le Code pénal. On confond ainsi la tendance unificatrice naturelle avec une union volontariste, brutale. Pure illusion d'ailleurs, tout comme l'idéologie de l'absence de fautes (cf. IRRÉPROCHABILITÉ*), mais la brutalité reste, avec la tentation toujours présente en France, de la monarchie à Napoléon Ier et à la République, d'une « unification *mentale* du corps social » (L. Legrand)... par l'orthographe !

Doute (orthographique) : Que sais-je ? disait MONTAIGNE*. Il vaut mieux douter des choses que douter de soi-même. « *Gnoti séauton* », disait Socrate. Cela ne voulait pas dire douter de soi-même, mais

« sache ce que tu sais, et ce que tu es ». Montaigne ne voulait pas dire autre chose.

Le doute de soi-même est perplexité, indécision, destruction ; le doute devant la nature, l'inconnu, les nouveautés, est prise de conscience, construction. C'est le premier acte de l'appropriation. Pourquoi craindrions-nous de donner cette méthode ancestrale et cette arme à l'enfant ?

Attention : il y a une pédagogie qui étale devant l'apprenti-scripteur le maximum d'entropie et de désordre. On lui demande alors, en orthographe par exemple, de rechercher « toutes les graphies correspondant à un son », on en invente, on en rajoute au besoin, on pousse au raisonnement par l'absurde. C'est ce qui se passe à toutes les pages d'un célèbre manuel, dans lequel la « règle » occupe à peine deux lignes, et les exceptions le reste des leçons et des exercices (cf. BLED*). Au bout du compte, on voit trouble, on ne sait plus rien, mais le manuel se vend bien, merci ; et les charlatans de tout bord vous dépouillent ensuite votre vie durant, à vous vendre des « orthographes parfaites en vingt et une leçons », mais aussi des horoscopes, des poudres-miracles, des cheveux qui repoussent, des programmes déflationnistes et autres couleuvres que vous avez pris l'habitude d'avaler. La première empreinte est, comme on dit, la « bonne »...

Au contraire, aider l'enfant à formuler des hypothèses, à « se faire une idée » lui-même, à tirer patiemment et hiérarchiser les fils embrouillés de l'information, quitte à ce qu'il « perde du temps » (qui n'est pas perdu), qu'au bout du compte il vous remette lui-même en cause et qu'on discute, pourquoi pas ? Cela, beaucoup de maîtres l'ont compris, mais ils ne sont pas aidés. A vrai dire, c'est parce qu'on est persuadé chez nous que l'orthographe n'a aucun sens et qu'il n'y a rien à trouver. Alors on se dit : « Puisque c'est une couleuvre, c'est comme l'huile de ricin, avalons-la. » Et c'est bien dommage.

Doutes (bureau des) : « Au commencement de l'année 1696, nous raconte l'abbé de CHOISY*, l'Académie résolut, à la pluralité des voix, qu'on travailleroit en deux Bureaux ; que, dans le premier, on reverroit le Dictionnaire, et que, dans le second, on proposeroit des doutes sur la langue qui, dans la suite, pourroient servir de fondement à une Grammaire. »

Ce récit prouve seulement que l'on avait, à la fin du XVIIe siècle encore, comme du temps de Vaugelas ou de MÉNAGE*, une vue saine de ce que devrait être une grammaire : elle peut être théorique ou pratique, mais certainement pas dogmatique.

Je propose de reconstituer à tous les échelons le bureau des Doutes (cf. aussi PHYLLOGRAPHIE*). Que diable, nous sommes dans le pays de

Descartes, et c'est là sans doute ce que le monde nous envie le plus. Avec, bien entendu, les corollaires du DOUTE*, qui sont la curiosité et la tolérance (cf. TOLÉRANCES*).

Femmes (neutralité des) : « Qu'on me dise, au nom de la langue française, de sa pérennité, de son éternité, que le masculin est un genre neutre, alors là, j'aurai tout entendu ! » (cf. GENRE* féminin). Cette exclamation stupéfaite provient de Louise Baudoin, déléguée générale (Madame la) du Québec en France. « Que l'Académie française stérilise, paralyse l'évolution de la langue sur des choses aussi évidentes que la féminisation des titres et des noms de métiers... ça m'estomaque un peu. Au Québec, il y a longtemps que nous sommes passés par-dessus cela », ajoute-t-elle.

De quoi s'agit-il donc ? Les commissions de terminologies techniques et scientifiques fonctionnent à rendement renforcé, nourrissant le *Journal officiel* de pleines pelletées de mots savants, personne ne dit rien (cf. DÉFENSE*). Les femmes entrent partout, sont conductrices, camionneuses, aviatrices, rédactrices, policières, polytechniciennes, générales, « commandatrices » de la Légion d'honneur, ministres, présidentes, *oratrice, chirurgienne, bonimenteuse, routarde* (ces quatre derniers termes dans le *Larousse* 1985). Les DICTIONNAIRES* enregistrent cette évolution, tout nom de genre animé, en particulier de métier ou de fonction, devant tout naturellement être accompagné de son féminin. L'anarchie règne dans certains cas, nul ne dit mot.

Tout à coup, branle-bas de combat ! La vieille garde endormie se réveille et reprend du service. Que s'est-il passé ? Voilà qu'un ministère se mêle de faire une véritable politique de la langue. Il s'agit avant tout d'un problème administratif. On a besoin, pour normaliser les offres d'emploi, de fixer les dénominations relatives aux fonctions, à l'orientation professionnelle, et aussi, pourquoi pas ?, d'aider à la promotion féminine dans tous les domaines, qui n'avance pas tellement vite. Une femme qui voit une annonce de « soudeur » ne s'y rendra pas forcément, sauf si elle voit « soudeuse » à côté. Pour cela, il faut fixer les formes féminines correspondant aux listes terminologiques, pour les demandes d'emplois dans chaque ministère. Une commission est formée, à une certaine époque, au ministère des Droits de la femme. La presse et M. Jean de Lettres partent en guerre.

C'est une autorité incontestable, l'académicien et ethnologue LÉVI-STRAUSS*, qui se jette à l'eau, au nom de tous ses collègues. A ses côtés, cet autre grand nom qu'est Georges Dumézil (*le Nouvel Observateur,* 7 sept. 1984) :

« Pourquoi, dit Georges Dumézil, cette obstination à vouloir créer à toute force des féminins ? Nous n'en avons nul besoin, surtout systématiquement. Le genre dit "masculin" sert, dans toute une série de cas, aux mâles et aux femelles... *Femme professeur, femme médecin* suffisent, quand il y a lieu de préciser, ce qui est rare... » [!].

La confusion, précisent ces grands savants, remonte en fait à l'indo-européen. Elle vient précisément de ces mots bizarres, *masculin* et *féminin,* employés par les anciens grammairiens. « En réalité, la seule distinction pertinente en français est celle entre le genre "marqué" [en l'occurrence, féminin] et le genre "non marqué" [masculin]... »

Cette façon de voir, ajoute un compte rendu de *la Manche libre* (2 sept. 1984), pulvérise « toutes les fumeuses théories des féministes ».

« Tout écolier anglais sait que le français est un langage macho », rétorquait très tranquillement à cela John P. Harris, journaliste anglais du *Times* (cf. NEUTRALISATION* et MASCULIN*-féminin).

Après des millénaires de minorisation des femmes, voilà une chose à laquelle les anciens grammairiens n'auraient jamais pensé : supprimer les féminins de la langue française ! C'est tout simple : il n'y aurait plus que deux genres, le genre « animé » (« neutre », donc masculin, cf. aussi E* « commun »), et le genre « inanimé », avec des *le* et des *la,* qui se débrouillera comme il peut. Au fait, à la limite, a-t-on vraiment encore besoin des femmes ? Pourquoi cette obstination du Créateur à vouloir les maintenir ?

Fixisme : On ne peut plus guère se déclarer fixiste en géologie, en histoire naturelle, astronomie, anthropogenèse, sciences exactes ou sociales en général. Même ceux qui combattent Darwin doivent lâcher du lest devant les progrès foudroyants des découvertes concernant l'origine de la vie et l'évolution des espèces. Aussi n'entend-on plus guère le véritable discours fixiste, même en langue, où cependant le fond du continent reste chez la plupart rigoureusement immobile, avec seulement abaissement du niveau des océans.

Comment boire toute l'eau de cette mer ? Comment faire apparaître aux yeux étonnés de nos contemporains la lente dérive des terres, les nouvelles plaines, les montagnes et leurs paysages divers, les îles découvertes, la multiplicité et la lutte des espèces, la mort et la naissance éternelle des mots et des usages, des variantes et des graphies ? Comment donner à voir l'évolution inéluctable des formes orales et écrites, malgré nous, contre nous, sans nous ?

Flottement (des graphies et des mots) : Plus d'un mot sur deux a, en France, changé au moins une fois d'orthographe depuis le XVIe siècle, et parfois à plusieurs reprises. Aujourd'hui même, il n'est que d'ouvrir côte à côte plusieurs DICTIONNAIRES* et rechercher un seul et même mot (ce qu'il ne faut jamais faire en cas d'hésitation !) pour tomber dans la perplexité la plus totale. Je me suis livrée il y a quelques années à un premier inventaire, large mais non exhaustif, de ce joyeux flottement de l'orthographe française, et les résultats en étaient déjà concluants. Bien sûr, il ne s'agit pas toujours des mots les plus fréquents de la langue, qui eux, relèvent surtout de la variation dite de la « faute » (cf. FÔTE*). Mais un bon cinquième du vocabulaire d'un dictionnaire courant de 50 000 mots est touché d'une façon ou d'une autre par ces variations, à mon avis tout à fait naturelles (Catach, 1971 et 1981). Je n'en prendrai que quelques exemples : *alaise, alèse ; aruspice* ou *haruspice ; lis* ou *lys ; tanin* ou *tannin ; coquerico* ou *cocorico ; mille-feuille* ou *millefeuille* (on en trouvera des milliers en feuilletant le *Petit Robert*). Vérifiez entre autres (j'écris au plus simple) les mots grecs (*cariatide, ellébore, parélie*), les archaïsmes, les mots composés (sur *contre-* et *entre-* en particulier, cf. COMPOSONS*), les mots savants, néologiques, mots POPULAIRES* (*gnognote, gnole, grole, guibole, rafut, rafiot, rancart, tocard*), les mots d'EMPRUNTS* (*shah, tsar, sconse, whisky*), onomatopées, interjections, locutions, adjectifs de COULEURS*, ADJECTIFS* « invariables », etc. Nous vivons sur un volcan ! Et ce n'est pas le plus grave.

Le plus grave, c'est qu'entre l'instituteur, l'Académie et le dictionnaire, sûrs de notre bon droit et de notre orthographe comme du Bon Dieu et de ses œuvres, nous dormons sur nos deux oreilles, et que le réveil devient un vrai cauchemar. C'est ce qui n'a pas manqué d'arriver à nos estimés collègues Bernard Pivot, Micheline Sommant, J.M. Hégo, B. Laygues et J.P. Colignon, qui préparent depuis 1985 les dictées du CFO (Championnat de France d'orthographe, cf. BARÈMES*, POLITIQUE*, etc.) : ils se sont aperçus avec stupéfaction qu'il fallait éviter nombre d'ambiguïtés, d'homophonies, de calembours malencontreux à double écriture, d'hésitations graphiques légitimes, comme la présence ou l'absence (tout aussi licite) d'un trait d'union dans les mots composés... Encore n'ont-ils pu éviter par la suite les cruels reproches des candidats malheureux, tout aussi inconscients qu'eux des embûches qu'ils traversaient...

Eh oui ! Notre langue écrite est multiple et diverse, sa fixation n'est qu'une illusion, on ne peut l'enfermer dans une boîte... A nous de nous servir de cette mobilité pour la faire évoluer tranquillement, en prenant notre temps, sans hargne et sans tracassin d'aucune sorte (cf. POLITIQUE* de la langue).

Francophonie (externe) : Une mystérieuse commission mixte (dont personne n'a jamais entendu parler, mais qui, si elle n'a pas encore existé, existera), comprenant les DOM-TOM, ainsi que les divers pays et groupes nationaux parlant le français partout dans le monde, s'est, dit-on, réunie récemment : on a longuement examiné les particularités de chacun, avec le souci majeur de conserver pour l'essentiel, envers et contre tout, le trésor inappréciable d'une langue, d'une culture et d'une écriture que de longs siècles ont à présent soudées en un tout indissociable.

Certains problèmes ne semblent pas trop graves : ainsi le [R] des Belges, des Canadiens, des Acadiens, des pays d'Afrique, etc., pas plus que celui de la Bourgogne ou de l'Ariège, n'est tout à fait le même que celui des Parisiens. Qu'à cela ne tienne : n'écrit-on pas déjà en France un seul et même R quelle que soit sa prononciation ? N'écrit-on pas dans tous les cas le *e* caduc (cf. E* « féminin »), en faveur des gens qui le prononcent encore ? Ou encore les nasales : n'a-t-on pas toujours conservé l'ancienne notation par un *n* adscrit à côté de la voyelle, précisément pour permettre de noter la prononciation traînante et si sympathique du Midi de la France ?

D'autres questions soulèvent davantage de difficultés : ainsi, nos amis du Québec (comme beaucoup de Belges, de Suisses, etc.) possèdent un système vocalique infiniment plus riche que celui de la plupart des Français de France, voyelles fermées, ouvertes, brèves et longues, indépendamment de leur situation dans la syllabe.

Il n'y a donc aucune raison qu'ils adoptent, par exemple, la possibilité de suppression de l'accent circonflexe sur toutes les voyelles, jugées souhaitable en France et dans les pays d'outre-mer (voir ARRÊTÉS* de tolérances de 1976). Rappelons, au passage, que dès 1950, c'est le ministère de la France d'outre-mer qui a été à l'origine des premières démarches en faveur d'une réforme de l'orthographe ; et cette suppression est, de loin, celle qui semble la plus souhaitable, si l'on en juge par le nombre de fautes d'orthographe qu'elle engendre. Inversement, en raison de leur prononciation des voyelles longues qui n'est pas celle des Français, diverses nations peuvent souhaiter, au contraire, l'extension de l'emploi de l'accent circonflexe. Une entente internationale est donc ici comme ailleurs nécessaire.

On a également examiné la réalisation particulière des nombreuses consonnes palatalisées par les Franco-Canadiens, et surtout les problèmes multiples de la disparité du vocabulaire, de la morphologie et de la syntaxe propres à chacun des pays représentés.

Prenant exemple sur les commissions mixtes institutionnelles luso-brésilienne ou hispano-argentine, ainsi que celles qui existent depuis de nombreuses années entre les Norvégiens et les Danois, les Flamands et les Pays-Bas, l'Allemagne de l'Est et de l'Ouest avec l'Autriche, la Suisse allemande et les autres pays germanophones, etc., la Commission de la francophonie a décidé de dresser à son tour, avec l'aide des linguistes, un état complet de toutes ces particularités, qui relèvent de la souveraineté pleine et entière de chacun de nos peuples et de leurs gouvernements. Ensuite, et dans un second temps, comme cela s'est fait ailleurs, on établira les listes, glossaires et dictionnaires correspondants, comportant les différentes équivalences et les tolérances souhaitables, plusieurs façons de parler ou d'écrire devant obligatoirement, à l'intérieur d'une communauté de telle nature, être acceptées, avec l'assentiment de tous. Cette façon de procéder évitera le risque qui paraît sinon inéluctable de réformes décidées unilatéralement, ce que les pays concernés s'engagent dans tous les cas à ne pas mettre en œuvre sans consultation préalable.

Se sentant ainsi pleinement reconnus, en toute égalité, les divers membres de la francophonie, rompant avec une politique langagière qui trop souvent se traduisait pour eux par une soumission de principe à une langue qui n'était pas la leur, et même plus celle des Français, s'engageront dans la voie ouverte et positive de l'expansion d'un véritable outil de communication écrite commun, auquel ils tiennent par-dessus tout. Quel beau rêve !

Francophonie (interne) : On a pris ces derniers temps des mesures sympathiques en faveur de la francophonie, festivals, expositions, colloques. Voilà une ouverture à laquelle on ne peut qu'applaudir. Mais je voudrais poser une question : il y a plusieurs millions de locuteurs de langues « régionales » ou diverses en France et dans les territoires d'outre-mer, corses, bretons, provençaux, mais aussi créoles, gitans, travailleurs immigrés, etc. Font-ils partie de la francophonie ? Bonne question, qui laisse perplexe. Qu'est-ce qu'une communauté de langue ? Est-ce *seulement* une communauté de « langage », au sens strict ? Un professeur de français du Minnesota sera-t-il considéré comme plus « francophone » que la manouche ou la vieille grand-mère de Bonifacio, qui ne parlent pratiquement pas le français, mais qui sont françaises ?

Où est-il, en France, le respect de l'unité dans la diversité ? Quant aux français régionaux, n'en parlons pas. On compte sur les doigts les enquêtes d'envergure sur ce sujet ; les études sur les « accents » de nos belles provinces sont pratiquement laissées à l'initiative locale ; aucune attention n'est portée à la diversité des usages et des prononciations pourtant si riche du français considéré comme tel. Avec la mobilité inhérente aux fonctionnaires, aux instituteurs et professeurs en particulier, on imagine assez les incompréhensions d'enfants alsaciens devant un texte de Pagnol dicté par une institutrice de Toulon, d'un texte de Racine dicté à des enfants de Perpignan par un maître d'Amiens, etc. Ne faudrait-il pas en avertir les futurs enseignants, les informer sur ces réalités, afin qu'ils sachent adapter leurs attitudes et prendre quelques précautions dans leurs contacts avec les élèves ? Mais qui pourrait le faire et sur quelle base ? La radio, la télévision ouvrent au compte-gouttes (depuis quelques années seulement) aux journalistes provinciaux la possibilité de parler comme ils ont toujours parlé. Qui gagnera le concours du « journaliste qui parle le mieux » ? Certainement pas ceux qui ont une « pointe d'ail » dans la bouche, comme votre servante, ni les gens du Nord, ni de l'Est, ni de l'Ouest, ni du Centre d'ailleurs. Et si l'on faisait ce concours à Marseille, croyez-vous que l'on voterait pour ceux qui « parlent pointu » ? « Ces gens de Paris, ils ont tous un accent », dit-on dans le Midi. Et en bons censeurs et gardiens du « bien parler », ils ne voteraient pas pour Léon Zitrone.

Galaxie (nouvelle) : *Galaxie* veut dire approximativement « voie lactée », en grec, mot à mot, « axe de lait ». Cette merveilleuse image a été appliquée non seulement aux étoiles, mais aux époques, et on se souvient du livre prophétique du Canadien McLuhan, intitulé *la Galaxie Gutenberg* (1962).

« Le médium est le message » (« *the medium is the message* »), disait non sans un certain esprit de provocation McLuhan, entendant par là que le message n'est pas idéal, mais étroitement dépendant de la substance matérielle de la communication. Le livre, soutenait-il, c'est fini. L'évolution des techniques va entraîner un bouleversement de l'humanité comparable à celui que nous avons connu à l'apparition de l'imprimerie, et même supérieur.

Ce discours, d'allure apocalyptique autant que technocratique, serait encore plus applicable au monde d'aujourd'hui, où la poussée tumultueuse de l'électronique et de l'INFORMATIQUE* (c'est la galaxie des *-iques* ou *-tiques*) ébranle nos vieilles habitudes jusque dans leurs fondations. Refuser de suivre ce type de raisonnement simpliste (car je ne crois pas du tout à la mort du livre, ni à l'apparition grandguignolesque d'un *Homo technicus* ou *ecranus* qui sortirait son revolver en entendant parler d'écrit ou de culture), ne nous empêche pas de réfléchir : le téléphone, la radio, la télévision, la cassette et la disquette, les magnétos et les vidéos, ce n'est pas demain, c'est aujourd'hui. Qu'on lise moins, pour ceux qui lisaient trop (ils auraient mieux fait de discuter un peu avec les gens dans la rue), c'est possible. Que plus de gens lisent et écrivent, tout en parlant plus, en écoutant plus de musique, de théâtre, en voyant plus de variétés, de films, de documentaires, c'est ce qu'il faut souhaiter, et surtout, que l'on parvienne à mettre au point un écrit plus près de l'oral, qui permette à tous, à tout instant, de passer de l'un à l'autre sans difficultés majeures. C'est cela, pour moi, la nouvelle Galaxie (cf. LECTURE* et ORAL* et écrit).

Galilée : Galileo Galilei (1564-1642) a, dit-on, découvert le mouvement pendulaire en observant le lustre de la cathédrale de Pise (où tout penche, comme on sait). Passant dès lors des phénomènes de la pesanteur à ceux de l'astronomie, il a tout naturellement, après Copernic et quelques autres, remis en cause les théories ancestrales de Ptolémée, qui considéraient la terre comme le centre du monde (géocentrisme), prouvant, grâce à sa petite lunette d'approche, la double rotation des planètes (héliocentrisme). Condamné par le tribunal de l'Inquisition, il dut abjurer, mais s'écria : « *Eppur', si muove !* » (*Et pourtant, elle tourne !*).

On pourrait en dire autant de l'orthographe, si les tribunaux d'aujourd'hui n'étaient beaucoup plus redoutables que ceux de l'Inquisition. Surtout ceux de l'opinion publique, que je crains par-dessus tout. Que dire, que ne pas dire, quand on risque tout bonnement d'être lapidé ? Et des deux côtés, encore...

Genre (féminin) : Vous vous souvenez de la campagne de presse de 1984, à propos des initiatives du ministre des Droits de la femme :

« On a, disait un article du *Monde* du 15 août 1984 (« Paroles en l'air »), créé une commission pour discuter de leur sexe [des mots]. Les anges ont connu ça... »

Et c'est parti ! « SOS pour les mâles ! » (*Quotidien du médecin,* 19 mai 1984), « L'Académie française polémique avec Mme Roudy » (*la Manche libre,* 2 sept. 1984), « Le sexe des filles » (Claude Sarraute, *le Monde,* 4 oct. 1984, qui écrit gentiment : « Au lieu de s'interroger sur le sexe des mots, Mme Roudy ferait mieux de s'intéresser au sexe des filles. Celles qu'on dit de joie.. »), « Chefs » (*Révolution,* 5 oct. 1984), « Féminiser : un nouveau genre ou un mauvais genre ? » (*Marie-France,* nov. 1984), etc.

L'entreprise était certes hardie, et l'on n'avait jamais vu pareil volontarisme en matière de langue depuis le XVIIIe siècle. Peut-on ainsi, du jour au lendemain, créer au sein d'un petit groupe des centaines de féminins, qui constituent malgré tout autant de mots nouveaux ? N'est-ce pas contraire à toute tradition réaliste et prudente de respect de la langue ? Tout cela est vrai, et Georges Dumézil (7 sept. 1984, cf. partie de VOLANT*) avait raison de dire :

« La faute première, dans ce débat et dans beaucoup d'autres, consiste à traiter le langage comme un jardin, passible des tondeuses, des sécateurs, des tuteurs, alors qu'il est une forêt. Tout y est particulier, à la fois solidaire de l'ensemble et original. »

On ne peut que le suivre également lorsqu'il ajoute, à l'intention de la présidente de la Commission de terminologie relative aux activités des femmes : « Mme Groult est romancière. Qu'elle insère ces nouveautés (les féminins des noms de métiers et de fonctions) dans des œuvres qui les imposeront. Alors nous la suivrons. Mais pas aussi longtemps qu'elle se bornera à décréter... »

Sages, ô sages paroles ! Écoutez bien : on ne nous empêche pas d'utiliser ces féminins. On attend au contraire de nous que nous le fassions. On nous octroie toutes les libertés à cet égard, mieux, on part en guerre à nos côtés contre toute autre attitude, tout autoritarisme en matière de langue. Entendez-vous, « défenseurs » de la langue française ? Qu'attendons-nous alors ? L'usage est roi, vive l'usage ! Même conclusion en matière d'orthographe. On nous dit : « Allez-y, nous vous suivrons ! » L'écho répond : « et ron et ron... » (cf. neutralité des FEMMES*).

Comme dit l'autre, l'argent (et le coup de pouce d'une Commission de terminologie) ne fait pas le bonheur (ni l'usage) des femmes, mais ça peut aider. En attendant, nous suivrons partout l'Académie, tant qu'elle renoncera à décréter.

Graphologie : La graphologie lit dans les lignes de la main. L'orthographe dans les lignes du Ciel, la PHILOGRAPHIE*, la *Lettre de Champollion à Monsieur Dacier... relative à l'alphabet des hiéroglyphes phonétiques des Égyptiens* (sept. 1822, cf. CHAMPOLLION*).

Grec (pour l'amour du) : Il ne faut pas oublier que la recherche des origines et d'une parenté légendaire avec le grec (Énée, Troie, Aphrodite, voir *la Franciade* de RONSARD*, où Francus, fils d'Hector, vient créer le royaume de France...) a hanté les nuits et les jours de nos premiers hellénistes. Parmi eux, Périon (1555) et Henri Estienne (1565) sont sans doute allés plus loin qu'aucun autre.

Voici quelques-uns de ces rapprochements épiques (grâce à l'orthographe, cf. ÉTYMOLOGIE*) autant que fantaisistes proposés par Périon :

aglanthier pour *églantier* (d'après le grec *akantha*)
hostruche pour *autruche* (grec *strouthos*)
onnyon pour *oignon* (grec *krommuon*)
egraphigner pour *égrafigner, égratigner* (*graphein*)
grephyer pour *greffier* (*id.*)
thuer pour *tuer* (*thuein*)
buthyner pour *butiner* (*bouthunein*)
mokker pour *moquer* (*môkkasthai*)...

Quant à Henri Estienne, fils de Robert, qui apprit le grec au berceau, et était l'un des meilleurs étymologistes de son temps, il veut tout naturellement coucher par écrit cette « conformité du langage françois avec le grec » à laquelle il croit et il attache tant de prix. Il faut donc écrire selon lui, bien sûr, *charesser* (pour *caresser*) *schédule* (*cédule*), *cherfueil* (*cerfeuil*), *cichorée, phiole, syringue, rhythme, ischiatique* (*sciatique*), etc., et ce sont bien là les principes que la famille régnante des ESTIENNE* nous a dans l'ensemble laissés. Pourquoi et comment avons-nous osé attenter à ce saint héritage ? Nous ne croyons plus que le français descende du grec, mais l'écriture est un trésor. Mieux, c'est un coffre-fort, où l'on met ce que nous avons de plus précieux ; même si, comme la pièce d'or d'Eugénie Grandet, on ne peut jamais y toucher.

Greffier (de l'usage) : Le 11 janvier 1900, alors que le ministre Georges Leygues est en train de publier le premier ARRÊTÉ(S)* de tolérances (*J.O.* du 31 janvier 1900), retiré par la suite, l'académicien F. Brunetière s'indigne lors d'une séance de la Compagnie : « C'est la première fois, lance-t-il, que le gouvernement s'occupe de régenter la langue française et qu'il tient si peu de compte de ce qu'on peut regarder comme un droit de l'Académie ! » Le Secrétaire perpétuel, G. Boissier, lui répond : « Le Secrétaire perpétuel se permet de trouver un peu d'exagération dans ce mot de *droit,* dont se sert M. Brunetière. L'Académie, quand elle a été fondée, avait l'intention de publier un Dictionnaire, une grammaire et une rhétorique. Elle a mis soixante ans à terminer son Dictionnaire ; jamais elle ne s'est occupée de la grammaire et de la rhétorique qu'elle avait promises. Mais elle n'a pas empêché les autres de faire ce qu'elle ne faisait pas elle-même. Elle n'a jamais songé à se plaindre lorsque quelques-uns des siens composaient pour leur compte des grammaires qu'ils n'avaient pas soumises à son approbation... »

Par la suite, l'Académie devient effectivement plus prudente, et en 1905, dans le Rapport d'Émile FAGUET* concernant le projet de réforme présenté par P. Meyer et F. BRUNOT*, on trouve pour la première fois une expression nouvelle et qui sera souvent reprise par la suite : « Il y a, dit l'Académie, des simplifications désirables... » Mais elle refuse à se lier à « des principes généraux et impérieux qui sont si gênants quand on en arrive à l'application ». D'ailleurs, il lui est presque interdit d'en avoir, « puisqu'elle est avant tout *greffier de l'usage* » (souligné par moi). Elle se doit « d'être respectueuse de l'usage établi et ne le guider, ce qui est aussi son rôle, que très doucement et discrètement » (cf. préfaces de l'ACADÉMIE*).

En réalité, nous nous situons là à un tournant : après 1900, il n'y aura plus *une seule* responsabilité mais *deux ;* l'Académie et l'État se les partagent, ce qui leur permet d'ailleurs sans fin de se renvoyer la balle (cf. VOLANT*, partie de). A nous d'y ajouter un troisième partenaire, de plus en plus prédominant : nous tous.

Grevisse M. : Ce grammairien belge de langue française (1895-1980) est, de l'avis général, l'auteur de « la meilleure grammaire française » (R. Le Bidois). En cinquante ans (1936-1986) cette œuvre remarquable a fidélisé un très large public dans le monde et connu 12 éditions successives, en doublant de volume (la 12e édition présente 1768 pages !). A. Goosse, qui la continue avec bonheur, prépare la 13e, et ce ne sera jamais fini. Son titre est à lui seul tout un programme : *le Bon Usage,* et il est vrai qu'il faut voir en M. Grevisse notre nouveau Vaugelas...

« Inventaire systématique, aussi complet que possible, du français moderne... ouvrage à la fois descriptif et normatif, les deux aspects n'étant pas contradictoires, puisque la norme est établie sur l'observation de l'usage ou plutôt des usages, (car) il y a des variations sociales, des variations géographiques et des variations historiques » (A. Goosse). Écoutez cela, mes frères !

Effectivement, Grevisse s'efforce de se tenir aussi loin de l'« esprit de système » excessif, propre à certains ouvrages de linguistes théoriciens, que d'une approche seulement philologique des textes, à l'exemple des plus anciens travaux, qui d'ailleurs avaient du bon. Il recense les citations de plus de cinq cents auteurs, et cette richesse, qui permet de ramener sur terre notre esprit trop « lojiqe », est sur le plan de l'orthographe comme sur les autres une révélation pour nous tous. Voyez plutôt les 18 pages sur l'accord du verbe, ou les 14 sur le participe passé (cf. ACCORD*), les verbes intransitifs, impersonnels, avec attribut, infinitif, les verbes PRONOMINAUX*, etc. Voyez les exemples et les contre-exemples sans fin, signés des plus grands noms de notre littérature. Tout est là, qui prouve que les usages multiples existent, incontournables, et donc qu'il faut les accepter.

Nos PURISTE(S)* ont lu Grevisse. Ils apprécient certainement sa modération, sa finesse et ses nuances, car il n'a rien, certes non, d'un dangereux révolutionnaire. Ils savent que, comme disait QUENEAU*, « le français normal poursuit son cours ». Mais cela, c'est pour eux, entre eux, entre gens bien élevés. Les autres n'en savent rien.

Guerre (des mondes) : Sommes-nous en train de sortir de la GALAXIE* Gutenberg pour passer dans celle du son et de l'image ? Beaucoup le croient. Voyez, disent-ils, l'imprimerie traditionnelle s'écroule, les Français ne lisent pas trois livres par an, on n'envoie plus de lettres, la télévision nous occupe plusieurs heures par jour, nos enfants ne savent plus lire... (cf. LECTURE*).

J'ai beaucoup de choses à dire là-dessus : d'abord, nos enfants lisent, toutes les enquêtes le prouvent. Ils lisent des bandes dessinées ? Certes, mais par ailleurs, a-t-on jamais lu davantage ? Qui lisait et que lisait-on ? Veut-on faire de 55 millions de Français autant d'apprentis-notaires ou d'apprentis-poètes ? Et si l'on avait le droit de choisir ?

La Galaxie Gutenberg, c'était la culture certes, mais unique, muette, solitaire, filtrée, neutralisée, l'homme silencieux face à l'objet-livre, qui règne et qui domine. N'était-ce pas trop ? Cela ne commençait-il pas à sentir le moisi ? Sans se perdre dans des regrets rousseauistes et revenir tout bonnement à la culture du Moyen Age, orale, humaine et chaude, on peut rêver d'un meilleur partage, d'une profusion de cultures d'accès divers, parole, son, image et texte, et d'autres encore pour demain. Permettez-moi, moi qui comme vous ne puis élaborer ma pensée qu'une plume à la main, de ne pas croire un instant à la fin de notre ancienne culture, et encore moins à la fin de la réflexion de l'homme sur lui-même. Or, pour réfléchir, il faut tout simplement un SYSTÈME* de signes, tout système de signes est une écriture (cf. ÉCRITURE(S)*), et c'est cela l'essentiel. Nous parvenons sans doute à une époque inouïe, celle de la rencontre à égalité des deux galaxies, à un nouveau mariage de la civilisation orale et de la civilisation écrite. Leur point de rencontre est et sera l'image. En une parabole gracieuse, notre temps rejoint le temps tout semblable des débuts de l'écriture, des hiéroglyphes, qui, après tout, n'étaient pas autre chose que des bandes dessinées, texte et images mêlés.

Hermant A. : Le jeudi 13 décembre 1928, alors que l'Académie discutait pour la première fois du projet de publication de sa *Grammaire* (qui devait paraître en 1933) l'écrivain A. Hermant fit une déclaration qui mérite de passer à jamais à la postérité :

« Le français n'évolue pas : il se corrompt, avec une effrayante rapidité. Le premier venu fait bon marché des règles les plus indispensables : c'est l'anarchie, et même quelque chose de pire que l'anarchie, car les ignorants qui gâtent notre langue sont en même temps pédants à leur manière ; ils éprouvent l'étrange besoin de légitimer, de consacrer leurs solécismes et leurs barbarismes ; ils se sont, à cet effet, déjà par deux fois adressés aux pouvoirs publics, qui n'ont pas toujours eu la sagesse de se récuser. »

Depuis, beaucoup d'eau a passé sous les ponts. Le français a pris soixante ans de plus, et pas une ride. Les solécismes et les barbarismes glissent sur son visage lisse et se transforment aussitôt en fleurs et en fruits odorants. Mais il a un talon d'Achille : c'est que certains veulent l'empêcher de rajeunir. On ne peut que lui souhaiter mille et mille fois soixante ans d'une corruption et d'une anarchie qui lui réussissent si bien.

Hostellerie (du Roy Henry) : Il était une fois trois restaurants : dans l'un, les couteaux n'étaient pas affûtés. Dans le second, ils l'étaient, et l'on trouvait par conséquent la viande meilleure. Mais c'est le troisième qui faisait payer le plus cher, et savez-vous pourquoi ? Parce qu'il avait rajouté un *s* et deux *y* à son enseigne. Ainsi va la France. Veuve de son roi et de ses fastes, elle rajoute des *s* partout, des *l,* des *h,* des *c,* des trémas, des *x,* des *y,* des *z,* quand elle ne les a pas déjà. Et qu'importe si on s'écorche la langue, si on fait sonner l'*s* d'ho*s*tellerie, l'*x* de Chamoni*x*, d'Au*x*erre ou de Bru*x*elles, l'*s* de Me*s*rine ou de Che*s*nay, Ai*s*ne, Doub*s*,, le *g* de Long*w*y, le *t* de Me*t*z, le *f* de Neu*f*château, le *gl* de Bro*gl*ie, le *i* d'Engh*i*en ou de Castr*i*es, le *l* d'Au*l*naie, etc. (cf. POLLUTION*)... Tous ces faux nez deviennent nous-mêmes, et sont parfaitement bien supportés par Monsieur Gendelettre, qui peut ainsi manger du faquin tous les jours à son petit déjeuner. Jeux malsains, jeux de rentiers inoccupés, quand ils s'exercent non seulement sur les noms des châteaux et les blasons, qui après tout sont publicités personnelles, mais sur les écrits des autres et nos mots de tous les jours.

Immobilité (mythe de l') : Contrairement à ce qu'on croit, il y a eu, durant toute l'histoire du français, de très nombreux changements graphiques. Pour s'en tenir à l'essentiel, aux transcriptions poétiques du Moyen Age, très proches de celles des autres langues romanes, a succédé durant la période du Moyen français un système plus visuel, plus « idéographique » (cf. IDÉOGRAPHIE*). Non seulement on a conservé alors les lettres qui avaient cessé de se prononcer, mais on en a rajouté beaucoup d'autres : certaines, c'est vrai, étaient purement étymologiques : mais le plus souvent elles avaient une fonction dans le système même, de lisibilité, ou indiquant la valeur des voyelles précédentes (timbre, longueur, brièveté), les voyelles nasales, les groupes de lettres qui faisaient graphèmes, et aussi certaines valeurs morphologiques ou distinctives. On a exagéré le poids de l'ÉTYMOLOGIE* latine dans notre écriture : ni l'*x* muet final, ni l'*y* de *roy, moy,* ni le *z* de *forez, praz, beautez, aimez,* ne sont latins, pas plus que les CONSONNES* doubles nasales ou autres.

Quoi qu'il en soit, ce second stade (qui n'a somme toute duré qu'un siècle ou deux) a disparu devant un troisième au cours des XVIIe-XVIIIe siècles, et les réformes de l'usage, mais aussi, plus systématiques, de l'Académie, ont été de nouveau progressistes et constantes : sur 20 000 mots environ, près de 27 % de modifications entre J. Nicot (1606) et Académie 1694 ; 10 % de 1694 à 1718 ; 37 % de 1718 à 1740 ; 7 % de 1740 à 1762, etc. Le mouvement se ralentit ensuite, sans jamais disparaître. Les interventions des réformateurs n'ont jamais cessé, et ont tenu une part non négligeable dans cette évolution.

Instabilité (du français) : L'*e* caduc, ou instable, est la voyelle la plus capricieuse du français, qui met par terre, à elle seule, toute prétention à une orthographe « phonétique » (cf. PHONÉTISTES* et E* « féminin »). Y es-tu ? Que non pas ! Vérité passé la Loire, erreur en deçà. Faut-il le supprimer ? Montpellier s'émeut : qui a dit qu'il était muet ? De toute façon, il a plusieurs valeurs autres que phonétiques : *diacritique* (il faut prononcer la consonne précédente, *bête, aime,* la première voyelle cessant ainsi, dans ce dernier exemple, d'être nasale) : *morphologique* (après voyelle, marque de genre, *amie, aimée, émue*) ; *distinctif* (*martyr/martyre, cap/cape, golf/golfe*).

Quant aux LIAISON(S)*, c'est ce qui constitue le lien principal entre les lettres muettes finales (grammaticales ou dérivatives) et l'oral. Ce sont des lettres « clignotantes », qui apparaissent une fois sur deux, devant voyelle, et sont écrites dans tous les cas, suivant la loi de permanence graphique. Si on écrivait « phonétiquement », on écrirait sans aucune distinction ce qui se prononcerait de la même façon (ex. le plus connu : *si si san si si si si san si siprè...*), et, inversement, chaque mot verrait ses formes doubler, voire tripler, ex., pour les liaisons :

— *articles : lé* et *lez, sé* et *sez, mé* et *mez, té* et *tez,* etc. ;
— *noms de nombres : si, siz,* et *sis* en finale (pour *six*)
di, diz et *dis* en finale (pour *dix*)
(h)*ui,* (*h*)*uit* (pour *huit*), etc.

Serait-ce une simplification ? Encore n'aborde-t-on ici qu'une infime partie des difficultés soulevées, qui font qu'il y a mille lieues entre une transcription dite « phonétique » (elle-même conventionnelle) et ce qu'est une véritable écriture.

Irréprochabilité (ou le bourreau de soi-même) : Qu'est-ce qu'une orthographe irréprochable ? Où est-elle ? Une orthographe irréprochable est une fabrication et un mythe. Fabrication, la mise en forme d'un texte d'auteur qui est écrit, puis tapé à la machine, envoyé à l'éditeur, normalisé suivant les ordres de marche de la maison, composé, corrigé et rectifié, repris sous d'autres formes à diverses dates, dans les diverses éditions ou dans les diverses publications, etc. Tous ceux qui se sont fixé la dure tâche de donner une édition convenable d'un grand auteur vous le diront. En voulez-vous un seul exemple ? Voyez l'article VOLTAIRE*.

Mythe, car elle n'existe pas plus dans les copies des élèves que dans celles des étudiants ou des maîtres, dans les livres ou dans les journaux, et il en est ainsi aujourd'hui comme dans les siècles des siècles. A preuve, preuve éclatante, les Championnats d'orthographe, pendant lesquels 50 000 Français parmi les plus doués sont tombés par vagues successives, comme à la bataille de la Marne, y compris des dizaines d'écrivains de renom. Si bien qu'un correcteur désabusé a pu dire que ces résultats « étaient équivalents à ceux d'une classe type de n'importe quel CES de banlieue ». Il est vrai que tout y était : le stress, le masochisme extravagant des difficultés, l'arbitraire du choix du vocabulaire, les mots inconnus comptés pour autant de fautes (cf. FÔTE), une correction maximaliste, etc. Allons-nous en déduire qu'il vaudrait mieux être plus raisonnable, faire une orthographe plus claire, et agir en ce sens ? Pas du tout. Les Français sont battus, et contents. A présent (médias, préparez-vous) on va compter aussi cinq fautes zéro à l'oral.

La narchie : On se souvient de ce dessin de Siné montrant, en mai 1968, un soudard patibulaire, avec une pancarte portant ces mots : « LES INTELECTUEL SES LA NARCHIE ». Un frisson vous passe dans le dos à voir une telle atteinte à nos mœurs.

Il y a, en France, deux sortes de ridicules qui tuent : n'être pas habillé à la dernière mode, et faire des fautes d'orthographe. Ce n'est pas le cas en Angleterre (cf. ANGLAIS*) : là-bas, on juge certes les gens sur leur accent (*milksop cockney, sturdy cockney,* etc.) mais on ne dit rien, et surtout on ne rit pas, faute de goût impardonnable, pas plus que si l'on voit gesticuler une femme en pyjama à six heures du soir dans Hyde Park. Ce trait restreint beaucoup, en France, le nombre des gens qui écrivent (cf. aussi BLOCAGE*). C'est ce qui explique, entre autres, que dans un pays se disant hautement démocratique, 8 % des fils d'ouvriers seulement peuvent aller à l'université. On compte sur les doigts les écrivains qui n'aient pas, en France, au moins une licence, comme les jeunes hommes politiques qui ne sortent pas de l'ENA. Cependant, tout le monde fait des fautes d'orthographe, sans pour cela mieux supporter celles des autres. Il s'agit bien d'une sorte de racisme, qui sépare les gens que l'on fréquente de ceux que l'on ne reçoit pas chez soi.

Lard (l'homme de, texte dédié à Micheline Sommant et B. Pivot) : L'homme de lard, la femme à poêle et la fille du porc adhérèrent à l'Association des meilleures Maires de France. Alors, mon amoureux des seins, ils jetèrent l'encre, la cane à la main. J'ai pris le quart et je suis venue aussi tôt, mais il fallait plus tôt partir, car j'adore le balai, et j'ai déjà publié les bancs. C'est bien là où le bas blesse, c'est que ma femme fait des bons, sur des champs langoureux. Pour pouvoir passer par le chat d'une anguille, mon père a chanté en cœur, tout prêt et l'oreille en coing, en détonant sur un faux thon en plain opéra : « Qui est premier du coque ou de la poule ? » Il ignore, le cher homme, les comptes amoureux des ménages à corps et à cris. Quant à son fils, il a raté son court d'anglais, et son pauvre paire, après la pluie, est arrivé tout dégoûtant, écrasé par les coups salariaux, car c'était la datte fatidique et, alors, las, un signe passe sur les laques. En fait, c'est toujours le pop qui chante : Viens, don, dure, dur !, et l'écot répond : « C'est la faim du monde ! » Mais il a raté son dos sous le faix du jour, et il fore fort, sans avoir les fois ni prêter le flan à la critique. Pour moi, j'ai renversé mon legs sur l'hôtel du sacrifice, et à présent, j'habite un mât, ou parfois les palets des princes, pour éviter les chiens-lits qui cherchent leur mètre. Ces chiens m'ont tirée par les paons de ma robe, et pour un taon, mon pair indigne, d'un air serin, m'a dit cruellement son non, me faisant ainsi manger mon pin noir. Heureusement, la servante lui a donné son mois, et depuis lui luit, la bat, l'abat, fait la pose et pêche la nuit, en me lançant des pics. Quant à mon frère, relégué à la ferme, c'est un homme de petits pois, qui, pillé et points liés, tire des plants. Pour un ouï, pour un non, c'est un vrai rat de marais : il sort de son repère, fixe son sot, soûl de ses sous, saute à cheval sur ses selles molles (aux deux le son et à l'un l'avouane), se met à résonner, tire le serf, s'emmêle comme un sans-mêlée, et me crie : « Soies douces et t'es toit ! Pour qui tes taies, toi ? Tutoie et tue, as-tu ton té ? » Par foi, il me prie la main, et le sens du pou : en vingt vins, il vint, vainc mon vain van, s'éventa et se vanta. Mes bas ! Il voua sa voie à ma voix, et lança à la volée ses verres dans les vers verts. N'est-ce pas Fu ? Mes noms, ils toussent tous, tous ceux, les cinq, qui sont ceints, mais sains saints, et basse tasse, on arrête.

Liberté (de parole) : Pourquoi empêchez-vous les gens de s'exprimer ? C'est le contraire qu'il faut faire. L'homme moderne respire, mange, boit, parle et écrit. Ces besoins fondamentaux du corps et de l'esprit n'ont rien à voir avec la raison d'État. Le langage est avant tout une affaire personnelle, une « technique du corps » (M. COHEN*). Une fois l'homme adulte, la société ne peut plus l'exclure sous prétexte qu'il mange « mal », qu'il boit « mal », qu'il parle « mal », ou qu'il écrit « mal ». Tout juste peut-on créer une incitation générale, qui répond d'ailleurs à un besoin naturel de conservation et d'intégration au groupe. En ces domaines, la contrainte est pire que le laisser-faire. Il faut moins manger, moins boire, mais parler plus et écrire davantage, telle est la vraie, la seule solution. C'est en parlant, en somme, qu'on apprend à parler, en écrivant qu'on apprend à écrire. Si l'on inhibe l'envie d'écrire, on inhibe aussi l'envie de lire, et de parler. La parole la plus belle est libre. Faisons que l'écriture soit comprise et appartienne à tous, et vous verrez comme elle sera belle

Liberté (de tracer) : Il y a le système, et il y a la réalisation, la Langue et la Parole. On ne peut pas parler entre copains, en famille, au comptoir du café du coin, ou au lit, comme on parle à l'Assemblée nationale ou lors d'un cours magistral. C'est non seulement ridicule, mais impossible, car on ne serait pas compris. Après avoir longtemps erré, et avoir ainsi perdu des points précieux dans les sondages, nos dirigeants eux-mêmes l'ont bien perçu, et l'on a entendu il y a peu l'un d'entre eux braver les bonnes mœurs et les foudres des Gendel'être en traitant publiquement sa chanteuse préférée de... « sympa », tout bonnement !

Pourquoi l'écrit échapperait-il à cette diversité ? L'enfant qui réussit n'est pas celui qui parle comme un livre, mais celui qui peut changer de registre en fonction des circonstances. L'adulte cultivé n'est pas celui qui ne dit pas de gros mots, mais celui qui n'en dit pas lorsqu'il ne faut pas en dire. L'écrivain véritable n'est pas celui qui acquiert la même langue que RACINE* ou HUGO*, mais précisément la refuse, la plie, la rompt, la recrée, la soumet à son émotion et à celle du lecteur, le touchant ainsi d'une divine surprise.

Qu'importe un *lapsus calami,* si le message passe ? Qu'importe Carol ou Carole, Danielle, Dannielle ou Danièle, Jeanette, Jeannette ou Janette, Nicole ou Nicol, Beaudelaire ou Baudelaire (c'est ainsi que le moraliste de Port-Royal au XVIIe siècle et l'auteur des *Fleurs du mal* écrivaient leur nom, et je ne parle pas du bactériologiste Ch. Nicolle, ni du reste du dictionnaire des noms propres...) ? On accorde en France beaucoup trop d'importance aux aspects mineurs de l'écrit (cf. FÔTE* et POLITIQUE* de variantes).

Valent-ils qu'un enfant rate sa scolarité, un adolescent sa vocation, un adulte parfois sa vie même ? Nous voulons leur bien, à la façon de la mère de Rimbaud, ou de M. Prudhomme pour la République, au besoin en les étouffant, en les sabrant. C'est Roland Barthes qui a raison : « Ce n'est pas l'orthographe qui doit être réformée, c'est la loi qui en prescrit les minuties. Ce qui peut être demandé, c'est seulement ceci : un certain "laxisme" de l'institution... que les "ignorances" et les "étourderies" ne soient plus pénalisées ; qu'elles cessent d'être perçues comme des aberrations ou des débilités ; que la société accepte enfin (ou accepte de nouveau) de décrocher l'écriture de l'appareil d'État dont elle fait aujourd'hui partie ; bref, qu'on arrête d'exclure pour motif d'orthographe. »

Louis XVIII : Il y a une curieuse CONTINUITÉ*, tout à fait caractéristique (puisqu'il s'agit, avec des nuances et sous des appellations différentes, des mêmes classes ou de couches très proches qui viennent au pouvoir) entre la Révolution, Napoléon Ier et Louis XVIII en ce qui concerne l'orthographe. Malgré les efforts isolés de DOMERGUE* contre « le mensonge abécédaire » (lettre à Napoléon Ier, 1805), la Révolution est parfaitement satisfaite, dans l'ensemble, des réformes importantes déjà accomplies au XVIIIe siècle, sous la pression des couches économiques et sociales montantes. Il ne faut pas dire que la bourgeoisie n'a alors rien fait. Au moment de la Révolution, les places idéologiques étaient occupées par elle, dont celle-là. Il s'est passé pour l'orthographe ce qui s'est passé pour l'instruction : en donner assez au peuple pour assurer les tâches nouvelles qu'on attendait de lui, mais pas assez pour qu'il aille plus loin. (Il faut tenir, on le sait, les sciences cachées, disait l'avocat Belot au XVIIe siècle, faisant l'apologie de la langue latine, (cf.

science du SACRÉ*). On s'est donc arrêté en route. Plus : Napoléon restitue les travaux de l'Académie de l'Ancien Régime, et Louis XVIII lui rend tous ses droits (ordonnances de 1816). Un différend important divise cependant à l'époque les tenants du nouveau régime et ceux de l'ancien : Louis XVIII, lorsqu'il revient sur le trône, s'assoit en disant : « C'est moe le roe ». Telle était la bonne prononciation des émigrés. NODIER*, Chateaubriand, et quelques autres, ont toujours refusé d'écrire, comme l'avait décidé l'Académie en 1835, *ai* pour *oi* et *ants* pour *ans*. Ils écrivaient donc : « J'avois (prononcé j'*avoe*) des enfans » et non : « J'avais des enfants. »

Mal (parler, ou l'*o* du rôti) : Si nous prononçons mal, c'est souvent la faute de l'orthographe (cf. CIRCONFLEXE*).

Faut-il prononcer *rôti* avec un *o* fermé ou un *o* ouvert ? Et *rôtisseur, rôtisserie, rôtissoire, rôtissage,* etc. ? Question non résolue, sur laquelle chacun y va de son petit couplet. Nos maîtres en prononciation, Passy et Warnant, penchant pour un *o* ouvert, *le Grand Larousse de la langue française* pour un *o* fermé. Qu'allons-nous devenir ? Je vais vous dire : ce *o*-là a toutes les raisons d'être ouvert, et toutes les raisons d'être fermé. Ouvert, ou plutôt moyen, car il n'est pas tonique, et plus il s'éloigne de la dernière syllabe, plus il est... quelconque. Du moins dans le nord de la France, car dans le Sud, il est plutôt fermé, non pas parce qu'il porte un accent circonflexe, mais tout simplement parce que la syllabe qui le contient est ouverte.

J'ai entendu une maîtresse d'école qui apprenait à ses élèves à dire : *gââteau, pââtisserie* avec un *a* postérieur, en se décrochant la *mââchoire.* « ... Affectation ridicule et tout à fait contraire à l'harmonie », disait V. Buben de *rôtir,* prononcé avec *o* fermé et long. En fait, il s'est avéré que devant une syllabe contenant un *i* (voyelle fermée), on a plutôt tendance à fermer la bouche à l'avance : « ... *L'un et l'autre se dit, ou se disent* », voilà donc la seule conclusion raisonnable. Et c'est une leçon générale de sagesse que je vous donne là.

Quant à l'accent circonflexe, qui marquait non pas la voyelle fermée mais longue (phénomène qui a pratiquement disparu du français, surtout en position non tonique), il devrait disparaître, car il induit les gens en erreur : cette voyelle-là peut être fermée ou ouverte, mais certainement pas longue.

Masculin-féminin : On ne peut pas laisser dire n'importe quoi. Voici, en gros, la situation respective du masculin et du féminin : l'anglais a trois genres, le masculin, le féminin et le neutre, d'où le jeu normal des pronoms : *he, she, it.* Par ailleurs, les substantifs et les adjectifs y ont pratiquement perdu, sauf exceptions, leur morphologie du genre.

En français, il y a, en réalité, deux espèces de genre :

1. Dans le domaine de *l'inanimé,* les mots sont masculins ou féminins, apparemment au hasard (il y a des raisons étymologiques, historiques, religieuses, etc.).

2. Dans le domaine de *l'animé,* la part du féminin (cf. GENRE* féminin) s'étend en proportions exactes de sa place dans la société. Dans les dictionnaires de l'Académie, par exemple, on trouve 776 féminins nouveaux (par rapport aux dictionnaires précédents) dans la première édition (1694), mais 100 seulement en 1935 !

Beaucoup d'adjectifs et de noms, comme *bergère, batteuse, moissonneuse, coiffeuse, chauffeuse, perforatrice,* etc., désignent indifféremment des machines, des objets, des meubles, ou des femmes. Mais cela se retrouve (en moindre nombre, il est vrai) au masculin : *batteur, opérateur, mixeur, conducteur,* etc., et cette réalité va de soi, la polysémie étant, avec l'ambiguïté, l'une des principales caractéristiques des langues naturelles.

3. Fait de *syntaxe :* en cas de deux ou plusieurs sujets, animés ou inanimés, comprenant au moins un masculin, c'est le masculin qui l'emporte, ex. : *Ces Messieurs et dame académiciens* (39 + 1) *se sont réunis,* mais aussi : *Les victimes, trente-neuf hommes et une femme, sont restées sans soin toute la nuit* (39 + 1). En effet, des mots comme *victime, vedette, star, étoile, personne,* et (dans l'armée) *recrue, ordonnance, sentinelle,* etc., sont des féminins (marqués ?), tout comme *foule, multitude, ribambelle* et autres collectifs, tout comme encore, au sommet de la hiérarchie, *Sa Majesté, Son Altesse* et même... *Sa Sainteté.*

4. A présent, messieurs, allons à l'essentiel : au pluriel, il est vrai que l'on fait un choix en cas de doute en faveur du masculin. Mais que se passe-t-il, pour l'animé, au *singulier ?* Jusqu'à présent, grammaticalement parlant, hommes et femmes y étaient égaux et indépendants (si l'on me permet ce rappel trivial) ex. :

— *Famille, Parents :* père, mère ; oncle, tante ; cousin, cousine ; femme, mari ; sœur, frère ; petit-fils, petite-fille, etc.

— *Adjectifs, déterminants :* vieux, vieille ; interdit, ite ; le, la ; il, elle ; ce, cette ; celui, celle ; mon, ma, etc.

N'insistons pas. « Tout est particulier [dans la langue], à la fois solidaire de l'ensemble et original » (G. Dumézil). Respectons donc la femme dans sa *singularité,* et ouvrons largement la porte aux féminins *singuliers* des noms de métiers et de fonctions.

Quant à l'équation *masculin non marqué/féminin marqué,* j'irai même jusqu'à dire pour ma part que, contrairement aux apparences, c'est le *masculin* qui, en français, est « marqué », surtout à l'écrit (cf. FEMMES*, le T de PETIT* et NEUTRALISATION*).

Métro (boulot dodo) : Où va nous conduire notre nouvelle manie de la *troncation ?* La troncation est ce procédé, devenu très courant, qui consiste à couper une ou plusieurs syllabes de n'importe quel mot, et ensuite à les coller avec d'autres, souvent n'importe où.

Si encore on respectait les coupures normales des mots grecs ou latins d'origine, comme dans *cyclo-, disco-, hétéro-, toxico-,* ainsi qu'on l'a fait sur un modèle très ancien depuis le XIXe siècle pour *auto-, vélo-, métro-,* etc. Mais voilà, ce n'est pas le cas, ce qui prouve que la connaissance de l'ÉTYMOLOGIE* est l'une des choses du monde les plus mal partagées.

Tout d'abord, la conscience linguistique faisant défaut, on observe des hésitations : *Mondo-* et *mondio- ; ovo-* et *ovi- ; pétro-, pétroli-, pétrolo- ; capillo-* ou *capilli ; pilo-* ou *pili- ; ped-, pédi-, pédo-, -pède, -pode,* etc. Mais, de plus, on a *accu-, buta-, colo, info-, patro-, récré-,* sans compter les ABRÉVIATIONS* qui, en général, accaparent volontiers dans le mot une consonne finale, comme *math, perm, prof, réac, fac, bac,* ces dernières créations étant à présent plus ou moins institutionalisées.

Ce qui m'intéresse ici, c'est l'extension assez extravagante des mots en *o* (par analogie avec les thèmes grecs d'origine). Quelles que soient les finales graphiques du français, tout vocable en *-o* (forgé au besoin) sera susceptible de fournir une nouvelle unité : *populo, prolo, aristo, proprio* (déjà classiques), mais aussi *clodo, convalo, coco, dirlo, hosto, mono* (pour *moniteur*), *soldo* (pour *solex*), *probso* (pour *problème*), etc. Langage de jeunes ? Voire, langage de tous bien souvent. Phénomène passager ? Révolution du langage ? En tout cas, nouveaux suffixes, ou nouvelles finales, qui se révèlent prolifiques (voyez *médiocratie, voyoucratie,* demain peut-être *boulo(t)cratie, dodocratie...*). Et qui se soucie de l'orthographe du mot *bureau,* qui a donné *bureaucratie* (XVIIIe siècle et déjà cinq dérivés), et *bureautique,* de même que MASS MÉDIA(S)* a donné *médiatique,* suffixe en *-tique* qui vit à présent de son côté sa propre vie ? Ainsi jaillit de toutes parts le flot tumultueux de ce français vieux de mille ans.

Neutralisation (périodisation de la) : « Le genre non marqué, masculin pour vous et moi, couvre les deux sexes ; le genre marqué est limitatif et indique une ségrégation sexuelle : *ladies only.* Les *hommes* sont les hommes et les femmes ; les femmes, non... »

C'est ainsi que John P. Harris, journaliste au *Times* (dans son article « *Prisoners of gender* », cf. aussi FEMMES* et MASCULIN*-féminin), a compris les dernières remarques de l'Académie sur le GENRE* (féminin).

Il y a là, tout d'abord, de la part des femmes elles-mêmes, un jeu à la Marivaux, qui pourrait s'intituler : « Je m'en vais je reste. » Beaucoup d'entre elles, et non des moindres, adorent, c'est vrai, jouer ce jeu : « Je crois que je dis *présidente...* mais *experte-comptable,* jamais ! », dit l'une d'elle ; « ... consœur, jamais ! » dit l'autre ; « ... ridicule, démagogique », dit la troisième ; « ... faux problème », dit la quatrième ; « ... je m'en moque », dit la cinquième. Libre à ces dames, arrivées, agrégées mais non ou peu « ségrégées », d'utiliser les noms masculins. Après tout, pourquoi pas ? Moi-même, je suis pour laisser *professeur, ingénieur, proviseur, censeur,* etc., et même *procureur* et *chauffeur* tranquilles (les gens du métier disent *femme-taxi,* pourquoi pas ? Ce sont eux qui décideront en dernière analyse). Ces mots, difficiles à féminiser, se montent à quelques dizaines et ne gêneront personne. Comme le disait Georges Dumézil, la langue n'est pas un jardin, c'est une forêt... inutile de tout tailler.

Mais pour les autres, l'infinité des autres qui, hommes et femmes, utilisent tout naturellement *vendeuse, serveuse, fondeuse, chauffeuse* (de turbines), sans compter toutes les autres catégories de féminins qui vont de soi, je reprends l'intéressante suggestion de notre ami John Harris (va-t-on laisser ces Anglais en décider les premiers ?) :

« Le genre masculin, dit-il, a longtemps eu son règne. Il est temps de laisser l'autre bord avoir son tour. Ainsi, décrétons que le féminin sera le genre normal. Donnons la forme féminine la première pour les adjectifs dans les dictionnaires. Pour apprendre le français, il est plus utile d'apprendre d'abord le féminin des adjectifs (forme pleine, le masculin s'en dérive plus facilement que vice versa). Mieux vaut considérer le féminin comme le *normal.* Non pas *il y a, il pleut,* etc. mais *elle y a...* tous les *docteurs* seront des *doctoresses...* Inutile de changer les livres existants. Le changement partira de l'an 2000. Changeons encore en 2100, et ainsi de suite... »

Notre collègue d'outre-Manche n'est pas si loin de la vérité. Tenez-vous bien : certains de nos amis canadiens, qui ont, eux aussi, des problèmes de genre, ont proposé, de leur côté, de ne plus utiliser que *le* comme article défini, et *une* comme indéfini : *le* crème, *le* mère, *le* mer, *le* méthode, *une* garçon, etc. Égalité complète ? Pas du tout. Nous autres femmes, nous voulons l'article défini : il y en a 74 %, contre 26 % pour l'indéfini ! La proposition anglaise est meilleure.

Norme (et surnorme) : Dans le domaine de la norme, c'est facile de critiquer. Les sociolinguistes ont beau jeu de remettre en cause les notions d'« usage », de « compétence », de « grammaticalité », de « locuteur-scripteur idéal », etc. Moi-même, je ne me fais pas faute de les appuyer à l'occasion. Qu'est-ce que la *Langue* avec un grand *L ?* A bien des égards, le système n'est qu'une illusion, et la norme une opinion. Pourtant l'intercommunicabilité, paradoxalement, se défend, et se défend mieux encore si une langue est importante, étendue dans le TEMPS* et dans L'ESPACE*. L'écrit ne fait qu'accentuer encore des phénomènes de régulation et de conservation qui sont et doivent rester relativement naturels. La seule conception valable en ces domaines est celle d'une *synchronie dynamique,* et c'était bien celle de SAUSSURE*. Quelle plus grande vanité que ces interventions ex cathedra, ces lamentations, cette méfiance, cette « sinistrose » et cette « centrose » qui caractérisent ceux qui aiment la langue pour eux-mêmes, pas pour les autres (cf. AGNÈS*) ? Autant de bulles de savon sur le dos d'un éléphant. *Rigoler* remplacera *rire, dégueuler* remplacera sans doute *vomir, mec* remplace *type* qui a remplacé *homme* dans certains de ces emplois, comme *tête* (« tesson de cruche ») a remplacé *chef, se souvenir rementevoir...* ; le français a *manger* (à l'origine *mandicare,* « se démantibuler les mâchoires ») à côté de l'espagnol *comer* (venu directement du latin, cf. *comestible*), etc.

Oui, c'est facile de critiquer. Mais je ne critique pas, ou du moins pas seulement. Simplement c'est à un autre niveau que doit se situer une véritable politique de la langue. Pas de pinailleries, mais un soin prudent, constant, entêté (voyez nos voisins d'Europe, voyez la Russie, voyez CHINOIS*) dans le domaine des terminologies, des emprunts, de l'imprimerie, des définitions exactes, des sens et des graphies, pour les lois, les tribunaux, la pédagogie, etc. Un mot a deux formes, orale et écrite (cf. ORAL* et écrit), qui évoluent toutes les deux, la deuxième retardant avec juste raison sur la première, comme l'intendance suit l'armée (mais pas de trop loin). Comme disait l'autre, la liberté n'est pas la licence, mais la norme n'est pas la surnorme.

Oracle : Quand l'oracle parle, les foules se taisent. Mais il vaudrait mieux faire du bruit, car de toute façon, on ne s'entend pas.

Notre oracle a parlé. Sa parole a été d'or, d'argent, de bronze, de fonte, de cuivre, d'étain, de fer-blanc... tous les trente à cinquante ans, ce qui est beaucoup pour une langue, le couperet tombe. Que ne comprend-on enfin en France qu'à *toutes* les époques, l'oracle, de sa marche lente, assurée, majestueuse, n'a fait que recueillir et transmettre, de façon feutrée, les modifications de l'usage, et qu'il ne peut en être autrement ? Notre oracle n'est qu'une *coupole,* comme celles, renversées et si belles, qui symbolisent la démocratie au centre de la ville de Brasilia, au Brésil.

Mais surtout, admettez, de grâce, que *rien* n'est jamais obligatoire en matière de langue : imaginez que l'Académie, comme le prévoyait son cahier des charges, ait composé non seulement un *Dictionnaire,* mais une *Rhétorique,* une *Poétique* et surtout une *Grammaire* (ce qu'elle a fait en 1933, mais, heureusement, on a oublié). Voyez-vous nos avocats suivre ses préceptes au prétoire en matière d'art oratoire, nos poètes son goût du bel canto et l'université enseigner ses vues sur la sémantique générative ? Les DICTIONNAIRES* modernes eux-mêmes s'en tiennent-ils à l'Académie ? Qui a le Dictionnaire des dictionnaires sur sa table de travail ? Répondez, je vous prie ! Mais silence, nul ne répond à ma voix, chacun attend la prochaine parole de l'Oracle.

Parlures : Le flot des parlers, des plus savoureux aux orduriers, et aussi, hélas ! aux plus plats, submerge nos oreilles, force nos consciences. Ils ont toujours existé, il n'est que de lire Rosset et les Mazarinades pour s'en persuader. Mais ils battaient nos carreaux sans entrer, ni s'inviter à notre table. Du moins, la langue écrite nous restait, vierge, intacte. On pouvait croire qu'on ne reviendrait plus aux débordements de l'ancien français et du XVIe siècle, aux valses-hésitations de Vaugelas ou de MÉNAGE*, *formage* ou *fromage, sarpe* ou *serpe, bignet* ou *beignet, convent* ou *couvent, soujet* ou *sujet, arrouser* ou *arroser, beuveur* ou *buveur, Ugène* ou *Eugène,* et autres fariboles. On pouvait penser qu'on était parvenu à l'après-Babel, à l'Immobilité éternelle, Une langue pour Une France, *for ever.*

A présent que le moindre immigré alphabétisé peut écrire le roman de sa vie sur son micro-ordinateur, lancer des messages personnels dans un code graphique connu de ses potes, interroger une base de données ou l'Annuaire électronique en simple transcription phonétique, tout est fini.

A moins que justement, la machine, transformateur universel, gosier de métal parlant toutes les langues, sans préjugés ni limites, ne nous aide à nous retrouver, non pas dans un désordre, mais dans un ordre plus large, relativisé, plus proche de la nature profonde de la langue et des parlures délicieuses de notre pays.

Philographie : Le mot d'*orthographe* (qui veut dire « graphie correcte », ou, si l'on veut, en s'en tenant à l'usage, « discipline de la graphie correcte ») est incorrect. On devrait pour le moins dire *orthographie,* comme *géographie, cartographie, radiographie,* etc. Seulement, le terme d'*orthographie* était déjà pris, et il existe toujours : on l'utilise en architecture, et il s'agit du profil ou de la coupe d'un édifice, répondant aux canons imposés. C'est pour cela que l'on a parlé d'*orthographe.* L'histoire de ce mot est longue, et je ne la referai pas ici. Ce qui compte, c'est qu'il renvoie à une manière correcte, et seule correcte, philologique et respectueuse, d'appliquer un modèle venu du fond des âges, en l'occurrence, pour notre langue, du latin.

Je préfère de beaucoup le mot *philographie,* qui ne présente pas ces connotations anciennes et désagréables. Formé sur le modèle de *philosophie,* il signifie « amour de l'écrit », c'est-à-dire non pas acceptation d'une norme venue de l'extérieur (*écrivez/n'écrivez pas*), mais liberté personnelle et sciemment acceptée, et aussi découverte, curiosité, appropriation, échanges inépuisables, à la portée de tous, ce qui s'applique bien à l'incomparable plaisir d'écrire.

Utopie pure et simple ? Que serait-ce alors de la PHYLOGRAPHIE* et de la PHYLLOGRAPHIE* ? Et qu'en est-il de la philosophie ?

Phylactère : La graphie *phylactère* date, nous dit le *Petit Robert,* de 1553. Curieux. Au Moyen Age, cependant, le mot existait : il s'est écrit *filatière, philatere, filatire* (XIIe siècle). Il viendrait du latin ecclésiastique *phylacterium,* grec *phulaktêrion,* « trad. hébreu *tephîlîn* », ajoute le dictionnaire. C'est vous dire que ce n'est pas d'aujourd'hui que l'on se sert d'« amulettes », c'est le sens de ce mot savant. Il s'agit d'une « petite boîte carrée, renfermant des versets de la Bible, que les juifs orthodoxes se mettent au bras ou au front pour la prière du matin ». Ce qu'ils font toujours.

(Au passage, je ne résiste pas au plaisir de vous aviser que ce mot de *phylactère* [de *phulaks* « gardien », *phulaxis* « protection, garantie »] est à rapprocher de *prophylaktikos,* qui a donné *prophylactique,* et aussi PHYLOGRAPHIE*, naturellement. Mais là n'est pas la question.)

Mon problème est celui-ci : pourquoi, dans le *Petit Robert,* cette date immédiate de 1553, alors que le mot existe depuis le XIIe siècle, et certainement, pour le moins, quinze siècles en deçà ? C'est que, voyez-vous on confond en France un MOT* avec sa graphie. Par exemple, on peut se demander pourquoi *tephilin* est noté, à l'article qui lui est consacré, *tephillim* ou *théphillim,* au lieu de *téphilin* (graphie de 1904), « hébreu *t'phillim,* plur. de *t'phillah* "prière" ».

C'est pourtant ainsi que se sont construits les rites toujours en vigueur de notre église orthographique, sur des vulgates floues et peu sûres. Pourquoi, je vous le demande, ce *ph* grec en hébreu, si séraphique qu'il soit ? Et pourquoi pas aussi *théphyllim,* avec *y,* puisque, par une douteuse analogie, on rapproche, comme au XVIe siècle, le mot de sa prétentieuse graphie grecque humaniste *phylactère,* alors qu'avant ce vulgaire porte-bonheur s'écrivait comme tout le monde ? A l'orgueil, l'avarice, la luxure, l'envie, la gourmandise, la colère et la paresse, il faut ajouter au portrait de l'homme une qualité, qui est aussi un défaut capital : la crédulité. Mais, haut les cœurs, croyants, mes frères, foin d'amulettes : *errare humanum est, perseverare diabolicum.*

Phyllographie : *Phyllographie,* homophone de PHILOGRAPHIE* et PHYLOGRAPHIE*, est un mot qui présente, avec eux, le meilleur exemple de ce que devrait être l'essence de l'écriture, pour ceux, évidemment, qui savent la lire : un supplément de sens. Ce mot, qui comprend le préfixe *phyllo* « feuille », évoquera aussitôt, par rapport aux deux autres, et d'agreste façon, sur fond de Sixième Symphonie, la chlorophylle, la verdure, l'air et la lumière, tout le processus de la vie, l'épanouissement suprême de l'individu écrivant devenu écrivain...

Les philographes, les phylographes et les phyllographes, grands maîtres ayant atteint au troisième degré de leur art, se promènent sous les arcades, comme les péripatéticiens du temps de Platon, en robe blanche et drapée, une couronne de lauriers sur la tête, discutant sans hâte de points de doctrine. Faut-il, dites-moi, écrire : *Elle s'est laissé (ou laissée) séduire ? Elle s'est senti (ou sentie) défaillir ?* Que de nuances plaisantes entre ces deux aspects du langage, dont on s'entretenait jadis avec d'autres au bureau des DOUTES* de l'Académie ! Que de grâce et d'humanité dans ces conversations détendues et amicales, qui étaient celles de Vaugelas ou de MÉNAGE*, et qui seront demain dans toutes nos écoles !

Phylographie : Une vision *phylographique,* ou, par préfixe renforcé, (*pro*)*phylographique* de l'écrit, peut se comprendre de deux façons, qui ne sont pas contradictoires :

— Comme « graphie de prévention et de plein développement de l'espèce » (de *phulo-*, « espèce », par troncation de *prophylactique*). Cette conception scientifique moderne (très proche de la PHILOGRAPHIE*, car qui veut la santé et le langage pour soi les veut pour les autres) est fondée sur la pleine et entière préparation pédagogique de l'enfant à son épanouissement langagier oral et écrit. Elle nous éviterait, comme toute prévention, les sommes astronomiques dépensées en pure perte à tenter de rattraper ensuite les échecs scolaires, les dyslexies, les DYSORTHOGRAPHIE(S)*, bonnes fièvres pourprées, bonnes pestes, bonnes hydropisies formées, bonnes pleurésies et autres inflammations de poitrine supposées, qui risquent de massacrer toute leur vie les anciens gentils écoliers, simplement mal suivis et non vaccinés quand il était temps.

— Comme « étude de la protection de l'espèce contre la graphie », ce qui est vrai aussi, car qui aime bien châtie bien.

Pollution (des noms propres) ou le sang bleu des Français, ou voilà pourquoi votre fille est muette : Mme d'Agou(l)t, M. de Beauharnois, Henri Beyle, Jules Bienaymé, François de Boissy d'Angla(s), J. B. Bonssingau(lt), Henri Breuil, Louis de Bro(gl)ie, Gabriel de Choiseul-Chevigny, le duc d'Engh(i)en, Champei(x), Jules Cham(p)fleury, la Cham(p)me(s)lé, Pierre de Clairambau(lt), Louis Clérambau(lt), Antoine De(s)tu(tt) de Tracy, Achille Fou(l)d, Fou(l)ques de Neuilly, duc de Pra(s)lin, François Que(s)nay, Ambroise Polycarpe de la Rochefoucau(ld)-Doudeauville, Louis Ta(s)chereau, Tronson du Coudray, Pasteur Vallery-Radot...

Aignay-le-Duc, Ailly-sur-Noye, Anizy-le-Château, Annay, Arcy-sur-Cure, Argent-sur-Sau(l)dre, Au(l)nay-sous-Bois, Au(l)noye-Aymeries, Au(lt), Aunay-sur-Odon, Aurigny, Auxerre, Auxi-le-Château, Auxois, Auxonne (prononcez *s* pour *x* dans les quatre mots précédents), Ave(s)nes-le-Comte, Ay, Aytré, Beaumé(tz)-lès-Loges, Belle-I(s)le, Bernerie-en-Re(tz), Blaye-Les-Mines, Ble(s)le, Bre(s)les, Bou(tx), Chalette-sur-Loin(g), Châtellerau(lt), Châtelu(s)-Malvalei(x), Cirey-sur-Vezouze, Claye-Souilly, Eyguières, Eyzi(es)-de-Tayac-Sireuil, Faches-Thume(s)nil, La Haÿ-les-Roses, Lon(g)wy, Lon(s)-le-Saunier, Me(t)z, Neu(f)château, Pontau(lt)-Combau(lt), Pra(ts)-de-Mollo-la-Pre(s)te, Que(s)noy-sur-Deûle, Saint-Genie(z)-d'O(lt), Thaon-lès-Vosges, la Trimouille, Vigneu-les-lès-Hattonchâtel, Yssingeaux...

Populaires (mots) : Les MOT(S)* « populaires » n'intéressent personne. On les écrit comme on veut : *gnole,* par exemple, s'écrit *gniole, gnôle, gniaule, niaule,* et même autrement si vous le désirez. Pour ces marginaux, ces clochards de la norme, règne la liberté. En voici encore quelques exemples :

— simple ou double consonne :
rafut, raffut
trimbaler, trimballer (*-age, -eur,* etc.)
grole, grolle
guibole, guibolle, etc.

— *c, qu, k, ck :*
rikiki, riquiqui
schnock, schnoque, chnoque
tocard, toquard, etc.
— voyelles :
rafiau, rafiot
rancart, rancard, rencart, rencard (« rebut » et rendez-vous »)
tôle, taule (« prison »)
trainglot, tringlot, etc.

On se croirait au Moyen Age, période où l'on parlait, beaucoup plus qu'on écrivait. Cette liberté exceptionnelle, mais non extravagante (et somme toute confortable, ce qui prouve que c'est possible, à condition qu'elle n'aille pas trop loin) peut mieux nous faire prendre conscience à la fois d'un choix que nous avons perdu par ailleurs, de ce qu'est en réalité notre folie actuelle à vouloir tout faire entrer par le trou d'une aiguille, et enfin de ce que pourrait être, dans toute une série de cas (où la langue hésite, et c'est bien son droit) une véritable POLITIQUE* de variantes.

Psychodrame (national) : ... Parce que ces gens-là, Monsieur, ils n'en parlent pas. Ce n'est pas que ce soit un problème terrible. Il y a pire, l'absence de travail, la maladie, la mort d'un enfant... Mais là, on n'en parle pas. Des millions d'enfants et d'adolescents vivent très mal leur scolarité, l'apprentissage de la vie, sans trop savoir pourquoi. Ils se sentent vite rejetés et exclus, parce qu'ils n'ont pas « compris », non seulement comment il faut écrire *bathyscaphe, carrosse* ou *tonnerre,* mais tout simplement *lieu-dit,* des *porte-plume* ou des *pense-bêtes* (ces trois mots ont fait chuter la France entière aux Championnats d'orthographe de 1987). Il y a aussi les parents, naturellement, et les maîtres, qui sont préoccupés. Mais la parole publique, elle, n'existe pas. Ce n'est rien, une rigolade, un cor au pied que l'on cache pudiquement. « Tu es un vrai con parce que tu devrais le savoir », s'est dit à lui-même Thierry Roland, journaliste sportif, l'un des champions à l'envers des épreuves préparatoires (cf. BARÈMES*). Et c'est tout. Les gens sont des cons, voilà. Et quand on est un con, on se cache, on fait semblant. Puisqu'on vous dit que c'est très bien comme ça, qu'on a un héritage, des actions et tout. Ça nous appartient, et si vous n'avez pas l'orthographe « naturelle », comme dit l'autre, vous êtes moins qu'un homme, puisque le langage c'est l'homme (« Une mauvaise orthographe est inquiétante », a dit J. Attali).

Puriste : Contrairement au LINGUISTE*, personne ayant une préférence pour sa mère (l'écriture) plutôt que pour son père (le langage parlé). Selon lui, c'est l'écriture qui fait la langue, qui est la partie « immanente » de la langue (R. Thimonnier, 1967). Les théories de Chomsky et Halle risquent de rejoindre en partie cette vision en considérant que (traduction) : « l'orthographe anglaise traditionnelle est... à peu près le système optimal pour la représentation lexicale des mots anglais » (1968, p. 49).

L'une des convictions des puristes, tenant compte, comme le disait le rapport d'Émile FAGUET* devant l'Académie en 1905 « des réclamations très légitimes des artistes littéraires », est qu'il faut respecter la « PHYSIONOMIE* des mots » : « La *scintillation* des étoiles s'éteindrait si l'on écrivait désormais *cintillation* », disait Brunetière en 1900. A quoi Ferdinand BRUNOT* répondait : « Cet argument ne touchera guère ceux qui savent que *scintiller* (qui n'existe, du reste, que depuis la fin du XVIIIe siècle) a pour correspondant, en espagnol, *centellar,* en portugais *sintillar* (qui existe à côté de *scintillar*) ; que, dans la Provence de Mireille, l'usage a longtemps été pour *sintilhar,* et il est difficile de croire que faute de notre *sc* on ait manqué de goûter, partout ailleurs que dans la France du XIXe siècle, la douceur des nuits sereines et lumineuses... » (1905).

Résolution (une bonne) : Le 15 décembre 1979, la section départementale de Seine-Maritime de l'Association *Défense de la langue française* (cf. DÉFENSE*) a constaté que « la précarité de l'enseignement du français à l'école primaire entraînait dans les classes du secondaire une ignorance généralisée en matière de littérature et de culture françaises ». Cette section a donc décidé à l'unanimité d'attirer l'attention du ministre de l'Éducation « sur l'opportunité, voire la nécessité de parfaire la formation générale des instituteurs, pour leur donner en particulier une connaissance approfondie de l'orthographe et du vocabulaire de la langue française qu'ils ont le devoir d'enseigner » (Bull. de *Défense de la langue française,* mars 1980).

Il y a, à la tête de l'Association *Défense de la langue française,* plusieurs dizaines d'Académiciens, de Professeurs d'Université, de Présidents d'Associations ou de Comités nationaux et internationaux traitant de la langue française, des Cardinaux, des Préfets, des Membres de la Cour des comptes et de la Cour de cassation, des Députés, des Sénateurs et même d'anciens ministres de l'Éducation nationale. Que n'écoutent-ils et ne mettent-ils en pratique la conclusion la plus raisonnable qui soit jamais sortie de débats sur la « défense » de la langue française ? Buffon l'a dit : « Le style, c'est l'homme même. »

La coercition ne peut rien en la matière. Élevons le niveau des nouvelles générations, mettons-le là où il devrait être, et ils parleront bien. Tout le reste est littérature.

Sacré (science du) : Ernest Renan publia en 1863 sa *Vie de Jésus,* et de 1863 à 1881 son *Histoire des origines du christianisme,* qui est considérée comme l'étape première de ce qui allait devenir la science des religions. Jusque-là, on ne parlait pas plus des origines des religions que des origines de la guerre. Pour l'orthographe, nous en sommes encore aux *Introduction à la Vie dévote, Vies des Saints, Manuel du Chrestien* et autres *Histoire et pratique de la Clôture des Religieuses.* Faire l'histoire des dictionnaires de l'Académie ? Vous n'y pensez pas, quelle impudeur. On y apprendrait cependant comment elle accueillait les philosophes au XVIIIe siècle et écoutait les *Éloges académiques* de d'ALEMBERT*, son Secrétaire perpétuel, coauteur de l'Encyclopédie, maître en tolérance, qui y prêchait là comme ailleurs la philosophie naturelle et l'esprit scientifique. Comment elle a si bien applaudi VOLTAIRE* en 1778, qu'il en a eu les larmes aux yeux et mourut peu après. Comment elle s'efforçait alors en tout point d'être, et réussissait à être, l'égale en grandeur de l'ancienne Académie de Platon à Athènes, de l'Académie Della Crusca en Italie, ou de celle de Madrid, ses vénérables consœurs. La science du sacré n'est pas à craindre, sinon des sots. Mais au fait, n'est-ce pas précisément parce que l'orthographe était avant tout considérée comme la science des ânes, je veux dire des femmes, tout comme les *Vie(s) des Saints* leur servaient de Bible et de religion ? « Ne donnez pas aux chiens ce qui est saint », disait l'avocat Ch. Mallet au XVIIe siècle, parlant du remplacement du latin par le français dans les PETITES ÉCOLES* de PORT-ROYAL*. Il faut, ajoutait Belot (*Apologie de la langue latine,* 1637) maintenir les sciences cachées : « La connaissance qu'on en donne aux peuples a eu pour conséquence : en religion, l'hérésie ; en philosophie, la sophistique ; en politique, l'insoumission et la décadence ; en médecine, l'empirisme... », en orthographe, la culture pour tous, pourrait-on ajouter. Où irions-nous si l'on connaissait l'ORIGINE* des CONSONNES* doubles ?

Scripteur (droits du) : Nous écoutons beaucoup plus que nous ne parlons, nous lisons beaucoup plus que nous n'écrivons, surtout quand nous en sommes empêchés par une orthographe de luxe. Mais nous sommes à la fois récepteurs et émetteurs, et, à l'écrit, lecteurs et scripteurs. Nos besoins sont contradictoires et complémentaires.

Conserver indéfiniment dans notre orthographe le char à bœufs à côté du TGV, c'est comme si on exigeait de chacun qu'il apprenne le golf pour savoir marcher, la conduite des bombardiers pour savoir conduire, la construction des gros ordinateurs pour savoir taper à la machine. Certes, ce n'est pas sans intérêt. La route est dure, mais le jeu en vaut la chandelle. Seulement, beaucoup se perdent en route, et on ne les retrouve plus. En fait, une parole émise est plus importante que mille reçues : « Toute ta vie, écoute, disait André Gide ; mais quand tu parles, n'écoute plus. » Une écriture peut être aussi sophistiquée que l'on voudra, mais il faut qu'elle puisse être transmise et comprise par les nouvelles générations. Là est la limite pratique de toute vie en société, la liberté de chacun s'arrêtant là où commence celle des autres. Ici, c'est le même individu qui est en cause, chaque lecteur (qui est à l'aise dans la surabondance d'informations de notre orthographe) ayant à une certaine minute de sa vie un besoin vital de s'exprimer, et de bien s'exprimer, par écrit. Ayant clairement à l'esprit ces doubles besoins vitaux de l'individu, faisons en sorte, tout en préservant au maximum nos droits de lecteurs, et d'adultes, de défendre également nos droits de scripteurs, et surtout ceux de nos enfants.

Séance (la dernière) : Le savait-on ? La presse n'en a guère parlé, elle dormait sans doute, comme durant la nuit du 4 août. Ce fut pourtant à nouveau la fin de l'Ancien Régime, l'abolition des privilèges, l'instant des effusions et des retrouvailles.

Cela s'est passé durant la séance du 12 mars 1987. Ce soir-là, l'Académie a constaté avec chagrin qu'alors qu'elle avait, combien prudemment, montré la voie en 1976, en avisant les populations, prudemment aussi, qu'elle était prête à procéder à des réformes, « la nouvelle orthographe n'était pas entrée dans l'usage ». Ce qui était à prévoir, car les Français sont par essence conservateurs, et il n'y a rien à faire avec eux.

En conséquence, l'Académie renonçait purement et simplement à changer quoi que ce soit, sauf une chose : on écrirait *déciller* à côté de *dessiller.*

L'Académie a raison : on leur fait des ARRÊTÉS* de tolérances, ils les ignorent. On leur propose des changements, ils les refusent. Nos amis Belges ont fait tout ce qu'ils pouvaient pour que nous écrivions sans attendre **boursouffler, *chausse-trappe, *innommé, *persiffler, *levreau, *ognon,* je **chancèle* et je **jète, *évènement* et **bélître,* etc. Nous ne l'avons pas fait, c'est notre affaire. Une nouvelle fois, les Immortels prennent la seule décision sage qu'ils pouvaient prendre : il faut qu'il soit clair pour tout le monde que l'homme, en matière de langage, a sa liberté, et que ce n'est en tout cas, ni en aucun cas, pas à une assemblée d'écrivains, si illustre soit-elle, de décider en ces matières. Saluons cet acte de courage, qui met l'État dans l'embarras, et nous-même encore plus, ce qui n'est pas pour me déplaire (cf. VOLANT* partie de). Nous perdons peu, nous gagnons beaucoup.

Seconde langue : L'ANGLAIS* et l'américain sont-ils la même langue, ou deux langues différentes ? Un jour viendra peut-être, et il n'est pas loin, où ils seront enseignés comme deux langues à part entière, et même traduites l'une en l'autre. Et l'autrichien et le bavarois, sont-ce des langues différentes ? Et, après tout, le français et l'italien, l'espagnol et le roumain ? Un verre est toujours à moitié vide ou à moitié plein, et les frontières entre langues et dialectes sont peut-être bien davantage des points de vue historiques ou politiques que des questions linguistiques.

Et l'ORAL* et l'écrit ? Sont-ce des langues, ou des dialectes différents ? Pour le français, au moins, c'est difficile à dire. L'oral, on l'apprend naturellement, alors que l'écrit est certainement pour l'enfant, au départ, une découverte, une aventure en pays inconnu. Et quelle aventure ! Une phrase écrite peut avoir quatre marques de pluriel là où l'oral n'en a qu'une, ou même pas du tout. L'un et le multiple (*pomme* et *pomme de terre, hôtel* et *hôtel de ville*), l'identité et la différence (un *point* et un *poing,* le *poids* et la *poix*) peuvent ne rien avoir de commun pour le mot écrit et le mot oral. Alors, quelle réponse donner à ce problème ?

Si l'on peut estimer qu'il s'agit bien, du moins pour l'instant, de *variantes,* même éloignées, de la même langue, la menace d'une séparation plus forte existe (le linguiste A. Sauvageot parlait déjà d'un français oral et d'un français écrit en 1967), et l'on n'a aucun intérêt à couper les ponts et fermer les frontières entre elles. Sans cela, nous retomberions dans la situation dramatique qu'ont connue et que connaissent encore les peuples qui parlent d'une façon et écrivent (ou n'écrivent pas) d'une autre, pratiquement privés d'écriture, comme la France, tenue d'écrire latin avant la fixation du français écrit ; l'Angleterre du XVIe siècle, encore obligée d'écrire en latin ou en français ; les Turcs d'hier, les Berbères d'aujourd'hui, n'ayant pas d'autre écriture que celle de l'arabe écrit, etc.

Servante (ou maîtresse ?) : Servante ou maîtresse ? N'y a-t-il pas d'autre choix que celui-là ? Pour les uns, l'écriture est « l'immanence » de la langue, son être transcendantal, son « noumène ». Grâce à Elle, la permanence de notre être défie les siècles, y toucher c'est nous détruire.

Et la passion, le sarcasme, la haine, les paroles les plus folles et les plus secrètes coulent, lorsqu'on l'attaque, de leurs lèvres qui tremblent.

Pour les autres, l'écriture devrait être la « peinture de la voix », image ou simple photographie de la seule réalité qui soit, la parole humaine. Sinon, c'est une « maîtresse »... d'erreur et de fausseté, le mal-penser et le mal-vivre de l'homme, dispensatrice des frustrations et des refoulements de l'individu. Il faut qu'elle reste à sa place. On en a besoin, certes, mais qu'elle serve à table et qu'elle se taise.

Pour moi, elle n'est ni servante ni maîtresse. Elle est elle-même, tout simplement.

Tradition (littéraire) : Il faut respecter Chateaubriand, Stendhal, Balzac, Flaubert, HUGO*, c'est vrai. Mais ne faudrait-il pas aussi respecter RABELAIS*, RONSARD*, MONTAIGNE*, CORNEILLE*, BOSSUET*, Descartes, VOLTAIRE*, et tant d'autres ?

Croyez-vous un seul instant que MOLIÈRE*, par exemple, ait écrit comme dans la collection des GRANDS* Écrivains de la France du XIXe siècle, ou dans la collection de la Pléiade du XXe ? Comparez les deux (je ne vous demande pas d'aller voir les éditions originales) et vous verrez. Les choses ont changé non seulement du XVIIe siècle à Chateaubriand, mais de Chateaubriand à LITTRÉ*, de Littré à Larousse, de Larousse à Robert, et elles continuent à changer aujourd'hui...

Les Grands Écrivains de la France, par exemple, ne connaissaient que trois exemplaires du *Dom Juan* non censuré (mais déjà autocensuré par Molière, contraint et forcé), pièce mise en scène le 15 février 1665 pour la première fois ; publiée seulement en 1674 dans la version de Dorimond, en 1677 dans la version de Thomas Corneille (jouée ainsi jusqu'en 1841) ; reprise en 1682 enfin, neuf ans après la mort de l'auteur, dans l'édition La Grange, édition honnête, mais édulcorée puis de nouveau expurgée, pour faire disparaître des passages de nouveau jugés impubliables. C'est elle qui sera mise dans l'orthographe napoléonienne, puis dans celle d'aujourd'hui. Où est la tradition littéraire là-dedans ? Si l'on change, cela ne fera qu'une tradition de plus.

Utilisateurs : Qui sont les principaux utilisateurs de l'écrit ? Vous allez me dire : les juristes, les hommes politiques, les professions libérales ? Certes, c'est pour eux avant tout que fonctionne l'écrit. Mais ceux qui écrivent le plus, ce sont, avec les secrétaires et les écrivains, les enfants. Les premiers sont des spécialistes de l'écrit, des techniciens, chacun dans leur genre (cf. histoire de la DICTÉE*). L'enfant, lui, n'est pas un technicien, il apprend à écrire, et il écrit parce qu'il apprend. Il a besoin d'apprendre et donc besoin d'apprendre à écrire pour apprendre.

Je ne dis pas qu'il faut recueillir son avis ni écouter ses plaintes. Chacun sait qu'à cet âge-là c'est comme les nègres, ça n'a pas d'âme, et qu'on agit pour son bien. Une écriture trop simple serait *utilitaire,* or nous voulons construire des *utilisateurs* et non des *utilitaristes.* Soit. Mais que penseriez-vous d'une cuisinière qui conserverait pour elle ses recettes de cuisine, ce qu'elles font toutes d'ailleurs ? Ou plutôt, que deviendrions-nous si le secret du champagne avait été trop bien verrouillé par son inventeur, au XVIIe siècle ? Donc, attention, ne gardez pas trop vos secrets pour vous. Si vous n'avez pas de secrets, et que vous-même ne connaissez pas ceux qu'il faut transmettre, changez de métier, ou d'écriture.

CHAPITRE TROIS

DÉRÈGLEMENT DES RÈGLES

AC- (mots en) : Ce qui fait la force des manuels d'orthographe, c'est que quand on les a en main, on est petit et on ne peut pas juger ; et après, on n'y revient plus (je ne parle pas des instituteurs, parce que là, il y a un problème).

L'eusses-tu cru ? Tous les mots en *ac-* prennent deux *c* sauf *acabit, acacia, acadien, acajou, acalculie, acalèphe, acanthacée, acanthe, acanthestésie, acanthoptérygien, a cappella, acariâtre, acaricide, acarien, acariose, acarus, acathexis, acaule...* (trouver le mot qui manque). Tous les mots en *ap-* prennent deux *p* sauf *apache, apadâna, apaisant, apanage, aparté, apartheid, apastron, apathie, apatite, apatride, apepsie, aperception, apercevoir, aplatir, apostropher, apetisser, apanager...*

N.B. Le mot *apetisser* a une chance sur 78 000 DICTÉE(S)* d'apparaître (ou *aparaître* ?) ; le mot *apanager* n'a, lui, qu'une chance sur 156 000 dictées. Prenez vos responsabilités.

Accents : Magnifique instrument, lentement élaboré par les grammairiens et les imprimeurs du français du XVIe au XIXe siècle, l'accentuation du français, du moins pour l'accent aigu et l'accent grave, ne pose plus guère de problèmes, et il a fallu beaucoup d'acharnement, pour ne pas dire de cruauté envers soi-même, qualités typiquement françaises, pour en créer quelques-uns : *événement, empiétement, aimé-je, céderais,* etc. Encore ceux-ci sont-ils explicables, en raison de la prononciation plus ou moins audible de l'*e* caduc qui suit (cf. E* ; moyen). Mais s'il n'y en a pas, on en crée.

Voici, sans en changer une ligne, l'énumération donnée (sans etc.) des anomalies d'absence d'accents par une de ces bibles qui remplacent, sur la table de nuit de nos pieux contemporains, *le Nouveau Testament* des motels américains :

a fortiori	*Detroit*	*Kenya*	*receler*
amerrir	*diesel*	*Kepler*	*Remi,Remy*
a posteriori	*edelweiss*	*Leningrad*	*repartie* (réplique)
a priori	*Gallieni*	*Maspero*	*repartir* (répliquer)
assener	*gangrener*	*Nigeria*	*retable*
besicles	*genevois*	*Oregon*	*revolver*
Breguet	*Genevoix*	*Pechiney*	*trompeter*
Casimir-Perier	*Guatemala*	*peroxyde*	*Teniers*
cela	*Helvetius*	*peseta*	*vilenie*
celer	*Heredia*	*prescience*	*Venezuela*
Clemenceau	*Herold*	*se rebeller*	*venin*

(liste dans *Top Accent* [5], p. 24-25)

« Naturellement, ajoute l'auteur, on pourra trouver certains noms de famille qui ont une orthographe différente de celle donnée ci-dessus. Ces noms, dont souvent l'orthographe a varié selon les fantaisies des scribes, sont à respecter dans leur écriture actuelle. »

D'accord pour les noms de famille, bien que l'on puisse se demander en raison de quelle loi tacite ils se passeraient d'une accentuation convenable. On pourrait, à leur propos, rappeler ce procès d'il y a quelques années : les habitants d'une résidence avaient payé très cher à la fois les appartements et le droit de lui octroyer le nom célèbre de LITTRÉ*. Ils se sont aperçus qu'ils avaient été volés, si l'on peut dire, sur la majuscule ; ils ont donc intenté un procès, soutenant qu'ils avaient payé pour LITTRÉ et non pas pour LITTRE, mot insipide et à double sens. Il serait intéressant de savoir s'ils ont eu gain de cause, et comment a pu être réglé ce litige accentuel...

D'accord, disions-nous, pour les noms propres. Mais les autres ? S'agit-il ici d'un ensemble exhaustif ? Loin de là, c'est une liste, c'est tout, avec des noms propres, ce qui l'allonge sans intérêt ni raison... Heureux celui qui a compris qu'il ne fallait pas chercher à comprendre, ni à imiter les scribes ; mais sachons que, même sans énumérer l'ensemble des noms des habitants de la planète, il est aisé de trouver d'autres listes ailleurs. Grâce à Dieu, de ce côté-là, nous n'en manquons pas. Quant à avoir l'intelligence des Liégeois, qui ont profité de la dernière guerre pour passer de *Liége* à *Liège,* tout simplement parce qu'ils prononçaient *Liège,* il n'en est pas question.

Et pourtant, en quelques règles (véritables celles-là), tenant compte surtout de la position dans les SYLLABES* (phoniques et graphiques), on peut aisément venir à bout, pour l'aigu comme pour le grave, dans ses grandes lignes, de toute l'accentuation du français, ce qui concerne actuellement quelque chose comme un million de mots... Bien sûr, il y a des « sous-règles », précisément selon la prononciation, en particulier des finales dites « féminines » (le Midi n'est pas machiste, contrairement à ce qu'on dit), le sentiment des préfixes, la morphologie, etc. Mais cela ne manque pas d'intérêt, et dans l'ensemble, tout va bien.

Tout va bien ? Que non pas, tout est à revoir au contraire. L'accentuation du français, si excellente soit-elle en principe, et si grands soient les services qu'elle a rendus, présente pour nos besoins d'aujourd'hui deux défauts ; elle est trop phonétique (et donc sépare les Français les uns des autres) et... on ne l'applique pas. On ne l'applique pas, précisément, parce qu'elle est trop phonétique, trop variable suivant les individus, trop « en surface », peu digne d'un grand système neutre d'écriture comme le nôtre. Alors ? La solution actuelle ? C'est l'ACCENT* plat.

Adjectifs (invariables) : Mes enfants, oubliez tout ce que je vous ai dit : surtout, surtout, pas d'*s* à *médicaments-retard, films amateur, marchandises-standard, camions-école, laines angora, produits choc, tartes maison, romans fiction, voitures radio, bières pression* ou *cotons poudre.* Je mettrai s'il le faut le même acharnement à vous apprendre à désapprendre le *s* que j'en ai mis à vous l'apprendre. Telle Pénélope, défaisons les fils que nous avons tissés la veille. Demain, sans doute, je vous dirai le contraire. Il suffit pour cela de peu de chose, un autre dictionnaire, un exemple venu de haut, une mode subite, qui répand le terme comme traînée de poudre. En attendant, mes enfants, faites ce que je dis, vous n'avez pas et je n'ai pas le temps de discuter. Sinon, deux (ou quatre) points par faute.

Il serait si simple, justement, de discuter : ces cas s'expliquent, ils évoluent. Mais quoi ? Évolution, explication, discussions ? Vous voulez tuer notre langue ? Mais non, je veux qu'elle vive.

- Aindre (verbes en) : Lorsqu'il s'agit d'étymologie, nous souffrons en silence. Mais *craindre* vient de **cremere,* déformation de *tremere* « trembler » ; *plaindre* vient, il est vrai, de *plangere ;* mais *contraindre* vient de *constringere,* comme *peindre* de *pingere, ceindre* de *cingere ;* comme *feindre, geindre, enfreindre, empreindre, étreindre, astreindre, restreindre, teindre, atteindre, éteindre* viennent de *gemere, infringere, imprimere, stringere, astringere, restringere, tingere, attingere, extinguere.*

Respectez l'étymologie, Messieurs. Ou alors, discutons : ainsi (comme par hasard) le seul verbe *plaindre* a une quelconque justification de s'écrire avec un *a* ? C'est pour lui, et pour lui seul, qu'on introduit en français une difficulté aussi insoutenable que deux séries parallèles pour les verbes en *aindre/-eindre,* qui n'atteignent pas à eux tous vingt unités ?

Mais de quoi me plains-je ? Je devrais me réjouir, au contraire : ces verbes-là, contrairement aux autres verbes en *-dre (-oudre, -endre, -andre, -ondre, -ardre, -erdre, -ordre, -ourdre),* sauf ceux en *-oindre,* naturellement, ne prennent pas de *d* aux deux premières personnes.

Il n'y a vraiment pas de quoi se *plaindre...*

Andante (de beaux) : On dit *bambin, calepin, strapontin, balcon, stance,* (un) *finale,* etc. Et comment faut-il prononcer *andante, cicerone, farniente, adagio, allegro,* venus également de l'italien ? Vous me direz : comme on veut, et vous aurez raison. En général, on prononce à l'italienne la première fois, pour montrer qu'on sait son monde. Puis, normalement, à la française, pour ne pas paraître ampoulé. Loin de moi l'idée d'ôter à chacun le droit de montrer ses connaissances en langues étrangères, ce qui peut avoir son charme, et, parfois, présenter une bonne dose d'expressivité supplémentaire, dont il serait ridicule de se priver.

Mais à l'écrit ? Ce n'est pas la mode ici qui s'en mêle, c'est la norme, sournoise et méchante. Voulez-vous que je vous fasse profiter de celle-ci ?

« Certains termes de musique, adverbes de leur nature, nous dit Grevisse (qui n'en pense pas moins), s'emploient aussi comme noms pour indiquer le mouvement ou les nuances ; ils restent invariables [pourquoi ?]... Quant il s'agit des airs mêmes [?] joués dans le mouvement indiqué par certains de ces adverbes, on met *s* au pluriel : *de beaux andantes,* des *adagios,* des *allégros* (Acad.). » Plaisanterie ? Langage d'initiés ? Et que deviennent les usagers là-dedans ? Quel mauvais exemple pour les enfants !

Et il s'agit là des mots italiens, les plus anciens et les mieux acclimatés dans notre pays (cf. aussi RAVIOLES*). Imaginez la situation pour les autres ! Surtout ceux que, nous et moi, nous aurions l'occasion d'écrire, car pour le reste, que diable, nous n'avons pas à les apprendre, nous ne sommes plus des enfants !

CH (grec) : Je vais vous apprendre une chose : nous n'avons, contrairement aux apparences, qu'un seul CH grec. Vous connaissez l'histoire : quand les Grecs, gens astucieux et rusés, se sont emparés de l'alphabet phénicien, ils n'ont pas du tout respecté, comme nous, ce magnifique héritage. Ils l'ont adapté, enrichi, transformé à leur guise. En particulier, ils se sont forgé des lettres pour noter des consonnes pourvues d'aspiration, dont le *t*, le *p*, le *k*. Les Latins, dont l'enfance se passait sous la férule d'affranchis grecs, n'ont pas eu le même courage : ils ont choisi, par respect et arbitrairement, de noter dans les emprunts au grec l'aspiration (qu'ils ne prononçaient plus) par un *h*, lettre qui ne leur servait plus guère. Nous les avons suivis. Seulement voilà : nous avions déjà un CH bien à nous, issu du *c* latin, et le procédé choisi pour noter ce nouveau phonème a été comme par hasard le même !

Mais nos ennuis ne s'arrêtent pas là : malgré tous nos efforts pour conserver, pieusement, le *h* latin (et non grec) que, pieusement, ils mettaient eux-mêmes sur les restes du grand-père, il a disparu un peu partout : tantôt au profit de *c (acariâtre, caméléon, caractère, colique, corde, cristal, estomac, mécanique, mélancolie,* etc.) ; tantôt au profit de *k (kilo, kératine, kératose, kérosène, kinescope, kinésithérapeute, kinesthésie, kleptomanie, kyste...)* ; tantôt au profit de *qu (exarque, monarque, hérésiarque) ;* tantôt sans quitter son apparence, mais en se glissant subrepticement dans une autre prononciation *(anarchie, archiduc, bronchite, catéchisme, charité, charte, chimère, chirurgie...)*. Bien sûr, parfois, le *ch* latin-grec nous reste, sauvé dans toute sa pureté originelle, et il n'est pas rare : *chœur, chlore, technique, archange, orchestre, archaïsme, archétype,* etc. Mais que dire alors de ses transformations ahurissantes dans des mots dont on ne se méfie pas, comme *ciboire, cimaise,* CIME*, *cinéma* (de *kiné[ma],* « mouvement », même racine que *kinésithérapeute), cinétique, cirrhose,* etc., où parfois nous avons été trahis par les Latins mêmes !

Mais croyez-moi, ne vous laissez point aller au doute : il s'agit bien d'un seul et même CH grec, qui, tel Protée, dieu marin, fils de Poséidon, reste en sa réalité unique sous mille apparences. Le tout est d'avoir la foi.

Chassons (la mouche) : On écrit un *gobe-mouches* et un *chasse-mouche :* « Un *gobe-mouches* ne prendrait pas ce nom s'il n'en avalait qu'une ; et on écrit sans *s* un *chasse-mouche* parce qu'il suffit d'une mouche pour être importuné », disait un célèbre grammairien du XIXe siècle, dont je ne me rappelle plus le nom. Ainsi, par la même logique, on devrait écrire une *garde-malade* quand cette personne ne garde qu'un malade ; une *garde-malades* quand elle a la charge de plusieurs malades ; des *garde-malade,* des *garde-malades,* des *gardes-malade,* des *gardes-malades*, selon qu'on pense à l'action de garder ou à la nurse elle-même. On fait bien la différence entre des *garde-meuble* (au singulier, lieu où l'on ne garde apparemment qu'un seul meuble) et des *gardes-meuble* (employés qui gardent ce fameux meuble), des *garde-côtes* (bateaux) mais des *gardes-côtes* (miliciens). Garde-t-on un meuble ou des meubles ? Une côte ou des côtes ? Une chasse ou des chasses ? Un *garde-pêche* est-il un homme ou un navire, garde-t-il la pêche et de qui ? Cloche-t-on à un pied, couvre-t-on les deux pieds ou le pied du lit, croche-t-on un ou deux pieds ? Véritable *casse-tête* (ou *têtes ?*), pour le peuple le plus spirituel de la terre (COMPOSONS* des aménagements).

Chevron (des familles) : « L'Académie èle-mème », disait Louis de Courcillon, abbé de DANGEAU* (1643-1723, celui qui le premier au monde a convenablement énuméré les voyelles françaises, et dont Saint-Simon disait : « Les bagatelles de l'orthographe... furent... le travail sérieux de toute sa vie »), « ...si atachée aus anciens usages, n'a-t-èle pas amployé ces chevrons en quelques ocasions ? ».

Ces grammairiens, il faut qu'ils se mêlent de tout. Heureusement, on ne les a pratiquement jamais écoutés. Mais malheureusement, là, on l'a fait. Le XVIIIe siècle, féru de sciences, s'est dit, à propos de ces fameuses voyelles découvertes par Dangeau, ce que s'était déjà dit Monsieur Jourdain : « La belle chose que de savoir quelque chose ! » Si l'on avait des voyelles brèves et des longues, la raison commandait qu'on marquât les longues d'un *chevron,* c'est-à-dire d'un accent CIRCONFLEXE*. Passe encore cette foucade en grande partie inutile, qui a encombré pour des siècles notre orthographe d'une multitude d'accents, ne servit à rien aux gens du Nord, puisqu'ils savaient prononcer, et embrouilla les gens du Sud, qui de toute façon prononçaient comme ils prononçaient. Mais naturellement, on a tout mélangé : le désir des grammairiens, qui avaient bien lu Dangeau, était de suivre la *prononciation,* et seulement la *prononciation,* leur but suprême et suprême pensée. D'OLIVET*, GIRARD*, BEAUZÉE*, DUCLOS*, Wailly et tant d'autres ont donc écrit, après RICHELET*, et très régulièrement (cf. aussi ALTERNANCES*) : *cône/conique, conifère ; fût/futaille ; crêpe/crépu ; bête/bétise, bétail ; jeûne/déjeuner ; être/étant ; crête/crételle,* etc.

Pour eux, cela allait de soi : voyelle longue, chevron, pas de voyelle longue, pas de chevron, puisque la voyelle n'était plus longue en dehors de la syllabe tonique.

Oui, mais ils avaient oublié les FAMILLE(S)* ! La filiation de l'origine voulait que même si l'on devait se passer ici de l'estampille latine (ces longueurs étant, comme l'ajout des CONSONNES* doubles, bien françaises), les enfants devaient suivre le père. C'était là toute la fierté de l'Humanisme et de la Latinité de notre nation. Dès que les grammairiens eurent le dos tourné, on chevronna donc à tour de bras les dérivés et les enfants de dérivés, le circonflexe redevenant ce qu'il n'aurait jamais dû cesser d'être, selon les « anciens SCAVANTS*, etc. »

(ESTIENNE*) : la Trace Auguste des Lettres Disparues, et pas autre chose : d'où *bête/abêtir, croûte/croûton, crêpe/crêpier, crêperie, pâte/pâtisserie, gâte/gâteau,* etc. Il est vrai que parfois même les dérivés étaient, par sympathie, sentis comme allongés, ce qui ne simplifiait pas les choses.

On en vient à regretter que l'on ait supprimé tous ces *s* muets de l'ancienne orthographe, en faveur de ces fameux chevrons. Dans le premier cas, voilà longtemps qu'on aurait prononcé tous ces *s,* et le problème serait réglé.

Que faire aujourd'hui ? Gardons les chevrons des radicaux, et supprimons ceux des dérivés, sain principe contre Saint Principe. Cela nous fera peut-être deux cents ans de retard, mais au moins pas quatre cents, et nous sauvons les bébés-mots, c'est-à-dire l'avenir.

Combien (de cas ?) : On nous impose une grammaire écrite : fort bien. En tant que citoyens, nous l'adoptons, non sans mal. Nous expliquons aux nouvelles générations que cela nous rattache à la latinité, à nos origines, à nos voisins d'autres langues romanes. On s'échine à lui trouver, malgré les efforts démesurés que l'on nous demande, une certaine utilité, voire un certain charme. Bref, nous la faisons nôtre, totalement.

Mais voilà, ce serait trop simple. Il y a des cas où cela ne marche plus. Quels cas ? Nous sommes prêts, avec une inépuisable bonne volonté, à apprendre ces cas, à les fourrer quelque part dans notre cervelle.

Combien de temps met le fût du canon à se refroidir ? Un certain temps. Combien de cas ? Un certain nombre. Lesquels ? On vous le dira la prochaine fois, au fur et à mesure. Nous avons cité les mots composés (cf. COMPOSONS* des aménagements) ; les mots d'emprunt (cf. EMPRUNTS*), les verbes PRONOMINAUX*, l'*s* de l'IMPÉRATIF*, les ADJECTIFS* invariables, les noms de COULEURS*, l'ACCORD* du participe passé, sans parler des intouchables noms propres (cf. POLLUTION*), etc. Alors ? Jouons-nous un jeu dont nous ne connaissons pas les règles ?

C'est plus grave : personne ne les connaît...

Couleurs (noms de) : L'homme est ainsi fait qu'il pense toujours à quelque chose d'autre que ce à quoi il pense. D'aucuns pourraient y voir le signe même de l'intelligence *(inter-ligere,* « relier [les choses] entre elles »). C'est un poète. Tel un pêcheur, il est au bord de l'océan de sa mémoire, il voit dans les eaux tumultueuses flotter toutes sortes de formes confuses, vraies ou imaginaires, poissons, coquillages, oiseaux, plantes... Tout ce qu'il a aperçu dans sa vie défile ainsi devant lui, et lorsqu'il veut créer, par exemple, un nom de couleur, il lui suffit de tendre la main. Quoi de plus merveilleux que les nuances *abricot, améthyste, ardoise, aubergine, caramel, cerise, champagne, corail, crevette, cuivre, chocolat, noisette, perle, pistache, saumon, tomate,* etc. On en mangerait. De même les rubans *feuille-morte, gris fer, noir de fumée, rose saumoné, tête-de-nègre, ventre-de-biche, vert pomme,* etc., et tant d'autres que l'on aurait, les enfants surtout, nos meilleurs poètes, à chaque instant envie de créer.

Hélas ! Ces mots nous sont interdits : on ne sait pas comment les écrire.

-Eler/-Eter (verbes en) : On peut se demander par quelle fâcheuse inadvertance notre Grand Timonier (toujours prêt d'ordinaire à se ranger, comme le disait l'un de mes amis, du côté des grandes séries, proclamant avec Napoléon que « Dieu est du côté des plus gros bataillons ») a fait sienne la proposition, déjà vieille de plusieurs centaines d'années, de normaliser les verbes en *-eler/-eter,* en les écrivant sans consonne double et avec l'accent grave, tout comme n'importe quel verbe répondant au même type d'alternances phoniques *(mener/mène, geler/gèle, acheter/achète,* etc.), soit en tout plusieurs centaines de verbes.

Apparemment, en effet, si l'on s'en tient, comme on le fait toujours, uniquement aux sous-séries considérées, la stricte démocratie quantitative ferait que la double consonne devrait l'emporter haut la main.

Dans le *Dictionnaire de l'Académie,* 73,4 % des verbes en *-eler* doublent la consonne après l'*e* ouvert ; 85 % des verbes en *-eter* sont dans le même cas (en tout 70 verbes en *-eler/-eter,* dont la conjugaison est indiquée). Dans LITTRÉ*, 60,6 % et 57,7 %, respectivement, doublent la consonne. Logiquement, on devrait donc aligner le simple sur le complexe, et écrire (il) **gelle, *achette, *modelle, *pelle, *étiquette* (ce qui conduirait à écrire le verbe comme le substantif), etc. Qui aurait ce courage, ou cette folie ?

Ce qui prouve que la démocratie véritable ne se cache pas sous une flottante statistique, et que d'autres facteurs, plus linguistiques, doivent intervenir : tout d'abord, en ce qui concerne les calculs, plus de 400 verbes, du type *lever/lève, semer/sème,* etc., devraient entrer en ligne de compte, ce qui renverserait entièrement l'attribution du prix. Ensuite, il faudrait également considérer ceux du type *espérer/espère, céder/cède* (avec *e* fermé interne à l'infinitif), et aussi *seller/selle, interpeller/interpelle,* etc. De proche en proche, ne devrait-on pas examiner sérieusement les choses pour ce qu'elles sont, dans le cadre général de l'accentuation du français, dont la consonne double n'est ici qu'un reliquat désuet et qui mérite d'être remplacé ? Tant il est vrai qu'il existe parfois une autre logique que la logique militaire...

Élision : Nous avons une drôle de façon de parler de l'élision, comme d'ailleurs de la LIAISON*, du H « aspiré » et de tout ce qui concerne la phonétique : « L'élision, disons-nous, c'est le remplacement des voyelles [?] *a, e, i, oi* par une apostrophe, comme dans *l'œuf, l'ardoise, s'il faut, donne-m'en.* » Et les bibles, toujours péremptoires, continuent : « Il n'y a jamais élision du *u* : dire *T'as raison* pour *Tu as raison* est incorrect » (Top, p. 239). C'est incorrect, donc ça n'existe pas. On voit bien ici comment, en réalité, c'est la langue orale qu'on voudrait bien régenter. Il n'y a pas de limites à l'appétit d'immobilité et d'éternité de l'IMPRIMERIE*, qui engloutit la langue écrite, et une partie de la langue orale avec, mais elle lui reste en travers de la gorge, et il est grand temps d'arrêter ses prétentions à vouloir, tel Saturne, avaler ses enfants.

Mais revenons à l'élision. Comme la liaison, dont elle est si l'on peut dire l'envers, c'est un phénomène de phonétique syntaxique (cf. aussi EXPIREZ* l'*h* et HIATUS*) : selon que l'on est en situation de faiblesse ou de force accentuelles particulières, certaines voyelles disparaissent devant voyelle (c'est l'apocope ou l'élision), certaines voyelles ou consonnes apparaissent (c'est devant ce qu'on appelle « l'aspiration », ou la liaison, pour *s, t, r...*).

A vrai dire, qu'est-ce qui nous permet de dire, dans le premier cas, que ces voyelles « disparaissent » ? D'où disparaissent-elles, de quel état ou existence antérieure ? D'un état, en réalité, où il n'y a ni écrit ni oral, qui est celui de la conception abstraite des mots que nous avons emmagasinés dans notre tête. Ce qui prouve qu'à ce stade, l'écrit existe bien autant que l'oral, et c'est tout à fait normal, l'écriture n'étant ni SERVANTE* ni maîtresse de quiconque.

Revenons encore une fois à l'élision : il y a mille choses à dire à son sujet, que l'on cache aux enfants : d'abord, que sont ces petits mots qui existent quelque part, et, tel Protée, s'incarnent dans des formes différentes ? Ainsi, pourquoi dit-on : *l'une ou l'autre, dix-z-huit,* mais : *à la une, le onze, le huit, le s, un et,* etc. ?

Ensuite, d'ou vient cette mignonne petite apostrophe, et pourquoi l'appelle-t-on ainsi, alors qu'*apostropher* quelqu'un c'est l'interpeller, ou l'injurier, et qu'en grammaire c'est le nom de ce quelqu'un séparé des mots précédents par une virgule ? Là, je peux vous donner une réponse rapide, alors que pour la première question c'est loin d'être le cas. Vous le voyez bien, le rapport : l'apostrophe, c'est tout simplement la petite virgule soulevée en l'air, la même qu'on utilisait aux origines de l'imprimerie à toutes les tâches, pause, apposition, citation (elle a donné nos GUILLEMETS*, encore notés par des virgules en anglais) et même la cédille. C'était ce petit signe qu'on mettait dans les ouvrages de rhétorique avant ou après les mots « mis en apostrophe » : « *O tribuns,* vous, *Athéniens...* » Bien sûr, cela n'a plus grand-chose à voir avec ses fonctions actuelles.

Exercices (Bled) : Oui, mes amis, chers parents qui avez tous enfanté des génies (appelés précisément pour cela progénitures), retournez, retournez, je vous prie, pour l'amour d'eux, à l'école de vos exercices d'enfance. Il est bon de se remémorer sa culture ancienne, la seule qui reste...

A la septième leçon d'orthographe d'usage, vous avez appris qu'« il faut plutôt écrire *au* quand le son est grave et *o* quand le son est aigu ».

A la dixième leçon d'orthographe d'usage, qu'« il faut écrire 2 *s* si le son est *long,* un *c* ou un *ç* si le son est *court* » *(Cours élémentaire et moyen 1re année,* cf. BLED*).

Dans le *Cours supérieur,* c'est autre chose : « Les noms masculins en *é* s'écrivent le plus souvent [?] *er.* Parmi les noms en *é,* certains [?] sont des participes passés et s'écrivent *é* » [?]. Après quoi viennent les « noms féminins en *ée* » : « Les noms féminins en *e* qui ne se terminent pas par la syllabe *té* ou *tié* s'écrivent *ée,* sauf *psyché, acné, clé* » (ou *clef,* nous dit-on). Mais voilà : « Les noms féminins en *té* ou en *tié* s'écrivent plutôt [?] *é* sauf... 1°... 2°... » (listes).

Règles : « Les noms féminin [sic] en *i* s'écrivent *ie,* sauf *souris, brebis, perdrix, fourmi, nuit* »... ; « Les noms féminins en *u* s'écrivent *ue,* sauf... » ; « Les noms en *ure* s'écrivent *ure,* sauf... » ; « Les noms féminins en *ou* s'écrivent *oue,* sauf... » (suivent les listes).

Et les exercices ! Essayez un peu de les refaire. *Y* ou *i ? Ga* ou *gua, ca* ou *qua ?* Et « quelle différence existe-t-il entre : *hiberner, hiverner, habilité, habileté ?* ». « Dans les phrases suivantes, placez comme il convient : 1° *effervescent, facétie, crescendo, emphatiquement, porphyre...* 2° *sarcophage, adolescent, phosphorescent, balbutiant, chronomètre, amphithéâtre, discerner* »... (voilà déjà trois heures tranquilles à chercher ces 12 mots dans le dictionnaire. C'est le but : les enfants doivent se rendre compte qu'ils ne sont pas des adultes, que diable !). Mais hélas, ce ne sont que quelques heures... Cherchons donc vite *afflux, torchis, coolie, coryphée, jais, retroussis, trophée, lacis, phlox* (jolie fleur), *excès, thorax, prophylaxie, chrysanthème* (coucou, la revoilà, la flore la plus chérie des foules... scolaires !), *encyclopédie, hiéroglyphe, lyre, bazar, rizière, zébu, zinnia* (super-chérie des flores !)...

Dois-je continuer ? Inutile de vous rendre aux Championnats d'orthographe. Il y a dix champions en France, mais vos enfants, eux, ne gagnent jamais. Ou plutôt si : ils gagnent une si grosse tête qu'elle rebondit comme une balle, en sonnant creux (cf. SONDAGE*).

Expirez (l'h) : Non certes, la dénomination d'*h* aspiré n'est pas heureuse. Que deviendrions-nous si nous devions procéder à une hhhaspiration à chaque fois que nous rencontrons les mots suivants ? Essayez, une, deux, aspirez : *Ha ! Ha ! Ha ! Hache ! Hachis ! Hachure !* De quoi expirer, vraiment. D'où vient que l'on ne dit pas *expiré ?* C'est très simple : des nobles *aspirations* (« élans ») à l'aspiration de l'*aspirateur,* il y a un monde, comme souvent avec l'étymologie, science du vrai et de fausseté. *Aspiration,* c'était, à l'origine, le souffle de Dieu, d'où l'*aspiration* (ou *inspiration*), par nous, de ce souffle, exemple : « J'aspire à aspirer l'*h* convenablement. » De *souffler vers,* sens étymologique, on est passé à *inspirer (respirer)* opposé à *expirer,* c'est-à-dire tout le contraire. Et voilà pourquoi votre *h* n'est pas muette.

Mais si, justement, elle est muette. Non seulement, la plupart du temps, on fait à l'initiale comme si elle n'était pas là (l'*homme,* des *z hommes,* l'*humain,* des *z humains,* un *n hallali,* des *z hallalis,* des *z hosonnas,* des *z huis,* des *z hurluberlus,* des *z hyènes,* si si, je vous l'assure, ces LIAISON(S)* sont permises, et j'ajouterai même des *z handicapés),* mais encore, quand elle empêche l'ÉLISION* ou la liaison, on ne l'aspire pas, ni ne l'expire non plus. On se demande alors pourquoi on perdrait son temps à remplacer un mot par un autre.

GOUGENHEIM*, COHEN* et d'autres grands linguistes ont proposé depuis longtemps de la nommer l'*h couvrante* (ou *couvrant,* mais je trouve que le féminin lui va bien) : elle *couvre,* en effet, la voyelle qui suit, la rendant à certains égards incompatible avec l'élision ou la liaison, et comparable donc à une consonne, ce qui est une fonction importante. Cette rupture se passe aussi, par exemple, pour *y,* lorsque le mot n'est pas tout à fait intégré : des *yachts,* des *yaghourts,* des *yens* (mais les *z yeux,* comme des *z yponomeutes,* mot absolument courant que l'on écrit aussi *hyponomeutes,* ou vulgairement, mais incorrectement, *teignes*). Cela se passe aussi pour *w,* car on dit des *waters,* des *westerns,* d'où, par analogie, de la *ouate,* un *ouistiti,* comme parfois le *hiatus,* etc.

Le français est bien compliqué. Mais passer son temps à appeler des vessies des lanternes, et l'*h* couvrant un *h* aspiré, avouez qu'il y a de quoi rendre l'âme, je veux dire expirer.

Famille (de mots) : Le mot de *dérivation* (cf. DÉRIVAISON*) possède plusieurs sens, dont l'un est tout proche de *dérive* (action, pour un bateau, de dériver sous l'action du vent ou d'un courant, ou, pour un homme, de l'alcool ou du malheur). En médecine, *dérivation* a encore un autre sens : créer un abcès de *dérivation* ou de *fixation,* c'est, pour les médecins, « déplacer un foyer inflammatoire vers l'extérieur ou vers des organes moins importants » *(Petit Robert).* C'est E. Kahn qui disait, à propos de l'orthographe, que c'était un « abcès de fixation de la culture », et dans ce cas, notre culture est bien malade...

Mais revenons à nos problèmes familiaux : sur le plan de l'orthographe, la notion de « famille de mots » entraîne, non seulement une véritable *dérive* et une fixation, mais surtout le règne de l'autoritarisme et du patriarcat. Qui a dit, je vous le demande, que le dérivé devait toujours suivre le simple, la femme l'homme, les enfants les parents, et les respecter en tout, au point de les copier dans leurs moindres détails, ou défauts ?

Prenons, par exemple, les CONSONNES* doubles et l'accent CIRCONFLEXE*, les deux plus grands fléaux des familles, et en général de la nation française et de l'univers tout entier.

Là encore, l'Académie n'est pas en cause : son grammairien en titre, RÉGNIER* Des Marais, a présenté, dès 1706, une analyse remarquable de l'opposition nécessaire entre radicaux et dérivés en ce qui concerne le redoublement des consonnes :

« *Chapelle, chandelle, fidelle, folle, colle, molle, femme, homme, somme, bonne, donne, consonne* et *patronne,* qui ont l'accent sur la penultiéme, s'escrivent par deux *l,* deux *m* et deux *n.* Que si cet accent [tonique, précision de N.C.] passe de la penultiéme sur la derniere, alors en quelques mots derivez des precedents, comme dans *chapelain, chandelier, fidélité, feminin, homicide, bonace, donateur, consonance, patronage,* il ne se fait plus de redoublement de consonne et l'usage est en cela entierement fondé sur la raison et sur la regle... »

(suit ici une bêtise, puis il continue) :

« ... On escrit *ils prennent, ils tiennent, ils viennent,* par deux *n,* parce que le siege de l'accent est sur l'*e* de la penultiéme syllabe ; et on escrit par une *n* seule, *nous prenons, nous tenons, nous venons, vous prenez, vous tenez, vous venez,* parce que l'accent qui estoit sur la penultiéme est passé sur la dernière... » Peut-on être plus clair ?

Et c'est à cet endroit que, par la petite porte, entre la notion d'une autre opposition, tout aussi importante que celle de voyelle tonique ou non tonique : celle de l'important problème de la *durée,* étroitement liée au XVIIIe siècle aux usages conjoints de la consonne double (pour la voyelle brève) et de la consonne simple (pour la voyelle longue) :

« Au lieu, dit à sa façon Régnier (qui ne connaît pas encore l'accent circonflexe), que dans *mole, role, dome, throne,* où l'*o* n'est suivi que d'une seule consonne et se trouve, pour ainsi dire, plus au large, l'*o* est long..., il est bref dans *molle, folle, homme, somme, bonne* et *donne,* où les deux consonnes qui suivent le pressent et le resserrent... »

Mais, ajoute-t-il résigné, « tout ce qu'on vient de marquer icy est sujet à tant d'exceptions, que pour donner des regles plus seures, il faut necessairement passer aux exemples particuliers du redoublement de chaque consonne... ».

En tout cas, dans cette affaire compliquée, une chose est claire : si l'on avait suivi les préceptes de notre bon père Régnier, on n'aurait pas rajouté des consonnes doubles « familiales » à tort et à travers dans les dérivés, sous prétexte qu'il y en avait dans les radicaux. Nos vieux mots sont ce qu'ils sont, ce sont des monuments historiques et il est difficile d'y toucher. Mais, de grâce, respect à la jeunesse ! Sauvez les bébés ! Idem pour le CHEVRON*.

GN (mouillé et non mouillé) : Nous avions deux consonnes dites « mouillées » : celle notée ILL* (prononcée très en arrière et, pour ainsi dire, en « roulant les l », consonne qui apparaissait soit à la finale, comme dans sole-*il ;* soit devant *e,* bi-*lle ;* soit, surtout dans les dérivés des mots précédents, entre deux voyelles, (lait) ca-*ill*-é, ensole-*ill*-é) ; et GN mouillé, qui d'ailleurs, par la paresse naturelle des peuples, s'avance lui aussi vers l'avant et tend à devenir *ni,* surtout devant une voyelle prononcée, ce qui fait que l'on hésite souvent entre les deux prononciations, ainsi dans champi*gnon*/commu*nion,* pi*gnon*/opi*nion,* oi*gnon*/u*nion,* ré*gner*/re*nier,* et qu'on trouve beaucoup de fautes d'orthographe dans ce type de mots.

L mouillé a disparu, remplacé par *yod.* Quant à GN, ce n'est pas d'aujourd'hui qu'il tend à disparaître. La plupart des gens, au XVIe siècle, et même les meilleurs grammairiens, comme MEIGRET*, ne le reconnaissent déjà plus, et écrivaient *rone* pour *rogne, rene* pour *regne, renard* (qui nous est resté) pour *regnard* (de l'all. *Reginhart), hernie* (que nous avons encore) pour *hergne, hargne,* etc. Sa restitution, comme celle de beaucoup de groupes de consonnes ou de consonnes muettes, s'est faite sous l'influence de l'orthographe, mais surtout sous l'influence savante du latin, de l'école, du rôle toujours plus grand des écritures, etc.

Plusieurs notations étaient utilisées : *gn, ign* (d'où *oignon,* charmant légume encore revêtu de sa cotte de maille, alors que *pognon* l'a perdu), *ngn,* et même *ngni.* D'où le fameux Palais *Brongniard,* du nom de l'architecte du temps de Napoléon qui construisit ce qui est devenu la Bourse, pour lequel les chroniqueurs et agents de change, sans hésitation ni méfiance, s'efforcent de prononcer une nasale disparue depuis des siècles.

Bon sang ne saurait mentir : on prononcera bientôt, intrépides, *encoignure,* et même *oi-gnon,* comme *poignet, soigner* (que l'on a coupé de *rogner, cogner), moignon,* ou dans d'autres domaines, *Bro-g-lie, Boug-lione, Enghi-en, Auk-sère,* etc. (cf. POLLUTION* des noms propres). Aucune importance. Ce qui est important, c'est la LETTRE*.

Hiatus (l'horreur de l') : Curieusement, il faut dire, paraît-il, *l'hiatus,* en évitant l'hiatus. Ce terme onomatopéique, qui simule l'ouverture de la bouche, est très suggestif : il s'agit de la rencontre directe de voyelles, qui se prononcent à large bouche, comme précisément dans ce mot. Il signifie par ailleurs également « fente, interstice, interruption », ce qui ne peut s'éviter lorsqu'on prononce deux voyelles de suite.

Paraît-il encore, le Français n'aime pas l'hiatus, la preuve, c'est qu'il prononce *le* hiatus. La nature a horreur du vide, qu'il faut prendre garde de susciter. Évitons, enfants, de dire : *Il va à l'école,* disons : *Engageons-nous pour l'école,* par exemple. Mais direz-vous les *z hiatus ?*

La fable de l'horreur de l'hiatus rejoint celle du français idéal de Touraine, de la peur des répétitions de mots (alors que c'est là l'un des plus puissants moteurs de la poésie et de la musique de tous les temps), de celle des mots trop longs et autres fariboles. La seule origine plausible de cette fable se trouve dans la poésie, peut-être dans la coupe féminine des vers, où le *e* caduc ne pouvait compter devant voyelle, ce qui fait qu'il fallait prendre garde aux rencontres vocaliques, ex. :

> Oui, je viens dans son templ(e) adorer l'Eternel.

Quoi qu'il en soit, nous émettons des hiatus comme Monsieur Jourdain faisait de la prose, sans nous rendre compte de ce qui constitue notre phobie profonde : *tu y vas, on y a été, tu as eu énormément de travail,* mais on vous le dit : *c'est mal.*

ILL (mouillé et non mouillé) : Un de mes correspondants lointains, habitant de l'Ariège, m'écrivit un jour son sentiment : « Voyez-vous, me dit-il, tous nos malheurs proviennent du fait qu'on ne prononce pas en France comme il faut : ainsi, ILL mouillé et GN* mouillé sont littéralement sabotés. Au CNRS de changer tout cela. » Dans un moment d'effusion, je lui promis que je m'y efforcerai, puis je me souvins tout à coup des efforts constants de l'abbé FÉRAUD*, du grand LITTRÉ* et de tant d'autres depuis des siècles pour maintenir dans notre pays la tradition véritable des mouillures : « Prononcez *bouteigli-e, famigli-e, bigli-é, kuiglière* », proclamait Féraud, en utilisant la notation *gli* italienne, jugée plus claire, celle que nous avons dans *Broglie,* le cirque *Bouglione,* etc. Et Littré ne manquait jamais, à tous les articles concernés, d'insister là-dessus sans se lasser. Las ! Las ! Nul n'a répondu à leur appel. Après un affaiblissement qui a duré malgré tout, grâce à nos maîtres, quelques siècles (on trouve déjà des notations comme *fiye, biye* au début du XVIIe siècle), feu le *l* mouillé a définitivement disparu à la fin du XIXe siècle quasitotalement du français (sauf, comme on le voit, en Ariège et dans quelques autres endroits), remplacé par la semi-consonne que l'on appelle *yod,* et nous prononçons *bouteille, famille, bille, cuillerée,* comme *paye, balaye, grasseye, écuyer,* etc. Voilà une révolution phonétique claire, nette et sans bavures, comme il ne s'en produit pas souvent. Que faisons-nous ? Bien entendu, nous ne changeons rien à nos habitudes graphiques, il ne manquerait plus que ça. Même pas à nos habitudes de style, et l'on continue imperturbablement à parler d'*ll* mouillés dans nos manuels (BLED* en particulier). C'est que, voyez-vous, nous autres, nous avons une conception particulière des SONS* et des graphies. Inutile d'insister, nous n'y changerons rien. Charbonnier est maître chez soi !

Irréductibles (difficultés du français) : On perd son temps à les aborder trop tôt : durant neuf ans, on les rabâche, on les mâche comme des chewing-gums, on les transforme en litanies, pour ne pas dire en instruments de torture. Rien à faire, ils ne passent pas. Pourquoi une telle résistance ?

Je veux parler bien entendu des *homonymes grammaticaux :* Là encore, permettez-moi de vous imposer quelques chiffres relevés lors d'épreuves effectuées par des adolescents en difficulté :

Homonymes grammaticaux	Fréquences cumulées	Fautes	%
1. A-à	27 325	15 841	58
2. Ce-se	10 706	7 601	71
3. Ces-ses	10 875	6 851	63
4. C'est-s'est	7 810	6 560	84
5. Et-est	14 501	7 396	51
6. Leur-leurs	4 685	3 139	67
7. Notre-le nôtre	967	396	41
8. On-on n'	1 624	1 478	91
9. On-ont	15 825	6 963	44
10. Ou-où	3 988	2 154	54
11. Quand-quant	992	407	41
12. Son-sont	16 687	7 509	45

L. Massarenti, *Psychopédagogie des moins doués,* Labor-Nathan, 1971, pp. 63-64 : Pourcentage des fautes relevées sur l'orthographe de certains mots grammaticaux fréquents.

Certes, il s'agit là d'enfants qui ont de graves problèmes, et non du tout venant. Malgré tout, cette étude est instructive : ainsi, le n° 8 totalise 91 % d'erreurs sur 1 624 tentatives : *on/on n',* confusions du type : *on a qu'à/on n'a qu'à, on a que/on n'a que,* etc. Bien sûr, la cause de ces confusions prend sa racine dans la disparition du *ne,* il s'agit là d'un fait de langue, dûment constaté depuis des lustres dans les bouches les plus expertes, y compris celles des professeurs d'université. Fait de langue, mais avec ses conséquences à l'écrit et que l'on compte méchamment comme faute d'orthographe (cf. FÔTE*).

Prenons à présent *c'est/s'est,* n° 4, 84 % d'erreurs sur 7 810 tentatives. Distinction subtile celle-là, purement visuelle, et à laquelle il semble difficile de refuser l'efficacité à la lecture. Mais pour comprendre, et surtout pour *produire* à bon escient et spontanément une telle distinction, que ne faut-il savoir sur le fonctionnement de la langue, sur l'opposition des catégories et des paradigmes, du déictique et de l'anaphore, de soi et de l'autre ! Le « par cœur » et les recettes n'y suffisent pas. Même chose pour *ce/se,* n° 2 (71 % d'erreurs sur 10 706 productions), *leur/leurs* (67 %), *ces/ses* (63 %), etc. Un mot sur *a/à* (n° 1) et *ou/où* (n° 10), certes hautement informatifs eux aussi à la LECTURE*, mais qui relèvent d'un autre secteur encore, le plus éloigné d'un système essentiellement phonétique : il ne s'agit plus de *séries* grammaticales, mais d'éléments isolés, pour lesquels ni l'ÉTYMOLOGIE*, ni la sémantique, ni la régularité ne peuvent apporter aucun secours. Ils nécessitent pour ainsi dire un programme à eux tout seuls, effort bien au-dessus d'un enfant qui n'en voit nullement la nécessité, ne voit même pas la difficulté.

Reconnaissons-le : ces irréductibles ne sont pas vraiment enseignables à la population scolaire actuelle des moins de seize ans, ou du moins pas dans les conditions qui sont celles de l'enseignement à l'heure actuelle. Que faut-il faire alors ? Les supprimer ? Non, mais sans doute les aborder progressivement, et plus tard dans leur systématicité, au niveau de la Seconde, voire de la 1re.

Irréguliers (verbes) : On classe indûment, dans les vulgates (ici Top, pour ne pas le nommer, mais ce pourrait être n'importe quelle autre) les verbes en *-cer/-çons (lancer/lançons), -ger/-geons (manger/mangeons), -oyer/-oie (broyer/broie), semer/sème,* etc., parmi les verbes dits « irréguliers ». Qu'ont-ils donc pour être considérés ainsi ? Ils obéissent sans problème aux lois générales de l'écriture du français (cf. en revanche les verbes en -Eler/-Eter*, qui, eux, sont « irréguliers »).

Il semble que l'on regarde ici comme « irrégulière » toute alternance, toute modification de graphie en cours de paradigme, ce qui laisse à penser de ce que l'on entend par « règles » dans nos écoles... Ainsi, le passage de *e* à *è* dans *semer/sème/sèmerons* serait « irrégulier », tandis que le maintien de l'accent aigu dans *céder/céderai* serait, lui, « régulier » ?

Ce qui, pour moi, est « irrégulier », du point de vue de nos règles de transcription, ce sont les verbes en *-guer/-guons (fatiguer/fatiguons)* et *-quer/-quons (pratiquer/pratiquons),* qui conservent *gu* et *qu* devant *a, o, u,* alors que l'on écrit l'adjectif *fatigant,* mais *pratiquant,* à côté de *provocant,* etc. C'est pousser un peu loin, à mon sens, les lois de permanence graphique, lesquelles respectent en français, en règle générale, les ALTERNANCE(S)* fondamentales.

Ou alors, allons-nous supprimer partout non seulement l'accentuation mais toutes les variantes, *g/gu, c/qu, g/ge, s/ss, c/ç, y/i,* dans *long longue, public/publique, songer/songea, gras/grasse, placer/plaçons, essayer/essaie,* etc., et, pourquoi pas, *an/a, en/e, on/o,* pour *un/une*... seule catégorie de mots ? On va écrire *santé* à cause de *sanitaire, prendons* à cause de *prends, tonne* possessif à cause de *ton,* et pourquoi pas supprimer, par souci d'alignement, toutes les formes verbales, et dire, comme en chinois : « Je être beau, tu être beau, il être beau... »

« Je hais le mouvement qui déplace les lignes... », disait Baudelaire. Mais l'IMMOBILITÉ*, c'est la mort.

Liaison : Une liaison, tout le monde sait que c'est une union, même provisoire. Pour qu'il y ait liaison, il faut qu'il y ait compatibilité : c'est pourquoi il est incomplet de définir ce curieux phénomène syntaxique uniquement en disant (hommage du LINGUISTE* à l'écrit, cf. ÉLISION*) : « Action de prononcer deux mots consécutifs en unissant la consonne finale du premier mot (non prononcée devant une consonne) à la voyelle initiale du mot suivant (exemple : *les petits z enfants*). » Et le *Petit Robert* ajoute évidemment, comme toujours dès qu'il s'agit, même indirectement, d'orthographe : « Liaison vicieuse, voir *cuir, velours, pataquès* » (cf. aussi ZÉRO*).

Je ferai encore une fois la remarque suivante : il est bien difficile, sinon impossible, de définir les phénomènes d'élision ou de liaison en français sans en référer à l'écrit. S'agit-il d'orthographe ? Pas du tout, il s'agit de production orale et bien orale. On pourrait, à la rigueur, avec beaucoup de contorsions, dire qu'une voyelle ou une consonne apparaît là, qu'elle disparaît ici. Mais à quoi bon ? La liaison, c'est une affaire de couple, une véritable union ou *liaison* durable, celle du couple oral-écrit. Il n'y a pas à sortir de là. Et pourquoi la définition du dictionnaire est-elle incomplète ? Je vais essayer de vous répondre.

Tout d'abord, la liaison peut se faire devant une voyelle ou un *h* non « aspiré » (cf. EXPIREZ* l'*h*). Ensuite, elle n'intéresse qu'un certain nombre de consonnes finales, *s* (ou *x, z*) et *t* (ou *d*), tout particulièrement. Enfin, elle ne se réalise de façon « obligatoire » (ici, cela veut dire naturelle) que dans un certain nombre de cas très limités, dont on peut faire aisément le tour (1 à 2 % de l'écriture des finales). Mais ce sont là des sciences cachées, que seule la Parole divine peut révéler aux simples pécheurs que nous sommes.

Quant aux « vicieuses », parlons-en. Dites-moi, à qui la faute ? Plutôt que de terroriser les pauvres speakers, les misérables speakerines, qui n'oseront bientôt plus sortir, sans le lire, un ah ni un oh, plutôt que de leur interdire d'utiliser des mots ceci ou des mots cela, et donc de les condamner à ne plus jamais employer un langage qui soit celui de tout le monde, spontané et direct, ne pourrait-on les calmer, les relaxer, leur faire quelques sages recommandations concernant l'abus des liaisons, et donc le foisonnement obligatoire des liaisons *mal-t-à-propos* (cf. aussi IMPÉRATIF*) ?

Un de mes amis, grand amateur de pâtes, m'a un jour téléphoné, choqué d'avoir entendu à la télévision parler de « pâte(s) italiennes », sans liaison. « Quelle horreur ! m'a-t-il dit, comment peut-on permettre une énormité pareille ? Ne faudrait-il pas recommencer cette publicité ? » Voilà ce qu'est en France la pression innocente mais nocive du plus grand nombre. D'où sont sortis tous ces délicats, ces Incroyables, ces Précieux et ces pédants qui hantent les cours de nos usines, de nos bureaux et de nos fermes ? De nos écoles républicaines.

Rassurez-vous, mon bon ami : les pâtes z italiennes raides et ampoulées sont certainement moins bonnes que les autres, familiales, mijotées et odorantes. Soyez naturel, comme en cuisine : il vaut mieux s'abstenir que d'en rajouter. Nos maîtres à parler, les aristocrates, n'ignoraient point, eux, que le bien parler, comme le style ou le chic véritable, sont ceux que l'on ne voit pas, mais que l'on goûte.

Mais voilà : toujours cet appétit énorme d'accaparement, de particules nobiliaires, d'immobilité et d'éternité qui nous hante, nous autres, descendants de Francus, fils d'Énée (cf. GREC*, pour l'amour du). Rajouter des liaisons, c'est comme rajouter des Y, des S ou des TRÉMA(S)* à son nom (cf. HOSTELLERIE* du Roy Henry). C'est vieillir de quelques siècles (croit-on, car on n'en prononçait pas tant), avoir un arbre généalogique, faire un pas dans la hiérarchie sociale, très fermée, non des bien-disants, mais des bien-écrivants. Comme le proclament très bien nos bibles de chevet (ici, le manuel Top) : « Une langue bien écrite est d'abord une langue bien dite, et bien dictée le cas échéant [cela rappelle *les moutonss* de Topaze] [...] Le *pataquès* : [*Ce n'est pas-t-à moi*], ajoute cet auteur, est le fait de celui qui n'est pas sûr de son orthographe... »

J'aurais cru plutôt le contraire.

Nasales (voyelles) : Chose curieuse, MEIGRET*, excellent phonéticien (trop, peut-être), décrit soigneusement les voyelles du français, brèves et longues, les diphtongues (qu'il prononçait encore comme telles, « à la lyonnaise », *a/o, a/u, o/e, o/u,* etc.), les consonnes, y compris le fameux *l* mouillé (qui était prononcé un peu comme dans *million, fourmilière,* cf. ILL*) mais refuse de reconnaître une quelconque existence aux voyelles nasales, au lieu desquelles il faisait entendre, comme encore aujourd'hui dans le Midi profond, la voyelle orale suivie d'un appendice consonantique nasal *(asaô, mamaô,* pour *accent, maman,* pour me servir de la notation portugaise, utilisée pour la même raison). D'où de sérieuses disputes avec Jacques PÉLETIER*, vigilant et attentif, quant à lui, malgré ses origines provinciales, au parler de la Cour.

A la fin du XVIIe siècle encore, nos voyelles nasales (inconnues du latin, et qui donc n'avaient, pour les maîtres du temps, aucune raison d'être abordées à un quelconque moment de la pédagogie), continuent à être très mal décrites. Puis viennent DANGEAU*, RICHELET*, suivis au XVIIIe siècle par d'autres plus précis encore dans leurs descriptions, GRIMAREST*, BUFFIER* et surtout DUCLOS*, élève de Dangeau. Mais que peuvent-ils contre un océan d'ignorance ? Tout continue comme devant, et de quatre, nos pauvres voyelles, qui n'ont que le tort d'être trop françaises, sont en train de passer à trois (UN, peu usité, rejoignant IN dans une bonne partie du nord de la France), sans que personne, en France, sauf une poignée de gens isolés, se soient jamais, de façon consciente, douté de leur existence.

Après tout, c'est peut-être mieux ainsi. Dans quelques siècles, on n'en parlera plus, au sens propre. Pourquoi se fatiguer ? Elles vivent leur propre vie, nos voyelles nasales.

Panier (d'E) : Qu'y a-t-il dans mon panier d'E, m'sieurs-dames ? Des beaux, des beaux ! Combien avons-nous d'E ? Deux, trois, quatre, six ? Bon sujet pour un jeu télévisé.

En latin, dit-on (ce n'est pas sûr, et puis, à quelle époque ?), il y en avait deux : l'*e* que nos ancêtres appelaient naturellement E* « commun », fermé et bref, et le même en plus long. Pas d'E* « féminin » (dont ils se passaient, ils ne connaissaient pas leur chance). Pas d'*e* ouvert, bref ou long. Nous avons tout ça, ce qui nous en fait déjà trois, auquel, pour être honnête, il faudrait au moins ajouter pour mémoire ce pauvre E* « moyen », qui est ce que devient un *e* ouvert quand il passe dans une syllabe non tonique, encore faudrait-il préciser qu'en reculant il perd à chaque fois un peu de son timbre, et finit par devenir fermé.

M'y voici ? Que non pas : qu'appelez-vous E ? Il y a E ou EU. Au fait pourquoi avons-nous deux signes tout à coup, voilà bien le gaspillage ! Question ennuyeuse, comme celle qui concerne *amer* et *amère* (cf. ALTERNANCES*). Mais voyons, ignorants, il y a les E qui se cassent et ceux qui ne se cassent pas. *Crever,* par exemple (bon exemple) fait *crève,* tandis qu'*abreuver* fait *abreuve,* il garde son EU et on le déguste entièrement. Nous avons ainsi, en français, des sons stables et des sons instables, caducs et non caducs, dans le sens qu'ils se transforment ou non dans un seul et même MOT* ou dans une même série. Et notre graphie, la plus souple et la meilleure du monde, en tient compte.

Pourquoi a-t-on choisi de toquer d'accents certains E et pas d'autres ? C'est cela, l'écriture, elle ne note pas tout. BEAUZÉE* recommandait partout la sobriété dans l'usage des signes de PONCTUATION*. J'en dirai autant des accents et des signes auxiliaires. On ne lit plus seulement à haute voix, comme au XVIIIe siècle, les signes alphabétiques et quelques règles suffisent. Ce dont nous avons besoin, ce n'est plus d'une accentuation d'ordre essentiellement phonétique, dispersée et compendieuse, mais sobre, d'ordre sémantique, phonologique, en cas d'ambiguïté seulement. Mettons tous nos E dans le même panier, et toquons-les sobrement d'un seul et même accent, seulement, bien sûr, lorsque c'est réellement utile, ce qui n'est pas souvent le cas (cf. ACCENT* plat). Tout le monde s'en portera mieux, car les E toqués, c'est lourd, et ça casse... les pieds.

Petit (le T de) : *Question :* Le masculin est-il, comme on le dit, « non marqué » en français (cf. GENRE* et MASCULIN*-féminin) ?

Réponse : Loin de là. La présence à l'écrit d'une consonne en finale absolue, qu'elle soit prononcée ou muette, est en français la *marque même du masculin,* beaucoup plus que le *e* final n'est la marque du féminin (il y a autant de mots masculins que de mots féminins terminés par *e*), ex. :

— consonne finale orale : *coureuR, viF, seC...*

— consonne finale écrite : *ouvrieR, blanC, heureuX, soT, suspeCT, canarD, chaT, ponT...*

Ce qui est vrai, en revanche, c'est qu'au féminin ces consonnes écrites reprennent vie à l'oral, avec ou sans transformation : *ouvrière, blanche, heureuse, sotte, suspecte, chatte...* Ainsi, il y a un partage dans cette catégorie de mots : consonne phonique suivie de *e* au féminin, consonne graphique nue au masculin.

De même pour la dérivation : *canarDer, ponTage...*, où l'on ne peut pas considérer qu'il y ait ce que l'on appelle une « marque » (graphique) sur le *t* ou le *d.*

Ce que l'on devrait dire, en réalité, c'est que la consonne prononcée du féminin, ou des dérivés, est transmise et *marquée* graphiquement sur le masculin (c'est elle qui porte l'héritage) :

— *petite, petitesse -> petit*

— *grande, grandeur -> grand*

— *boiser, boiserie -> bois*

— *matelasser -> matelas...*

Quand le masculin n'est pas *marqué,* de deux choses l'une :

— un *t* improvisé, par sympathie, apparaît dans la dérivation, et parfois dans les féminins : *numéroTer, pianoTer, noyauTer, bureauTique, recruTer, filouTe, filouTer, chouTe...*

— un *e* est *marqué* effectivement (dans 20 % des cas), par sympathie aussi, au féminin : *chantée, lue, amie...* Il y a des limites au matriarcat. Mais en règle générale, c'est le masculin qui est, à l'écrit, le genre marqué du français.

Petit four : Deux philographes prenaient le thé en devisant gaiement (cf. PHILOGRAPHIE*) :

— A propos, dit l'un, dégustant sa madeleine, qu'est-ce, à votre avis, qu'un *petit four ?* S'agit-il d'un « petit gâteau cuit au four » ou d'un « gâteau cuit à petit four » ? Dans le premier cas, l'on devrait écrire au pluriel *petits* (gâteaux cuits au) *four,* donc *petits four.* Dans le second, des (gâteaux cuits au) *petit four,* donc (par ellipse) des *petit four.* De même, s'il s'agit de *petits* (gâteaux cuits au) *beurre,* des *petits beurre,* et s'il s'agit de (gâteaux cuits au) *petit beurre,* des *petit beurre.*

— Mais il me semblerait plutôt, dit l'autre, qu'il s'agit, dans *petit four,* d'un *petit* (feu de) *four,* c'est-à-dire de gâteaux cuits à *petit feu.* Ce n'est pas le four qui est petit, mais le feu. De même, il est possible que le *petit beurre* soit à l'origine un reliquat allégé du beurre, comme le *petit lait.*

— Mais le *petit lait* n'a rien de *petit,* pas plus que le *four* ni le *beurre.* Comment faire alors ? Les deux termes de chacun de ces mots n'ont donc rien à voir l'un avec l'autre, comment peut-on les accorder ?

— Comme vous voudrez, dit son compagnon. Goûtez donc cette tuile avant qu'elle ne vous tombe sur la tête.

Pronominaux (verbes) : Il y a les verbes *essentiellement* pronominaux *(s'absenter), accidentellement* pronominaux *(se laver),* pronominaux *par gallicisme* (qui ne sont ni réfléchis, ni réciproques, ni de sens passif, comme *s'avancer),* et pronominaux *de sens passif (se porter, se jouer).* Il y a donc, comme nous l'avons mentionné au passage, des verbes pronominaux *réfléchis, réciproques, de sens actif, de sens passif.* Il y a aussi les *transitifs* et les *intransitifs.*

Les verbes essentiellement pronominaux sont pronominaux « par nature ». Parmi eux, pour les *non-réciproques,* sachez-le, « le pronom personnel ne peut guère être considéré comme un complément d'objet direct ». Pour les *réciproques,* c'est le contraire *(s'entraccorder).* Le verbe *s'arroger,* transitif direct, contrairement aux autres, ne s'accorde pas : « Elle s'était *arrogé* tous les pouvoirs » (mais : « les droits qu'elle s'est arrogés », naturellement). Le verbe *s'entre-nuire,* transitif indirect, ne s'accorde pas non plus : *Ils se sont entre-nui.*

Il faut imaginer, pour bien les comprendre, les verbes accidentellement pronominaux construits avec *avoir : Ils se sont parlé* (pas de complément direct)... *Nous nous sommes écrit... Ils se sont lavé les mains... Elle s'est coupé le doigt,* mais *Elle s'est coupée au doigt... Elle s'est plainte du bruit,* mais *Elle s'est promis d'accomplir cette tâche... Les malheurs se sont succédé sur sa tête...*

Le participe passé des verbes pronominaux par gallicisme s'accorde avec le sujet : *Elle s'est doutée du traquenard... Ils se sont aperçus de leur erreur.* Même chose pour les verbes pronominaux de sens passif.

Certains verbes permettent les deux constructions : *Les gendarmes se sont assurés du voleur ;* ou bien *Les gendarmes se sont assuré une retraite... Ils s'étaient persuadé (ou persuadés) qu'on les trompait...* Les deux formes sont imaginables.

Et si on faisait partout comme les gendarmes ? Il y a un moment où il faut s'arrêter. Trop c'est trop, vous ne trouvez pas ? On peut tout imaginer, pourvu que l'on ne continue pas ainsi.

Sons : Dans l'une de ces vulgates d'orthographe dont la France possède le record absolu de tirages, comparable aux livres de *Civilité puérile* d'antan, on trouve une description des sons du français, ce qui est hautement louable. Voici cette description, résumée, et il faut le lire pour le croire :

Pour les voyelles comme pour les consonnes, le français présente, paraît-il, des sons *simples* et des sons *doubles,* ou *triples :*

1. exemples de voyelles à *sons simples : a, i, o,* « qui peuvent se prolonger en *â, î, ô pâle, abîme [?], trône... u,* quelquefois écrit *û* pour distinguer les homonymes » (mais le son ?) ;

2. exemples de voyelles à *sons doubles :* « *oi, oin, ien, ia, ié, ion, ieu, io, oy (noyade), ay (il paye)* ». Et, ajoute l'auteur scrupuleusement :

3. « La lettre *y* peut être simple *(i : Sylvain, yeux* [?]), ou double *(ii : loyal).* »

Passons aux consonnes : *consonnes simples :* 1. *b, d, j, k, l, m, n, p, r, t, v, z,* et *f, ... ç, ch ;* 2. *équivoques* [?] : *c, g,˙h,* [?] *s, t, x ;* 3. *mouillées : gn ;* 4. *doubles : br, cr, dr... bl, cl, fl... sc* [?], *sp, st ;* 5. *triples : scr, str* (pourquoi s'arrêter là ?) ; 6. *demi-consonnes : q* « qui n'est consonne qu'avec la lettre *u* » [?] ; *c, g* « qui, avec un *u...* », etc. ; *p* et *h, c* et *h, g* et *n,* etc. En tout, si l'on comprend bien, plusieurs centaines de « sons » consonnes, sans compter les « sons » voyelles, et les ratons laveurs.

Ces leçons de phonétique ne se situent pas dans *le Bourgeois gentilhomme,* mais dans un ouvrage qui se vend bien. Bien sûr, des connaissances aussi avancées sont destinées aux adultes. Cette science est un peu austère pour les enfants. Pour eux, et c'est presque tant mieux, on leur parle seulement des lettres de l'alphabet.

Tréma (la valse du) : Nos vaillants ACCENT(S)* aigu et grave sont d'ordre phonétique : ils changent la valeur de la voyelle qui les porte. Le tréma, ce n'est pas tout à fait la même chose : il indique « que la voyelle qui précède doit être prononcée séparément, *cigu-ë* [?], *na-ïf, Sa-ül* » *(Petit Larousse illustré).*

La voyelle qui précède ? Voilà bien un « double point » *(trêma* veut dire « point » en grec) qui n'est pas ordinaire, qui avance comme un crabe, de côté. Pourquoi parler ainsi, d'ailleurs, puisque c'est bien l'*i* de *na-ïf,* l'*u* de *Sa-ül,* qui est « prononcé séparément », et non « la voyelle qui précède » ? C'est, pour le moins, mal dit, mais ce n'est pas grave, cela ne concerne que l'orthographe...

En fait, il s'agit encore de l'une de ces querelles diaboliques qui n'a ni n'aura jamais de fin. Voilà des siècles que les projets de réformes demandent celle-ci, minuscule, comme un pauvre demande deux sous, mais on ne la leur accorde pas : que le tréma, signe hautement efficace et même indispensable au français, soit placé sur la *première voyelle concernée,* et non sur la deuxième : on écrirait donc, non seulement **cigüe, *näif, *Säul, *Nöel,* mais **contigüité, *ambigüité,* et aussi **lingüiste, *lingüistique, *équateur, *équidistant,* etc. En réalité, première ou seconde, me direz-vous, quelle importance ? L'importance c'est qu'écrire *cigu-ë, ambigu-ë, Montparnasse-Bienvenuë,* avec un *e* muet qui porte un accent, ça n'a pas de SENS*. Pour *gu, qu,* c'est seulement le *u* qui est concerné. Le tréma prend alors son vrai sens, qui est la *disjonction nécessaire d'un ou de plusieurs graphèmes,* quels qu'ils soient, vocaliques ou consonantiques : *ai, au, oe (*canöe), oi (*cellulöid, *héröique),* mais aussi *gu, *bisaigüe, *aigüe, *exigüité, qu,* dans **équation,* etc., où il ne s'agit nullement des deux voyelles, mais d'une consonne et d'une voyelle. Encore faudrait-il savoir ce que c'est qu'un graphème.

Notez bien qu'un *e* muet ne devrait jamais porter l'accent : ainsi, on écrira **gageüre, *mangeüre,* ce qui est très souhaitable (cas intéressant, où l'on observe la rencontre malheureuse de deux graphèmes possibles, *ge* d'une part, *eu* d'autre part).

Pauvre petit tréma ! Aucun signe n'a valsé au cours des temps autant que lui. Première, seconde, seconde, première... sans que jamais personne ne comprenne vraiment ce qui se passait. Même en 1976, lorsque Jean Mistler a avancé certaines modifications possibles à propos du tréma (auxquelles, avec un recul effrayé, on a de nouveau renoncé depuis), les choses étaient loin d'être claires :

« Le tréma, disait Jean Mistler, se place actuellement tantôt sur une voyelle prononcée *(caïman, stoïque),* tantôt sur une voyelle qui ne l'est pas *(ambiguë, aiguë)...* Proposition : placer le tréma sur la voyelle *(e, i, u)* qui doit être prononcée. Modifications de la graphie actuelle : [...] *aigüe, ambigüe, ambigüité, cigüe, exigüe,* etc. Le verbe *arguer,* les mots *gageure, mangeure, rongeure, vergeure,* qui donnent souvent lieu à une prononciation défectueuse, s'écriraient : *argüer, gageüre, mangeüre, rongeüre, vergeüre.* »

Tout cela est fort bien, et fort clair pour une approximation. Mais l'utilisateur mal informé pourrait se demander, dans *ambiguïté, arguer, héroïque, équation,* etc., quelle est cette fameuse « voyelle prononcée », puisqu'il y en a deux ? Nous ne sommes pas sortis de l'auberge.

Non : il n'y a qu'une version des faits qui « colle ». Je dirais : « En cas de disjonction nécessaire entre deux graphèmes (ou unités graphiques), c'est en principe le premier qui portera le tréma. Mais il ne peut porter que sur une voyelle prononcée, ce qui fait que l'on écrira **équation, *lingüiste,* mais *gage-üre, mange-üre, ronge-üre,* car *ge* est un graphème consonantique. »

Voyelles (à double ou multiple timbre) : Contrairement à ce qu'on croit, les Grecs ne considéraient pas du tout que l'écriture était la SERVANTE* de la voix. Ils n'ont aucunement créé une orthographe phonétique, mais morphologique. Je m'explique : comme beaucoup de langues indo-européennes, le grec était très riche en voyelles (le français en est un autre exemple, et c'est en grande partie à partir de là qu'ont commencé nos ennuis). Il présentait non seulement des voyelles ouvertes et fermées, mais brèves et longues, des diphtongues, etc. Quand et où a-t-il noté ces oppositions ? Quand, et *seulement* quand, elles correspondaient à des sens, des fonctions et des flexions différentes : par exemple, pour la voyelle O, l'article défini neutre singulier *ton* devait être distingué de l'article génitif pluriel *tôn,* avec un *o* long ; *estai* devait être distingué de *êstai,* avec *e* ouvert long, etc. Les Grecs ont donc introduit des signes différents pour ces deux voyelles, les plus sensibles de leur langue.

En revanche, ni A, ni I, ni U (noté Y, et devenu I) n'ont fait l'objet d'une double notation, pas plus que la plupart des consonnes, sauf les consonnes aspirées, dont ils avaient besoin pour distinguer des mots différents. Le latin, qui n'avait que cinq notations vocaliques, n'a pas non plus noté ses longues et ses brèves, ce qui lui aurait fait dix signes. C'est pourquoi, rétrospectivement, on peut se demander si l'abbé d'OLIVET*, avec les meilleurs intentions du monde, a eu vraiment raison de suivre si loin les phonétistes, en nous dotant d'une notation complète des longues et des brèves. L'Académie a donné là dans des excès que je réprouve presque. D'Olivet lui-même, excellent linguiste, était de Franche-Comté, et possédait un système vocalique d'une richesse que nous autres, gens du Midi, ne soupçonnons pas. Il a voulu nous en faire profiter...

Quoi qu'il en soit, même l'abbé FÉRAUD*, qui venait de Marseille, ne lésinait pas sur les distinctions de longueur, dont il voulait indiquer les nuances avec plus de précision encore que ses collègues de l'Académie. C'est ainsi qu'ils sentaient les choses, nos grands hommes, avec l'enthousiasme de leur toute jeune science des sons : d'où *pôle, symptôme, diplôme, théâtre,* et autres vocables où une nouvelle longueur, qui ne devait rien au grec, apparaissait, notée avec soin.

Aujourd'hui, seules les oppositions combinatoires de fermeture et d'ouverture selon le type de syllabe *(dé/dette, (pot/port, peu/peur)* sont apparemment le bien commun de tous les francophones (avec quelques exceptions il est vrai). Ces choses-là ne se notent guère, et nous avons eu la chance de ne rien changer à la notation de notre unique voyelle E (cf. PANIER* d'E) ni aux autres notations vocaliques du latin, véritables ARCHIGRAPHÈMES** du français. A quoi bon y toucher, me direz-vous avec raison ? Nous ne pourrons jamais, de toute façon, épuiser toute la richesse des variétés de parole et des intonations de notre belle langue. J'en dirai autant des voyelles : on se comprend avec peu d'accents, à quoi bon tant de fioritures ? Prenons l'exemple des « anciens SCAVANTS*, etc. », qui se passaient bien de ce superflu. Par exemple, je confirme qu'un seul accent suffirait sur la voyelle E, au lieu des quatre utilisés à l'heure actuelle, aigu, grave, circonflexe et tréma (cf. ACCENT* plat).

CHAPITRE QUATRE

LE TANGO DES LETTRES ET LA JAVA DES SIGNES

Abréviations : La langue, tout nous le prouve, est double, orale et écrite. Seuls les linguistes peuvent ignorer un fait de bon sens comme celui-là. Preuve : tous les systèmes abréviatifs et sténographiques actuels (cf. STÉNOGRAPHIES*) tiennent compte à la fois des deux formes du mot, ce qui n'est pas étonnant. En effet, l'abréviation fonde son apparence formelle sur celle, potentielle, du mot, oral et écrit. Et il est frappant de constater que l'on retrouve dans l'abréviation tantôt certaines limites profilées du mot oral (les plus importantes, initiales, finales, coupures syllabiques) tantôt celles du mot écrit (coupures graphiques normales, lettres visuelles caractéristiques, grammaticales ou lexicales, etc.).

Contrairement aux SIGLES*, l'abréviation (titre générique qui comprend d'ailleurs le sigle lui-même) ne porte pas forcément sur l'initiale du mot. Elle peut être orale (troncation, comme *ciné* pour *cinéma*[tographe] ; éléments ou mots-valises, comme *bétatron*, etc.) ou écrite : première et dernière lettre *(vx* pour vieux), débuts de SYLLABES* *(cf.* pour *confer),* début de mots *(ex.* pour *exemple,* etc.) ; alors que le sigle comprend plusieurs initiales, suivies ou non d'un point (URSSAF, S.S.), l'abréviation peut même se réduire à une seule lettre, minuscule ou majuscule, comme *s.* pour *siècle, M.* pour *Monsieur, M.M.* pour *messieurs,* etc. L'abréviation est en général suivie par un point abréviatif, mais seulement lorsqu'elle ne se termine pas par la dernière lettre du mot *(vx, vr).* Elle peut également comprendre l'initiale suivie, souvent en exposant, d'une partie de la finale : n^{o} pour *numéro,* 1er, 2e, etc. Sa fantaisie, semble-t-il, ne connaît pas de limites. Cependant, on peut en dégager des lois, qui, lorsqu'elles seront connues, révéleront beaucoup sur la langue elle-même. On aurait intérêt à apprendre les principaux systèmes d'abréviations aux enfants, de même que l'on trouve intéressant de leur apprendre plusieurs langues.

Abréviations	&	M.	C.G.T.	anc. fr.
Pictogrammes				
Idéogrammes				

Fig. 2. *Abréviations, pictogrammes, idéogrammes*

I. *Abréviations* (véritables signes-mots ou « logogrammes ») :
1. La « perluette », ou « *et* commercial » : & pour *et*
2. M. pour *Monsieur*
3. C.G.T. pour *Confédération générale du travail*
4. *anc. fr.* pour *ancien français*, etc.

II. *Pictogrammes, idéogrammes* (signes-mots ou signes-phrases)
7. « Ralentir école » « Chaussée rétrécie »
8. « Défense de tourner à gauche » « Intersection sans priorité »

Accent plat : Le 7 avril 1831, le célèbre DIDOT*, père d'Ambroise FIRMIN-DIDOT*, fit à l'Académie, dont il était l'imprimeur attitré, une curieuse proposition : celle d'un accent nouveau, en forme de chevron renversé, pour marquer l'E* « moyen » (c'est-à-dire cet *e* qui n'était ni fermé ni entièrement ouvert, comme aujourd'hui dans *médecin, crémerie),* voyelle qui avait tant préoccupé les siècles précédents : au XVIIIe siècle, on notait ce type de finales, en *-ére, -éme, -éque, -éve, -ége,* etc., d'un accent aigu, ou bien on ne les notait pas du tout (ainsi, on écrivait : *premiere, deuxieme, éleve,* etc., sachant bien qu'un *e* devant une syllabe muette ne pouvait être muet).

Cette proposition n'était pas nouvelle : LARTIGAUT* par exemple *(Les progrês de la véritable ortografe,* 1669), notait déjà ses E* « moyens » par l'accent plat, et DU MARSAIS* l'avait également proposé. A. Firmin-Didot, qui relate le fait, précise en note (p. 233) :

« Mon père et mon oncle en avaient reconnu l'utilité dans beaucoup de mots tels que *collége, séve, entiérement,* etc., et plusieurs livres ont été imprimés ainsi ; mais on dut en abandonner l'usage, par suite de la confusion et de l'embarras qui en résultaient dans la composition et la distribution typographique. Les lettres se brouillaient dans les cases, surtout les petits caractères. On dut donc, à regret, renoncer à un système simple, lequel, sans apporter aucun trouble à la vue, guidait la prononciation. »

Comme toujours en France, les combats cessent faute de combattants, et les problèmes disparaissent au bout de quelques siècles avant qu'on ne les ait résolus. Aujourd'hui, je pose la question : avons-nous vraiment besoin de deux accents, l'aigu et le grave ? Notre presse imprimée, toujours à l'avant-garde, a résolu le problème (autre problème séculaire) des CAPITALES* non accentuées, et de l'aspect disgracieux des accents de guingois en travers des titres, par une procédure sans bavures : un seul accent, horizontal, qu'on appelle couramment l'accent plat :

DEUX BUTS ENCAISSĒS
UN OUVRIER TUĒ
UN PIĒTON RENVERSĒ PAR SON FRĒRE

C'est donc déjà accepté, réalisable, et suffisamment lisible. Quelle économie pour les enfants, et surtout pour les machines, ce qui est bien plus important ! Ne perdons-nous rien sur le plan phonétique ? Certes, un tout petit peu, mais pas grand-chose. L'accent grave, qui ne se trouve en pratique que devant une syllabe contenant un *e* caduc, est si prévisible qu'il en devient, par rapport à l'aigu, une redondance inutile : perdons-nous en lisant *pere, deuxieme, bibliotheque, seve, college ?* L'accent aigu, lui, ne se trouve jamais dans les mêmes contextes : *aime, aimé, revivre, réviser,* etc. Restent les finales en *-ès (accès, procès, succès...)* qui seraient ainsi confondues avec celles en *-és (prés, près de).* Une dizaine de mots courants en tout, avec un *e* qui n'est plus guère ouvert. En regard de tous les mots de la langue, et, après tout, ceux qui le désireront auront tout loisir de continuer à les distinguer en utilisant l'accent grave. Pour le reste, l'accent plat me semble une solution d'avenir.

Un argument massue a été avancé en sa faveur : nos claviers et nos usages, trop compliqués, nous empêchent de concurrencer en informatique les Anglo-Américains, qui ont la chance de ne pas avoir d'accents graphiques.

Une idée à méditer.

Alphabet (latin) : Le mot *alphabet* désigne curieusement à la fois n'importe quel stock de caractères (par exemple l'API*, Alphabet phonétique international, l'alphabet cyrillique, etc.) et le *matériel de transcription* qui serait propre à telle ou telle langue, titre qu'il ne mérite en aucune manière. Il est curieux de constater qu'en cette fin du XXe siècle, on continue comme au temps de Napoléon à enseigner à nos enfants le français à travers le LATIN* : six voyelles (AEIOUY, ce mystérieux Y- là étant à la fois voyelle et consonne), vingt consonnes (BCDFGHJKLMNPQRSTVWXZ), alors que le véritable alphabet latin ne comprenait ni J, ni V (cf. CONSONNES* J et V), ni W, et que la plupart de ces lettres avaient des valeurs totalement différentes des nôtres. C'est faire injure à nos illustres ancêtres : passe encore qu'un Français grandisse en ignorant, comme Monsieur Jourdain faisant de la prose, qu'il utilise quotidiennement seize voyelles et dix-huit consonnes, et trouve ensuite étrange d'avoir des problèmes à l'écrit. Mais prêter aux Latins à la fois la même confusion d'esprit et la même ignorance, c'est ce que l'on ne peut accepter. Nous avons la chance d'avoir hérité d'une culture et d'une écriture en tout point remarquables. Respectons-les, sinon en les imitant, du moins en assumant nos différences.

Blancs (graphiques) : Quoi de plus beau qu'une page blanche ? « Un poème n'est point fait de ces lettres que je plante comme des clous, mais du blanc qui reste sur le papier... Les poèmes ont toujours de grandes marges blanches, de grandes marges de silence où la mémoire ardente se consume pour recréer un délire sans passé » (Paul Eluard). Mais la mise en place du blanc a été elle-même une longue patience.

A l'origine, l'écriture grecque ne séparait pas les mots, alors que les systèmes plus anciens, tant sumériens qu'égyptiens, isolaient autant que possible les éléments significatifs, tout comme le chinois le fait depuis longtemps très soigneusement. Les Grecs et les Latins sentirent rapidement qu'un tel « niveau de surface » était insuffisant, et ils introduisent entre les mots soit des points, des traits, etc., soit enfin des blancs, véritables *signes-mots,* ce qui constitue un progrès considérable dans la voie de la MIXITÉ* des écritures, même alphabétiques. Petit à petit, s'est construit dans nos imprimés un véritable système de blancs : blancs de mots *(la/l'a, abaissé/a baissé),* blancs après ou avant tel ou tel autre signe de PONCTUATION*, blancs des alinéas, des paragraphes, des interlignes, des marges, des titres, de la poésie, etc., qui chacun mériterait un nom à part. La page écrite prend ainsi toute sa valeur, par toute une gamme d'oppositions absence/présence, en « noirs » et « blancs ».

R. Laufer : « Le blanc... institue un véritable équivalent alphabétique du zéro. Il est dépourvu de référent phonétique. Par là, il introduit dans le système alphabétique un second niveau d'abstraction, qui ne renvoie plus à la parole. »

Capitales (lettres) : Les lettres *capitales* (du latin *capitalem,* « qui domine ») sont à l'origine de grandes lettres non liées, dont le dessin est issu de celles qui apparaissent sur les inscriptions latines. Dans les premiers siècles après J.-C., furent créées les capitales *onciales,* plus rondes, qui ont donné nos formes de majuscules liées actuelles, pour s'opposer à la minuscule cursive de l'écriture ordinaire. Les écritures gothiques distinguaient ainsi tous les mots importants du texte (puis, en allemand, seulement les substantifs) par une taille plus grande de la lettre, pour des raisons de lisibilité. Pour l'imprimerie, les lettres capitales constituent le « haut-de-casse », alors que les caractères minuscules constituent le « bas-de-casse ». On peut écrire un texte entièrement en capitales, ou en petites capitales (qui ont la forme mais non la taille des précédentes). Il ne s'agit donc pas ici d'une opposition linguistique, mais typographique, bien qu'elle ait son importance. Au contraire, l'action de mettre une lettre MAJUSCULE* à l'initiale d'un mot imprimé signifie l'introduction d'un signe linguistique différent, et relève de l'auteur (cf. aussi PONCTUATION*). La différence entre un nom propre et un nom « sale », qu'est-ce que c'est ? Où s'arrête l'imprimerie, où commence la langue ?

Caractère (d'imprimerie) : En dehors de ses nombreuses autres acceptions, dérivées et figurées, ce mot de *caractère* a toujours signifié « signe gravé » et a conservé ce sens en imprimerie. Les *é, è, ê, ô* accentués, le *ç,* des ligatures comme *Æ, Œ,* constituent des *caractères,* coulés d'un bloc, ce qui donne à ce terme une signification plus large que celle de LETTRE(S)*. Certains anciens signes liés, comme *ffl, ffi, ff, ſt* (avec ſ « long »), *ct,* unis pour des raisons d'ailleurs esthétiques et non linguistiques, relevaient de la même façon de voir, et dépassaient la fragmentation mutilante de la lettre. Cette vue générale a entraîné l'utilisation du terme pour n'importe quel type d'unités minimales graphiques, simples ou complexes, des différentes écritures, caractères mayas (appelés *glyphes),* hiéroglyphiques, arabes, grecs, chinois, etc., ces derniers surtout (les fameux IDÉOGRAMMES**) comprenant pourtant de toute évidence, bien souvent, plusieurs sous-ensembles conjoints. Ce qui fait que l'on ne sait jamais si l'on parle de données concrètes ou abstraites, de typographie ou de système, situation typique de la confusion terminologique qui règne dans le domaine des écritures. C'est pourquoi il serait préférable de réserver le mot *caractère* pour la donnée concrète, manuscrite ou imprimée, et de parler pour l'unité linguistique, relevant d'un code de correspondances écrit-oral, de GRAPHÈMES**. Cela dit, quel est le Garamont ou le Granjon informaticien moderne qui réalisera enfin les *caractères* correspondant aux *graphèmes* véritables du français ? Pitman l'a fait en partie pour l'ITA* anglais (cf. ce mot, *Initial Teaching Alphabet) : ai, au, eau, an, on, qu, ch, gn, ou,* opposé à *où* (comme *a* et *à,* les deux derniers étant les logogrammes les plus utilisés du français, qui se trouvent d'ailleurs, notons-le, sur les claviers Azerty). Quel avantage pour l'économie, la culture... et accessoirement les enfants !

Consonnes J et V : L'alphabet latin ne comprenait à l'origine que vingt lettres, auxquelles se sont ajoutées, dès le latin, pour noter les mots venus du grec, l'Y et le Z, puis, en français, K et W (pour noter surtout les mots allemands), ce qui faisait vingt-quatre, dont les lettres latines U et I, prononcées en latin non seulement comme *ou* et *i,* mais un peu comme *w, y,* dans *ouate, hier.*

On écrivait donc en français, jusqu'au XVIIIe siècle, indifféremment *u* et *v, i* et *j,* comme deux variantes calligraphiques des mêmes lettres ; d'où nos doublets *Hiacynthe* et *Jacynthe, Hiéronymus* et *Géronymus,* etc., avec des procédés divers de notation, qui n'ont pas manqué de retentir sur la prononciation. En général, on notait V ou *v* à l'initiale, *u* à l'intérieur ; J ou *j* à l'initiale (formes majuscules ou finales des lettres) et *i* à l'intérieur. On avait donc sans cesse à deviner des mots comme *iure* (qui pouvait être *jure* ou *ivre) vile (huile* ou *vile), veue (veuve* ou *vue),* etc., ce qui était extrêmement gênant. Une invention aussi utile, aussi salutaire, aussi simple que la séparation des deux lettres (puisque les deux variantes existaient, autant dans les manuscrits que dans les imprimés, et qu'il suffisait de leur attribuer une valeur différente), a mis plusieurs siècles (du XVIe au XVIIIe siècle) à s'instaurer en français, et nous sommes bien contents de les avoir aujourd'hui. Tout cela pourquoi ? Parce que cette séparation n'existait pas en latin.

Faudra-t-il encore plusieurs siècles avant que nous nous débarrassions de cette charge historique encore plus lourde, inutile et inefficace que sont, par exemple, les CONSONNES* doubles, ou allons-nous nous décider à accélérer un peu le rythme de l'histoire ?

Didot F. (et les filosofes) : Père d'Ambroise FIRMIN-DIDOT* (1764-1836). Il écrivait dans une note (1820) :

« Je suis déjà avancé en âge. Après avoir fait une étude constante de la langue française, au moment de quitter la carrière typographique, je suis las de feuilleter sans cesse des dictionnaires qui se contredisent entre eux et se contredisent eux-mêmes. J'oserai le dire, bien qu'en hésitant encore : je voudrais qu'on écrivît le mot *philosophe* non-seulement avec un *f* à la dernière syllabe, comme le proposait de Wailly, mais je mettrais ce *f* même à la première syllabe, comme font les Italiens et les Espagnols. Mais, dira-t-on, l'Académie française sera accusée d'ignorance. Ce ne sont point les érudits, au moins, qui l'en accuseront. Ils savent bien que ce *f* est le digamma éolique dont faisaient usage non-seulement les Eoliens et les anciens Grecs, mais les inscriptions latines et les bons écrivains latins comme Catulle, Térence, etc. » Cet homme vénérable et de grand savoir était également partisan de l'ACCENT* plat.

Dolet E. : Étienne Dolet (1509-1546) correcteur, grand traducteur, imprimeur, libraire, qui fut pendu pour hérésie et « athéisme », et ses livres brûlés, est, comme TORY*, l'un des plus grands humanistes et des plus grands réformateurs de l'époque de la Renaissance. Reprenant presque aussitôt, à Lyon, les projets de renouvellement de l'écriture et de la typographie de son prédécesseur trop tôt disparu, il publie en quelques années d'admirables éditions, bien supérieures à l'époque à celles de Paris (MAROT*, 1538, 1542, 1544). En 1540, il fait paraître *La Maniere de bien traduire de langue en aultre,* en annonçant, comme l'avait fait Tory, un grand traité sur la grammaire et l'orthographe. Il n'en a, lui non plus, pas eu le temps. Mais nous avons de lui son traité (aussi petit par la taille qu'important par ses répercussions) sur la

PONCTUATION* et les ACCENTS*, qui, pour ces domaines, a fondé pour des siècles l'essentiel de nos usages modernes.

Lorsqu'on accuse les imprimeurs d'avoir joué dans l'histoire de la langue un rôle conservateur, pensons à Dolet, qui avec tant d'autres n'a jamais séparé ses luttes politiques et religieuses des luttes pour le français contre le latin, et qui y a consacré sa vie. Il avait d'autant plus de mérite qu'il était lui-même, comme Tory, MEIGRET*, PÉLETIER*, RAMUS* et tant d'autres, excellent latiniste et grand traducteur, tout comme BELLEAU* ou BAIF* pour le grec. Ne confondons pas science et pédantisme, estime pour les Anciens et soumission à l'ancien.

Estienne R. (Premier) : Robert Estienne Ier (car ces familles ont des numéros, privilège qu'ils partagent seulement avec les rois), imprimeur, éditeur, libraire, l'un des plus grands de tous les temps (1503-1559), succède à son père Henri Ier Estienne en 1526. C'est un curieux personnage, austère et droit, lettré, humaniste, ami de Guillaume Budé et des plus grands professeurs de son époque. Il était auteur lui-même de nombreux ouvrages pédagogiques, dictionnaires latin-français et français-latin (où il écrit *dictionnaire,* avec un seul *n*), et d'une *Grammaire* (1557, où il écrit *il ha,* comme de TOURNES*), publiée à Genève, ville où il s'était réfugié après une fuite précipitée occasionnée par ses sympathies avec les protestants, pour la cause desquels il n'a pas hésité à abandonner carrière et honneurs.

Et cependant, imprimeur du roi, et contrairement à l'aimable RONSARD* (notre plus grand réformateur de l'orthographe, bon catholique et pourtant partisan, lui, des excès de la Ligue), R. Estienne s'est fait, paradoxalement, le plus farouche promoteur de l'orthographe « ancienne », celle des tenants de la tradition. La France, pour lui, c'était la grande bourgeoisie des villes et surtout de Paris, la Chancellerie, le Parlement, les « anciens SCAVANTS*, etc. », contre une Italie et une Cour catholiques, aux mœurs selon lui dissolues. A travers l'orthographe ancienne de R. Estienne, et bien que les protestants, lors des guerres de Religion, aient été battus, c'est cette France-là, contre la Cour, qui a gagné. Pas complètement gagné d'ailleurs, car l'orthographe de Ronsard a pris sa revanche au XVIIIe siècle. Comme quoi, les choses sont loin d'être simples…

Firmin-Didot A. : Ambroise Firmin-Didot (1790-1879), fils de DIDOT* Firmin, humaniste, imprimeur de l'Académie, descendant d'une illustre famille d'imprimeurs-libraires, est l'auteur d'un remarquable ouvrage entièrement consacré à l'histoire et la réforme de l'orthographe française *(Observations sur l'orthographe,* 1867, 2e éd. 1868). Son livre est une véritable mine d'or, bien qu'un peu vieilli et désordonné : histoire des éditions de l'Académie, étude des principaux types de modifications, citations d'auteurs et de grammairiens du Moyen Age à nos jours, histoire des dictionnaires, tableaux synoptiques des changements graphiques, histoire des réformes, étude du trait d'union et des mots composés, etc.

Ces témoignages irrécusables ont fait date. Son auteur a pu, par tout le poids d'une telle érudition, impressionner et rallier à sa cause (il fut l'un des promoteurs les plus écoutés du grand mouvement des années 1900 pour un changement orthographique) des hommes comme SAINTE-BEUVE* LITTRÉ*, GRÉARD* et beaucoup d'autres, qui depuis cette date utilisèrent ses travaux avec profit.

Dès 1855, il se déclare (après son père), partisan d'une simplification de l'orthographe. Il se faisait encore beaucoup d'illusions sur les capacités de l'Académie à engager elle-même les changements. Il écrit entre autres (1868, p. 2) :

« L'Usage, que l'Académie invoquait jusqu'en 1835 comme sa règle, n'a plus aujourd'hui de raison d'être ; le Dictionnaire est là qui s'oppose à tout changement : chaque écrivain, chaque imprimerie, s'est soumis à la loi : elle y est gravée ; les journaux, par leur immense publicité, l'ont propagée partout ; personne n'oserait la braver. Ainsi tout progrès deviendrait impossible, si l'Académie, forte de l'autorité qu'elle a justement acquise, ne venait elle-même au-devant du vœu public en faisant un nouveau pas dans son système de réforme... »

Guillemets (ouvrez les) : Les *guillemets* (dont le nom vient, paraît-il, d'un imprimeur du même nom, ou de Guillaume Le Bret, en 1546), indiquaient, à l'origine, n'importe quelle idée générale, ou citation, référence, commentaire etc. On les mettait en marge, et ils accompagnaient le texte concerné tout du long.

Puis, au XVIIIe siècle, ils sont entrés dans le texte, en conservant une partie de leurs fonctions d'origine. Ils indiquent aujourd'hui toutes les nuances de la *prise de distance :* simple mise en valeur, élogieuse ou péjorative, mot nouveau qu'on avance, titres cités, paroles rapportées, etc.

Ils sont, par-dessus tout, les maîtres du dialogue, c'est-à-dire du discours direct. Il est intéressant de noter que la mise en place effective de leur emploi accompagne au XVIIIe siècle la mode nouvelle du roman : les idées générales, on les assume. Mais, dans un roman, il y a celui qui raconte, et il y a les autres, que l'on met « entre guillemets ». Ainsi, un artifice pur et simple permet de hiérarchiser les paroles, mais aussi, comme sur une scène de théâtre, les personnages, de les situer dans l'espace, par des procédés tout à fait comparables à ce que sont à l'oral ceux que l'on appelle d'énonciation. Telle est la force de l'écriture (cf. PONCTUATION*).

Et savez-vous ce qui a alors, entre autres, favorisé la mode des guillemets ? Les imprimeurs rechignaient à passer aux caractères italiques au milieu du romain, ce qui nécessitait de grands efforts. On a donc utilisé les petits guillemets (simples virgules à l'origine, ce que l'on voit encore dans les imprimés anglais, italiens, etc.) « pour épargne du caractère italique ». Les premiers guillemets doubles gravés ne datent que du temps de Napoléon. Depuis, ils sont entrés, comme les parenthèses ou d'autres signes, dans notre univers mental. On dit « mettre entre parenthèses », « entre guillemets », etc. Et comment dire autrement ?

Imprimerie (les grands manitous de l') : Les scribes égyptiens étaient en très petit nombre et très bien payés. On ne peut se faire une idée des honneurs qui étaient les leurs. Les uns étaient ministres, les autres (comme le dieu THOT*, responsable, nous dit-on, de l'invention de l'écriture), carrément déifiés. Il en fut ainsi jusqu'à l'invention de l'imprimerie. Tout naturellement, car tout se fait par degrés, la direction des textes imprimés passa à une secte à peine plus large, que l'on nomma les typographes. On était obligé de passer par eux, comme par les écrivains publics, ce qu'ils étaient en réalité. Tout se décidait dans le secret des officines, la seule différence est qu'ils n'avaient point l'argent ni les honneurs ni les statues qu'ils méritaient, eux aussi, pour une si grande responsabilité. Bien au contraire, beaucoup d'entre eux furent brûlés, on se demande pourquoi, car ils gardaient bien leurs secrets. Aucun de leurs registres de marche interne n'était connu des usagers. Comme nul ne pouvait passer ces murs sans être de leur coterie, et que l'on ne savait pas ce qui se passait de l'autre côté, on décida de s'aligner sur leurs manies et leurs fantaisies. Tout était bon qui venait d'eux. Ils s'assurèrent ainsi petit à petit de la gestion des signes, des usages, de la ponctuation et même du style des auteurs. Comme personne d'autre ne le faisait, ils traitèrent avec de plus en plus de hardiesse des mots composés, des principales difficultés du français, des accords et des non-accords, inventèrent des règles, envoyèrent aux écrivains leurs décisions personnelles (qui n'étaient pas les mêmes ailleurs) sous forme de protocoles, refusant des textes et menaçant les rebelles (cf. G. SAND*). Et naguère leur grand manitou, nommé Vaubourdolle, fâché que l'on puisse attenter à son empire en imaginant de changer un tant soit peu les choses dans son patrimoine orthographique, dicta en 1965 ses décisions à l'Académie.

Puis vint leur décadence, car les imprimeries, comme les civilisations, sont mortelles. Et que mettra-on à leur place ? Qui va décider dorénavant de l'usage quotidien des textes ? Nous allons peut-être les regretter.

Informatique : On a comparé, sur le plan du langage, le règne nouveau de l'informatique à l'apparition de l'IMPRIMERIE*. Bien sûr, il y a de ça. A technologie nouvelle, bond nouveau des connaissances, de la science, du progrès technique, de la culture (enfin, d'une certaine forme de culture). Dans le mouvement, ce que l'on appelle l'écrit va, sans aucune doute, se transformer comme cela s'est passé alors. D'abord, l'épanouissement de nouvelles formes d'enregistrement, audiovisuelles et orales en particulier, va intrinsèquement entrer en concurrence avec l'écrit traditionnel, c'est déjà en cours. Ensuite, la démocratisation absolue d'instruments de reproduction écrite (demain orale) entre les mains de tous cessera, enfin, d'en faire l'apanage des seuls spécialistes, gardiens d'une certaine forme de savoir. Mais l'imprimerie n'a, en réalité, pas changé grand-chose, sinon quantitativement, à la réalité du livre, par rapport au *volumen,* puis au *codex,* et ce ne sont pas quelques signes de plus ou de moins (l'ACCENT* plat, en particulier) qui après tout vont révolutionner le monde, sur le plan de la lecture.

Rêvons : ce que permettra l'informatique, je l'espère du moins, c'est une autre attitude humaine, une appropriation nouvelle et plus familière de la langue et en particulier de l'écriture, désacralisée, un rapprochement constant et aisé entre l'oral et l'écrit, et c'est cela qu'il s'agit de préparer. Pas une machine en soi, mais une machine pour tous. Un homme qui a une machine, comme un cheval à sa disposition, il se sent mieux. Voici venir le temps de l'écriture pour tous. Voici venir le temps où l'écrivain public sera tout le monde.

Lettre : « Au pied de la lettre », le mot *lettre* renvoie immanquablement à ALPHABET*, c'est-à-dire, encore une fois, en même temps à la face matérielle du signe graphique *(le corps de la lettre),* et à sa face linguistique, elle-même, autre ambiguïté, tournée vers un son déterminé. C'est le destin de l'écriture (cf. CARACTÈRE*).

Ce qui complique encore les choses, c'est que nos phonèmes ne correspondent pas toujours à l'écrit, loin de là, à une seule lettre : sur 33 ARCHIGRAPHÈMES**, un tiers comprend plus d'une lettre : EU, OU, AN, IN, ON, UN, ILL, OI, OIN, CH, GN. Sur 45 graphèmes de base, 19 sont complexes (digrammes, trigrammes) : *ai, au, eau, en, ou, an, en, in, on, un, ill, oi, oin, qu, gu, ss, ch, ge, gn,* sans compter les signes pourvus de diacritiques comme *ç,* les voyelles accentuées, etc. Ainsi, ni sur le plan quantitatif ni sur le plan qualitatif, la batterie des « caractères » ou « graphèmes » fondamentaux du français n'a rien à voir avec les lettres... tirées de l'alphabet latin. Il faut bien se persuader de cela pour comprendre le flou artistique qui règne sur ces questions dans la tête de nos contemporains. *Prendre les choses à la lettre,* ce devrait être au sens strict, exact, ponctuel, *littéralement,* comme on prend un chiffre, avec *scrupule* (au sens étymologique « petit caillou », mot qui à l'origine était bien proche de celui de *lettre,* du temps où l'on comptait et écrivait avec des cailloux). C'est bien triste de voir le premier et le plus puissant instrument de la pensée scientifique devenir ainsi source d'erreur et d'incertitude.

Logiciels : *Logiciel* (en anglais *software,* opposé à *hardware,* « quincaillerie », pour distinguer la partie matérielle des ordinateurs des programmes qui les font tourner) est l'un des plus beaux néologismes qui ait jamais été introduits dans notre langue (par les Canadiens, je crois, à moins que ce ne soit par la Commission de terminologie de l'informatique, ou par l'Académie, car je ne veux blesser personne). *Logiciel,* cela évoque *logique, logistique, logos, loi, libre arbitre, droits de l'homme,* les *Pensées* de PASCAL* et le *Discours de la méthode* de Descartes. Il n'y a pas, certes, de mot plus français que celui-là.

Il y a plusieurs sortes de logiciels. Les premiers se contentaient de compter. Puis on a *classé* (d'où le mot, très beau lui aussi, d'*ordinateur,* cf. INFORMATIQUE*). Puis on a trié, fait des sous-classes, des sous-règles. On est parvenu ainsi à établir des boucles pour éviter les énumérations et répétitions, tracer des chemins de plus en plus courts d'un point à un autre, permettre d'opérer des sauts, des mises en réserve, des tests, des choix ponctuels ou définitifs. Les parcours se sont infiniment complexifiés. Cependant, même la plupart des systèmes-experts actuels sont, dans leur ensemble, en bonne partie linéaires, « programmatiques », développant les conséquences à partir des causes et l'amont à partir de l'aval.

Pour passer à de nouvelles performances moins limitées, on imagine à présent de fournir aux ordinateurs de plus vastes connaissances, de véritables « univers de croyance ». Maîtresse de son terrain, la machine tâtonnerait, sans lassitude et sans trêve, irait chercher très vite et très loin, dans plusieurs endroits différents de sa mémoire, des expériences non encore triées, mais plus ou moins similaires, qui fourniraient non les réponses, mais les éléments d'une nouvelle synthèse, répondant plus ou moins au problème posé. Elle essayerait, remonterait, redescendrait, ajusterait, s'approcherait par touches successives de la bonne solution, et enregistrerait tout au fur et à mesure, le bon comme le mauvais. On suppose que c'est là, tout compte fait, la méthode la plus rapide et la plus sûre pour parvenir à des résultats convenables.

Autrement dit, on veut à présent que l'ordinateur se débrouille par lui-même, sans qu'il y ait toujours l'homme derrière qui lui dise à chaque instant ce qu'il s'agit de faire. Il faudra bien y arriver pour construire, par exemple, de véritables robots à tout faire, ménagers ou industriels.

On se donne beaucoup de mal avec les robots, sans se rendre compte qu'un homme, ce n'est pas mal aussi, et ça peut aussi faire certaines choses. Et si on essayait la méthode de « l'enfant chercheur » pour de bon, comme celle du « robot chercheur » ? Et si on l'essayait en orthographe ?

Majuscule : Il faut bien distinguer la *majuscule* de la *lettre capitale* (cf. CAPITALES*). D'une part, bien entendu, la première est un terme de l'écriture manuscrite, la seconde un terme d'imprimerie. Mais aussi, un mot, une phrase, peuvent être entièrement imprimés en lettres capitales, tandis que la « majuscule » apparaît seulement à l'initiale du mot : l'opposition minuscule/majuscule à l'initiale est une opposition linguistique, sémantique.

On distingue la *majuscule de mot* et la *majuscule de phrase.* La première est porteuse d'un certain nombre de différenciations grammaticales et sémantiques : nom propre/nom commun, *Pierre/la pierre ;* nom générique/nom particulier, *l'Église/l'église ;* polysémie quasitotale, *l'État/l'état,* etc. Ces usages n'ont rien d'universel : ainsi, en ANGLAIS*, le nom du peuple et le nom de la langue portent tous deux la majuscule *(English,* alors qu'en français on distingue le *français* du *Français)* ; les titres anglais comportent la majuscule à tous les mots importants, etc. De plus elle est sujette aux modes : après la dernière guerre, la publicité et certains groupes ont pris l'habitude de ne plus mettre de majuscules de mots, ni au début des vers, de même que beaucoup d'écrivains ont modifié ou pratiquement supprimé les signes de ponctuation.

La *majuscule de phrase* est un véritable signe de PONCTUATION*, qui semble redondante lorsqu'elle apparaît après le point, mais qui peut se suffire à elle-même, en début de paragraphe par exemple. La PHRASE*, comme le MOT*, présente une réalité linguistique essentiellement graphique : de même que le « mot » est constitué par un groupe de lettres entre deux BLANCS* (de mot), la « phrase » est graphiquement une entité syntaxique commençant par une majuscule et se terminant par un point (car le point est le signe « final » et la majuscule le signe

« initial » de la phrase). La caractéristique de la majuscule est qu'elle est mi-alphabétique, mi-visuelle. On voit ici comment la *substance* devient *forme,* et comment l'alphabétique devient idéographique.

Mise en page (MEP) : La PONCTUATION*, prise au sens large, rejoint la « typographisation », et la « scripturation » (R. Laufer), ou *mise en page* (MEP). La MEP marque « le passage progressif d'une culture de la voix et de l'oreille à une culture de l'image visuelle du langage, une culture du livre » (N. Catach). Cette dernière n'est pas née avec l'imprimerie. Les plus beaux manuscrits connaissent une MEP soignée : les lettres ornées, les blancs, les pieds-de-mouche, les croix, les petites mains, les signes de versets, de rappel et autres caractères spéciaux, sans compter les vignettes et illustrations, l'usage des couleurs et de l'or, et même des pierres précieuses, accompagnent le texte comme des écrins présentant un bijou. Même si l'on s'en tient à l'essentiel, le livre imprimé actuel constitue une création collective, dans laquelle la limite est bien difficile à tracer entre le texte et le non-texte : on donne en général comme appartenant aux domaines de la MEP (et donc de l'imprimeur-éditeur) le choix et l'opposition des petits CARACTÈRE(S)*, capitales/romain/italique (ce dernier alternant avec l'usage des GUILLEMETS*, qui appartiennent à la PONCTUATION*), la disposition des titres et des sous-titres, des légendes, des notes, des dialogues, les proportions des marges, l'agencement général du livre ou du journal, la couverture, etc.

Malgré les liens évidents entre la ponctuation et la MEP, il est nécessaire d'en délimiter assez strictement les frontières, en particulier dans le cas des rééditions ou publications des textes anciens, qui exigent un certain respect de l'auteur. Il est plus facile en général de changer la disposition de présentation d'un ouvrage, ou de moderniser l'orthographe d'un texte ancien (à condition de procéder avec précaution et en explicitant les changements) que de toucher à la ponctuation d'un auteur, qui lui appartient en propre.

Ordre (alphabétique) : Rien ne peut mieux permettre de mesurer le rôle organisateur de la LETTRE* (comparable à celui du chiffre), que le classement international des DICTIONNAIRES* grâce à l'alphabet (du moins pour les langues qui l'utilisent). Rien de plus arbitraire, et rien de plus pratique.

On peut regretter, cependant, que cette simple convention internationale, représentante outrancière et dépassée de l'Ordre romain, prétende régenter le petit monde des mots dans tous leurs détails. C'est au nom de l'ordre alphabétique (cf. ALPHABET* latin) qu'on ignore combien nous avons de voyelles. C'est aussi en son honneur que nos noms propres, nos noms de rues, de départements, de pays, sont affublés de traits d'union, que l'on veut nous imposer également pour l'écriture quotidienne. C'est en son nom que des milliers de locutions et de mots composés courants, plus beaux et plus colorés les uns que les autres, ne trouvent pas place dans les entrées des dictionnaires, parce qu'ils n'ont pas le sacro-saint trait d'union (cf. COMPOSONS*). Mais surtout, c'est l'alphabet qui pèse de tout son poids sur ce que l'on peut appeler notre « idéologie alphabétique » (cf. HISTOIRE* des écritures) : en même temps, le fait de croire que nous écrivons avec l'alphabet latin nous ferme les yeux sur la réalité complexe mais passionnante de nos systèmes d'écriture, et nous la fait juger d'une stupidité si exagérée qu'elle est considérée comme une calamité naturelle, devant laquelle on ne peut rien faire...

Phrase : *Phrase,* à l'origine, cela voulait dire « les mots qui sortent de la bouche, l'élocution », d'où son sens ancien de « tour, façon de parler, construction, figure, groupe de mots », qu'il a encore en anglais (voir aussi l'expression française « mort sans phrases », ou *phraseur,* homme qui « fait des phrases », c'est-à-dire qui aligne des tournures élégantes, mais vides et prétentieuses).

Qu'un terme aussi oratoire ait perdu à ce point pour nous son sens premier, est caractéristique de l'évolution et du rôle de l'écrit dans nos civilisations, et il y a là une chose qui devrait faire réfléchir. Pour les musiciens, la *phrase,* mélodique ou harmonique, constitue encore un tout complet, une *période* véritable, ordonnée en séquences de sens, qui en sont les *membres,* eux-mêmes ordonnés en mesures, etc. Mais dans le langage courant, la phrase, c'est tout bonnement ce qui commence par une MAJUSCULE* et se termine par un point (cf. POINT* à la ligne). Ainsi le présent paragraphe comporte déjà trois *phrases,* sans compter la présente.

Il s'agit donc, comme pour le MOT*, d'une unité *graphique,* ce qui n'est pas pour me gêner. Simplement, il faut savoir de quoi on parle. Au XVIIIe siècle, on distinguait seulement, comme unités syntaxiques, les *propositions,* regroupées en *périodes,* comme en musique (unités de sens). Que la « phrase » graphique réponde à certaines nécessités de clarté, de rapidité d'expression technique et typographique, faciles à repérer pour le compositeur, qui doit savoir où placer ses signes, je n'en disconviens pas. Mais c'est comme pour les CONSONNES*, les VOYELLES*, les SYLLABES*, les morphèmes, les mots, les mots composés (cf. COMPOSONS*), etc. : il y a l'écrit, et il y a l'ORAL*. C'est comme ça, il faut donc étudier les deux avec le même soin.

Plantin Chr. : Christophe Plantin, simple imprimeur tourangeau installé ensuite à Anvers (1520-1589) devient, à l'époque de la Renaissance, par son courage et son intelligence, l'une des plus grandes figures de l'histoire du Livre et de l'histoire de notre langue. Sa gloire, contrairement à celle de Jean Ier de TOURNES*, a été bien servie : un musée unique au monde conserve à Anvers ses meubles, ses souvenirs, ses ateliers d'époque, ses presses, ses caractères et ses poinçons, dans le cadre même où il a vécu.

Échappant à la quasi-paralysie qui frappe l'édition française après les guerres de Religion, il bénéficie du meilleur de la tradition graphique et typographique de son pays d'origine, multiplie les publications scolaires et universitaires françaises dans toute l'Europe, où il acquiert une place de tout premier rang, reprise ensuite au XVIIe siècle par ses associés et continuateurs, les Waesberghe, puis les Elzevier.

Disciple de RONSARD*, il soutient toute sa vie les idées nouvelles en orthographe, adopte d'emblée une riche accentuation, le J (1555) puis le V (1561, cf. CONSONNES* J et V) deux siècles avant leur introduction dans notre alphabet, supprime la plupart des consonnes muettes, l'*x* muet final, l'*y* calligraphique, le *z* superflu, et montre ainsi tranquillement la voie de l'avenir.

Imprimeur ou non, qui aujourd'hui aura le courage d'en faire autant ? Qui aura même celui de le suivre, pour servir comme il l'a fait la cause du français dans le monde ?

Point (à la ligne) : Quoi de plus limpide qu'un point ? Intersection de deux lignes, petite pointe, au figuré « parcelle de », d'où l'ancienne négation « je n'ai point de drap », ce qui voulait dire « je n'ai pas même une parcelle de drap ».

Eh bien, le point est multiple. Je ne parle pas du point d'exclamation, d'interrogation, de suspension, du POINT-VIRGULE* ou des deux-points. Le point, lui-même, est triple : il y a le *point de phrase,* qui est le point « final » de phrase, le *point à la ligne,* qui est plus fort, et, tout à fait différent, le *point d'*ABRÉVIATION(S)*, qui est une ponctuation de mot et non une ponctuation de phrase ou de texte.

De même, il y a l'apostrophe entre deux mots *(l'école)* et l'apostrophe dans le mot *(aujourd'hui, presqu'île) ;* il y a deux tirets (celui de phrase, souvent noté double et plus long, et celui de mot), et même plusieurs pour le sens, dont le trait dit « de division » en fin de ligne, le trait d'énumération à la ligne, etc. ; il y a plusieurs guillemets, plusieurs points d'exclamation, etc. Tout, en langue, est polyfonctionnel, polysémique. Une LETTRE* ou un CARACTÈRE* n'est rien en lui-même. Marié à sa fonction, il est tout.

Point-virgule : Aucun signe de ponctuation n'est aussi contesté et mal compris que le point-virgule. Alors que la virgule, par exemple, est familière et naturelle aux écrivains, beaucoup estiment que le point-virgule « est un compromis bâtard entre la suspension et l'arrêt » (J. Lacarrière, voir *Langue française* n°45, article d'A. Lorenceau, enquête sur la PONCTUATION*, p. 90). « Il est trop sophistiqué », dit Marie Cardinal. Michel Tournier ajoute que c'est un signe dont il n'a « pas encore découvert l'utilité ».

En réalité, si l'on interroge l'histoire, cette hésitation et cette perplexité se comprennent fort bien. Ce fameux point-virgule *a été* l'arrêt total, avant de marquer la suspension de sens.

Il s'agissait en effet, à l'origine, du signe de ponctuation *le plus fort,* et il était encore, au début du XVIIIe siècle, suivi d'une majuscule. Il notait alors l'extrême fin de la « période » oratoire, comprise comme « unité de pensée totale », qui pouvait comprendre une ou plusieurs de ces « sous-unités » que nous appelons phrases, ou même paragraphes. Comme les imprimeurs ne pouvaient deviner ce qu'était pour l'auteur une « unité de pensée totale », ils y ont renoncé et ont préféré tout égaliser par le point, perdant ainsi une hiérarchie importante. A ce moment-là, le point-virgule est devenu disponible.

En revanche, le signe des deux-points, jusqu'alors de ponctuation intermédiaire, ayant été pris ailleurs (devant les GUILLEMETS* en particulier), le point-virgule a pris la fonction et la place de la ponctuation intermédiaire. Mais voilà, suivez-moi bien : cette ponctuation intermédiaire n'était utile précisément que dans le cadre de phrases oratoires longues, bien balancées, comme l'était la période. Or, qui fait encore des phrases longues ? Autre temps, autres mœurs...

Rien ne peut mieux démontrer le poids de l'histoire que cette petite histoire assez compliquée. Rien non plus ne démontre mieux ce qu'est un SYSTÈME*, auquel il est bien difficile de toucher à un endroit quelconque sans ébranler, de proche en proche, l'ensemble des rouages. Et pourtant, il ne s'agit pas d'une machine à coudre les boutons, ni d'un robot parleur très sophistiqué. Simplement, d'un système de ponctuation.

Ponctuation : Les signes de ponctuation constituent, à côté du stock des CARACTÈRE(S)* alphabétiques, de véritables IDÉOGRAMMES**, tout comme les chiffres, les divers éléments des codes (code de la route, du rail, de la marine, de l'aviation, des télécommunications, etc.), les symboles scientifiques, techniques ou mathématiques, etc.

On peut se demander s'il faut les rattacher aux éléments de la MISE EN PAGE* (MEP), ou à ceux du texte lui-même. Contrairement aux accompagnements de la MEP, ils sont intégrés et inséparables du texte. Ils proviennent du manuscrit et ont été voulus par l'auteur, auxquels ils appartiennent. De même, ce ne sont pas, comme les signes du code de la route par exemple, des micro-systèmes plus ou moins coupés de la langue générale, mais de véritables unités organisées, indispensables à toute transcription de texte. Enfin, on les retrouve pratiquement identiques, pour l'essentiel, dans toutes les langues modernes.

La ponctuation, telle qu'elle est entendue habituellement, se limite à une quinzaine de signes, qui présentent trois fonctions essentielles :

1. ils jouent un rôle en *rapport avec l'*ORAL* *:* ils marquent les pauses, les silences, l'intonation, le rythme, en vue de la LECTURE* à haute voix ;

2. ils jouent un rôle *syntaxique* (union et désunion des groupes de sens, hiérarchie de ces rapports) ;

3. ils jouent un rôle *sémantique* (inséparable des deux autres plans) : ainsi les GUILLEMETS*, les parenthèses, les points de suspension, dans les dialogues et les citations par exemple.

Les principaux signes sont :

— la *virgule,* le POINT-VIRGULE* et le POINT*, essentiels surtout en tant que démarcateurs syntaxiques ;

— les points d'*interrogation,* d'*exclamation,* de *suspension,* qui sont, en dehors de leurs valeurs annexes, plus nettement des signes mélodiques ;

— les *deux-points,* les *guillemets,* les *parenthèses,* les *crochets,* le *tiret,* qui sont plus difficiles à classer et présentent les trois valeurs. On peut y ajouter les BLANCS*, de *mot,* d'*alinéa,* de *paragraphe,* ainsi que la MAJUSCULE*, de mot et de phrase. L'*apostrophe,* le TRAIT* *d'union* ou de *division,* constituent une ponctuation de mots.

On donne aux autres signes, plus marginaux, le nom de CARACTÈRE(S)* *spéciaux* (astérisques, croix, barres transversales ou obliques, etc.).

Rodilard : Qui était ce *Jrilodrad* (anagramme de *Rodilard)* qui, dans ses *Doutes sur l'orthographe franceze* (1693) nous confie ses hésitations et ses colères ? Nous n'en savons rien, sans doute un maître-imprimeur (il a de l'instruction et de l'expérience) qui s'adresse à ses ouvriers et à ses confrères. Il s'en prend aux Hollandais :

« C'est une chose honteuse à nous, dit-il, de voir que les étrangers nous aprenent à écrire nôtre langue naturele : car on ne peut pas disconvenir que les Holandez (ou du moins des Francez qui se sont retirés en Holand) ne nous ayent apris a metre les *v* ronds et les *j* longs, puisque pour marque de cela on les apèle dans l'imprimerie des *v* et *j* à la Holandeze : ce sont encore eux qui nous ont enseigné à retrancher les letres superflûes de nôtre langue : enfin ils nous enseignent ce que nous leur devrions enseigner et à toute la terre... » (cf. CONSONNES* J et V).

Les imprimeurs, ajoute-t-il, « ne savent pas l'ortographe et moins encore la ponctuation, et s'ils raisonent de l'imprimerie et de l'ortographe, ce n'est que comme les aveugles font des couleurs »...

Il leur faut, ajoute-t-il, des règles simples ; c'est pourquoi, après avoir beaucoup hésité à pouvoir « ... retrancher aucune letre dans le francez lorsqu'elle venoit du latin... », il s'est décidé à simplifier l'orthographe, et retrancher les lettres doubles, tout comme on le faisait fort bien à son époque pour les *s* ou d'autres lettres, « quoiqu'elles vinssent du latin ».

Sigles : Le sigle est une espèce particulière d'ABRÉVIATIONS*. On peut abréger soit en coupant le mot n'importe où *(prof = mob),* soit en coupant une ou plusieurs syllabes (MÉTRO*), soit en prenant une lettre au début, une à la fin *(vr* pour *voir),* soit de plusieurs autres façons. Le *sigle* (latin *sigla,* terme juridique qui désignait, sur les actes notariés, l'abréviation des signatures par les initiales des noms, mot sans doute venu de *sigilla,* pluriel de *sigillum,* « sceau », parce qu'à l'origine on appliquait les sceaux) est aujourd'hui l'abréviation de n'importe quel groupe de mots, en général des noms propres, noms de sociétés, de marques, etc., par ses initiales. Ce qui est intéressant pour nous, c'est qu'on peut, ou l'on ne peut pas, prononcer ce nouveau terme ainsi constitué, selon la disposition des consonnes et des voyelles. C'est très important pour son histoire future.

Ainsi, si l'on prend SNCF, on ne peut prononcer cette suite de consonnes que l'une après l'autre, en dénommant chaque lettre : ESSE, ENE, CE, EFE. Au contraire, URSSAF fait bloc, et de même RADAR, ONU, etc. Ce qui ne veut pas dire que les premiers ne peuvent pas donner de dérivés, à partir d'un certain oubli des lettres en faveur du mot reconstitué. Ainsi CGT a donné *cégétiste,* TGV peut donner un jour *tégéviste,* comme *onusien* sur ONU.

Pour éviter l'inconvénient des suites de lettres imprononçables, on a pris aux Russes et aux Américains l'habitude d'accoler des syllabes entières ou des parties de mots les uns à la suite des autres *(acronymes),* comme Benelux (Belgique-Néderland-Luxembourg), ce qui rejoint ce que l'on appelle les *mots-valises,* dont le plus connu est sans doute *motel* (de *motor car* et *hôtel).*

Il y aurait toute une réflexion à faire sur cette sorte particulière de mots. N'oublions pas que c'est sans doute en associant le son initial de certains mots à un caractère graphique que l'humanité a trouvé le chemin de l'invention de l'alphabet (A pour *aleph,* « bœuf », B pour *bet, beit,* « maison », etc.)...

Sténographies : Il faut bien distinguer les *sténographies* (écritures marginales de notation rapide) et les *tachygraphies* (écritures centrales abrégées). Les secondes nous sont plus ou moins personnelles dans l'écriture courante, les premières constituent de véritables SYSTÈME(S)*. Les unes et les autres ont toujours existé, mais nous nous en tiendrons aux premières : les écritures quotidiennes de l'ancienne Égypte, les « notes tironiennes » à Rome, les systèmes d'ABRÉVIATIONS*, du Moyen Age et des siècles qui ont suivi, ont largement précédé nos procédés sténographiques actuels.

La grosse déception pour le LINGUISTE*, qui croit toujours qu'il n'y a pas mieux que le phonème, est que ces systèmes sont, en fait, très peu phonétiques. Même lorsqu'ils le sont, ils se moquent des notations exactes, confondent les sourdes et les sonores, ne notent guère les voyelles (ce qui rappelle les premiers ALPHABETS* consonantiques), qu'ils compensent à volonté par des signes diacritiques... En revanche, ils adorent les variantes de position (plus rapides et plus lisibles dans l'écriture courante) sans se soucier de la fameuse règle de PORT-ROYAL*, « un son/un signe, un signe/un son ».

Faut-il hausser les épaules et traiter « ces gens-là » de praticiens brouillons ? Gardons-nous-en bien. Toute la complexité des rapports entre l'usager-SCRIPTEUR* et l'usager-lecteur (qui est le même) se retrouve ici.

On veut la rapidité, certes, mais ne confondons pas vitesse et précipitation. Rapidité = économie, mais économie = compréhension maximale dans le minimum de signes.

Ce qui fait que l'on retrouve, par exemple, dans le système Grandjean, 21 signes seulement pour 36 phonèmes, mais le respect des syllabes et des mots, cinq notations différentes des finales (graphiques) les plus courantes, etc. Dans la plupart des systèmes européens, anglais, allemand, etc., on relève, au niveau morphologique comme à celui du sens, des notations spécifiques de préfixes, de suffixes, des signes-mots ou LOGOGRAMMES**, etc. Pourquoi, me direz-vous, faire compliqué lorsque l'on peut faire simple ? Eh bien, c'est ainsi : on préfère moins bien noter les phonèmes, et disposer d'autres niveaux de sens plus importants.

Cette réflexion sur la MIXITÉ* des sténographies devrait s'étendre à tout système d'ABRÉVIATIONS*, quel qu'il soit. Ainsi, un dictionnaire moderne courant n'utilise pas moins de 330 abréviations, sans compter les chiffres, les combinaisons, la PONCTUATION*, la MISE EN PAGE*, les PICTOGRAMMES**, etc. Et c'est bien pratique.

Pauvre petit phonème, éternel mari trompé, seigneur sans troupes, roi éternellement sans royaume et sans couronne ! Personne ne veut de toi, tu es trop nu.

Tory G. : Artiste, écrivain, correcteur, typographe, imprimeur-libraire (v. 1480-1533), auteur d'un ouvrage extraordinaire, le *Champ fleury* (1529) où, au retour d'Italie, il donne pour la première fois aux graveurs de lettres français les proportions et dessins des beaux CARACTÈRE(S)* typographiques qui vont devenir ceux de la Renaissance. Ces caractères, fixés par de grands artistes comme Garamont et Granjon, ses élèves, ont traversé les siècles et sont toujours les nôtres, et c'est avant tout à Tory que nous en sommes redevables.

Curieux personnage, qui fait mentir à lui seul tout ce que l'on a pu dire du rôle conservateur des imprimeurs sur la langue. Novateur et réformateur d'orthographe, il rêve, dès les années 1520, de doter le français d'une écriture digne de lui et qui lui soit propre. Il introduit divers accents, l'apostrophe, la cédille, au prix de mille difficultés. Il est sans doute l'auteur, avec MAROT*, de ce tout premier traité appelé *La Briefue doctrine,* où se trouvent consignés les usages des accents et signes auxiliaires, ensuite rapidement adoptés dans l'ensemble des éditions, et qui ont permis par la suite de grands changements. Il disparaît mystérieusement, dans le tumulte religieux et politique de cette année 1533. A. Augereau, imprimeur de ce petit traité qui sentait le soufre, mourra lui aussi peu après dramatiquement (1534), tout comme DOLET*, et tant d'autres typographes humanistes de l'époque.

Tory, comme PÉLETIER*, est un homme de terrain. Il avait compris que les changements ne viendrait pas d'en haut, mais des possibilités matérielles immenses de l'imprimerie, des nécessités inéluctables des nouveaux besoins et des nouvelles techniques, liées de façon intrinsèque à l'écriture. Aurons-nous bientôt notre Tory, qui comprendra les besoins de la nouvelle GALAXIE* ?

Tournes (J. Ier de) : Jean Ier de Tournes, imprimeur du roi Henri II (1504-1554) est sans doute, avec TORY*, ESTIENNE*, DOLET* PLANTIN* et quelques autres, parmi les typographes qui ont joué le plus grand rôle non seulement dans l'histoire de l'imprimerie, mais dans l'histoire de notre langue et de l'orthographe du français.

Ami de Des Périers, de MAROT* de P. de Tyard, éditeur de toute l'école lyonnaise (Louise Labé), il a multiplié de 1542 à sa mort les plus belles publications de son temps. Il s'est attaché les meilleurs correcteurs, comme A. du Moulin et PÉLETIER* du Mans. Il opte très tôt pour la nouvelle orthographe préconisée par RONSARD* et ses amis. Contrairement à la légende tenace, qui parle au sujet de la distinction I/J, U/V, de « lettres ramistes » (qui sont plutôt « lettres tournistes »), c'est lui qui le premier, dès 1558, les utilise couramment dans ses productions, sur le conseil de J. Péletier. Il présente ses livres sous une forme graphique et une ponctuation résolument modernes, qui sont pratiquement les nôtres, avec quelques différences et quelques simplifications en plus.

Ce sont les CARACTÈRE(S)* nouveaux (avec accents, signes auxiliaires, etc.) commandés par lui au graveur R. Granjon, puis vendus par Granjon à C. Plantin, qui seront longtemps utilisés en Belgique, puis en Hollande par les Elzevier, et nous reviendront sous le nom (pour J et V) de « lettres hollandaises » seulement à la fin du XVIIe siècle, cent cinquante ans après leur création en France (cf. CONSONNES* J et V). Il conviendrait de lui rendre enfin publiquement l'hommage qu'il mérite, lui et tous les imprimeurs qui ont tant fait pour notre langue.

Trait (d'union) : « Ce Monsieur Loyal a un air bien déloyal », dit la servante d'Orgon dans *Tartuffe.* Ce *trait d'union*-là n'a pas, lui non plus, l'air loyal, ni franc du collier, d'un véritable mot composé, puisqu'il ne porte pas de trait d'union. L'est-il ? Ne l'est-il pas ? Et *mot composé,* qui ne l'a pas non plus ? Révolution à nulle autre pareille, *trait d'union* se trouve à l'ordre alphabétique dans le *Petit Robert,* comme son homonyme *trade-union.* On y trouve aussi *pomme de terre, chemin de fer,* mais non *hôtel de ville,* qui se cache sous *hôtel* (alors qu'*hôtel-Dieu,* bien entendu, correct et bien vêtu, se pavane, lui, à l'ordre alphabétique). L'entrée *mot composé* manque, qui est sous *mot* (cf. COMPOSONS*).

Sentez-vous bien ce que cette situation a d'insupportable ? Mais sentez-vous aussi combien on touche là à la partie la plus arbitraire, mais aussi la plus fondamentale de la langue écrite comme de la langue orale, qui est leur découpage à l'une et à l'autre, et pas forcément le même ?

Tu l'as, je ne l'ai pas : *idée mère,* mais *fille-mère ; papier bulle,* mais *papier-émeri ; sainte Table,* mais *Sainte-Trinité ; trois quarts,* mais *trois-centième ; vis-à-vis,* mais *face à face...* L'injustice est flagrante : avoir le trait d'union n'implique pas forcément que vous soyez parmi les élus, à l'ordre alphabétique : *commissaire-priseur, court-circuit, esprit-de-vin, pas-de-porte* et mille autres ne sont pas mieux lotis que *château fort* ou *chapeau cloche...* Où chercher ? Où se tourner ?

Oui, l'arbitraire et l'injustice sont partout : mais n'en rajoutons pas pour le plaisir...

CHAPITRE CINQ

LA GRANDE ILLUSION LITTÉRAIRE

Ailly (P. d') : Grâce au travail patient et admirable des médiévistes, nous retrouvons peu à peu beaucoup de manuscrits autographes très anciens, et même de véritables brouillons d'auteurs, recopiés ensuite au net. Ce qui nous permet de voir d'un peu plus près comment les choses se passaient sous leur plume dans le secret du cabinet.

Nous avons par exemple de Pierre d'Ailly, Chancelier de l'Université de Paris (1389-1395), évêque, puis Cardinal, et donc l'un des personnages les plus connus de son époque, quatre spécimens d'une même lettre en français écrite par lui, dont deux de sa propre main, datés tous deux du 21 juin 1397, à la fin du XIVe siècle.

Ce que l'on y voit, c'est d'abord un soin extrême, qui écarte toute idée de négligence de sa part (comme d'ailleurs de la part de nos ancêtres en général, dont il est absolument ridicule d'avancer qu'ils « écrivaient n'importe comment »).

Ensuite, que le brouillon a subi, durant la mise au net, non seulement un « toilettage » (comme cela se passe encore aujourd'hui), mais une véritable transformation : abréviations supprimées, ponctuation revue, suppression des *y,* des lettres muettes et doubles, suppression du *x* du pluriel, du *z* des formes verbales, rajout d'accords du participe passé, etc.

Cette découverte est pleine d'enseignements : tout d'abord, contrairement à ce qu'on pourrait croire, l'orthographe a toujours été considérée pour ce qu'elle est : l'un des niveaux de la langue écrite élaborée, et non des moindres. Ensuite, l'homme peut très bien utiliser plusieurs types d'écriture, comme plusieurs niveaux de langue. La langue, écrite et orale, est diverse, et il faut être puriste pour croire que l'on puisse faire entrer toute cette richesse dans un seul moule, comme un chameau pour le trou d'une aiguille. Il faut être français pour maintenir, envers et contre toute réalité palpable, que l'on écrit toujours et partout de la même façon, alors que l'on se rendrait ridicule en parlant à sa concierge comme à son ministre de tutelle (celui qui donne les crédits). Il faut être français pour exiger des enfants, d'emblée, ce que nul ne fait soi-même, pour être constamment, à l'ouvrage, à table, devant sa télé comme au lit avec sa femme, en habits du dimanche. Du mou, du mou, que diable.

Alembert (J. d') : Jean Le Rond d'Alembert (1717-1783), savant, philosophe et mathématicien, responsable, avec Diderot, de l'*Encyclopédie,* est, dans les sciences mécaniques, connu pour un principe dit « d'équilibre » qui porte son nom, et ce n'est pas un hasard. Membre de l'Académie des Sciences et de l'Académie française, il devint le Secrétaire perpétuel de cette dernière en 1772. Dans son *Histoire des membres de l'Académie françoise morts depuis 1700 jusqu'en 1771* (parue en 1787, t. I), d'Alembert, parlant de DANGEAU*, avance une position nuancée par rapport à l'orthographe française, « si inconséquente et si bizarre, dit-il, et qui ne cède en absurdité qu'à l'orthographe des Anglois ».

« Il a proposé, dit-il de Dangeau, dans notre manière d'écrire un grand nombre de corrections très-bien fondées et qui seront adoptées un jour, quand le bon sens aura enfin secoué le joug de ce tyran que l'on nomme l'usage : tyran capricieux et borné, mais superstitieusement maintenu par les préjugés et par l'habitude, sur un trône que l'on ne peut espérer abattre qu'en le minant sans effort et avec lenteur. C'est peut-être ce que l'abbé de Dangeau n'a pas assez senti ; peut-être a-t-il retardé, par trop de changemens précoces, une réforme qu'il falloit... laisser mûrir par degrés insensibles... » C'est que d'Alembert avait la joie de vivre en une époque où l'on se préoccupait beaucoup de l'écriture, et où l'on pouvait raisonnablement penser que les progrès se feraient ainsi, de trente ans en trente ans, de cinquante ans en cinquante ans, comme cela devrait toujours se passer, et ne s'est pas fait depuis, on se demande pourquoi.

Allais A. : Alphonse Allais (1854-1905) est l'un de nos plus célèbres humoristes, à tel point que lorsqu'on cite un bon mot dans les concours télévisés, et que l'on en demande l'auteur, on peut être sûr que c'est son nom qui vient le premier sur toutes les lèvres, car on ne prête qu'aux riches.

Il annonça un jour à ses lecteurs, en 1893, qu'il faisait partie de la « Ligue pour la Quomplykasiont deu l'Aurthaugraphes » et qu'il écrirait dorénavant un feuilleton intitulé « la cleph du mysthère ».

Inversement, et tournant le dos à ces quomplykasionts insupportables, il a essayé, dans *le Chat noir,* de lancer avec F. SARCEY* une façon d'écrire non seulement « fonétic », mais proprement révolutionnaire, puisqu'il suffisait pour lire de nommer à haute voix les noms des lettres (cf. orthographe d'APPARAT*, où l'on donne quelques exemples de cette transcription mi-orale, mi-écrite, et sérieusement économique). En voici un autre exemple :

« LIZLHOP OQP HAUT AVQO AB A HR LUK EVK C » (traduction : « Élie Zédé l'a chopée occupée à chahuter avec Huot, abbé à Achères, et Lucas, évêque à Sées »).

« [...] C'est que moi, ajoute Alphonse Allais, je ne me contente pas de transformer "Hérault" en "ERO", j'écris froidement "RO". Non moins froidement, j'écris "NRJ" pour "Énergie" et "RIT" pour "Hériter"... Je me garde bien de mettre : "Hélène a eu des bébés". Combien plus court, grâce à mon procédé : "LN A U D BB". ». NRJ, cela vous dit quelque chose ?

Ses réflexions sur le mot *sang* ne manquent pas non plus de saveur :

« [...] Pourquoi écrivez-vous : "M. Barthou perdit son *sang-froid*", *s, a, n, g,* et "Don Quichotte perdit son *Sancho*", *s,a,n ?* » (citations prises dans *les Pensées* d'Alphonse Allais, recueillies par R. Chouard, France Loisirs, 1987, pp. 85-87).

Anonyme (de 1768) : Le nombre des ouvrages parus au XVIIIe siècle et consacrés à apprendre l'orthographe aux « dames » dépasse toute imagination. On y trouve toutes sortes de remarques judicieuses qui laissent bien augurer des conversations que ces petits abbés mignons avaient avec les belles dames à qui ils servaient au moins de chaperons et de précepteurs. Le plus connu est naturellement celui du célèbre de Wailly (1782). Mais il y en a d'autres, dont beaucoup d'anonymes.

Dans l'un d'entre eux, intitulé *Manière d'étudier les langues,* on trouve une réflexion dont la profondeur ne devrait pas être perdue à tout jamais :

« Nous avons des regles générales pour l'orthographe ; mais la plupart sont si obscures, si compliquées, et modifiées par tant d'exceptions, qu'il est difficile aux jeunes gens de les retenir. D'ailleurs, il ne suffit pas, pour l'orthographe usuelle dont nous parlons, de pouvoir en examiner les regles, mais bien de trouver la manière d'écrire les mots correctement : la rapidité de l'écriture ne donne pas le loisir de faire cet examen. Il faut qu'avec le mot la manière de l'écriture se présente sur-le-champ à l'esprit, sans aucune réflexion. »

Aubigné (A. d') : Agrippa d'Aubigné (1552-1630), compagnon fidèle d'Henri IV, grand poète, grand humaniste, grand guerrier devant l'Éternel, est connu pour ses *Tragiques* (1616) et son *Histoire universelle,* ouvrage fortement engagé dans la défense des protestants et qui lui valut l'exil à Genève. S'intéressant à toutes les grandes causes de son temps, il ne pouvait se désintéresser de celle de l'écriture. Il pratique lui-même une orthographe modernisée, avec peu de consonnes muettes et peu de consonnes doubles. Ainsi, dans les *Lettres à Salomon Certon* (1620), on trouve de sa part les réflexions suivantes sur « l'orthographe nouveau », comme on disait à l'époque (le mot était alors masculin) :

« Ortographe, disait d'Aubigné, premièrement mis sus [en avant] par Jacques PÉLETIER* du Mans, et qui est encore aujourd'hui affecté [affectionné] par plusieurs Doctes et non sans raison, car si la langue françoise s'escriuoit comme elle se prononce, les estrangers qui la veulent aprendre auroyent espargné le tiers de leur labeur... »

Plus loin, il rappelle les efforts prodigieux en faveur des changements faits durant un demi-siècle par les phonéticiens et les modernistes. Après avoir semblé aboutir (puisque plus des trois quarts des écrivains de l'époque de la Renaissance en étaient partisans), ces efforts s'étaient soldés par un échec, et un retour quasi général à l'orthographe « ancienne ». D'Aubigné s'attriste d'un tel recul et ajoute, ce qui constitue sans doute l'une des remarques les plus pertinentes que l'on ait jamais faites sur le sujet :

« Le seul défault qu'il y a c'est d'autorité... [c'est-à-dire : ce qui a manqué pour la victoire de l'orthographe nouvelle, c'est l'autorité]... il y faloit celle d'un Roy savant, ou au moins d'un eccelent chancelier secondé des meilleurs [hommes] des Parlements, pour faire escrire les actes publics en cette forme, et aprez quelques temps, deffendre toute impression qui ne fust reglee à cela... »

Ce qui nous a toujours manqué en effet à l'époque moderne, ce qui nous manque encore aujourd'hui, c'est un dirigeant réellement résolu à entériner un progrès en la matière. Charles de Gaulle n'avait cependant pas, ici comme ailleurs, oublié ses devoirs : une commission, investie d'une mission reconnue, a siégé durant cinq ans par ses soins. Elle a remis son rapport, qui a été agréé par le ministre en 1965 (cf. A. BESLAIS*). Qu'est-il arrivé ensuite ? Qui a été alors plus fort que l'État lui-même ? Je vous le demande. En tout cas, nul n'a eu le courage, encore une fois, d'aller jusqu'au bout, et l'affaire a fait long feu. Agrippa, vous aviez raison !

Baïf (J.-A. de) : Jean-Antoine de Baïf (1532-1589), fils naturel de l'ambassadeur de François Ier à Venise, excellent helléniste, membre parmi les premiers de la Brigade (qui va devenir la Pléiade) avec Jacques PÉLETIER* du Mans, Rémy BELLEAU*, JODELLE*, Pontus de Tyard, Joachim DU BELLAY* et Pierre de RONSARD*. Il mena avec ses amis, toute sa vie, le bon combat pour une meilleure et plus exacte écriture du français. Dans ses poésies, comme tout le monde à l'époque, il suivait l'orthographe de Ronsard, largement débarrassée de ses oripeaux grecs et latins, et vêtue clairement d'accents et de signes auxiliaires. Dans ses lettres officielles, il se résignait à écrire dans l'orthographe d'APPARAT*, que les greffes et les sorbonards voulaient imposer à tous. Un jour, cependant, il s'est octroyé à lui-même un magnifique cadeau : il a fait graver pour ses *Etrenes de poezie fransoeze* une superbe batterie de signes nouveaux, ce qui était encore possible à l'époque, et devrait l'être de nouveau aujourd'hui. Amateur de musique, il ne pouvait supporter, pas plus que les autres poètes de la Renaissance, que l'on attife la langue de perruques, de fraises, des fanfreluches au goût exécrable des pédants et des sots, dont la façon d'écrire déformait la simplicité chantante de ses vers. C'est cette volonté de pureté et de clarté qui est sans doute, à cette époque, la marque la plus charmante des plus charmants de nos poètes.

Bazin H. : Jean-Pierre Hervé-Bazin, dit Hervé Bazin, né en 1911 (neveu de René Bazin, grand écrivain lui aussi, injustement oublié aujourd'hui), n'est pas un homme ordinaire. Révolté, féroce, audacieux, c'est ainsi que le présentent ses biographes, et c'est bien ainsi qu'il a toujours été.

Point de tabous pour lui. Pensée libre, il est l'un des très rares, avec Raymond QUENEAU*, Roland Barthes et quelques autres, parmi nos grands noms littéraires, à avoir bravé le silence pesant des élites et abordé de front le sujet de l'orthographe.

Dans son livre *Plumons l'oiseau,* il pose avec beaucoup d'humour les véritables problèmes posés par notre écriture. Son héros, le professeur Patagos, souffre de ce mal bien français, qui est un excès de logique. Pour lui, ce qui ne marche pas, doit se réparer. De proche en proche, il réforme ainsi tout et le reste, avec la meilleure bonne foi et les meilleurs arguments possibles. Naïve et risible utopie, comme les créations de langues universelles.

Au contraire, Hervé Bazin se dit, quant à lui, « prudemment

réformiste » (*le Monde de l'éducation,* 1976). Inutile, dit-il, de se fatiguer à courir constamment après ce « monstre du Loch Ness » que serait un retournement profond du système (pardon de citer longuement ce texte admirable, nous n'en avons pas de si nombreux de ce type) :

« Nous ne pouvons pas grand-chose contre la confusion vocalique qui permet d'écrire, pour le même son, *o, Rome, rhum, veau, levraut, alcool,* et pour le même son *e, vœu, peu, de, bluff, faisons, monsieur !...* Nous pourrons difficilement gratter les lettres inutiles de *corps, doigt, vingt, pouls,* pour raison d'homonymie avec *cor, doit, vain, pou.* Mais pourquoi ne pas éplucher les lettres erronées : l'*h* de *huile* (venu d'*oleum*), le *p* de *dompter* (tiré de *domitare*), le *g* de *legs ?* Pourquoi ne pas racler les lettres amuies en écrivant *batème, sursoir* et *gaité ?* Je suis partisan de *segond, zing* et *apcès,* puisque ces mots se prononcent ainsi. Je suis partisan de *téléfone, filosofie, rizome, rume, fantasme* (comme *fantôme*) *ritme* et *téorie...* Je suis partisan de la simplification de certains noms composés (soudons ainsi *choufleur,* qui ferait *choufleurs* au pluriel) ; je le suis de l'unification de l'usage du trait d'union (pourquoi *cent huit* et *dix-huit, haut fourneau* et *marteau-pilon ?*) Je pense qu'on pourrait remettre de l'ordre dans l'emploi des accents, notamment les accents circonflexes, pour en ôter (l'*ô* d'*hôpital* est devenu court) ou pour en remettre (l'*o* de *zone,* l'*a* de *havre* sont longs)... Mais le grand nettoyage à faire, c'est celui des consonnes géminées. Si *gibbon, velléité, impeccable* les méritent, il est bizarre de les accorder à *savonner,* prononcé comme *ramoner,* à *dalle, bacille,* ou *gibelotte,* que contredisent *sandale, facile* ou *matelote.* Il l'est encore plus de souscrire aux doubles graphies issues des mêmes racines, telles que *colonne* et *colonel, pattu* et *pataud, courrier* et *coureur, barrique* et *baril !* Ces contradictions pullulent fâcheusement : nous apprenons ainsi l'illogisme aux enfants et trouvons nous-mêmes normal d'y souscrire... Aux spécialistes d'aviser. A nous de les soutenir [...] Cessons de considérer (l'orthographe) comme tabou : elle n'est que la servante du langage et non pas sa maîtresse » (cf. SERVANTE* ou maîtresse ?).

Pour un homme prudent, Monsieur l'écrivain, vous voilà bien hardi ! C'est tout le Rapport Beslais qui défile ! Demandez donc simplement à vos collègues de l'Académie Goncourt s'ils seraient d'accord sur deux points : celui d'*hôpital* et celui de *colonel.* Et chiche ! Allons-y ! Signé : La France reconnaissante.

Belleau R. : Rémy Belleau (1528-1577), charmant personnage de la Renaissance, l'un des poètes de la Pléiade, traducteur d'Anacréon (ce qui prouve que l'on peut être excellent helléniste, comme aussi BAÏF*, sans pour cela être pédant — après tout, quelle meilleure école d'orthographe phonétique que celle des Grecs ?), ne pouvait faire autrement, étant poète et homme de son temps, que d'adopter, comme son ami RONSARD*, une graphie aussi légère et gracieuse que ses vers. Voici comment il écrivait (remarquez l'usage assez exceptionnel des accents) :

L'Heure par Rémi Belleau,
à P. de Ronsard

Dieu te gard gente Déesse
Au pié lentement glissant
O qu heureuse est ta paresse,
Qui ne va point finissant !
O Dieu qu heureuse est ta suitte,
Au regard de l'entresuitte,
De notre âge perissant !

Béranger P. : Pierre Jean de Béranger (1780-1857), bien connu en France pour ses chansons patriotiques et satiriques (dont *le Roi d'Yvetot, le Vieux Sergent...*) ne savait pas l'orthographe.

Le fait est là, il n'y a pas à y revenir, c'est lui-même qui l'a dit : « C'est, dit-il, dans son imprimerie [il s'agit d'un certain M. Lainé, imprimeur à Péronne] que je fus mis en apprentissage : n'ayant pu parvenir à m'enseigner l'orthographe, il me fit prendre goût à la poésie, me donna des leçons de versification, et corrigea mes premiers essais. » Et MARLE*, qui raconte l'histoire, ajoute : « Si Béranger n'a pas pu parvenir à apprendre l'orthographe actuelle, comment trente millions de Français (en 1829) qui n'ont pas son génie y parviendraient-ils ? » L'auteur, qui ne manquait pas d'humour, proposait trois cents francs « à quiconque prétendra écrire sans faute, sous... dictée, vingt lignes de mots usuels ». Ces trois cents francs, ajoutait-il, « sont déposés chez M. Bertinot, notaire... ». Et trois cents francs de l'époque, ce n'était pas rien.

Je renouvellerais bien volontiers ici solennellement cette offre, auprès du même notaire, si je ne savais, par l'expérience des Championnats d'orthographe, qu'il n'existe plus de secrets ni de limites aux prouesses de certains candidats. Le rêve de J. FERRY* réalisé : quinze à vingt personnes en France savent *toute* l'orthographe ! Quant au reste...

Bossuet J.-B. : Jacques Bénigne Bossuet, surnommé l'Aigle de Meaux (1627-1704) ne s'est pas contenté de ses multiples occupations de grand prédicateur, précepteur du dauphin, et véritable chef de l'Église de France. Il s'est aussi intéressé à ses devoirs d'académicien (depuis 1671), et ses remarques sur l'orthographe, consignées dans les *Cahiers* de MEZERAY* (1673) sont parmi les plus précises et les plus intéressantes que l'on ait jamais écrites à propos des théories de l'orthographe « ancienne ».

Sa position est modérée : « On veut suivre, dit-il, l'usage constant et retenir les restes de l'origine et les vestiges de l'antiquité autant que l'usage le permettra. » Il se révèle bon grammairien par rapport à ses collègues, exigeant d'eux (en particulier de RÉGNIER* Des Marais, toujours violent et emporté et surnommé pour cela l'abbé Pertinax) de « demesler tout cela », de « se fonder en bons principes ». Ainsi, à propos du critère de « l'origine » des mots, il distingue l'ÉTYMOLOGIE* (c'est-à-dire, dit-il, « l'origine à l'égard des langues etrangeres, latine, italienne, alemande [sic] »), et les lettres « qui font connoistre l'ancienne prononciation de la France même » (ce que nous appelons aujourd'hui les lettres HISTORIQUES*). Au sujet des mots écrits en *an* par beaucoup de ses contemporains, comme *antreprendre, commancement, anfant, sansement, anterremant,* etc., il s'oppose à Régnier, qui se contentait de rejeter tout de go cette « vilaine et ridicule orthographe ».

« Il y a pourtant ici, remarque-t-il, quelques regles a [sans accent] donner pour l'instruction... » Et il rappelle ces règles, participes présents en *-ant,* finales en *-ment,* etc. De même, il veut « se fonder en bons principes » en ce qui concerne les « figures entieres des mots » :

« Si on ecrivoit *tans, chan, cham*... qui reconnoistroit ces mots ? On ne lit point lettre à lettre... »

La langue latine, dit-il, ne change plus, « cela servira à fixer nostre orthographe »... Les LETTRE(S)* muettes ne sont pas superflues, parce qu'elles servent à marquer les longues et les brèves, les « lettres fermées et ouvertes », la « difference de certains mots que la prononciation ne distingue pas... ». C'est donc en réalité non pas l'écriture tout à fait ancienne, qui « blesse les yeux » en écrivant encore contre l'usage, *recebuoir, deub* (pour *recevoir, dû*), *nuict, escripture,* etc., mais un système de juste milieu, spécifique à notre langue, propre aux « François mesmes », qu'il préconise, mais il n'a pas été toujours suivi par ses confrères.

Son orthographe personnelle (et celle de ses imprimeurs) est plus hardie que ses remarques d'académicien. Sur un manuscrit original du troisième sermon, écrit de sa main (FIRMIN-DIDOT*, *Observations,* p. 131 et 399-400), on trouve *contant, contanter, contantement, atantif, atantions, ataque, flate, frote, tiran, mistere, misterieux...*

Choisy (l'abbé de) : L'abbé de Choisy (François Timoléon, 1644-1724), connu tout autant pour ses mœurs légèrement efféminées que pour son talent, a commis deux ou trois livres spirituels et assez impertinents, dont *le Journal de Siam* et le *Journal de l'Académie française.* En ce qui concerne ce dernier, ses collègues de la Compagnie se sont toujours opposés à sa parution, qui n'eut finalement lieu qu'en 1754, grâce aux soins tardifs mais vigilants de l'abbé d'OLIVET*. Pourquoi un tel ostracisme ? Le charmant abbé, qui connaissait son monde académique depuis 1687, nous décrit pourtant innocemment les discussions du bureau des DOUTES*, sans nous donner de noms. Mais c'était trop encore : quoi, l'Académie n'est pas plus sûre que chacun de nous de sa grammaire ou de son orthographe ? Quoi, elle balance à décider s'il faut écrire (chapitre XIX, « L'orthographe ») :

Elle s'est laissé (ou laissée) emporter par sa colère
J'ai été payé des sommes qu'on m'avoit donné (ou données) à recevoir...

Quoi, elle discutait alors de l'invariabilité du participe passé, comme de celle du participe présent verbal (qu'elle a alors décidé d'adopter) ? Elle hésitait à écrire *s* pour *z* à la finale des pluriels en *-ez* (ce qu'elle a fait en 1762), et *s* partout pour *x* final muet, *travaus, heureus,* nos *vœus* (que ne l'eût-elle admis !) ? La vérité n'est donc pas révélée ? Cachez ces doutes que je ne saurais voir ! C'est pour cela, sans doute, que les délicieux comptes rendus de Choisy n'ont pas été publiés.

Cependant, doux abbé, quelle plus belle image pouviez-vous nous laisser d'une compagnie intelligente et agissante, où de simples hommes discutaient librement et amicalement de langage, comme il convient de le faire dans un monde policé (cf. PHYLLOGRAPHIE*) ?

Corneille P. (tradition orthographique de) : Écrivain français (1606-1684) qui écrivait comme nous. Exemples : *droict, nuict, lict ; adverty, adveu ; cognestre ; coulpable, tiltre ; subjet ; blasmer, soustenir, fascheux, traisner ; obeyr, employra, ayde...* (*Illustre Theatre,* Leyde, Elzevier, 1644). Mais Corneille, voyant ses œuvres massacrées par ses imprimeurs de Rouen ou de Hollande, ne s'est pas toujours laissé faire. C'est en grande partie grâce à lui (*Préface* de 1663) que l'Académie, dès ses débuts, adopta l'usage bien utile du J et du V (auparavant on écrivait *obiet* pour *objet, adioindre, aduerty, adueu,* etc., cf. CONSONNES* J et V). Il a proposé bien d'autres réformes, en particulier l'adoption de l'accent grave sur l'*e* ouvert, adoption qui ne sera entérinée définitivement qu'un siècle plus tard :

« Comme ce seroit vne grande confusion que ces trois *e* en ces trois mots, *aspres, verite* et *apres,* qui ont vne prononciation si differente, eussent vn caractere pareil, il est aisé d'y remedier, par ces trois sortes d'*e* que nous donne l'imprimerie, *e, é, è,* qu'on peut nommer l'*e* simple, l'*e* aigu et l'*e* graue. Le premier seruira pour nos terminaisons feminines, le second pour les latines, et le troisieme pour les esleuées, et nous escrirons ainsi ces trois mots et leurs pareils, *aspres, verité, après,* ce que nous estendrons à *succès, excès, procès,* qu'on auoit jusqu'icy escrits auec l'*e* aigu, comme les terminaisons latines, quoy que le son en soit fort different. »

Dans la même préface, il souhaite étendre l'accentuation à l'intérieur des mots, ce qui ne se faisait pas (*sévérité* pour *severité*), supprimer les deux *l* ambigus de *tranquille, imbécille* (qu'il écrivait ainsi), *distille,* etc. Il est dommage qu'en raison de son âge, il n'ait pu suivre les derniers travaux du *Dictionnaire* et en corriger les plus grossières erreurs.

Du Bartas G. : Encore un que vous n'aurez pas dans votre fameuse TRADITION* littéraire ! Guillaume de Saluste, seigneur Du Bartas (1544-1590), guerrier et poète, auteur de la célèbre *Sepmaine ou Création du monde,* partisan d'Henri de Navarre (devenu Henri IV), ne transigeait pas plus sur l'édition de ses œuvres que sur ses opinions politiques. Publié par le grand éditeur de Bordeaux, Simon Millanges, qui fut aussi l'imprimeur de MONTAIGNE*, voici un spécimen de son orthographe :

Piqué d'vn beau souci, ie veus qu'ore mon vers
Diuinement humain se guinde entre deux aers
De peur, qu'alant trop haut, la cire de ses aeles
Ne se fonde aus raïons des celestes chandeles
Et que trainant à terre, ou que razant les eaus
Il ne charge les bous de ses craintis cerceaux.

Du Bellay J. : Joachim du Bellay (1522-1560, nom que l'on trouve également à l'époque écrit Du Bellai) commença comme RONSARD*, sa carrière poétique sous l'influence de J. PÉLETIER*. Sa courte vie (malade à vingt-huit ans, atteint de surdité, il mourut dix ans après) ne l'empêcha pas non seulement de publier l'œuvre poétique admirable que l'on sait, mais de prendre une part active aux débats sur la langue (*Deffence et illustration de la langue francoyse,* 1549). Cependant, l'orthographe n'était pas son fort : ses livres étaient si mal écrits qu'il en fut cruellement brocardé, en particulier par B. Aneau :

« Ie passe cela que tu escris *Deffence* par double FF, et vn C, à la maniere des Practiciens, que tu appelles deprauateurs d'orthographe, au chapitre 7 du 2, et non *Defense* par simple F et S selon sa vraye origine [...] Ores escris fonteine pour rymer contre peine, et ores fontaine contre certaine, rient contre orient, puis riant contre friant, plaisent contre present, et puis plaisant contre faisant, violent et violant, degoutens pour rymer contre m'attens... »

C'est peut-être pour cela qu'il ne veut plus par la suite se mêler aux disputes à ce sujet, et dissuade Ronsard d'aller trop loin. C'était aussi sous les pressions familiales (en particulier celles de son oncle, le Cardinal du Bellay, peu convaincu par son secrétaire Péletier du Mans). Cela ne l'empêche pas d'avoir son opinion contre les praticiens, et ces professeurs, « venerables Druydes qui... ne craignent rien tant que le secret de leurs mysteres... soit descouvert au vulgaire [peuple] » (*Deffence*). Et il ajoute naïvement :

« I'approuue et loue grandement les raisons de ceux qui ont voulu reformer l'orthographie. Mais voyant que telle noueueauté desplaist aux doctes comme aux indoctes, i'aime beaucoup mieux louer leur inuention que de la suyure, pource que ie ne fay pas imprimer mes œuures en intention qu'ilz seruent de cornetz aux apothiquaires ou qu'on les employe à quelque autre plus vil mestier. »

Comme une lâcheté ne profite jamais, le brave neveu du Cardinal du Bellay fut la victime d'un de ces bons tours de l'histoire qui ne pardonnent pas (voir aussi la mésaventure de MONTAIGNE* au XVIIe siècle, vieilli pour faire plus « vrai ») : alors que les éditions des GRANDS* Écrivains de la France ont, en règle générale, laminé l'orthographe comme la ponctuation des plus grands noms de notre histoire littéraire, le pauvre du Bellay fait exception, et on le retrouve dans l'édition de Marty-Laveaux (1866-1867) sous la graphie... d'une copie du XVIIIe siècle du président Bouhier, déjà fortement modernisée pour son temps. Pauvre Joachim, il vaut mieux se battre, et tu l'as bien compris, toi qui ruinas ta carrière par ta satire du *Poète courtisan*.

Faguet E. : Il y a deux Émile Faguet. Le premier (1847-1916), nommé rapporteur devant ses collègues de l'Académie sur les Propositions de réforme de 1905 (cf. F. BRUNOT*) est celui qui a soutenu devant la France entière qu'il valait mieux prononcer toutes les consonnes doubles plutôt que d'en supprimer une seule dans la graphie du français (cf. ALLÉES* et venues).

Son homonyme, de même nom et de mêmes dates, ne peut en aucune façon être confondu avec le premier. C'est l'auteur d'un des livres les plus intelligents sur la question des réformes (*Simplification simple de l'orthographe,* 1905). Il s'y déclare partisan de *deux* réformes, pas une de plus : celle des consonnes doubles et des lettres grecques. Ce en quoi il rejoint, par exemple, Georges GOUGENHEIM*, par un admirable esprit pratique. Non pas certes sur le fait précis d'avoir choisi les lettres grecques, ce que l'on peut discuter aujourd'hui ; mais pour s'en être tenu à un programme raisonnable, simple, concis, comprenant, comme le disait mon maître Gougenheim, « un à deux points bien étudiés ».

Ce deuxième Émile Faguet est aussi celui qui, sans aucun esprit de corps avec son collègue Brunetière (cf. PHYSIONOMIE* des mots), déclarait tranquillement sur ces fameuses « figures de mots » :

« Le mot, si l'on veut, peut être beau ou laid, mais [...] le mot laid, le mot affreux, c'est le mot surchargé et hérissé, [...] le mot beau, c'est le mot simple, sobre, uni et dépouillé, et [...] il en est de la toilette des mots comme de celle des hommes et des femmes. »

Comme le disait Ferdinant Brunot : « Dans quel rôle, Messieurs, faut-il plutôt vous croire ? »

Hugo V. : Je ne vais pas vous raconter la vie de Victor Hugo (1802-1885). Simplement vous dire combien il attachait de prix à sa ponctuation, qu'il retouchait sans cesse, hésitant parfois, revenant souvent sur ses décisions.

Il écrivait à Charles Baudelaire : « Je comprends votre susceptibilité, moi qui ai fait faire, pour des virgules, onze cartons à *la Légende des siècles.* »

Il disait aussi, à propos de ses éditeurs belges :

« Les correcteurs ont deux maladies, les majuscules et les virgules, deux détails qui défigurent ou coupent le vers. Je les épouille le plus que je peux. [...] La ponctuation belge a la maladie des virgules : on a beau faire, ces vermicules se glissent partout, et coupent les phrases et hachent les vers à faire horreur. Toute largeur et toute ampleur disparaît sous cette vermine. »

Ainsi, dans le manuscrit de *la Fin de Satan* (1886), publié après sa mort, il est certes bien difficile pour un éditeur critique de s'y retrouver, tant les repentirs de ponctuation sont nombreux ; mais il est impossible aussi de ne pas tenir compte d'un aspect aussi fondamental du style de l'auteur, auquel, selon toute évidence, il tenait tant.

Or, on a relevé (en 1979) de bien nombreuses inexactitudes entre ce manuscrit et les différentes éditions (cf. PONCTUATION*). Bien plus, ses indications explicites sur les blancs, les interlignes à ménager, etc., sont délibérément ignorées, des expressions changées, etc. Est-on si loin de PÉLETIER* ou de MEIGRET* au XVIe siècle, qui ne parvenaient pas à faire imprimer leurs livres comme ils le souhaitaient ? A qui, en définitive, appartient le livre ? (cf. aussi G. SAND*).

Jodelle É. : Étienne Jodelle (1532-1573), poète, membre de la Pléiade, auteur de la première tragédie classique française (*Cléopâtre captive*). Voici un spécimen de son orthographe, appelée à bon droit *orthographe de la Renaissance,* et appliquée dans plusieurs de ses œuvres (il n'en était pas toujours maître), ici dans le *Recueil des Inscriptions,* Wechel, 1558 :

Chanson d'Orphée

Si iamais rochers et bois
Ma force dans soy sentirent
Si sous ma vois, sous mes dois
S'arrachans ils me suiuirent,
Suiués rochers, et auecq'vostre Orphee
Admirés moy d'vn grand Roy le Trophee.

Par point de comparaison, voici l'orthographe « officielle » de son temps, telle qu'on la trouve consignée dans un extrait des Registres de l'Epargne du Roi Charles IX (1572, donation du roi à Jodelle) :

« A Estienne Iaudelle, sieur de Limodyn lung des poettes dudict seigneur, la somme de cinq cens liures tournois... dont sa Maiesté luy a faict don, en consideration des seruices qu'il luy a cy deuant et de longtemps faitz en sondict estat... et ce oultre et par dessus les aultres dons et bienffaitz qu'il a cy deuant euz dudict sieur... le vingt-neufiesme Iour doctobre... »

La Bruyère (J. de) : Jean de La Bruyère (1645-1696) publia la huitième édition de ses *Caractères* en 1694, l'année de la parution de la première édition de l'Académie française. Comme CORNEILLE*, BOSSUET*, Mme de SÉVIGNÉ*, MÉNAGE*, plus tard MONTESQUIEU* et VOLTAIRE*, etc., il écrivait *vanger, avanture, stile, mistere,* etc. Sans être particulièrement novateur, simplement pour écrire « à la moderne », il supprime l'*y* grec (*tim, onix, phisionomie*), du moins dans les mots d'origine grecque, et beaucoup de consonnes doubles : *sifler, aranger, flater, échaper, regreter, chaufer* (mais *fidelle, duppe, secrette, platte, diette,* dont la double consonne notait à l'époque la voyelle brève). Ces façons d'écrire ont été respectées, voire même étendues dans toutes les éditions qu'il a publiées de son vivant et qu'il revoyait avec le plus grand soin. Il n'en est pas de même depuis...

La Fontaine (J. de) : Jean de la Fontaine (1621-1695), ami de Fouquet, eut le courage, après l'arrestation de celui-ci (1661) d'intervenir en sa faveur (« Élégie pour le malheureus Oronte », publiée pour la première fois dans *Recueil de quelques pièces nouvelles et galantes...,* Cologne, 1667). On y trouve (et non pas au hasard), un dédoublement des consonnes, ainsi *diferent, goufres, tranquile, atraits, conoît, apas, vens* (pour *vents*), *lons* (pour *longs*), *cariere, ariere, quiter,* etc. Le *z* final muet est remplacé par *s* (*remplissés,* vous *avés,* vous *pouvés,* vous *trouveriés, chés-vous*) ; en revanche, *z* remplace l'*s* à l'intervocalique (*trompeuzes, mal-aizé, dezirs, trezors, sufizoient, plaizirs, loizir*). Voici le début de cette *Elégie :*

Remplissés l'Air de cris, et vos Grotes profondes,
Pleurés Nymphes de Vaux, faites croître vos ondes ;
Et que l'Anqueüil enflé rauage les trézors
Dont les regars de Flore ont embelly ses bors.
On ne blâmera point vos larmes innocentes ;
Vous pouués donner cours à vos douleurs pressantes ;
Chacun atend de vous ce deuoir généreux :
Les Destins sont contens, Oronte est malhûreux.
Vous l'auez vû n'aguére au bord de vos Fonteines,
Qui, sans craindre du Sort les faueurs incertaines,
Plein d'éclat, plein de gloire, adoré des Mortels,
Receuoit des honneurs qu'on ne doit qu'aux Autels...

Marot Cl. : Clément Marot (1496-1544) est le contemporain de François RABELAIS*, mais bien différent de lui. Ami en même temps de Marguerite de Navarre et de G. TORY*, de PÉLETIER* et des poètes de la Cour, il est partagé entre sa gentillesse naturelle et aimable et ses aspirations religieuses, qui lui vaudront les pires épreuves. Il s'est beaucoup intéressé à la correction des *Œuvres* de Villon, et, pour la traduction des *Psaumes,* à une langue écrite plus moderne, qui soit à la portée de tous : « Nous avons, est-il dit au début de l'édition des *Psaumes* de Marot en 1563, le commandement expres du Sainct Esprit, que les oraisons se facent en langue commune et cognue au peuple... » Aussi ses *Psaumes* ont-il connu depuis le XVIe siècle de si nombreuses éditions qu'elles ne se comptent plus.

Il est sans doute, avec Tory, au moins en partie l'auteur de la *Brève Doctrine* (1533), petit manuel de nouvelle orthographe, qui répandit pour la première fois dans les impressions françaises les accents et les signes auxiliaires, lesquels allaient, à leur tour, peu à peu entraîner l'effondrement de tout l'ancien système d'écriture. Nous lui devons donc beaucoup, et je ne peux croire la légende qui veut que ce soit lui qui ait entériné en France la fameuse règle de l'ACCORD* du participe passé avec *avoir !*

Voici pourtant ce passage célèbre, qui devrait nous intéresser à plus d'un titre. C'est en effet le tout premier texte où sont, systématiquement, et de façon moderne, distingués I et J, U et V (cf. CONSONNES* J et V, édition des *Œuvres* de Cl. Marot par J. de TOURNES*, à Lyon, en 1558) :

Marot à ses disciples
Enfans, oyez une leçon :
Nostre langue ha ceste façon,
Que le terme qui va devant,
Volontiers regit le suivant

Les vieux exemples je suivray
Pour le mieux : car, à dire vray,
La chanson fut bien ordonnee,
Qui dit : m'amour vous ay donnee :
Et du bateau est estonné,
Qui dit : m'amour vous ay donné.
Voilà la force que possede
Le feminin, quand il precede.
Or prouveray, par bons tesmoins,
Que tous pluriers n'en font pas moins :
Il faut dire en termes parfaits,
Dieu en ce monde nous ha faits :
Faut dire en paroles parfaites,
Dieu en ce monde les ha faites.
Et ne faut point dire en effect,
Dieu en ce monde les ha fait :
Ne nous ha fait pareillement,
Mais nous ha faits tout rondement.
L'Italien, dont la faconde
Passe les vulgaires du monde,

Son langage ha ainsi basti
En disant, Dio noi à fatti.
Parquoy, quand me suis advisé,
Ou mes Iuges ont mal visé,
Ou en cela n'ont grand'science
Ou ilz ont dure conscience.

Molière (facture de) : Pas plus conforme que l'orthographe de Molière, dont voici un exemple (autographe, datant des années 1650, durant lesquelles il séjourna à Pézenas) :

« J'ay receu de Monsieur le secq thresorier de la bource des Estats du Languedoc la somme de six mille liures a nous accordez par messieurs du Bureau des comptes de laquelle somme ie le quitte faict a pesenas ce vingt quatriesme iour de feburier 1656. MOLIÈRE. Quittance de six mille liures. »

Montaigne (M. de) : Écrivain français (1533-1592) qui écrivait comme nous. Exemples (Annotations autographes, en particulier corrections portées pour l'édition de 1588 des *Essais,* sur un exemplaire de l'édition originale de « Bourdeaus », chez S. Millanges, 1580) :

— *an* pour *en : comant, example, presant*
— *e* pour *ai : grammere, librerie, militeres, capitenes, secretere*
— consonnes doubles supprimées : *enemis, artificiele, atribue, apartient*
— *x* proscrit : *eus, aus, ingenieus*
— mots d'origine grecque : *rithme, stile...*
— graphies caractéristiques : *fame, tems, pié*

Curieuse histoire ! Montaigne, homme de la Renaissance, est une victime de la normalisation graphique qui a suivi, mais pas dans le sens normal : tout d'abord, ayant été élevé au collège de « Guienne » (Guyenne) à Bordeaux, par des professeurs et amis réformateurs comme J. PÉLETIER* du Mans, S. Millanges, E. Vinet, il ne connut pas d'autre façon d'écrire que la leur. Conscient de cette anomalie, il multiplia en 1580 les recommandations à ses imprimeurs pour qu'on le corrige, disant :

« Ie ne me mesle ny d'ortografe (et ordonne seulement qu'ils suiuent l'antiene) ny de punctuation : ie suis peu expert en l'un et en l'autre... » ;

et sur l'édition originale de Bordeaux : « Suivés lortographe antiene », répète-t-il.

Il a été entendu : non seulement Mlle de Gournay « l'habille » entre 1580 et 1595 avec l'orthographe « ordinaire », mais encore les éditions du XVIIe siècle, surprises de la modernité qui transparaissait malgré tout dans sa façon d'écrire, au lieu de le mettre au goût du jour du Grand Siècle, l'ont parfois vieilli encore, pour faire plus vrai, plus « antique »...

Voici un passage de son manuscrit autographe des *Essais,* conservé à la bibliothèque de Bordeaux (voir aussi Fig. 3) :

« A bienveigner, à prandre congé, à remercier, à saluer, à presanter mon service et tels complimants verbeus des lois ceremonieuses de nostre ciuilité, je ne conois personne si sottement sterile de lengage que moi ; et n'ai jamais esté emploié à faire des lettres de faveur et recomandation, que celuy pour qui c'estoit n'aye trouuées seches et lasches. »

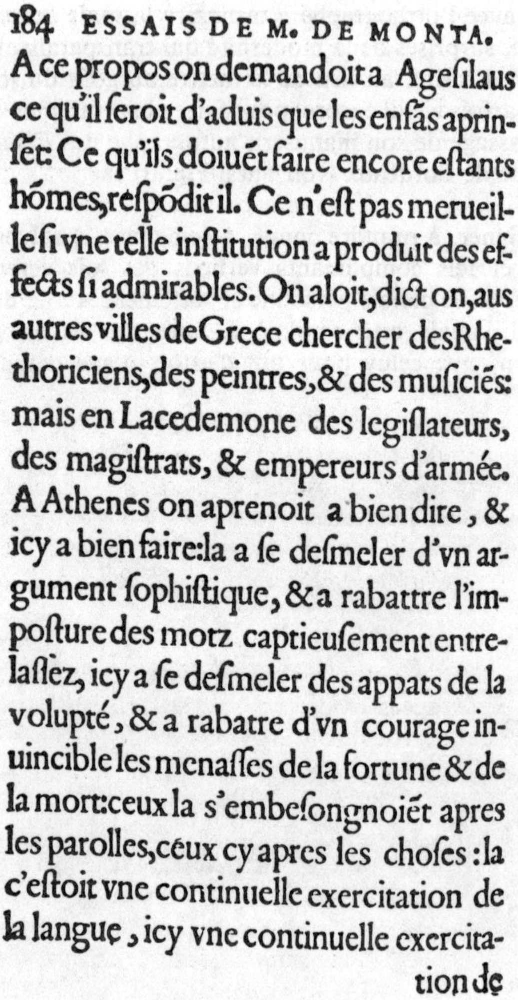

184 ESSAIS DE M. DE MONTA.
A ce propos on demandoit a Ageſilaus ce qu'il ſeroit d'aduis que les enfãs aprinſſẽt: Ce qu'ils doiuẽt faire encore eſtants hõmes, reſpõdit il. Ce n'eſt pas merueille ſi vne telle inſtitution a produit des effects ſi admirables. On aloit, dict on, aus autres villes de Grece chercher des Rhetoriciens, des peintres, & des muſiciẽs: mais en Lacedemone des legiſlateurs, des magiſtrats, & empereurs d'armée. A Athenes on aprenoit a bien dire, & icy a bien faire: la a ſe deſmeler d'vn argument ſophiſtique, & a rabattre l'impoſture des motz captieuſement entrelaſſez, icy a ſe deſmeler des appats de la volupté, & a rabatre d'vn courage inuincible les menaſſes de la fortune & de la mort: ceux la s'embeſongnoiẽt apres les parolles, ceux cy apres les choſes: la c'eſtoit vne continuelle exercitation de la langue, icy vne continuelle exercitation de

Fig. 3. *L'orthographe de Montaigne*
Essais, chapitre du *Pédantisme, Bourdeaus,* S.Millanges, 1580 (l'imprimeur a gardé en partie l'orthographe originale de Montaigne, peu de consonnes doubles et de lettres grecques, *s* pour *x* final, etc.).

Montesquieu : Charles de Secondat, baron de La Brède et de Montesquieu (1689-1755), président à mortier au Parlement de Bordeaux, auteur de *l'Esprit des Lois,* entré à l'Académie en 1728, est le type même de l'honnête homme et du penseur éclairé de la première moitié du XVIIIe siècle. Sa façon d'écrire est également exemplaire, en ce sens qu'elle illustre parfaitement les habitudes manuscrites et imprimées des Lumières de cette époque, telles qu'elles ont été si bien décrites par BUFFIER*.

Élève des Oratoriens, Montesquieu présente une orthographe personnelle composite, avec encore certains usages anciens (comme *scait, scavoir,* ou celui de *j* pour *i* ou *y, celuj, ajant,* pour *celui, ayant*) à côté d'autres tout à fait modernes (*sisteme, mistere, phisique, piramides,* etc.). Traits caractéristiques de l'orthographe utilisée à Bordeaux depuis la Renaissance (cf. MONTAIGNE* et DU BARTAS*) : il remplace assez systématiquement *en* par *an, aparamant, apparance, circonferance, differance, concequant, experiances,* etc. ; il écrit, comme Montaigne, *terrein, greine, hureux, hureusement, alloint, avoint, estoint,* etc.

Il remplace, comme RONSARD* et ses continuateurs, le *z* final par *s,* non seulement dans les substantifs, participes passés, etc. (*côtés. renfermés*) mais dans les verbes : vous *allés,* vous *venés,* etc.

Voici un spécimen de son orthographe (manuscrit 1866, donné par Ch. BEAULIEUX*, *Chronologie du Livre de Raison... de Montaigne,* 1951) :

« Mon fils, vous estes assés hureux pour n'avoir ny a rougir, ny a vous ennorgueillir de votre naissance. Vous serés home de robe ou depée. Come vous devés rendre conte de votre estat, cest à vous a le choisir. Dans la robe vous trouverés plus dindépendance et de liberte ; dans le parti de lepée, de plus grandes esperances... »

Pascal B. (facture de) : « [...] De tout cequedessus je quitte led^{t}.s^{r}. Domat et tous autres comme m'ayant rendu lad^{t}. somme de II^{c}.-LXV^{lt}.IIII^{8} q il m'a rendue en mesmes especes, et laquelle jay incontinent deliureë aud^{t}. Nicolas Rave suiuant son certifficat cy dessous. A Clermont ce 17 apuril XVI^{c} Cinquante trois. » PASCAL.

Question : qui a dit que nous ne lirions plus nos classiques si nous changions notre orthographe ? Ce texte est transcrit au plus près de l'original. Encore ai-je séparé les mots et éclairé ici bien des points obscurs... (voir Fig. 4).

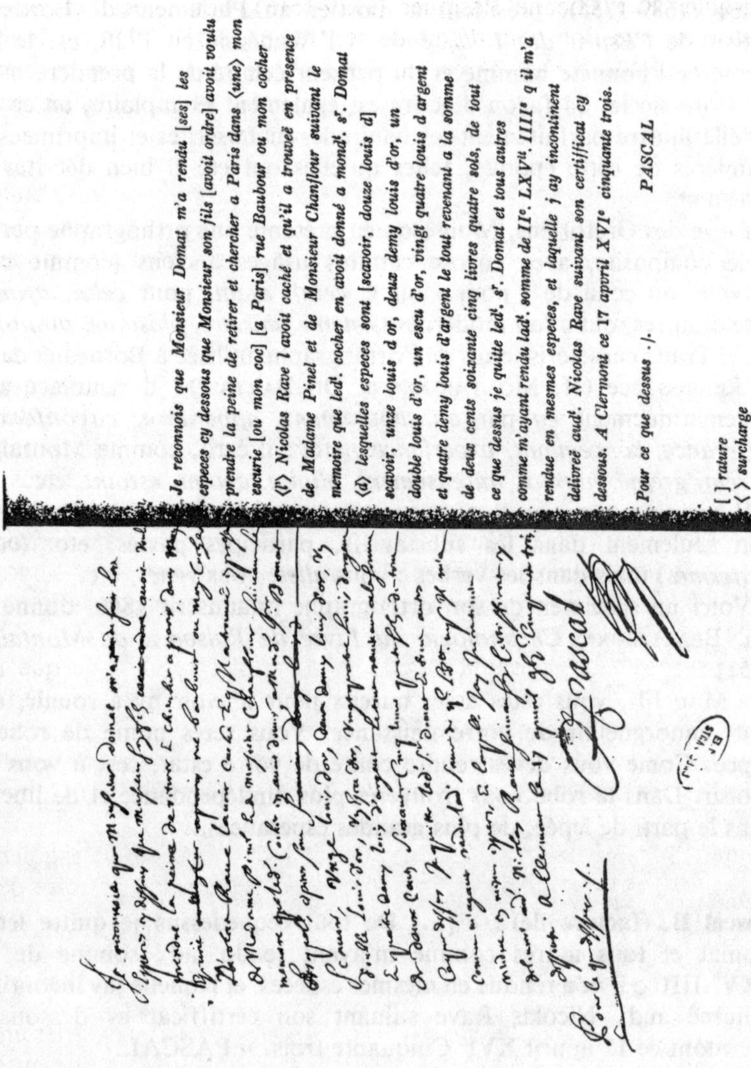
Je reconnois que Monsieur Domat m'a rendu [ses] les
especes cy dessous que Monsieur son fils [avoit ordre] avoit voulu
prendre la peine de retirer et chercher a Paris dans ⟨une⟩ mon
escurie [ou mon coc] [a Paris] rue Baubour ou mon cocher
⟨l'⟩ Nicolas Rave l avoit caché et qu'il a trouveé en presence
de Madame Pinel et de Monsieur Chanflour suivant le
memoire que ledt. cocher en avoit donné a mondt. sr. Domat
⟨d⟩ lesquelles especes sont [scavoir, douze louis d]
scavoir, unze louis d or, deux demy louis d'or, un
double louis d'or, un escu d'or, vingt quatre louis d argent
et quatre demy louis d'argent le tout revenant a la somme
de deux cents soixante cinq livres quatre sols, de tout
ce que dessus je quitte ledt. sr. Domat et tous autres
comme m'ayant rendu ladt. somme de IIc. LXVlt. IIIIs q il m'a
rendue en mesmes especes, et laquelle j ay inconiment
deliveé audt. Nicolas Rave suivant son certifficat cy
dessous A Clermont ce 17 apvril XVIc cinquante trois.

PASCAL

Pour ce que dessus ./.

[ ] rature
⟨ ⟩ surcharge

Fig. 4. *Lettre autographe de Blaise Pascal*
Quittance autographe de B. Pascal, présentée par J. Mesnard in *Pascal présent* (1662-1962), Collection *Écrivains d'Auvergne,* Clermont-Ferrand, G. de Bussac, 1962, pp. 32-33 (le texte transcrit en regard est en partie modernisé).

Pasquier É. : Étienne Pasquier (1529-1615), bon avocat et excellent historien, que l'on considérait de son temps, sur le plan du langage, comme plutôt conservateur, a dit des choses très sensées sur les difficultés de la fixation de l'écriture, que nous devrions méditer encore aujourd'hui.

Dans sa célèbre Lettre à RAMUS*, il rappelle les principaux épisodes du vaste débat sur l'orthographe qui a agité toute son époque, Meigret, Péletier, Baïf, etc. Et pourtant, dit-il à Ramus, malgré les « braves capitaines qui sont de vostre party » (Ramus venait de publier sa *Gramere* en 1562, en orthographe phonétique), « combien que [bien que] vous decochiez toutes vos fleches à un mesme blanc [but], toutes fois [malgré tout] nul de vous n'y a sçeu attaindre : ayant chacun son orthographe particuliere... ». Pourquoi une telle variété d'avis, qui fait que « pensant y apporter quelque ordre, vous y apportez le desordre » ? C'est que les réformateurs « prennent leur origine de divers païs de France », et que l'on conserve toujours « le ramage de nostre païs... ».

« Ainsi, vous, dit-il à Ramus, je reconnais plusieurs traits de votre picard [beaucoup de grammairiens étaient picards, et l'on reprochait déjà à SYLVIUS* ses picardismes]. PÉLETIER* reprit vertement MEIGRET* de ses prononciations lyonnaises, comme *pouvre* [pour *pauvre*], *sarions* [pour *saurions*]... »

La diversité des prononciations, continue-t-il, commande que nous restions « en nostre vieille plume », c'est-à-dire dans notre vieille façon d'écrire. Apportons, certes, quelque douceur et tempérance à certaines de ces « choses aigres » qui nous rebutent tant. Faisons quelques réformes. Mais surtout, messieurs les révolutionnaires de l'ABC, mettez-vous d'accord entre vous une bonne fois !

Voilà quels étaient déjà les sages avis d'Étienne Pasquier au XVIe siècle, et il est bien vrai que tout a été dit sur cette histoire depuis fort longtemps. Il n'est plus temps de parler, il faut agir.

Précieuses (les) : C'est ici le cas, si vous me le permettez, de parler un peu des femmes. On s'est assez moqué de l'« orthographe des Pretieuses », comme on écrivait alors. Somaize (Article *Ortographe,* dans *Le Grand Dictionnaire des Pretieuses,* 1661) nous raconte comment, alors que Roxalie (Mme Le Roy), Didamie (Mlle de Saint-Maurice), Silénie (Mlle de la Durandière), etc., inventaient tous les jours des mots nouveaux, « elles se mirent à dire qu'il faloit faire une nouvelle ortographe, afin que les femmes peussent écrire aussi asseurement et aussi corectement que les hommes » (cf. DUCLOS*). Elles décidèrent « que l'on diminueroit tous les mots et que l'on en osteroit toutes les lettres superflues »...

On est frappé, à voir leurs productions (en particulier celles de Mme de SÉVIGNÉ*) et leurs propositions, comme celles de RICHELET*, de leur modernité. Anticipant sur ce qui ne sera entériné par l'Académie que quatre-vingts ans après, en 1740, elles utilisent abondamment les ressources des accents, et suppriment les lettres muettes correspondantes *(tête, prône, hôtel,* etc.). Mais elles vont plus loin, et Richelet ne fera, pour l'essentiel, que les suivre : elles suppriment les lettres doubles *(éfarez),* grecques *(entousiâme,* car l'*s* ne se prononçait pas), parfois finales *(pié, repren,* mais *ailes, avocat, conaît),* étymologiques *(indontable),* muettes *(savoir* pour *sçavoir),* etc. Elles n'étaient pas, comme on le croit, des excitées, ni des isolées. Elles étaient pleinement de leur temps, tout comme l'étaient MÉNAGE* ou LA FONTAINE*, Richelet ou Mme de Sévigné.

Queneau R. : Le grand écrivain Raymond Queneau (1903-1976), de l'Académie Goncourt, s'est intéressé successivement à la religion, à la psychanalyse et à bien d'autres choses. Mais rien ne l'a intéressé autant que la langue et les jeux de langage, où il retrouve l'absurdité amusante du monde. Chacun connaît son « Ouvroir de littérature potentielle » (cf. orthographe d'APPARAT*), ses étincelants *Exercices de style,* ses *Bâtons, Chiffres et Lettres* ou la richesse unique de *Zazie dans le métro* (1959). Ce que l'on connaît peut-être moins, ce sont ses batailles homériques, à peu près uniques parmi nos écrivains actuels (tous plus BCBG les uns que les autres, trop bien pour s'intéresser à ces fadaises du grand nombre), pour la face graphique de notre langue, en faveur de laquelle il revendique la même liberté que pour l'autre. Une seule exception sans doute avec lui, tout aussi remarquable : Hervé BAZIN*, également de l'Académie Goncourt.

Pour Queneau, tout est clair : délivrer notre littérature vieillotte et poussiéreuse de sa gangue académique ne peut se faire sans la libérer également de ses oripeaux graphiques, plus trompeurs encore. Langue et littérature ne font qu'un, et la langue parlée actuelle, socialement omniprésente, culturellement absente, doit entrer dans la littérature par la grande porte, et non en se cachant. Il y va de l'intérêt même de l'écrivain, s'il veut survivre.

S'il se bat contre l'Académie, ce n'est pas seulement pour la forme, mais pour la défense même de l'art, pour que souffle enfin sur la France ce « vent nouveau » que revendiquait avec tant de force le linguiste M. COHEN*. Où peut, en effet, aller une langue qui asphyxie le signifié sous le signifiant, et la spontanéité immédiate du cri sous un fatras qui le dénature ?

« Mézalor, mézalor, kèskon nobtyin ! » se crie-t-il à lui-même, médusé *(Bâtons, Chiffres et Lettres,* p. 22). Oui, qu'obtient-on en délivrant la langue de son sommeil ancestral ! Un baiser, et la Belle au bois dormant s'éveille...

La pensée spontanée de Zazie est toute proche de nous, en nous, lorsqu'elle se murmure à soi-même : « Doukipudonktan », ou que l'on dit d'elle : « lagoçamilébou » (D'où qu'il pue donc tant, la gosse a mis les bouts).

Il aurait pu, certes, utiliser une orthographe plus pratique que celle-là, mais ce n'est pas ce qui lui importe : ce qu'il veut, c'est avant tout secouer les gens, les faire sortir de leur tour d'ivoire, leur faire prendre de nouveau conscience de leur propre pouvoir de langage, avertir brutalement les écrivains, ses frères, du gouffre qui les sépare de la réalité sociale et culturelle de leur temps.

Mais qui l'a écouté ? France, France, réponds à sa triste querelle...

Rabelais F. : Personne jamais n'écrivit si peu « comme nous » que François Rabelais (1494-1553). Moine, puis médecin, professeur, curé de Meudon, humaniste, écrivain génial, porteur des idées les plus libérales et les plus avancées de son époque, comment peut-on comprendre qu'il se soit tenu, dans sa façon d'écrire le français, à mille lieues d'hommes comme MAROT*, PÉLETIER*, MEIGRET*, RONSARD*, MONTAIGNE* et tant d'autres parmi les meilleurs de ses contemporains ?

On peut se demander s'il n'y avait pas là, comme partout dans son œuvre (qu'on se souvienne seulement de l'écolier limousin), une sorte de caricature burlesque de son temps. Ce devait être très drôle pour ses lecteurs d'alors, mais qui comprend aujourd'hui ce type de plaisanteries ? Quoi qu'il en soit, il en rajoute tant qu'il peut, alors que son écriture autographe, quant à elle, est tout à fait normale, et même sobre : son diplôme autographe de médecin est signé *Rabeles,* alors qu'une épître parue en 1526 porte la signature de *Rabellays.* Tout un programme...

En choisissant d'écrire ainsi son *Pantagruel* ou son *Gargantua,* il se situe dans le cadre des plus anciennes « chronyques », éditions bon marché, bourrées de fautes et de prétentions, issues des traditions pédantes des écrivains publics et des outrances de la calligraphie, vendues au fond des campagnes en livres usés de colportage, bien loin du Parlement, de la Sorbonne et de ses foudres. En voici un exemple, pris au début du *Gargantua* (éd. de F. Juste, 1535) :

« La Plaisante et ioyeuse histoyre du grand geant Gargantua, prochainement reueue, et de beaucoup augmentée par l'Autheur mesme.

« Pantagruel, roy des Dipsodes, restitué à son naturel : auec ses faictz et prouesses espouuentables composés par feu M. Alcofribas abstracteur de quinte essence, a Lyon chés E. Dolet, 1542. »

En vain : il a eu beau déguiser sa pensée et son style, vieillir son orthographe (aggravée encore par les caractères gothiques utilisés, alors entièrement démodés, et les innombrables coquilles de ses premières éditions), accentuer l'anachronisme nécessaire (comme si aujourd'hui on utilisait le style de l'ancien français dans un roman, ce que font certains), rien n'y a fait, et personne ne s'y est trompé. Censures, interdictions, arrêts pleuvent sur lui.

En attendant, s'il vous plaît, ne jugez pas l'orthographe de la Renaissance d'après celle de notre bon maître Rabelais. Il ne s'agissait que de l'une de ces farces dont il a le secret.

Racine J. (tradition orthographique de) : Ce serait faire tort à Jean Racine (1639-1699) que de croire qu'il ait pu écrire autrement que les plus illustres écrivains de son temps. Élevé par les religieuses des PETITES ÉCOLES* de PORT-ROYAL*, la plus avancée des écoles de l'époque (on y enseignait en français), envoyé au collège de Beauvais, puis au collège d'Harcourt, il observe toute sa vie, dans sa Correspondance surtout, une orthographe modernisée, celle des honnêtes gens de l'époque : finales en *-ens, -ans* pour *-ents, -ants (complimens, ornemens, combattans) ; -és* dans les finales verbales (vous *recevés,* vous *avés,* vous *venés),* par exemple (billet à l'abbé Levasseur, 1661) :

« Je lis des vers, je tasche d'en faire, je lis les avantures de l'Arioste ; je ne suis pas moi-même sans avanture... mais voilà les massons qui arrivent. » (Soulignons que *masson* pour *maçon* était l'orthographe correcte de l'époque, tout comme *avanture* pour *aventure*.)

Comme il se passe souvent, nous ne voyons, à première vue, pas grand-chose d'anormal dans sa façon d'écrire personnelle (sauf de petits détails), tout simplement parce que déjà, réellement, il « écrit comme nous » (c'est-à-dire qu'il a des années d'avance sur l'orthographe officielle de l'époque !), ce qu'il ne fait pas dans ses tragédies, où il suit l'orthographe traditionnelle.

Académicien, il ne s'occupa guère du *Dictionnaire,* dont il disait lorsque parurent les premières épreuves :

« Bon Dieu, où nous fourrerons-nous quand ce livre viendra à paroistre. Le public nous jettera des pierres ! »

Citons à présent l'un des passages les plus célèbres de ses tragédies : il s'agit du « Songe d'Athalie », morceau d'anthologie que nous avons tous appris à l'école.

Voici le texte, tel qu'il a été imprimé du vivant de Racine, dans l'édition originale de 1691 (*Athalie,* acte II, sc. 5, Paris, chez Denys Thierry, B.N. Rés. YF 618, pp. 22-23).

On notera que cette édition utilise, ce qui est normal alors, l'S long sauf en fin de mot, *&* pour *et, y* pour *i* à la finale, *oi* pour *ai* dans les verbes, mais aussi le J et le V (cf. CONSONNES* J et V) peu de ſ non prononcés et de lettres muettes *(monstrée),* quelques accents à l'intérieur des mots et même des accents circonflexes (elle *eût* soin, marquant simplement la longueur de la voyelle), *-ans* pour *ants* dans les participes présents et adjectifs assimilés *(devorans).*

Ces caractéristiques sont celles d'une orthographe « moderne » ou « modernisée » d'un grand auteur et d'un grand éditeur de l'époque (se reporter à l'article COHEN* pour deux autres versions du même texte, transcrites dans l'orthographe proposée par le projet Pernot-Bruneau de 1948, et dans celle proposée par le projet BESLAIS*, 1965).

Nous indiquons pour certains mots, à titre de comparaison, quelques graphies du XVIe siècle, ou de l'orthographe « ancienne » de l'époque de Racine entre parenthèses) :

C'eſtoit pendant l'horreur d'une profonde nuit (nuict).
Ma mere Jézabel devant moy s'eſt monſtrée,
Comme au jour de ſa mort pompeuſement parée.
Ses malheurs n'avoient (auoyent) point abbatu ſa fierté.
Même (meſme) elle avoit encor cet (ceſt) éclat (eſclat) emprunté,
Dont elle eût (euſt) ſoin de peindre & d'orner ſon visage
Pour réparer des ans l'irreparable outrage.
Tremble, m'a-t-elle dit (dict), fille digne de moy.
Le cruel Dieu des Juifs l'emporte auſſi ſur toy
Je te plains de tomber dans ſes mains redoutables,
Ma fille. En achevant ces mots épouvantables (eſpouuantables),
Son Ombre vers mon lit a paru ſe baiſſer.
Et moy, je luy tendois (tendoye) les mains pour l'embraſſer.
Mais je n'ay plus trouvé qu'un horrible mélange
D'os & de chair meurtris & traiſnez dans la fange,
Des lambeaux (lambeaulx) pleins de ſang, & des membres affreux,
Que des chiens devorans ſe diſputoient entr'eux (eulx).

Restif N. (de La Bretonne) : Nicolas Restif (prononcez Rétif), dit de La Bretonne (1734-1806) est l'un de ces fous géniaux qui secouent parfois le monde trop sage de nos Lettres françaises. Élève de ROUSSEAU*, sorte de Beaumarchais plus rustre et philosophe, grand philanthrope devant l'Éternel et touche-à-tout, dans la vie comme dans ses livres, il ne pouvait guère ne pas s'intéresser à un sujet aussi engagé et aussi farfelu que l'orthographe.

Dans son grand ouvrage intitulé *les Idées singulières* (1794-1797), alors que tonnaient au-dehors les fureurs de la Révolution, il alignait tour à tour *le Pornographe, le Mimographe, les Gynographes, l'Andrographe, le Thesmographe,* et enfin *le Glossographe,* qui devait constituer le sixième volume et ne parut jamais.

D'après les quelques fragments que nous possédons de ce projet, Restif se proposait un vaste examen critique du sujet de l'écriture, suivi de l'établissement d'un nouvel alphabet et d'une nouvelle orthographe « facile et parlante ». On aurait pu ainsi disposer d'une multiplicité de systèmes (on retrouve ici les idées de l'abbé de SAINT-PIERRE*) : avec, par exemple, la possibilité d'écrire *intention, intension, intansion, itãsiõ.* Dans l'écriture manuscrite, on ne mettrait pas d'accents, car, dit-il, « tout ce qui retarde la course rapide est très-gênant ».

Il prévoyait également une sorte d'écriture universelle, valable pour toutes les langues, à fondement idéographique, comme l'écriture des chiffres. Mais il ne s'arrêtait pas là : on devait écrire sans tous ces petits mots si ennuyeux (plus ennuyeux encore que les accents) comme *je, tu, il, le, la les,* etc. « Que fait là votre bras ? » disait Toinette...

Des hommes comme Restif de La Bretonne, s'ils n'existaient pas, les conservateurs en orthographe devraient les inventer. Mais, heureusement, ils existent...

Ronsard P. : Pierre de Ronsard (1524-1585), chef de la Pléiade, fut dans sa jeunesse un fougueux partisan de la réforme de l'orthographe. Proche, comme Jacques PÉLETIER* du Mans, du cercle de Marguerite de Navarre, il consulte Louis MEIGRET* et écrit dès 1550 :

« I' Auoi deliberé, lecteur, suiure en l'orthographe de mon liure, la plus grand part des raisons de Louis Meigret, homme de sain et parfait iugement, qui a le premier osé desseiller ses yeus pour uoir l'abus de nostre écriture, sans l'auertissement de mes amis, plus studieus de mon renom, que de la uerité : me paignant au deuant des yeus, le uulgaire, l'antiquité, et l'opiniatre auis de plus celebres ignorans de nostre tens... » (*Les Quatre premiers livres des Odes,* « Avertissement au lecteur », 1550).

Il publie de nombreux ouvrages durant plus de dix ans en une orthographe résolument moderne, qui est d'ailleurs, à peu de chose près, devenue la nôtre, en grande partie grâce à lui. Il a entraîné alors derrière lui non seulement les principaux poètes de son temps, mais de nombreux prosateurs, ce qui fait que vers 1560, la très grande majorité (85 %) des écrits littéraires avaient rompu avec ce que l'on appelait

« l'orthographe ancienne », surchargée de lettres muettes, des praticiens et des humanistes. Mais, avec les guerres de Religion, on vit à la fois l'affaiblissement des meilleurs imprimeurs et de l'orthographe dite « de Ronsard », et le retour des « plus celebres ignorans de nostre tens ». Il faudra attendre la deuxième partie du XVIIe siècle pour voir réapparaître cette orthographe, qui n'a triomphé finalement qu'au XVIIIe siècle, avec deux siècles de retard.

Rousseau J.-J. : Jean-Jacques ROUSSEAU* (1712-1778) est un homme étonnant, qui ne se laisse jamais oublier, quel que soit le sujet dont on parle. Il s'est, cela ne vous surprendra pas, occupé aussi de la langue, et il a dit là-dessus des choses fort sensées et qui font réfléchir. Même quand il se trompe, il est tout aussi intéressant, car ses erreurs sont significatives.

Ainsi, comme vous savez, il professe cette « maxime incontestable que les premiers mouvements de la nature sont toujours droits », et que, en gros, c'est la civilisation qui a ensuite gâté les choses. Appliquant plus ou moins cette croyance fondamentale à la langue et à l'écriture, il considérera, par exemple (dans l'*Essai sur l'origine des langues),* que les langues méridionales « expriment *d'abord* la passion », les septentrionales « d'abord le besoin » (DERRIDA*, 1967, p. 311), parce que les premières sont pour lui, selon Derrida, « plus près de l'enfance, du non-langage et de la nature ».

Or, « la première invention de la parole ne vient pas des besoins, mais des passions » (Derrida, p. 319). Et l'écriture, selon Rousseau, est au nord, du côté du froid. Nous y voilà :

« Le français, l'anglais, l'allemand, sont le langage privé des hommes qui s'entr'aident, qui raisonnent entre eux de sang-froid... mais les ministres des Dieux annonçant les mystères sacrés... doivent parler arabe ou persan... » (chap. XI).

A cette première séparation nord/sud, fondée en partie, bien avant Taine, sur une théorie des climats, mais aussi sur l'opposition culture/nature, s'ajoute toute une « théorie des stades » de l'écriture (cf. HISTOIRE* des écritures et CHRONOLOGIE*), qui en découle, si l'on peut dire, tout « naturellement ».

« Plus l'écriture est grossière, dit Rousseau à propos des hiéroglyphes, plus la langue est antique. La première manière d'écrire n'est pas de peindre les sons [on sait que les découvertes de CHAMPOLLION* ont formellement contredit une telle façon de voir] mais les objets mêmes, soit directement, comme faisaient les Mexicains, soit par des figures allégoriques, comme firent autrefois les Égyptiens. Cet état répond à la langue passionnée... la peinture des objets convient aux peuples sauvages... » Sauvages, les Égyptiens !

Pour Rousseau, le geste nous touche plus que le son, le son plus que l'écriture, les voyelles plus que les consonnes, les métaphores plus que les sens propres, l'écriture « d'objets » plus que l'écriture moderne, etc. Tout est hiérarchisé, ordonné, pour montrer indirectement combien est nocive la société moderne, confondue avec l'écrit, son fondement civilisateur... O vertu, combien de crimes et d'erreurs on commet en ton nom !

Bien sûr, rien n'est simple, et Rousseau est bien trop grand pour être l'objet d'une classification sans nuances, comme le faisait VOLTAIRE*, disant qu'il avait, en écoutant son collègue, envie de « marcher à quatre pattes ». Mais tout de même, n'y a-t-il pas, ainsi que le laisse entendre Derrida, pas mal de Rousseau dans SAUSSURE* ou LÉVI-STRAUSS* condamnant l'écriture ?

Sainte-Beuve Ch. A. : Charles Augustin de Sainte-Beuve, de l'Académie française (1804-1869), écrivit dans *le Moniteur officiel* du 2 mars 1868 un article (repris dans *les Nouveaux Lundis* en 1869, t. XI, p. 203 et suivantes), dont on ne parle guère, et c'est dommage. Après avoir longtemps délaissé la question, il s'intéresse soudain à l'orthographe, ayant lu le substantiel ouvrage d'Ambroise FIRMIN-DIDOT*, imprimeur en titre de l'Institut *(Observations sur l'orthographe ou ortografie française,* 1867, 2e éd. 1868).

« Il y aura, dit-il, de l'effort à faire pour introduire dans l'édition qui se prépare (celle de 1877-1878) toutes les modifications réclamées par la raison, et qui fassent de cette publication nouvelle une date et une étape de la langue. C'est à quoi cependant il faut viser... »

Il ajoute en 1869 ce post-scriptum désabusé :

« Je faisais tout ce que je pouvais, on le voit, pour enhardir et pour émoustiller l'Académie ; mais je crains bien d'en avoir été pour mes frais : on m'assure que, depuis, elle est retombée à sa timidité naturelle et qu'elle concédera bien peu des réformes désirées... Oh ! le XIXe siècle, à en juger du moins par la tête de la société et de la littérature, est bien peu le fils de son père le XVIIIe siècle. Plus il avance en âge, plus il se *cotonise* et s'affadit. Cela se trahit dans les moindres choses comme dans les plus grandes. Il n'y a de vivace que ce qui est hors cadre. » Que dirait-il du XXe, en ce qui concerne les Lettres ?

Sand G. : Le seul terrain où les écrivains peuvent avoir, au XIXe siècle, quelques prétentions à contrôler encore une part quelconque de la forme écrite de leurs œuvres, c'est la PONCTUATION*.

George Sand (Aurore Dupin, baronne Dudevant, 1804-1876), combative et indépendante en toutes choses, ne s'est pas fait faute de se rebiffer contre les prétentions outrecuidantes des gens du Livre de son époque à régenter ce « petit peuple » des signes dans leurs moindres détails. Voici le dialogue qui s'instaura entre eux :

« La ponctuation, écrivait un certain Chapoulaud, imprimeur à Limoges, en 1865, est une des parties les plus difficiles de la Grammaire. Seul l'imprimeur instruit et expérimenté est conséquent dans sa manière de ponctuer, et sur ce point, l'auteur doit s'en rapporter à lui...

« Il y a, rétorquait G. Sand, des règles absolues pour la langue et des règles absolues pour la ponctuation. Le style doit se plier aux exigences de la langue, mais la ponctuation doit se plier aux exigences du style. Je nie qu'elle relève immédiatement des règles grammaticales, je prétends qu'elle doit être plus élastique et n'avoir point de règle absolue... »

Ces propos ne plaisaient pas du tout aux gens « instruits et expérimentés » qu'étaient, seuls selon eux, les gens du Livre.

« Nous regrettons, répliquaient-ils aigrement, d'avoir à critiquer les vues, tant soit peu fantaisistes, de la grande prosatrice, mais c'est pour nous un devoir. La ponctuation a une part trop importante à la clarté de notre langue, comme de toutes les langues d'ailleurs, pour l'abandonner aux caprices des écrivains qui, la plupart, n'y entendent pas grand-chose... »

« Sympa », dirait-on aujourd'hui. Un écrivain comme George Sand méritait-elle un tel mépris ? Et Vigny, HUGO*, Mallarmé, Claudel, Gide et tant d'autres, grands maîtres de leur pensée comme de leur plume ? Rentrez en vous-mêmes, Messieurs les praticiens. Vous savez beaucoup, mais pas tout. Écoutez la grande voix de la romancière :

« On a dit : "Le style, c'est l'homme." La ponctuation est encore plus l'homme que le style... »

Sarcey F. : Francisque Sarcey (1827-1899), dont le nom est injustement oublié de nos jours, fut un brillant professeur, avant d'assurer non moins brillamment la chronique littéraire du *Temps* durant de nombreuses années. Il fut, avec A. ALLAIS*, l'un des principaux rédacteurs du *Chat noir* et prit sa juste part des furieuses discussions qui agitaient alors le monde des Lettres, au sujet de la « réform de lortograf », comme il l'écrivait lui-même.

Nous apprenons, par le texte qui suit (publié en une fantastique improvisation le 25 février 1893 dans *le Chat noir)* que les outrageantes attaques faite contre les cuisinières du temps de BESLAIS* ont été avantageusement précédées par celles contre les « demoisell de concierj », dont il n'est cependant pas sûr qu'elles aient fait la tambouille de leur patronne, ni d'ailleurs des duchesses (extraits) :

« La Kestion de la réform de lortograf est sur le tapi. Naturelleman, il y a dé jan qui se voil la fass kom sil sajicé de kelk onteu sacriléj. Dôt-z-o contrer trouv ça tré bien. Kom de juste, je fu lun dé premié interviouvé. Mon cher mêt parci, mon cher mêt parlà, ke pancé vou de cett réform ?

Ce ke jan pans, cé tré simpl : je la trouv exélante.

Je me suis déjà expliké sur ce sujé dan les *Anal Politic é Litérer* é me sui caréman ranjé du côté de Gréar (GRÉARD*).

Jé mêm naré la grande coler dune dame ki sécrié : "Lortograf ! mé cé notr sauvgard, a nous zôt mondène ! Si on suprim lortograf, coman pouraton fer la diférans entr une duchess é la demoisell dun concierj !"

Toubo, ma bel, toubo ! O ke voilà dès sentiman ki retard sur notr époc uniter é démocratic !... »

Et plus loin :

« Cet réform, je ne me le dicimul pa, a contr el de puissan zennmi. Leconte de Lil, Françoi Copé et dôtr. Copé, lui, pleur de ce kil ny a kun *h* à *ftisi.* Si on lécouté, on écriré *phthisie,* pourquoi pas *phtihishie* pendan kil y é ? [..]

« [...] An tout ca, cé le *Cha noir* ki ora doné le branl a ce mouvman, en adoptan résolumen lortograf fonétic é en nan acceptan pas dôtr dans sé colonn. Nou véron si la Frans é toujour ce péï de routine kon nou corn o zoreil depui tan de tan ! »

Francisc Sarcé
le Chat noir, 25 février 1893

(Citations prises dans *les Pensées* d'Alphonse Allais, recueillies par R. Chouard, France Loisirs, 1987, pp. 83-84.)

Saxe (maréchal de) et la Cadémie : Maurice de Saxe, duc de Courlande, maréchal de France (1696-1750) ne s'embarrassait guère des complications de l'écriture. Il avait autre chose à faire, et, avec le maréchal de Richelieu, François de Chateaubriand, Pierre BERANGER* et tant d'autres, il pouvait déclarer fièrement, comme ce hobereau souvent cité : « Je n'aime point la pédanterie. Pour moi, je mets l'orthographe en gentilhomme, et non en académicien. »

Science des pédants, des besogneux, l'orthographe était alors appelée par l'aristocratie tout bonnement la science des ânes. Pas plus que Louis XIV ou Napoléon, le maréchal de Saxe n'aurait songé un instant se déconsidérer en refusant un poste à l'Académie de la façon suivante :

« Ils veule me fere de la Cadémie ; cela miret come une bage à un chas... »

Sévigné (Mme de) : Marie de Rabutin-Chantal, marquise de Sévigné (1626-1696), peut être prise pour le prototype même de ce qu'était la femme cultivée au XVIIe siècle. Élève de Ménage, habituée de la Cour et des Salons, amie de Mme de La Fayette, de Mlle de Scudéry, Mme de Rambouillet (cf. PRÉCIEUSES*), ainsi que des meilleurs auteurs et grammairiens de son temps, on connaît assez le charme de ses écrits et de son style. De plus, nous avons dans ses *Lettres* manuscrites la chance d'avoir un copieux témoignage, irrécusable, de la « bonne » façon d'écrire dans la deuxième partie de son siècle, et ce témoignage s'inscrit entièrement en faux contre tout ce que l'on a pu dire par la suite à propos de la « TRADITION* » orthographique des classiques. Qu'à cela ne tienne ! C'est eux qui ont tort. On ne cesse depuis de se moquer de cette pauvre poupée sans cervelle, qui n'avait, dit-on, pas plus d'orthographe que la dernière de ses cuisinières, ce qui d'ailleurs, ajoute-t-on galamment, la pare d'un charme supplémentaire.

Or, que trouvons-nous dans ses *Lettres ?* A côté de tournures et d'une prononciation qui ne sont plus les nôtres (comme *resination* pour *resignation, mecredy* pour *mercredi, sirurgien* pour *chirurgien, extrordinaire* pour *extraordinaire,* etc.), des usages graphiques courants de son temps : *ans, ens* aux participes présents pluriels, 1re personne verbale sans *s* (ie *recoy), receu* pour *reçu,* mais aussi peu de consonnes doubles ou muettes *(abé, ocasion, dacort, afaire, dificile, etofe, some, nomé, inocent, frape, batre, goutes,* etc.), mots grecs francisés *(rume, fisionomie, cretienne, mistere, stile), an* pour *en (tandresse, assamblée) é* pour *ai (feblesse),* toutes choses conformes à l'usage de MÉNAGE*, de RICHELET* et de beaucoup d'autres écrivains de son temps. Elle écrit, comme tout le monde alors, *repons, prens, rens, entens,* comme *blons, fons, remors,* etc. Elle utilise l'*s* aux 2e personnes du pluriel des verbes, trait constant de la nouvelle orthographe (cf. aussi MONTESQUIEU*) : vous *aves,* vous *alles,* vous *donnes,* etc.

« Ha ma bonne et tres aymable, écrivait-elle, que le comancement a esté bien vangé. Vous affectes de paroistre vne veritable Dulcinee, ha que vous lestes peu, et que iay veu au travers de la peine que vous prenes a vous contraindre cette mesme douleur et cette mesme tandresse qui nous fit repandre tant de larmes en nous separant. »

Pour comparer cette bonne et courante écriture du Grand Siècle à ce qu'était réellement celle d'une personne ignorante, il n'est que de citer ce passage d'une lettre de la belle Mme de Montespan au duc de *Nouaille* (pour Noailles), que je reproduis ici en partie, d'après le *Lexique* de Mme de Sévigné (GRANDS* Écrivains de la France, t. XIII, I, p. LXX) :

« Se ieudy- ie suis sy conuinquue de vostre amitie et ie vous ay ueu prandre tant de part a se qui me regarde que ie croy que vous serest bien ese de continuer a an nestre instruit a mon retour le roy me dist quil lauet anuooiie mr colbert proposer a me la contesse de se de faire de sa charge elle deit quel viendret le trouuer elle sy vint annefet hier et luy dist les mesme chose qui luy auet mandee elle demanda un iour pour an parler a me la princesse de carignan et lonna point anore [encore] sa reponse... »

« Peu importe à sa gloire », disait avec indulgence Sommer, auteur du *Lexique* de Mme de Sévigné. Il importe beaucoup au contraire, et il y a là un procès de l'histoire pour lequel je suis prête à me battre jusqu'au bout.

Shaw G.B. : George Bernard Shaw (1856-1950), écrivain, prix Nobel en 1925, humoriste et pamphlétaire, grand ennemi du conformisme et combattant de toutes les causes perdues, ne pouvait se désintéresser de celle, plus perdue encore que les autres, de l'orthographe de son pays, l'Angleterre.

En France, le mouvement de réforme du début du siècle, tenant compte de l'expérience négative du passé, s'était tourné vers l'idée d'une plus grande tolérance dans l'usage graphique, et surtout aux examens (cf. GRÉARD*, CLÉDAT*, LITTRÉ*, BOURGEOIS*, etc.). Le mouvement ANGLAIS* (qui a, lui aussi, appliqué les réformes souhaitées, pour donner l'exemple), a pensé s'en tenir aux enfants, et leur faciliter par un alphabet quasi phonétique, au moins durant les premières années, un apprentissage qui était (et est toujours) loin d'être simple. On voulait ainsi, à la fois, améliorer dans la pratique la situation de l'école, et indirectement, peut-être, convaincre le public.

Les premiers essais, faits en 1887, furent encourageants : on gagnait environ 50 % dans l'apprentissage de la lecture en enseignant avec un alphabet systématique ! Les tentatives suivantes confirmèrent ces résultats.

Les choses continuèrent ainsi, lorsqu'en 1950, George Bernard Shaw, partisan convaincu des simplifications, meurt en laissant une petite fortune qu'il souhaite dédier à la mise au point d'un alphabet nouveau. Cet alphabet, une fois choisi, devait donner lieu à l'impression d'une de ses pièces, et celle-ci être distribuée gratuitement dans les écoles.

Le concours fut ouvert. Il y eut 450 projets, et, en 1958, un certain K. Read emporta le prix, pour un système appelé « Shaw Alphabet ». On publia dans cette orthographe la pièce *Androclès et le Lion,* mais on lui préféra par la suite une autre batterie de signes, plus simple et plus proche de l'orthographe ordinaire, qui devint l'*Initial Teaching Alphabet* (cf. ITA*). On sait la suite.

Comme J.-S. BARES*, George Bernard Shaw mérite donc une place encore plus grande dans notre cœur, en raison de sa générosité. « Il n'est pas, dit-on, nécessaire d'espérer pour entreprendre, ni de réussir pour persévérer… » (voir Fig. 5).

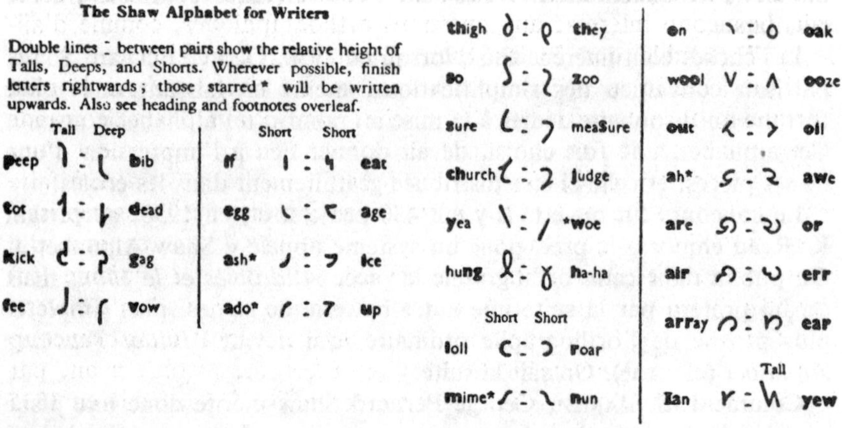

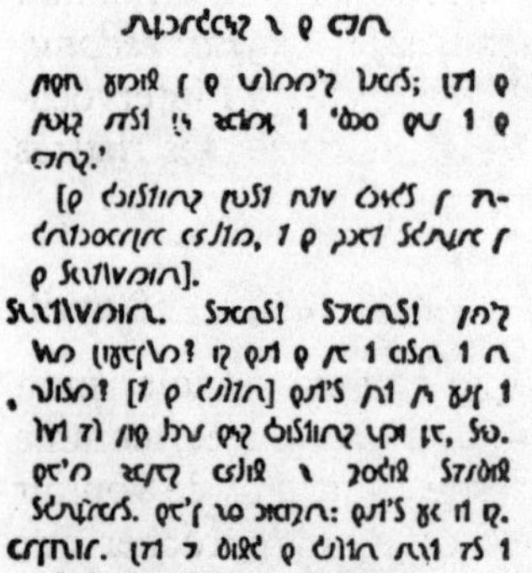

ANDROCLES AND THE LION

within hearing of the Emperor's palace; but the words must be altered to 'Throw them to the Lions.'

The Christians burst into shrieks of uncontrollable laughter, to the great scandal of the Centurion.

CENTURION. Silence! Silen-n-n-n-nce! Wheres your behavior? Is that the way to listen to an officer? [*To the Captain*] Thats what we have to put up with from these Christians every day, sir. Theyre always laughing and joking something scandalous. Theyve no religion: thats how it is.

LAVINIA. But I think the Captain meant us to laugh, Centurion. It was so funny.

CENTURION. Youll find out how funny it is when youre thrown to the lions tomorrow. [*To the Captain, who looks displeased*] Beg pardon, sir. [*To the Christians*] Silennnnce!

THE CAPTAIN. You are to instruct your men that all intimacy with Christian prisoners must now cease. The men have fallen into habits of dependence upon the prisoners, especially the

Fig. 5. *L'alphabet de G.B. Shaw (Shaw Alphabet)*
Alphabet phonétique retenu après concours en Angleterre, d'après les dispositions testamentaires de G.B. Shaw (1958, 48 signes). Texte proposé : *Androclès et le Lion,* pièce de G.B. Shaw publiée dans cet alphabet en 1962 (*Cahiers pédagogiques* n° 44, 1963, p. 60).

Voltaire : François Marie Arouet, dit Voltaire (1694-1778), s'est, on le sait, beaucoup intéressé aux questions orthographiques, comme d'ailleurs l'ensemble des Philosophes. Cependant, contrairement à ses collègues, cet intérêt chez lui n'est pas resté uniquement sur le plan personnel, ou professionnel. Combatif et habitué aux luttes de grande envergure (que l'on se souvienne seulement de son engagement pour les affaires Calas, de La Barre, etc.), il met le même entêtement à faire avancer la réforme en laquelle il croit que dans ses autres entreprises. Il est le père de ce que l'on a appelé les « graphies voltairiennes », qui consistaient à rétablir *ai* (au lieu de *oi)* dans les mots comme (tu) *connois,* (j')*étois,* (je) *serois,* (un) *Anglois,* prononcés avec un *e* ouvert. Il a fini par obtenir gain de cause, et cet usage, adopté dans beaucoup d'imprimés dès l'époque de la Révolution, et même bien avant par certains auteurs (comme Diderot) fut entériné par l'Académie en 1835 (cf. FRANÇOIS*/Français).

Il pratiquait par ailleurs, comme beaucoup de ses contemporains, une orthographe fortement simplifiée, bien que parfois peu conséquente : suppression de consonnes doubles, de lettres grecques *(sotise, reconu, chaufer, filosophe, cristianisme, stile, sindicat),* parfois le *z* à l'intervocalique *(mazure, écrazer, lézé, roze),* etc. Voici une de ses lettres manuscrites, adressée à d'ALEMBERT* en 1752 :

Aux Délices, 18 avril.

« Ce ne sont pas aujourdui des liturgies que je vous enuoie, mon cher philosofe, ce sont trois brochures de la relligion vangée, comme elle doit l'être par Bertier et consorts. Je vous prie instament de vouloir bien faire rendre à Briasson ce libelle dont je n'ay a me reprocher que d'auoir lu la première page.

« Vos articles de l'*Enciclopedie* seront l'ecole de la posterité. Tout ce qui est de philosofie nouvelle dans ce dictionaire est admirable, du moins tout ce que jen ai lu.

V. (VOLTAIRE) »

CHAPITRE SIX

UNE VIEILLE HISTOIRE DE COMPLEXES

Académie (préfaces de l') : Aucune vieille dame ne porte autant le poids du temps. Elle écrivait comme nous. Exemples :

Préface 1694 : « [...] L'Académie s'est attachée à l'ancienne Orthographe receuë parmi tous les gens de lettres, parce qu'elle ayde à faire connoistre l'Origine des mots. C'est pourquoi elle a creu ne devoir pas authoriser le retranchement des Particuliers, & principalement les Imprimeurs ont fait de quelques lettres, à la place desquelles ils ont introduit certaines figures qu'ils ont inventées... »

Préface 1718 : « [...] Il est certain que l'ancienne maniere d'escrire estoit fondée en raison, mais l'usage, qui en matiere de langue est plus fort que la raison, introduit peu à peu une maniere d'escrire toute nouvelle, l'ancienne nous eschape tous les jours, & comme il ne faut point se presser de la rejetter, on ne doit pas non plus faire de trop grands efforts pour la retenir... »

Préface 1740 : « [...] L'Académie s'est donc vûe contrainte à faire dans cette nouvelle édition, à son Orthographe, plusieurs changemens qu'elle n'avoit point jugé à propos d'adopter, lorsqu'elle donna l'Edition précédente. Il n'y a guère moins d'inconveniens dans la pratique, à retenir obstinément l'ancienne orthographe, qu'à l'abandonner légèrement pour suivre de nouvelles manières d'écrire [...] L'on ne doit point, en matière de Langue, prévenir le Public, mais il convient de le suivre, en se soûmettant, non pas à l'usage qui commence, mais à l'usage généralement reçû... »

1932 : « L'Académie, qui ne cesse de rappeler qu'elle ne prétend ni régenter le vocabulaire, ni légiférer en matière de syntaxe, ne se reconnaît pas davantage le droit de réformer l'orthographe... »

Âge (des écritures) : « Chaque langue, dit M. Cohen* (1953, 1958) se trouve avoir pour une certaine période une orthographe dans un certain état par rapport à elle-même ; on peut donc parler d'âge orthographique de la langue, considérée à chaque période comme un système complet en équilibre momentané. »

Une écriture, précise-il, peut être *jeune, vieille, hors d'âge.* Aucune écriture ne représente tout le langage. On note l'essentiel, ce que l'on connaît, en particulier sur le plan de la conscience linguistique. On note les sons, ce qui fait que toute écriture reflète assez rapidement un état passé de la langue, elle « prend de l'âge ». Il est vrai que le TEMPS* représente une des ordonnées essentielles de la nature et de la destinée d'une écriture, l'autre étant naturellement l'ESPACE*, le facteur déterminant restant malgré tout les UTILISATEURS* de cette écriture.

— Une écriture *jeune* n'est pas essentiellement *neuve :* par exemple, le turc, abandonnant les caractères ARABES*, a été écrit à partir de 1928 avec l'ALPHABET* latin, légèrement remanié, qui a deux mille ans d'âge. Le mot *jeune* a tendance à s'appliquer à une notation de surface, de type alphabétique ou phonologique, comme, en partie, le français au Moyen Age ;

— une écriture *vieille* ou *vieillie* prend, par la force des choses, du retard sur une langue qui ne cesse d'évoluer, et le fossé sera d'autant plus grand que cette langue évoluera plus rapidement ;

— une écriture *rajeunie* redresse, de façon brusque ou progressive, les écarts creusés avec la langue orale. On constate que les pays qui ont déjà des orthographes relativement simples sont souvent ceux qui sont les plus ouverts et les plus attentifs aux réformes. Au contraire, les pays qui ont les écritures les plus complexes, enfermés dans des problèmes insolubles, baissent les bras ;

— une écriture *hors d'âge* est celle d'une langue « en conserve » (langue « morte »), comme le latin, prononcé de façon différente suivant les pays et les périodes. Parfois, une écriture *hors d'âge* ressuscite : c'est le cas de l'écriture de la Bible, qui a ressuscité avec l'hébreu en Israël.

Alphabétiques (écritures) : Comme toutes les notions concernant cette jeune science qu'est la science des orthographes, le mot *alphabétique* recouvre plusieurs réalités différentes : ainsi, on dit que les Grecs ont pris « l'alphabet » aux Phéniciens, mais en même temps que ce sont eux qui ont inventé l'alphabet. On parle donc d'ALPHABET* à la fois pour les écritures consonantiques (cf. caractères ARABES*) et pour celles qui, comme le GREC* ancien, notaient également les voyelles. Par extension, toutes les écritures de type phonologique sont appelées alphabétiques, comme par exemple les systèmes utilisant les SYLLABAIRES* et répertoires des caractères indiens. *Alphabet* finit par désigner l'utilisation de tout stock réduit et stable de signes-phonèmes. On ferait mieux dans ce cas d'utiliser *système cénémique,* qui a au moins l'avantage de recouvrir clairement à la fois tous les types des notations phonologiques, très divers et très complexes : signes-consonnes, signes à double ou triple consonnes comme dans l'ancien égyptien, signes-consonnes mais aussi signes pour les voyelles isolées comme dans beaucoup d'ÉCRITURE(S)* indiennes, signes-consonnes et signes-voyelles comme le grec ancien, signes-syllabes comme en japonais, etc. Ce changement aurait également l'avantage de ne pas se référer constamment au terme grec pour étudier les différentes écritures européennes, qui toutes utilisent des stocks de CARACTÈRE(S)*, cyrilliques, latins, etc., ce qui ne veut pas dire du tout qu'il s'agit d'écritures alphabétiques selon le modèle d'origine.

Bel (françois) : « Jamais, dit Ch. BEAULIEUX*, parlant de l'orthographe du XIIe siècle, il n'y a eu une telle harmonie entre l'écriture, la langue et l'orthographe... » La langue, c'était, disait Gaston PARIS*, ce « bel françois que les successeurs [de Crestien de Troyes] lui reprochaient d'avoir épuisé... ». Puis, ajoutait-il, « l'époque suivante a tout gâté ».

Ce qui a tout gâté, à notre avis, c'est qu'on ait pu prendre de telles affirmations idylliques sur le « bel françois » au pied de la lettre, et qu'on vive depuis sur des approximations aussi dangereuses. Encore un préjugé à écarter.

La réalité, comme toujours, est infiniment plus complexe : il y avait, au XIIe siècle, tout comme plus tard, aux XIIIe-XVIIIe siècles, *plusieurs* orthographes. Celle de Crestien de Troyes ou du scribe Guiot était certes « vraiment excellente » (G. Paris) pour la poésie. Mais il y en avait d'autres, non moins excellentes, pour les Chancelleries, pour les Parlements et Cours de justice royaux, pour les premières ordonnances de Louis VII et de son fils Philippe Auguste, roi qui créa, ne l'oublions pas, les baillis et les sénéchaux, donc une administration bien assise, et l'on pourrait remonter plus loin encore.

Ce que l'on trouve dans la prose courante de l'ancien français, et surtout dans les chartes, traités, etc., c'est depuis toujours, et Charles Beaulieux lui-même le reconnaissait, une orthographe « étymologico-phonétique », qui n'a guère varié depuis les origines. Ce que l'on trouve par exemple dans le *Roman de la Rose* (XIIIe siècle), on peut en avoir une idée par cette curieuse transcription tardive mais apparemment exacte (du moins vraisemblable) faite par le très savant Maître Jehan PALSGRAVE* (1480-1554) à l'usage de ses lecteurs anglais, et dans laquelle je vous laisse le soin de détecter les lettres muettes, ou latinisantes :

Mainte*s* gen*tes* d*ient* *que en* songes
Mainto jan diet kan soungos

Ne son*t* *que* fables et m*en*songes
Ne soun ko fables e mansongos

Mais on peu*lt* tel*z* song*es* songier
Mays oun peu tez soungo soungier

Que ne son*t* m*ye* m*en*songier
Ke ne soun myo mansoungier

Le *s,* le *t* et les autres consonnes finales ne se prononcent que devant voyelle, ou à la pause, ou en fin de vers. Elles disparaissent, comme le *e* final, devant voyelle, mais elles sont écrites dans tous les cas : c'est le double principe de la *permanence graphique* et du souci de l'*intégrité* du mot, qui est la différence, véritable gouffre, qui sépare une simple transcription d'une écriture digne de ce nom. D'autres rappels et « figures de mots » ont rarement été touchés : *que, en,* finales verbales en *-nt,* lettres plus ou moins « latines » comme le *g,* le *l,* d'autres bien françaises, comme l'*y,* le *z,* etc. Les lettres diacritiques (*peult*), les finales du singulier devant le signe du pluriel (*telz*), tous les usages qui sont déjà les nôtres et qui sont bien visibles ici, prouvent qu'Ambroise FIRMIN-DIDOT* a bien raison de dire (p. 353) :

« Dans le *Cantique de sainte Eulalie,* du dixième siècle, dans les *Lois de Guillaume le Conquérant,* du onzième, dans la *Chanson de Roland,* du douzième, on trouve nombre de lettres étymologiques qui certes ne se prononçaient pas. Les scribes, affiliés en général au clergé ou à l'Université, ont bien rarement fait abstraction du latin... »

Bilinguisme : Nous nous défendons comme des diables contre l'anglais, et nous avons raison, même si parfois nous nous y prenons mal. Mais contre le latin ? C'est la divine soumission. Qui, selon vous, a poussé plus loin qu'aucun autre ce féminin consentement ? Qui a été en conséquence logique avec lui-même, mettant au point un système approchant de la perfection pour une nation bilingue comme la nôtre ? C'est J. Dubois, dit SYLVIUS*, grammairien picard et donc de génie. Dans le petit monde des lettres, il a presque tout inventé. Médecin, anatomiste, sa grammaire est un véritable foisonnement d'initiatives, que nous n'arrêtons pas de redécouvrir, comme les accents aigu, grave, circonflexe, le tréma, la distinction du J et du I, du U et du V, du *g* et du *gu,* du *c* « dur » et du *c* « doux », du trait d'union, etc.

Il a également inventé ce que l'on pourrait appeler l'écriture à double portée, ou sur deux lignes : celle d'en bas pour le français latinisé, celle d'en haut (ou à côté), en cas de besoin, pour aider à la traduction du bas, ce qui permettait de mieux conserver en bas la « physionomie » des mots latins. Ainsi, pour *g* « dur », on écrira *g* (à la latine) et un *u* au-dessus, par exemple *galle, volge, gorge,* avec un *u* sur le *g ;* on écrira *g-,* avec un trait d'union, pour *g* « doux », comme dans *g-ambe, G-ilbert, g-oie* (pour *jambe, Gilbert, joie*) ; *ceval, cantée* (pour *cheval, chantée*) avec un *h* sur le *c ; limacon,* avec deux *s* sur le *c ; ceur, ranceur,* avec un *u* sur le *c ; ligons* (pour *lisons,* de *legamus*) avec un *s* sur le *g,* etc.

Voici donc ce que cela donne, dans une phrase comme... « voici donc ce que cela donne » :

ss o u ss u ss n
u-o i c i d u n c c e q e c e l a d o n e

Chronologie (des écritures) : On nous enseigne que des systèmes très complets et très sophistiqués sont apparus à un « stade » très ancien, alors que des écritures dites « archaïques », ou « pictographiques », comme celles des Indiens d'Amérique, des Esquimaux, etc. (ce que l'historien J. Février appelle les « primitifs actuels »), seraient apparues beaucoup plus tard (au XIXe siècle !). On exprime le regret qu'il soit si difficile de distinguer, dans les tracés du paléolithique, ce qui paraît être des « images », et ce qui est apparemment abstrait, « signes proprement géométriques ». Faut-il moins de science et moins d'« abstraction » pour créer un système apparemment formé d'images que pour regrouper des idéogrammes en système ? Et sommes-nous devenus des « primitifs actuels » dans nos villes, nos TGV ou nos aérodromes, couverts de PICTOGRAMMES** et de logos publicitaires et autres ? Alors où est-elle, la chronologie des « stades » des ÉCRITURE(S)* ?

A vrai dire, et si l'on renonçait à cette fameuse chronologie ? Qu'est-ce que cinq mille ans (d'invention de l'écriture) auprès des dizaines, voire des centaines de milliers d'années de mise en place du langage chez l'homme ? Cent mille ans, c'est l'âge de l'homme de Néandertal, et il avait, semble-t-il, la caractéristique d'un crâne près de deux fois plus gros que certains de nos crânes d'aujourd'hui. Il avait sans doute aussi le langage, le pas était fait. Serions-nous brusquement depuis retombés en enfance, au moment d'aborder la plus fabuleuse découverte humaine, et notre honorable ancêtre se serait-il mis brusquement, en pleine civilisation des villes et des campagnes, au bord du Tigre ou du Nil, à pousser de nouveau des cris inarticulés et à esquisser des dessins de môme ? L'écriture a bénéficié, non pas directement, mais indirectement d'abord, du langage, de toute la capacité scientifique de l'homme du langage. Après une très brève période de mise au point, avec une rapidité étonnante, toute comparable à l'instauration actuelle de l'ère informatique, de véritables systèmes se sont installés, dotés d'une pluralité d'éléments existant côte à côte, comme dans la plupart des écritures d'aujourd'hui, de la Chine à l'Amérique (cf. MIXITÉ*). Mais alors, plus de « primitifs actuels », plus de « primitifs » tout court ? C'est comme le syndrome du circonflexe (cf. CIRCONFLEXE*), cela nous mène loin.

Cunéiformes (caractères) : Se dit des caractères de l'ancienne Sumer, tracés dans l'argile sèche à l'aide d'une pointe taillée et qui prennent ainsi l'apparence de « coins » (lat. *cuneus*) ou de « clous ». Il ne s'agit donc pas d'un terme définissant la *nature* de cette écriture, mais son apparence extérieure, sa « substance ». Par un système mixte, tout comme celle, bien différente en apparence, de l'ancien égyptien, elle comprenait un certain nombre de signes-mots (LOGOGRAMMES**) qui transcrivaient normalement les radicaux et se combinaient entre eux (par le même système de composition qu'en chinois ou en japonais) pour transcrire d'autres mots. Il y avait également, toujours comme en chinois, des sortes de signes-syllabes polyvalents (CÉNÈMES**) obtenus par le système du transfert, qui servaient surtout pour les affixes, parfois pour les radicaux. Enfin, des « clés » de catégorie, ou MORPHOGRAMMES**, lexicaux ou grammaticaux, indiquaient certaines espèces ou champs sémantiques, mais aussi la notion de pluralité, la catégorie des noms propres, la séparation des mots, etc. Notons bien qu'il s'agit vraisemblablement, avec l'ancien égyptien, de la toute première apparition d'une écriture organisée dans le monde (plus de 3 000 ans avant J.-C.). Que devient, dans ces conditions, la théorie des « stades » (cf. HISTOIRE* des écritures) ?

Déchiffrement : Il est intéressant de remarquer que le mot déchiffrement, qui signifie couramment « découvrir le sens d'une écriture, d'un texte », donc des lettres, comprend un radical qui désigne les nombres. Il s'agit bien sûr du « chiffre » des messages secrets, ceux qui à l'origine utilisent des combinaisons numériques, ou des chiffres substitués aux lettres. Mais cela montre bien combien l'écriture a toujours été considérée d'abord comme une mystérieuse « cryptographie » (cf. THOT*).

Le déchiffrement d'une écriture correspondant à une langue inconnue est la seule voie d'accès à cette langue. Le déchiffrement des écritures anciennes est l'une des seules voies d'accès à l'histoire de l'humanité, la principale sans doute. On peut s'étonner qu'une science aussi fondamentale soit restée si longtemps dans un tel état d'abandon... Ou ne pas s'étonner, car l'ignorance de l'écriture est encore l'arme la plus sûre contre la divulgation des secrets d'État.

Comment déchiffre-t-on une écriture inconnue ? On suit, autant que possible, les traces de CHAMPOLLION*. On commence par exemple, à l'aide d'un texte bilingue ou multilingue, s'il existe (comme la pierre de Rosette), par les noms propres (pour Champollion ce fut *Ptolémée* et *Cléopâtre*). On classe donc en premier lieu les *phonogrammes,* si le système en comporte. Puis, on repère les éléments récurrents (répétitifs) de toutes sortes, en additionnant les indices à tous les niveaux de la langue.

Mais précisément, l'enseignement le plus précieux et le plus moderne de Champollion fut celui-ci : rien ne peut se faire si l'on n'avance pas de façon concomitante et parallèle *à la fois* sur l'écriture et sur la langue. Le contre-exemple majeur est celui de l'étrusque : alors que nous en possédons plus de 10 000 inscriptions, qu'il s'agit d'une écriture alphabétique assez proche du grec, et dont les éléments sont parfaitement répertoriés ; bien que nous disposions d'une certaine portion du vocabulaire, de certains traits grammaticaux, etc., impossible de *lire* cette langue, dont la structure générale nous échappe !

Un bon exemple, cette fois, est celui du déchiffrement de l'écriture des MAYAS*, qui est bien près d'aboutir à des résultats qui vont sans doute étonner le monde. Quel trésor plus fabuleux que de découvrir une nouvelle civilisation ?

E commun (et l'autre) : De tout temps, la grammaire a reflété notre société, notre vision du monde.

Le « sujet », par exemple, n'est-ce pas un maître qui, dans la phrase, « régit » le verbe et le complément ? Qu'est-ce qui est *suppôt* (« suppositum », placé dessous, devenu le « complément », mot qui est tout un programme lui aussi...), etc. ? Dans l'orthographe, c'est la même chose. Notre langue orale et écrite a toujours été la « fille aînée » du latin, auquel il fallait se soumettre, comme une fille soumise à son père.

L'*e* dit *muet* final, signe de la rime *féminine,* a ainsi toujours été appelé *faible,* « exile » (SYLVIUS*), « sourd, que de tout tams on a appelé féminin » (Coulombel)... qui « se doit prononcer sombrement » (PLANTIN*), « peu sonant », etc. (cf. E* féminin et l'autre) ; contrairement au *é masculin,* « clair » (RICHELET*), venu du latin, et « duquel la prolation est forte et haute » (Olivetan), qui est LE E par excellence, appelé *commun*... Celui-là ne devait à aucun prix être touché, d'où les tentatives de R. ESTIENNE* et de beaucoup de grammairiens du XVIe siècle de marquer l'autre, le *e* caduc ou sourd, d'un accent. Cette obstination a faire du *e* non féminin le seul *e* « normal », en français comme en latin, et de le préserver intact, explique l'ignorance obstinée dans laquelle a été tenu si longtemps notre *e* ouvert (jusqu'au XVIIIe siècle) et peut-être aussi cette fameuse invention de R. Estienne, dont nous portons toujours, hélas, les traces, de noter le *e* intérieur, plus ou moins fermé ou ouvert, non par un accent, mais par la consonne double, ce qui le respectait dans son intégralité visuelle...

E (féminin et l'autre) : E « féminin », c'est ainsi que l'on a, durant des siècles, appelé l'*e* « muet » ou « caduc ». En fait, ces bonnes femmes, on les retrouve partout. De même que l'écriture, dans les faits, et l'on peut en penser ce que l'on veut, est plus maîtresse que SERVANTE*, de même ce petit *e* « qui tombe », l'ombre des E, qui devrait rester sur un strapontin à sa petite place muette, il fait un travail considérable. Rien d'étonnant : pas d'omelette sans E (féminins) en français (cf. PANIER* d'E).

Sans lui, par exemple, la consonne devient d'un coup « muette » pour de bon : ôtez son *e* final à *petite,* et vous verrez. Il marque souvent le genre féminin, c'est vrai, mais il déborde largement sur le sexe opposé, qui est, lui « marqué » par l'absence d'*e* (cf. PETIT*). Cette dépendance de tout notre vocabulaire vis-à-vis du *e* « muet » se voit bien dans des mots foncièrement masculins comme *problème, cercle, militaire, poète, prêtre, pape, maître,* etc. (50 % des mots en *e* final sont masculins). Mais aussi dans les mots invariables (*encore, que, se, ce, contre, puisque, certes*), les verbes (il *joue,* il *tue,* il *crie*), etc.

Mais la particularité du E « féminin », bien sûr, c'est sa versatilité. Petit diable malin, il disparaît, reparaît, là où l'on ne l'attend pas, jouant partout, à l'écrit comme à l'oral, un rôle irremplaçable de régulateur, diminuteur de tensions, conciliateur, « facilitateur » des mots et des syllabes. Il apparaît même là où il n'est pas écrit, comme dans *p(e)neux cloutés, ours(e) blanc, film(e) muet,* etc.

J'ai remarqué que, loin de diminuer, la manie française des *e* à la finale augmentait considérablement dans la jeune génération, surtout chez les filles : elle en ajoutent partout, comme dans la *fleur(e),* le *poil(e),* le *réveil(le), pour(e),* etc. Il faut avouer que cela donne beaucoup de grâce à leur parler. En tout cas, cela promet un bel avenir au E « féminin ».

Que deviendrait-on sans lui ? Je vous le dis : la France est féminine, et le français avec elle.

E (moyen) : Petit *événement* (notez l'accent) de l'histoire de notre langue, passé entièrement inaperçu : il s'agit pourtant de l'ancêtre de notre *e* ouvert.

Il était une fois, au XVIIe siècle, un E bizarre, qui n'était ni fermé, ni ouvert, ni long, ni bref ; ni le E « normal-masculin-latin » (cf. E* « commun ») ; ni le E « français-féminin-muet » (bien sûr, cf. E* « féminin »), ni le E ouvert long de *arrest, teste,* ni rien du tout. Il s'agissait, en fait, d'une mutation : dans des mots comme *séche, remède, bégue, probléme, premiére, premiérement, secréte, secrétement,* etc., le E interne tendait à s'ouvrir, au fur et à mesure que le dernier disparaissait, ce qui s'est produit pour *événement,* mais l'accent aigu est resté. Des milliers de mots étaient dans ce cas, et malgré les résistances, le nouveau bébé, je veux dire le nouvel E ouvert sortait du placard. Et de quel droit, alors qu'on le considérait jusque-là comme un bon E latin de pure race ? Tout à coup, on s'est mis à parler de lui, et l'apparition de ce mutant s'est répandue comme une traînée de poudre : E « moyen », « médiocre », « mitoyen », etc., on l'a traité de tous les noms, jusqu'à ce qu'enfin on le reconnaisse pour un E ouvert et qu'on lui attribue, en 1762 seulement, un accent grave dûment mérité. Est-ce la fin de cette longue et belle histoire ? Point : nous avons toujours, encore et de nouveau, d'autres E « moyens » ; loin de la syllabe tonique, nous n'avons même que ça, et même nos E longs, vieillis et poussifs, rejoignent le bataillon des voyelles « moyennes ». Il faut prendre des mesures, c'est l'affaire d'un instant, quelques siècles à peine, avant que cela ne change encore...

Grands (Écrivains de la France) : Tous en ligne, à mon commandement, toutes ! La botte napoléonienne a passé par là, plus brutale encore que le jacobinisme de la Révolution. La maison H., dont l'histoire se confond depuis avec celle de la langue française, prend en charge le plus grand traverstissement orthographique de l'histoire. Sa prestigieuse collection des « Grands Écrivains de la France », dont la publication s'étend sur tout le XIXe siècle, associe aux rééditions de toute la littérature des XVIe-XVIIIe siècles les plus grands noms de l'Université française. Mais l'érudition s'arrête au seuil de la forme écrite. Sans un mot, sans un regard en arrière de la part des nouveaux maîtres, nos écrivains se retrouvent (ou ne se retrouvent pas) littéralement *traduits* en orthographe moderne, ce qui a créé en France le mythe de leur appartenance à une seule et même tradition, un seul et même usage, comme par hasard le nôtre. Il s'agit bien d'une appropriation : ce faisant, la bourgeoisie dépossédait l'Ancien Régime et se déclarait dûment et hautement propriétaire du passé, comme du présent et de l'avenir. Cette mainmise signait l'arrêt de l'ancien monde, effacé à jamais.

« Le texte que nous avons suivi, nous dit-on par exemple à propos d'*Athalie* [*Œuvres* de Racine, t. III, 1885, p. 633], est celui du recueil de 1697. »

C'est tout, et c'est peu, lorsqu'on lit non seulement la pièce, mais la Préface de Racine, en une graphie parfaitement banalisée, avec accents, accords, usages modernes (plus que surchargés) de la ponctuation, modification des majuscules, etc., sans aucun recul ni avertissement au lecteur. Il en est de même partout, mais comparons la fameuse tirade d'*Athalie* à sa version originale (donnée sous RACINE*) : tout y est moderne, sauf les finales verbales en *-oi* (on se demande pourquoi, en 1885 !) « *C'étoit... n'avoient, avoit, tendois, disputoient...* ». Pour faire malgré tout un peu ancien, sans doute.

Ainsi, exit l'orthographe de la Renaissance, l'orthographe dite « moderne » qui va de RONSARD* à RICHELET* et aux classiques, celle de nos grammairiens et de nos philosophes, tous aussi dépossédés que MONTESQUIEU* ou VOLTAIRE*. Où est-elle, la TRADITION* littéraire ? Elle est celle de la maison H., héritière impitoyable des Imprimeurs du Roi. Simple modernisation, me direz-vous ? Mais nous souffrons encore de cette supercherie, de cette falsification, et surtout de ce silence.

Notre conscience collective en est imprégnée. Cette croyance antiscientifique a un nom : elle s'appelle le FIXISME*.

Hiéroglyphes : Rien n'est plus proche de la graphie du français que le système de l'Égypte ancienne. Ce que les Grecs ont appelé *hiéroglyphes* (signes sacrés gravés sur la pierre) recouvre en réalité des unités de valeur diverses : signes-mots, signes-morphèmes, signes phonétiques (d'une ou plusieurs consonnes), et même une véritable ponctuation. On a trouvé des signes-consonnes (par conséquent des PHONOGRAMMES**) sur les poteries d'Abydos, dès 3 000 ans avant J.-C., c'est-à-dire dès les premiers vestiges de cette civilisation. Leur écriture apparaît donc dès le début complexe et complète, mais il est possible que l'on découvre des traces antérieures. Il s'agit, quelle que soit sa beauté plastique, qui tient de l'art et de l'architecture autant que du langage, d'un PLURISYSTÈME**. Cependant, il ne faut pas se laisser abuser : bien que les Égyptiens soient allés beaucoup plus loin que d'autres, les Chinois par exemple, dans le sens de la systématisation, les signes restent interchangeables. Le scribe choisit *un* signe phonétique parmi d'autres, parce qu'il cadre mieux avec ce qu'il veut dire, avec tel roi, telle légende, telle métaphore. Les unités ne sont pas entièrement codifiées, elles passent (bien plus encore que chez nous) d'un niveau à l'autre, elles sont disposées en fonction d'un effet d'art ou d'un effet religieux, et c'est cette immense liberté à la fois mythogrammique (cf. MYTHOGRAMMES*) et artistique qui continuera à jamais à nous éblouir.

Histoire (des écritures) : Avec une sincérité à laquelle il faut rendre hommage, le grand linguiste M. COHEN* (1953, p. 2) commençait son histoire des écritures en disant : « Ce n'est pas un ordre chronologique qui est suivi... il importe de suivre les étapes de l'invention de l'écriture [ce qu'il appelle les *stades*], non théoriquement, mais avec des documents. Or il se trouve que les écritures les plus anciennes... sont déjà à un stade relativement avancé... des écritures de type très archaïque se trouvent avoir paru beaucoup plus tard... dans ces conditions, l'ordre qui paraît le meilleur est celui qui va des écritures les plus rudimentaires aux plus perfectionnées, quels que soient les dates et les lieux. »

On ne peut dire plus clairement qu'il s'agit en fait d'un ordre plaqué, qui ne tient compte ni des « documents » ni de la chronologie. Ainsi, par pur plaisir intellectuel, et comme tous ses collègues, M. Cohen va du « concret » vers « l'abstrait » : il choisit de traiter d'abord des « préécritures pictographiques » (en particulier celle de ces « bons sauvages », les Indiens d'Amérique, qui date du XVIIIe siècle), puis de l'écriture des MAYAS* et des Aztèques (IVe-XVIe siècle), puis de la Chine (cf. CHINOIS*, encore en usage), puis de l'Égypte ancienne (3 000 ans avant J.-C.), puis de la Mésopotamie, qui est en réalité la première, etc. Chaque historien fait son choix, tous se retrouvant pour finir en apothéose avec l'alphabet grec et latin, après quoi il n'y a plus rien, que les pauvres ORTHOGRAPHE(S)*, avec leurs « infirmités » et leurs « contraintes ». En fait, il n'y a pas plus de *stades* ou d'*étapes* dans l'histoire des écritures, qu'il n'y a de *progrès* entre les langues les plus anciennes et celles que nous parlons actuellement : comme pour les langages oraux, on se trouve dès les origines de l'écrit devant des systèmes « dont le degré de complexité et la richesse des concepts sont sensiblement les mêmes que pour les techniques » (Leroi-Gourhan). A nous d'en tirer les conséquences : quittons nos œillères et étudions nos « orthographes » avec le même soin que les paléographes les écritures anciennes.

Humanités (programme des) : Les *Studia humanitatis,* au XVIe siècle, synonymes exacts, jusqu'au XIXe siècle encore, de ce que nous appelons aujourd'hui la *culture générale,* désignaient avant tout les études latines et grecques. Il ne faut pas croire que la religion de l'orthographe ait commencé en France avec Jules FERRY*. En fait, elle a commencé beaucoup plus tôt, et elle était, comme le grec et le latin dont elle portait abondamment les traces, considérée dans les lycées du Second Empire comme une simple initiation aux disciplines « nobles ». Ce qui amenait, dès cette époque, de nombreuses protestations. Preuve : Le *Programme officiel des humanités,* pour l'année 1863-1864, comprenait pour le français :

« 1. CLASSE PRÉPARATOIRE. Grammaire française : noms, adjectifs, verbes. Exercices d'orthographe.

2. CLASSE DE HUITIÈME. Grammaire française : révision et continuation. Exercices d'orthographe.

3. CLASSE DE SEPTIÈME. Grammaire française : révision et continuation. Exercices d'orthographe. Exercices d'analyse grammaticale.

4. CLASSE DE SIXIÈME. Grammaire française. Exercice de grammaire et d'orthographe.

5. CLASSE DE CINQUIÈME. Grammaire française. Exercices de grammaire et d'orthographe.

6. CLASSE DE QUATRIÈME. Grammaire française. Exercices de grammaire et d'orthographe.

7. CLASSE DE TROISIÈME. Exercices français : récits et lettres d'un genre simple. »

Comme le remarquait à l'époque Frédéric Dübner, le savant philologue, commentant ce programme assez répétitif : « Pour la langue maternelle et dans les lycées impériaux, six années d'exercices de grammaire et d'orthographe avant de pouvoir être admis, dans une septième année d'étude, à composer des lettres d'un *genre simple !* »

Et un autre savant, Casimir Henricy, ajoutait :

« L'intelligence de l'homme le mieux doué a des bornes, et il est évident que, s'il l'emploie toute à apprendre ou à retenir l'orthographe, il ne lui en reste plus pour l'étude des sciences. Celui qui grâce à de longs et pénibles travaux et à une attention soutenue, parvient à écrire correctement quelques pages, sans le secours d'un dictionnaire, n'a donc pas lieu d'être si fier ! »

Mais il y a une chose que ces honorables professeurs, naïfs comme tous les grands hommes, ne comprenaient pas : il ne s'agissait pas là d'apprendre le français, mais d'apprendre le latin ! L'illustre BOSSUET*, qui l'avait compris et savait ce qu'il disait, l'a noté un jour (en 1673), lors d'une discussion à l'Académie sur les LETTRE(S)* dites « superflues » :

« Ces lettres, a-t-il dit, ne sont pas superflues, parce qu'elle marquent l'origine, ce qui sert à mieux apprendre la langue latine... » (*Cahiers,* p. 229).

Jetonniers : Seuls les médiocres ne sont pas attaqués. Jamais nos Immortels ne connurent plus rudes assauts qu'au XVIIe siècle, assauts dont les plus violents, et les plus douteux furent naturellement ceux de Furetière. C'est pourtant à ce dernier que Charles BEAULIEUX* fait confiance, lorsqu'il accuse les « jetonniers » (on appelait ainsi les membres de l'Académie présents aux séances, rétribués de leur zèle par des jetons d'argent qu'ils se partageaient, et qui rapportaient gros) de tous les défauts : avidité, vanité, susceptibilité, platitude, jalousie, violence, grossièreté, ignorance... Il nous raconte, par exemple (à la suite de Furetière) que « le grossier Charpentier se battit un jour à coup de dictionnaires avec Tallemant aîné, frère de Des Réaux, ce qui suggéra à Boileau la scène plaisante de *Lutrin* » (*Factums,* 1858, I, 196-197)... On a peine à suivre notre éminent historien de l'orthographe lorsqu'il se laisse de la sorte emporter par sa bile, et ce n'est pas ainsi qu'on fait l'histoire.

En réalité, il faut se souvenir que les premiers plans du *Dictionnaire,* établis par Vaugelas, puis par Chapelain (1639), prévoyaient, en ce qui concerne l'orthographe, qu'« on travailleroit... à oster toutes les superfluités qui pourroient estre retranchées sans conséquence ». C'était là une position raisonnable. C'est sur intervention de Colbert qu'elle n'a pas été retenue, et qu'a été fait le choix de l'« orthographe ancienne ». Alors comme aujourd'hui, l'Académie n'a jamais été vraiment libre de ses mouvements..

Manichéisme : Mani (ou Manicheus, étymologie supposée, « qui a des manies ») était le chef d'une Église très puissante de Perse (IIIe siècle) qui a formé en partie saint Augustin, les Bogomiles (ou Bougres), les Cathares, et au-delà, sans doute, influencé les Jansénistes. Pour les manichéens, le monde est partagé entre les deux principes extrêmes du Bien et du Mal. Cette Église est plus vivante que jamais. Ils se sont d'ailleurs fait, comme par hasard, une écriture à eux.

En histoire de l'orthographe comme ailleurs, les maniaques, partisans du manichéisme, eux aussi dualistes, divisent le monde en deux camps, les bons et les méchants. Par exemple, en gros, la parlure est bonne, l'écriture est méchante, ou le contraire. C'est un vrai western : d'un côté, criailleries sur la dégénérescence des nouvelles générations et les crimes des évolutionnistes : de l'autre, mêmes excès, qui se donnent sans vergogne des arguments venus de loin. Ainsi, selon cette vision apocalyptique, les TROUBADOURS* seraient les véritables anges du Paradis, les PRATICIENS* des anges du Mal. R. ESTIENNE* serait le mauvais génie de la France, qui comme les praticiens était cupide (il allongeait les lignes) et avaricieux (il ne voulait rien donner aux autres, à preuve, entre autres, ses magnifiques dictionnaires, qui servirent à des générations d'étudiants et d'écoliers !) ; quand aux JETONNIERS*, c'était une simple assemblée de polissons (ou « petits diables ») qui passaient leur temps à s'envoyer des dictionnaires à la tête pour gagner le plus de cacahuètes possible. Et parmi eux cette bande de vauriens ignares qu'étaient CORNEILLE*, RACINE*, BOSSUET* et quelques autres. Effarant !

Aujourd'hui ? Nous avons à vous proposer le plus grand choix des disciples de Mani, ou Manès, dernier modèle : de ROUSSEAU* à SAUSSURE*, passe encore : dans ces temps lointains, leurs intentions, dans leurs attaques contre l'écriture, pouvaient passer pour bonnes. De Saussure à nos jours, c'est déjà moins excusable. A ces excès des phonétistes à tout crin, s'oppose toujours, avec la même hargne vengeresse, la position extravagante des conservateurs. Les premiers refont l'histoire, les autres l'ignorent, alors qu'ils s'appuient sur la tradition. A présent, je vous prie, arrêtez vos soupçons, vos insultes, vos guerres de religion infantiles et vos Inquisitions langagières. Le manichéisme, en orthographe ou ailleurs, comme tout ce qui est exagéré, n'existe pas.

Mayas (caractères) : Jusqu'à ces dernières années, nous savions peu de chose de l'écriture maya. Sur la voie résolument linguistique et comparative ouverte par CHAMPOLLION* (rapprochement des signes avec les deux langues mayas, le chol et le yucatèque) et grâce aux méthodes récentes du DÉCHIFFREMENT*, les progrès commencent à devenir considérables : la solution d'écriture à laquelle on a abouti semble être, là encore, mixte : « Logo-syllabique avec l'utilisation de compléments phonétiques » (Davoust, 1982). Sur le plan GRAPHÉTIQUE**, les « HIÉROGLYPHES* » mayas, comme ceux des Égyptiens, sont de caractère tantôt concret, tantôt abstrait : par exemple, le chiffre 8 est noté par une barre et trois points ; le soleil, *Kin* (signe qui signifie aussi le « temps », le « jour », la « période », etc.) est noté par une fleur à quatre pétales représentant le soleil, etc. La caractéristique figurative la plus frappante est la tendance à l'anthropomorphie : têtes ou même personnages entiers, ce qui a longtemps dérouté les recherches. Les signes sont « polyphoniques » et « polysémiques », comme ceux de toutes les écritures les plus anciennes. Un signe-mot (appelé « glyphe ») est composé de plusieurs éléments : le principal, au centre, est distingué par sa taille et entouré d'éléments mineurs plus petits, nommés fâcheusement « affixes », ce qui prête totalement à confusion avec les affixes grammaticaux (Davoust, 1986). En réalité, ce sont les mêmes éléments, utilisés, comme en chinois, tantôt comme « majeurs », tantôt comme « mineurs ». Il s'agit donc non d'un système « logo-syllabique » mais plutôt « morphémo-syllabique », composé de signes-syllabes pourvus d'un sens, qui peuvent être sélectionnés en fonction de la position et du contexte (Knorosov, 1967, Kelley 1976). L'ensemble constitue une écriture organisée et semble confirmer l'hypothèse d'une invention multiple de l'écriture à divers endroits du globe.

Praticiens : A la fin du XIIIe siècle, sortit des monastères une secte d'hommes hirsutes, pâles comme la mort, un peuple de larves, de revenants, d'ombres lémuriennes, qu'on appela les « clercs laïques ». Ayant perdu Dieu, ils se glissèrent dans les Universités et les officines notariales, envahirent les nouvelles Chancelleries et les nouveaux Parlements, s'emparèrent des Écritures, accumulant les profits en tirant des Y et des Z et en multipliant les rôles. Les juges, avocats, procureurs, professeurs à la Sorbonne et ministres, l'élite de leur temps, terrorisés, cédèrent les yeux fermés et tout frissonnants devant cette invasion d'extraterrestres, qu'on reconnaissait, non à leur petit doigt, mais à leurs gribouillis informes, signe de leur race satanique. Vulgaire et sotte, cette « troupe famélique de basochiens » a rabaissé (exprès) le latin, sali le français des écoles de TROUBADOURS* de mille complications, de mille surcharges cabalistiques, de mille souillures indéchiffrables... J'exagère ? Écoutez BEAULIEUX* :

« La hâte fébrile avec laquelle ils bâclaient leurs écritures, sans soulever la plume d'un bout de la ligne à l'autre (ils avaient la réputation d'être les scribes les plus rapides du monde) était cause qu'ils finirent par rendre leurs grimoires illisibles, volontairement, a-t-on dit, afin qu'on eût besoin d'eux pour les lire... » (*l'Orthographe française actuelle*, 1949, p. 10).

Les germes de cette guerre bactériologique (la « lèpre du praticianisme »), bien entendu, ne venaient pas au hasard, mais de très haut, comme il est normal pour des envoyés de l'enfer (cf. MANICHÉISME*). ON les a laissé faire, ON s'en est servi.. Et depuis, tout va de mal en pis, ou, comme le dit très bien notre bon et cher collègue, avec les meilleures intentions du monde :

« Tout le monde est infecté dès l'enfance de cette affreuse façon d'écrire »...

Pardon, mon maître, de ne pas vous suivre. Ni pour hier ni pour aujourd'hui.

Préécritures : Quelle est la différence entre préécritures et écritures ? Pensons au langage oral : lorsqu'on dit que le langage articulé semble installé chez l'homme depuis environ cent mille ans, cela signifie-t-il qu'aucune communication, phonique, gestuelle ou autre n'existait auparavant ? Au contraire, il y a tout à parier que de multiples façons de communiquer entre eux existaient depuis l'origine des hommes. Parmi ces procédés, les signaux visuels, entailles, marques, dessins, peintures, etc., plus ou moins élaborés, ont toujours été extrêmement nombreux (cf. MYTHOGRAMMES*). On peut certes les appeler écritures, mais cela ne fait que compliquer les choses. Réservons donc ce terme à un système de signes visuels, discrets, articulés, et surtout *arbitraires,* ce qui veut dire qu'au lieu d'être liés à la réalité extérieure, aux circonstances, aux individus, etc., ils constituent un code, une norme sociale relativement stable, relativement autogérée, où chaque unité dépend avant tout du système et non des circonstances extérieures. Par conséquent, le terme de préécritures, ou d'écritures « primitives », ne paraît nullement adapté aux grands systèmes qui apparaissent (en même temps que la métallurgie) 3 500 ans environ avant J.-C., même si certaines de leurs caractéristiques ne répondent pas tout à fait à nos conceptions modernes. La forme des signes importe peu, ce sont leurs relations qui importent. Les ÉCRITURE(S)* sumérienne ou hiéroglyphique (cf. HIÉROGLYPHES*) ne sont pas des préécritures, ni même des protoécritures, ce sont des écritures, et des écritures pour ainsi dire contemporaines, sœurs très proches des nôtres, au même titre que le chinois.

Premiers (livres imprimés en France) : Les lamentations sur la déchéance des écritures ne datent pas d'hier. On en trouve dès l'origine de l'imprimerie en France, et certainement elles datent de beaucoup plus loin encore.

« Sans parler de plusieurs autres grandes pertes subies par les lettres, disait déjà Guillaume Fichet, recteur de la Sorbonne en 1467, et fondateur du premier atelier français d'imprimerie, les mauvais copistes ne sont-ils pas une des causes qui ont le plus contribué à les précipiter, pour ainsi dire, dans la barbarie ! »

Quinze ans après la publication de la première Bible de Gutenberg, le premier livre imprimé en France, par les presses de l'atelier de la Sorbonne, s'intitule *Epistolarum liber,* de Gasparin de Bergame (1470). Il s'agissait de la reproduction de modèles de lettres types, écrites par un célèbre maître italien de rhétorique, Gasparino Barbizza (environ 1370-1431). Ces modèles de bon latin étaient très utiles aux étudiants. Quelques semaines après, un autre ouvrage paraît, toujours du même Barbizza, et toujours aussi significatif : c'est l'*Orthographia,* accompagné d'un traité de ponctuation, le *De arte punctandi dialogus,* du même auteur (1471). Ainsi, le très vénérable Guillaume Fichet, docteur en théologie, et son ami et non moins savant prieur, J. Heynlin, ont tous deux pris soin, dans les tout premiers temps de l'imprimerie, de doter avant tout la France de ce dont elle avait le plus besoin : apprendre à écrire, et à bien écrire. Signe des temps, nouvelle galaxie...

S (longue) : Il était une fois une duègne de haut rang, à qui l'on a coupé la tête et le col sans histoires à l'époque de la Révolution. Et le bruit immense de la chute de l'Ancien Régime, et de ceux (les cols) de Louis XVI et Marie-Antoinette, a voilé celle (la chute) de l'ſ longue.

Dans l'ancienne écriture, en effet, la lettre S empruntait deux formes différentes : on l'écrivait « courte » à la finale, mais « longue » à l'intérieur, et elle ressemblait alors, à la barre près, fortement à une F (on dit S « longue », F « longue », car toutes les lettres étaient alors du féminin).

Il y avait là non seulement une question d'esthétique (cette forme interne facilitait ce que l'on appelait les *ligatures,* que présentaient certains caractères liés les uns aux autres, fl, ff, ct, etc.), mais, pour l'écriture manuscrite, une question de lisibilité, et les caractères imprimés n'avaient pu se défaire de cette habitude, devenue pourtant gênante pour la lecture des imprimés.

Voici, pour que chacun puisse se rendre compte, un passage du XVIIe siècle (tiré de la Dédicace des *Conſolations de l'Ame fidele contre les frayeurs de la Mort, avec les diſpoſitions & les preparations neceſſaires pour bien mourir,* 1651, d'un certain Drelincourt) :

« Avec la Foy de Voſtre Alteſſe, l'on a veu reluire en ſes grandes épreuves vne charité merveilleuſe. Entre une infinité d'Illuſtres exemples, i'en ay appris vn qui merite d'eſtre gravé en lettre d'Or, & laiſſé à la poſterité comme un ſacré monument... »

Ainsi, disparut, avec l'ſ longue, l'un des derniers vestiges de la grandeur de l'orthographe manuscrite et de la monarchie.

Scavants (anciens) : Robert ESTIENNE* était l'un de ceux qui, de son temps, connaissaient le mieux le latin : chez lui, femmes, enfants, serviteurs, tout le monde parlait latin, quelques-uns grec. Il fit donc d'excellents dictionnaires, d'abord entièrement latins, puis latin-français. Ensuite il eut l'idée, devant une demande qui grandissait toujours, de retourner son travail, en mettant le français en tête et le latin après, recensant ainsi pour la première fois des milliers de vocables indigènes sous leur forme de l'époque, la plus proche possible, naturellement, du latin.

Il savait beaucoup de choses, mais pas tout. Il nous a fait donc profiter de tout ce qu'il savait, mais aussi de ce qu'il croyait savoir. Croyant que *poids* venait du latin *pondus,* il conseilla, d'après « les Anciens scavants qui en scavoient plus que nous », d'écrire *poids,* avec un *d,* et on le suivit, avec le plus grand respect.

Croyant que *scavant* venait du latin *scire,* il écrivit ce mot, comme tous les honnêtes gens d'alors, avec *sc* (et sans cédille, bien sûr, signe qu'ignorait le latin). Pour la seule lettre *h,* que par un pur zèle humaniste on rajoutait alors à profusion un peu partout, notons les erreurs d'étymologie pour les mots *heur, bonheur, malheur* (de *augurium*) avec un *h,* d'après *hora ; auctheur, aucthorité,* comme *authentique ; habiller,* au lieu de *abiller,* composé de *bille,* d'après *habit ; haleine,* de l'ancien français *aléner,* d'après *halare ; haleter,* malgré *aile* (à l'origine : « battre des ailes ») ; *hasard,* de l'arabe *az-zahr ; hausser, haut,* de *altus ; hérisser,* de *ericius,* « hérisson » ; *hermine,* dite aussi *armeline,* « rat arménien » ; *houche,* prov. *osca ; huguenot,* all. *Eidgenossen...,* sans compter naturellement *huile* (*oleum*), *huis* (*ostium*), *huit* (*octo*), *huître* (*ostrea*), etc., et toutes les cargaisons des *h* qui arrivaient par avion direct, avec des emprunts divers, de Grèce, de Rome, d'Allemagne et des principales villes d'Europe et du monde. Une véritable folie d'*h,* d'*x,* d'*y,* de *z,* qui envahit les mots d'ancien français, que l'on aurait pensés cependant parfaitement viables sans cette cure de bourrages indigestes et forcés, étant donné leur âge avancé. Quelle mouche a donc piqué un homme aussi remarquable que Robert Estienne ? L'étymologie, on le voit, n'est pas seule en cause. RABELAIS* avait bien raison : pour toucher ses contemporains, il fallait l'écolier limousin. Quant à nous, pourquoi donc n'écrivons-nous plus comme les *Scavants* (anciens) ?

Troubadours : Au Moyen Age, c'était encore le paradis terrestre. Saint Louis, neuvième du nom, sous le règne duquel fut fondée la Sorbonne (1257), que l'on aurait crue l'emblème de la plus haute civilisation, avec des maîtres comme Joinville, saint Thomas d'Aquin, saint Bonaventure, Albert le Grand, Roger Bacon, Siger de Brabant..., rendait dans le plus simple appareil la justice sous un chêne, et rêvait en écoutant ses troubadours. Ceux-ci, sans complexes, ayant peu à écrire, écrivaient bien, et apprenaient dans la joie aux autres, en toutes régions de France, à faire comme eux, dans des écoles nationalisées, où la phonétique et la morale régnaient selon les lois de la nature.

Bien sûr, il y avait quelques trouble-fête. Les textes religieux, philosophiques, diplomatiques, juridiques, universitaires, de méditation, de travail, de lecture, les lois, les chartes, sans compter les écritures courantes en latin et (beaucoup plus rarement) en français, c'est-à-dire sans doute les 99,99 % des manuscrits qui devaient exister à l'époque, et que nous jugeons par ceux qui nous sont parvenus, d'ailleurs dans des éditions parfaitement refaites, ne semblent répondre en rien à cette description idyllique. Peu importe, c'est l'intention qui compte, et le passé est toujours mieux que le présent. C'est si beau, cette légende des troubadours qui écrivaient comme ils prononçaient, aux origines de notre langue... (cf. BEL* françois). Mais n'allez pas fourrer votre nez dans un manuscrit en prose du XIIIe siècle. Vous seriez déçu.

CHAPITRE SEPT

LES GRAMMAIRIENS MALADES DE LA LANGUE

Alternances : Cela semble logique : pourquoi *craniologie* alors que l'on écrit *crâne* avec un circonflexe ? Proposition rationnelle du Grand Timonier : ajoutons un accent à *crâniologie.* Seulement, cela va loin : et *coteau, conique, diplomatique, symptomatique, polaire, futé, futaille, bateau, crépi, crépu, crépissure, était, déjeuner,* ces centaines de dérivés prodigues qui rompent tout lien, accentuel ou autre, avec leur radical ?

Une productrice de télévision posa un jour au Grand Maître une question à brûle-pourpoint : pourquoi *amer* sans accent et *amère* avec un accent ? Comment répondre en deux mots à une telle colle, et surtout à la Télé ? Et pourtant, c'est la valse des accents : des centaines d'adjectifs et de noms variables, de familles de mots dépareillées, de verbes du type *semer/sème,* sans compter les *céder/cède/céderai,* les *appeler/appelle,* les *jeter/jette,* etc. Comment supporter d'écrire, non seulement entre radical et dérivé, mais à l'intérieur de la même conjugaison, *prenne, vienne, tienne,* et *prenons, venons, tenons ?* Et surtout *faire, faisons, faites,* et *ferons, ferez ?* Trois cents verbes (appelés verbes « forts » pour cette raison) résistent à toute force à l'alignement et sont bourrés d'alternances de tout type. Nos dérivés f... le camp dans tous les sens, à l'oral comme à l'écrit, et l'on devrait écrire *airoplane, champonomie, soleiltropie, hommogyne, insectologiste, abrit, caoutchout, numérot* et *pianot* (entre parenthèses, si c'est toujours un *t,* on n'en a plus guère besoin).

Quel rapport entre :

— *vue, voir, vision, voyant ;*
— *cru, croyance* et *crédible ;*
— *œuvre, ouvroir, opérer, opération ;*
— *faire, facteur, facile, faculté, fiable, fabrique, fiction, orfèvre* et *forge ?*

Hélas, trois fois hélas, nous avons une orthographe beaucoup trop

PHONÉTIQUE*, beaucoup trop simpliste, donc antifamiliale, malgré tous nos efforts (cf. FAMILLE*)... La raison d'être de *craniologie,* la voulez-vous ? Elle est simple : contrairement à celle de *crâne,* la voyelle (non tonique) n'y était au XVIIIe siècle pas sentie comme longue (encore l'oral !), et, à juste titre, on n'a pas mis d'accent. Il n'en faudrait pas davantage à *côtier, diplômé, bâton, crêper, crêpelé, bêtise, gâteau, pâtisserie,* et en général à tous les dérivés (et bien souvent d'ailleurs aussi les radicaux !) qui n'ont aucune raison d'avoir cet accent circonflexe, puisque la voyelle n'y est pas longue, pas plus hier qu'aujourd'hui, et pas plus aujourd'hui que demain.

Contrairement aux apparences, et à ce que pourraient laisser croire nos éminents docteurs, bateleurs, arracheurs de dents et néanmoins collègues, la règle générale de notre écriture a toujours été, dans ces cas comme dans beaucoup d'autres, non une règle d'alignement, mais une règle d'*alternance.* L'unité dans la différence, avec de temps en temps, j'en suis d'accord, un petit coup de pouce de l'orthographe, par exemple entre féminin et masculin, singulier et pluriel, verbe et déverbal, nom et adjectif, homographies et hétérographies internes aidant au sens, etc. Mais de là à aligner *craniologie* sur *crâne,* il y a un pas que je ne franchirai pas. Et pourquoi pas écrire *jetter* à cause de *jette,* comme on écrit *dentellière* à cause de *dentelle, interpeller* à cause d'*interpelle,* alors que de toute évidence ces lettres donnent de fausses informations sur la prononciation des mots (cf. aussi CONSONNES* doubles et ACCENTS*) ?

Qui a dit que les dérivés devaient forcément s'écrire comme les radicaux (cf. DÉRIVAISON*) ? Pour éviter de faire de pareilles erreurs d'alignement forcé, il faudrait une bonne fois accepter un code qui n'a rien à voir avec le code napoléonien de la famille (de mots) : la femme et les enfants d'abord, les règles d'orthographe pour eux, normales et tout. Le chef de famille, le radical, en dernier, en queue, tout seul, comme un capitaine avec ses propres problèmes de chef, dont il ne doit pas ennuyer les autres... Ai-je bien répondu, chère productrice de télévision ? Ne soyez pas *amère,* le mot *amer,* tout comme la *mer, le fer, le cancer, l'enfer* et autres termes à consonnes non suivies du *e* final, fait son intéressant et mène sa propre vie. Les dérivés n'ont qu'à en faire autant, et tout le monde s'en portera mieux...

Ambiguïtés : Le grand linguiste Yuen Ren Chao (*Langage et systèmes symboliques,* Payot, 1970) donne certainement le meilleur exemple au monde dans le domaine de l'ambiguïté des langues et de la force indestructible des écritures, qui gravent les sens à jamais, sur la pierre comme dans les mémoires.

Il cite 116 syllabes du chinois, répertoriées dans un simple dictionnaire de poche (de Chauncey Goodriche, 1891), toutes prononcées de la même façon (*hsi*). Avec les 116 idéogrammes correspondants, qui varient à l'oral seulement par les tons, on peut composer une histoire, qui n'a absolument aucun sens si on la lit aujourd'hui en mandarin, à haute voix, mais qui pourrait se comprendre pour celui qui lit le chinois classique. Voici ce texte et sa traduction :

西溪犀，喜ˇ嬉戲ˋ。
嵇熙夕ˋ々ˋ攜犀戲ˋ。
嵇熙細ˋ々ˋ習ˊ洗ˇ犀。
犀吸溪，戲ˋ襲ˊ熙。
嵇熙嘻々希息ˊ戲ˋ。
惜犀嘶々喜ˇ襲ˊ熙。

Le rhinocéros de l'affluent ouest aime bousculer et jouer.
Hsi (nom) Hsi (prénom) va chaque soir jouer avec le rhinocéros.
Hsi Hsi lave méticuleusement le rhinocéros.
Le rhinocéros aspire de l'eau et attaque Hsi pour s'amuser.
Hsi Hsi, riant, tente d'arrêter le jeu.
Le rhinocéros trop méchant, hennissant, prend plaisir à attaquer Hsi.

Fig. 6. *L'ambiguïté orale en chinois classique*
Quarante idéogrammes différents, racontant toute une histoire, pour un même son ! Il existe en tout 116 caractères écrits pour la seule syllabe *hsi* en chinois classique, avec seulemet des changements de tons.

Arabes (caractères) : L'« alphabet » arabe n'a rien à voir avec le nôtre. C'est un alphabet essentiellement consonantique, avec une notation seulement des voyelles longues, et une série de points et de traits lorsqu'on veut, pour des raisons de bonne récitation religieuse (comme dans le Coran), ou pédagogiques, noter éventuellement les voyelles brèves.

Cet alphabet de 28 lettres, sans compter les notations diacritiques de voyelles brèves, est, pour les consonnes, l'un des plus riches et des plus exacts du monde, sans redondance et sans manque majeur. Il descend en ligne directe de l'alphabet phénicien, et s'est maintenu à peu près intact à travers les siècles, unissant par sa seule force de conservation interne, au-delà même du monde arabe, la quasi-totalité du monde islamique. Ces dernières années, l'arabe oral et écrit datant du Coran, sans changer de nature, a su évoluer et s'adapter.

Cependant, il est d'une fantaisie graphique époustouflante : chacune des 28 lettres possédant 4 variantes calligraphiques (mais pas de formes majuscules) selon qu'elle se trouve à l'initiale, à la médiale, à la finale ou isolée, cet alphabet présente, tenez-vous bien, 112 formes différentes, et cet extraordinaire plasticité se prête on ne peut mieux, comme on sait, aux décorations murales et architecturales que l'on a nommées « arabesques ».

D'autre part, d'un maniement aisé à l'écriture (puisque chaque phonème est noté par un seul signe, et que tout n'est pas noté, ce qui rend l'acte d'écrire assez rapide), il se prête mal à la lecture, contrairement au français ou à l'anglais, précisément par manque de redondance, et, lorsqu'on ne note pas les voyelles (ce qui est en général le cas), par l'absence d'éléments essentiels pour ceux qui ne sont pas sûrs de leur prononciation. Aussi la lecture à haute voix (très répandue) est-elle un exercice périlleux, auquel peu se risquent en public.

On raconte de nombreuses anecdotes à ce sujet, dont les locuteurs sont très friands. Ils guettent malicieusement les lapsus et s'en délectent sans se lasser. Par exemple, une simple erreur portant sur la consonne (lue avec un point qui ne s'y trouvait pas) aurait poussé un orateur, dans un discours officiel, à dire que l'on « mutilait sexuellement » tous les prêtres, au lieu de « recensaient » les prêtres ! Imaginez notre Premier ministre disant une chose pareille...

Autonomie (de l'écriture) : Théorie qui soutient que les signes écrits, pouvant être appréhendés et compris visuellement sans le passage par l'oral, vivent de leur propre vie. On connaît les discussions politiques à propos de la différence entre « autonomie » et « autodétermination » de la Corse ou de la Nouvelle-Calédonie. Ici, il s'agit de tout autre chose, mais au fond, pas tellement.

Contrairement aux PHONÉTISTES*, les partisans de l'autonomie (appelés aussi *algébristes,* parce qu'ils considèrent les signes de l'écriture comme aussi distincts de la parole que le sont les formules d'algèbre) soutiennent que, dans ce couple difficile que constituent l'oral et l'écrit, le divorce est après tout la meilleure des choses, chacun habitant un appartement différent et portant son propre nom.

Les « mots visuels » doivent, selon eux, être étudiés comme ceux d'une langue différente. Cette théorie considère donc l'écriture du français, ou de l'anglais, comme si elle était du chinois (cf. CHINOIS* et CHINOISE*), et recherche ses règles de distribution uniquement dans la chaîne écrite (cf. IDÉOGRAPHIE*). D'où la nécessité, pour ces « séparatistes », de nommer autrement les unités, sans référence aux

« consonnes » et aux « voyelles » (qui rappellent trop le verbe « sonner » et les « voix »). J. Anis les nomme les « sates » et les « nodes ».

La conception autonomiste, si elle parvenait à fonder les bases d'une véritable science du déchiffrement, pourrait être considérée comme utile et efficace pour la connaissance des écritures anciennes ou inconnues, que l'interruption de la tradition orale a coupées de leurs racines. Les écritures savantes, celles des langues mortes (étrusque), celles des langues artificielles ou universelles, peuvent justifier et comporter de telles perspectives de recherche. Mais, pour tous les systèmes où l'on peut étudier en même temps les langues orales et établir scientifiquement les correspondances oral/écrit, ce serait tourner le dos au bon sens que de s'en priver. Après tout, c'était bien toujours le même bonhomme qui parlait et qui écrivait !

Beaulieux Ch. : Charles Beaulieux, notre grand historien de l'orthographe, mort en 1952, après plus d'un demi-siècle passé à assembler les éléments d'un des plus vastes et des plus sombres puzzles qui aient jamais été donnés à démêler, n'est (naturellement) pas dans le dictionnaire des noms propres. Après vingt-sept ans de travail ininterrompu, il publia ses *Thèses* (1927), établissant dans les moindres détails, avec une autorité et une science aussi éblouissantes que méticuleuses, comment s'était constituée depuis les origines notre façon d'écrire.

Un silence glacial suivit cette publication, qui aurait dû être jugée retentissante, et ce silence dure encore. Les autorités n'en sont pas revenues, ça leur a coupé le sifflet. L'Académie l'ignore superbement, c'est trop savant pour être vrai. Voyez-vous, chacun, en France, veut bien s'occuper d'orthographe, mais si c'est pour en parler sérieusement !

En tout cas, le premier article consacré à ces *Thèses,* qui traitaient du sujet jusqu'en 1550, fut publié en 1934, le second en 1940, puis, pratiquement plus rien. Si, bien sûr, moi, qui me suis embarquée comme une tête de linotte dans la même galère, sans me rendre compte de ce que je faisais, et qui ai encore rempilé pour au moins cinquante ans, au risque (certain) de voir ma tête se fêler.

Quels que soient les reproches que l'on puisse faire aujourd'hui à ce travail de bénédictin, continué jusqu'à sa mort par Charles Beaulieux, reproches concernant des lacunes légitimes, comme il est normal pour tout travail scientifique abordant des questions nouvelles et difficiles, ne méritait-il pas mieux qu'une telle ingratitude ? Mais en France, en vérité, je vous le dis, le sage est étranger dans la cité…

Beauzée N. : Nicolas Beauzée, le plus prestigieux, à mon sens, de tous nos grammairiens, auteur d'une bonne partie des articles de l'*Encyclopédie* consacrés à la langue et à l'écriture, est, comme ses continuateurs Restaut et Wailly, absent des dictionnaires de noms propres (on y trouve cependant l'autre Wailly, constructeur du théâtre de l'Odéon).

Il y a peut-être une raison à cela : grammairiens, certes, mais ils n'avaient pas à se mêler de ce qui ne les regardait pas, à savoir l'orthographe. Ne voilà-t-il pas que non seulement, avec leurs collègues BUFFIER*, DU MARSAIS*, GIRARD*, DUCLOS*, d'OLIVET*, FÉRAUD* et tant d'autres, ils modernisaient la langue écrite et la ponctuation, ce que personne ne leur avait jamais demandé de faire, mais encore ils donnaient des définitions absolument révolutionnaires de l'écrit et de l'oral, ce que très peu de linguistes se sont risqués à faire après eux ?

« La Grammaire, disait à haute et intelligible voix Nicolas Beauzée au début de son traité (1767), c'est *l'énonciation de la pensée par le secours de la parole prononcée ou écrite* [souligné par moi]. » A égalité, comme ça ! Cela sent son fagot, il y a déjà des Droits de l'homme et de l'écriture là-dedans. Ces choses-là, il vaut mieux ne pas en parler.

Buffier P. : Le Père Claude Buffier (1661-1737), Jésuite respecté, Professeur de philosophie au collège Louis-le-Grand, grand théologien, qui attaqua avec talent certaines théories de Descartes dans son *Traité des vérités premières* (1732), n'est pas un petit jeune homme aux mœurs légères comme l'abbé de CHOISY*, et ses affirmations peuvent difficilement être mises en doute. Dans son traité de *Grammaire* (1700), il se fait le témoin irrécusable d'un phénomène nouveau et important, qui est en train de se passer autour de lui, à l'orée du XVIIIe siècle en France : il s'agit tout bonnement de la défaite générale et définitive de l'orthographe manuscrite « ancienne » des XVe-XVIIe siècles, devant ce que chacun appelle alors l'orthographe « moderne » : « La nouvelle [orthographe], dit le Père Buffier, s'autorise de jour en jour, car je l'ai trouvée dans plus de deux tiers des Livres qui s'impriment depuis dix ans... »

L'orthographe du premier *Dictionnaire de l'Académie* ne faisait guère autorité. Plus : on comptait, selon Buffier, au début du XVIIIe siècle, au moins dix-sept académiciens qui ne suivaient pas les consignes de leur propre *Dictionnaire*. Il s'agissait de « D'Ablancourt, Giri, De Cordemoi, Boursault, l'abbé Testu, Fénelon, DANGEAU*, l'abbé de Choisi, La Bruiere [LA BRUYÈRE*], Dacier, l'Abbé Fleuri, Perraut, Dubois, Lafontaine, [LA FONTAINE*], tous de l'Académie françoise », sans compter d'autres qui, toujours selon Buffier, passent « sans y penser » de l'une à l'autre orthographe, comme « Thomas Corneille,

RACINE*, Boileau-Despreaux, Fontenelle, Campistron, De Saci », et La Motte. Buffier cite également, parmi ceux qui par ailleurs, en partie au moins, utilisaient l'orthographe moderne, Arnault, Nicole (de PORT-ROYAL*), Le Noble, PASCAL*, Maucroix, Malebranche, Mabillon, Bayle, Jurieu, Bernard, Catrou, sans compter les dictionnaires de TRÉVOUX*, de RICHELET*, de « Bauval » (pour Beauval), etc. Cela amène Ferdinand BRUNOT*, citant ce passage, à conclure : « Ce qui revient à dire l'élite de la pensée contemporaine : libertine, protestante, janséniste, trappiste, oratorienne, bénédictine, jésuite... »

Il s'agissait de cela en effet : après la défaite relative de l'orthographe de RONSARD* à la fin du XVIe siècle, après le retour forcé à l'orthographe ancienne, après un siècle de maintien à toute force d'une graphie d'un autre temps, d'interventions malheureuses de l'État, de tentatives des partisans du latin contre le français, la langue française écrite moderne sortait de ses limbes, comme d'une longue maladie : les forces vives de la nation, écrivains et imprimeurs, mais aussi nouveaux producteurs, de toutes espèces et de toutes origines, en avaient décidé ainsi.

Et Ferdinand Brunot avait raison de dire que « l'élite de la pensée contemporaine » était à leur tête, comme le montre le « Plan d'une ortographe suivie par les imprimeurs », dans les *Mémoires* de TRÉVOUX*. Une véritable révolution linguistique, bien avant l'autre...

Champollion J.-F. : Jean-François Champollion, dit le Jeune, restera, c'est vrai, éternellement jeune. Égyptologue français (1790-1832), il est, j'ose le dire, l'un des plus grands savants de tous les temps, le premier sans doute à pouvoir prétendre au titre authentique et plein d'avenir de « chercheur en sciences humaines » moderne. Il est avant tout, et cela me suffit, le fondateur de la Science des écritures, que Gelb et Derrida ont appelé la Grammatologie.

A neuf ans, dit-on, il savait déjà le latin, le grec, l'hébreu, l'arabe, le sanscrit... Enfant surdoué, il apprend alors l'existence de la pierre de Rosette (stèle comprenant un décret de Ptolémée en deux langues et trois écritures, hiéroglyphique, démotique et grecque), et se met en tête de « déchiffrer l'égyptien ». Un astrologue ne lui avait-il pas prédit qu'il serait la « lumière des siècles à venir » ?

A seize ans, il se met à l'étude des HIÉROGLYPHES*, apprend le copte (langue des descendants des anciens Égyptiens). Il s'intéresse à un obélisque de Philae (1821) et détecte la correspondance entre signes hiératiques, hiéroglyphiques et démotiques. L'année suivante, il écrit sa célèbre *Lettre à Monsieur Dacier... relative à l'alphabet des hiéroglyphes phonétiques* (cf. GRAPHOLOGIE*).

La légende veut qu'il se soit précipité tout tremblant, le 14 septembre

1822, vers midi, à l'Institut de France, qu'il ait jeté un premier manuscrit hâtif sur la table de son frère, secrétaire de Dacier, et qu'il se soit alors évanoui pour cinq jours : « Je tiens l'affaire ! » aurait-il crié avant de s'effondrer. *Si non e vero...*

Quoi qu'il en soit, son grand mérite est d'avoir dès cette époque, comme l'indique le titre de sa *Lettre*, reconnu que les hiéroglyphes constituaient une véritable notation phonétique de la langue correspondante (et non pas, comme on le pensait encore à son époque, des « Mystères », c'est-à-dire une série de symboles, comme les Croix de Lorraine, grecque ou latine, les signes du Zodiaque, etc.).

Mais ses découvertes ne s'arrêtent pas là : se fondant sur l'existence des travaux anciens (ainsi ceux de Chérémon dans l'Antiquité), autant que des travaux modernes (Athanase Kircher au XVIIe siècle), il prend pour hypothèse (sans employer ces mots) que les hiéroglyphes correspondent tantôt à des PHONOGRAMMES**, tantôt à des signes-mots, tantôt à des signes grammaticaux, etc., tantôt à tout cela à la fois, selon les contextes.

En véritable linguiste, il s'empare ainsi des fabuleux objets archéologiques, transforme les bas-reliefs en livres ouverts, prend ces inscriptions et ces textes qui courent partout et dont il ignore le sens, et en identifie lumineusement les éléments comme parties de discours, chargés de significations précises, sans se laisser prendre à l'apparence formelle des signes, dont la beauté plastique avait ébloui (et aveuglé) ses prédécesseurs. Se fiant à sa connaissance du copte, il remonte ainsi de l'écriture à la langue, qui se dévoile peu à peu à ses yeux avec sa phonétique, son vocabulaire, sa grammaire, ses métaphores et sa littérature... Trois mille ans à explorer ! Qui a fait un pareil cadeau à l'humanité ?

On ne peut se rendre compte, encore aujourd'hui, de l'importance inépuisable de ses découvertes. Non seulement des centaines de grammaires et de dictionnaires de l'égyptien se sont inspirées des siennes, non seulement l'histoire, l'archéologie et toute notre connaissance des civilisations anciennes continuent à en bénéficier, mais l'impact théorique de ses hypothèses commence seulement à bénéficier au DÉCHIFFREMENT* et à la connaissance des écritures et des langues encore inconnues ou mal connues — je ne parle pas seulement de l'étrusque ou du basque, mais, vous l'avez bien compris, du français...

Ne l'oublions pas : qui dit langage dit communication. Parler avec nos ancêtres, c'est bien. Parler entre nous, c'est encore mieux. Imaginez une méthode pour comprendre tous les hommes de la terre, pour pénétrer sans mal dans le cœur et la pensée des autres peuples, quels qu'ils soient. Méthode qui chanterait avec Baudelaire :

Mon gosier de métal parle toutes les langues...

Chinois (système) : On cite toujours le système chinois comme le modèle même de l'autonomie de la langue écrite (cf. AUTONOMIE*). Parlons-en. C'est également, j'ose le dire, le modèle même d'une orthographe phonétique ! Ils ont les deux systèmes, et ils ont bien raison.

On appelle communément les caractères chinois des IDÉOGRAMMES**. En fait, le système de l'écriture chinoise est essentiellement composé de SYLLABES**, mais pourvues de sens (PLÉRÈMES**) : M. A. French (1976) mentionne le fait que même dans les mots d'emprunt, que les Chinois traduisent en une suite de caractères évoquant la prononciation, ils se débrouillent toujours pour accorder un sens à ce qui n'en a pas. Ainsi, le mot *vitamine* sera traduit par *Wéi-tà-ming,* avec trois caractères qui rappellent la prononciation d'origine, mais qui peuvent aussi s'interpréter en chinois par « qui protège la vie » ; *tracteur* est transcrit par *Tuo-la-ji,* mot à mot « machine qui tire et qui pousse », etc. Chao (1970, p. 167, cf. AMBIGUITÉS*) parle du « génie du langage chinois à lire du sens dans n'importe quelle syllabe ». Cependant, on compte quelques centaines de signes-syllabes dépourvus de sens (ou qui l'ont perdu) et qui sont utilisés exclusivement comme indicateurs phonétiques.

Il y a diverses sortes de caractères, ou du moins les mêmes sont utilisés avec plusieurs valeurs différentes : comme clés (muettes, signes de catégories) ; comme signes-morphèmes (il peut y en avoir plusieurs pour former un signe-mot), et enfin comme indicateurs phonétiques, par le système de rébus. 90 % des signes courants sont plus ou moins de ce type, avec deux ou trois types de signes, mais pour les mots d'emprunt le système est plus phonétique encore (ex. *Marx* > *Ma-kè-si*).

Bien sûr, c'est un ensemble compliqué, surtout à écrire, mais il a ses avantages (cf. CHINOISE*, phonétique). C'est aussi un système peu adapté aux procédés d'impression industriels, encore que l'ordinateur soit capable, aujourd'hui, de remplacer le scribe. Mais en substance, il n'y a rien, dans le système chinois (pas plus que dans ceux du sumérien, des MAYAS* et de l'ancienne Égypte) qui doivent nous étonner, nous autres Français. Une seule chose nous sépare : ils connaissent le leur, nous ne connaissons pas le nôtre.

Chinoise (phonétique) : La Chine pose un grave problème à la fois au PURISTE* et au LINGUISTE*, car c'est le seul pays qui aime autant son père (le langage oral) que sa mère (le langage écrit).

Ont-ils deux langages ? On pourrait le croire, puisque, non compris les « dialectes », les petites langues périphériques et le « mandarin » (langue officielle, parlée par plus de 700 millions de Chinois), on compte en Chine au moins quatre grandes langues différentes, dont les usagers se comprennent seulement à l'écrit, et lisent les mêmes journaux et les mêmes livres. Un peu comme pour l'arabe littéraire ou le latin dans l'Europe du Moyen Age, les caractères chinois écrits correspondent bien à un langage véhiculaire, à cela près qu'il s'agit ici non de lettres, portant un message phonétique, mais de « dessins », d'images visuelles associées directement à des mots ou à des morphèmes (cf. caractères ARABES*). Cependant, il ne faut pas exagérer : la phonétique est différente, mais ces langues sont de même type, et beaucoup de choses les rapprochent, à commencer par des millénaires de vie culturelle et de traditions communes. C'est ce qui fait qu'à peu près n'importe quel Chinois pourra, à l'écrit, comprendre un journal rédigé à l'autre bout du pays, alors qu'un Japonais, qui cependant connaît un par un tous les signes utilisés, ne le pourra pas.

Aucune preuve du rôle joué par les écritures dans le temps et dans l'espace n'est plus éclatante que l'exemple chinois. Aucune plus nette non plus sur la place somme toute mineure occupée par la « parole » (prise dans le sens des accidents du discours) dans les systèmes des langues : l'extrapolation de la phonétique dans le monde occidental provient d'un simple hasard de l'histoire, notre héritage alphabétique. Il est temps que nos yeux se dessillent, non pas pour rejeter l'alphabet, qui est l'une des plus étonnantes inventions de l'histoire humaine, mais pour considérer d'un autre œil non seulement les écritures des autres, mais nos propres systèmes.

Cohen M. : Marcel Cohen (1884-1974), linguiste, sociologue, spécialiste de l'histoire de la langue et de l'histoire des écritures, auteur, avec A. Meillet, de la vaste synthèse, toujours mise à jour, sur les *Langues du monde* (1re éd. 1924), ainsi que de *la Grande Invention de l'écriture et son évolution* (1958), a toujours eu à cœur, contre vents et marées (parfois contre ses propres amis) de soutenir la grande cause de la réforme de l'orthographe.

« Le présent recueil, disait-il de ses *Regards sur la langue française* (1972), est sous le signe de la défense de notre langue nationale contre les puristes... »

Son souci essentiel est, comme Raymond QUENEAU*, de donner sa place, toute sa place, à l'usage réellement parlé. Il croit en « la bonne santé du français », et est heureux de voir Queneau reprendre cette idée originale (*NRF,* avril 1969).

« Est-ce utile de dire que nous pouvons être pleinement confiants pour la vitalité de la langue et pour la richesse de sa littérature ? », écrit-il en conclusion de sa brochure *le Français pour tous* (1971). C'est cette confiance qui lui permet de repousser inlassablement tout « catastrophisme » en matière de langue, et de saluer, à plus de quatre-vingts ans, le « vent nouveau » qui souffle sur elle...

C'est avant tout pour libérer cette charmante endormie qu'il en vient à dire que « la question d'une réforme possible de l'orthographe [doit] se reposer et doit être mise nettement à l'ordre du jour ». Cela dit, il ne se fait guère d'illusions à propos des mini-crises périodiques de l'opinion française, avec à chaque fois un nouveau « pas de deux » des autorités, véritables « parties de VOLANT* orthographiques », disait-il, faisant mine de traiter sérieusement de ces problèmes tout en les enterrant proprement dans l'une ou l'autre des commissions créées (cf. BESLAIS* et PHONÉTIQUE*).

« En attendant, écrivait-il, prenons avec l'intérêt et l'amusement qui leur sont dus les jeux de scène qui nous sont offerts » (*Grammaire et Style,* 1954, p. 188).

Sa grande idée était de mettre sous les yeux des gens les différentes orthographes, et de les faire prendre conscience à la fois des changements qu'elles avaient constamment subis, et de la facilité avec laquelle les yeux s'habituaient à l'une ou à l'autre façon d'écrire, car, comme le disait BOSSUET*, « on ne lit point lettre à lettre »...

Ainsi, reprenant le texte du Songe d'*Athalie* de RACINE* de 1691, il en proposait successivement, en 1967, la version originale (avec en regard quelques graphies correspondantes du XVIe siècle), puis la version selon l'orthographe proposée par le projet Pernot-Bruneau (1948, le plus radical des projets récents), puis selon les projets de DAUZAT*-Damourette (1940), Charles BEAULIEUX* (1952), et Beslais (1965). Voici, ci-après, les deux dernières versions (la première, celle de l'édition originale, se trouve sous l'article Racine, auquel on est prié de se reporter).

L'orthographe proposée par le projet Pernot-Bruneau (le plus radical, avec consonnes doubles, *h* muet et lettres grecques supprimées, *s* pour *s* dur, *z* à l'intervocalique, *j* pour *g* devant *e, i, an* pour *en, s* pour *x* final muet) est :

C'était pandant l'oreur d'une profonde nuit.
Ma mère Jézabel devant moi s'est montrée.
Come au jour de sa mort ponpeuzement parée.
Ses maleurs n'avaient point abatu sa fierté.
Même èle avait ancor cet éclat anprunté
Dont èle ut soin de peindre de d'orner son vizaje
Pour réparer des ans l'irréparable outraje.

"Tranble, m'a-t-èle dit, fille digne de moi,
Le cruel Dieu des Juifs l'anporte ausi sur toi,
Je te plains de tonber dans ses mains redoutables,
Ma fille." An achevant ces mots épouvantables
Son onbre vers mon lit a paru se baiser.
Et moi, je lui tandais les mains pour l'anbraser
Mais je n'ai plus santi qu'un orible mélanje,
D'os et de chair meurtris et trainés dans la fanje,
Des lanbeaus pleins de sang et des manbres afreus,
Qe des chiens dévorants se disputaient antre eus.
(Racine, *Atalie,* II, 5)

Voici le même texte dans l'orthographe modérément modifiée, proposée par quatre autres projets : ceux de Dauzat-Damourette (1940), Charles Beaulieux, la Ligue pour une réforme orthographique (1952) et Beslais (1965). Leur seule différence entre eux ici est que la Ligue, proposant la simplification des lettres grecques, écrit *Atalie*. Les deux autres projets ne changent rien aux lettres grecques, sauf, en ce qui concerne Dauzat, les modifications acceptées par l'Académie en 1908 (*rh, ch*).

C'était pendant l'horeur d'une profonde nuit.
Ma mère Jézabel devant moi s'est montrée,
Come au jour de sa mort pompeusement parée.
Ses malheurs n'avaient point abatu sa fierté.
Même èle avait encor cet éclat emprunté
Dont èle eut soin de peindre et d'orner son visage
Pour réparer des ans l'irréparable outrage.
"Tremble, m'a-t-èle dit, fille digne de moi,
Le cruel Dieu des Juifs l'emporte aussi sur toi,
Je te plains de tomber dans ses mains redoutables,
Ma fille." En achevant ces mots épouvantables
Son ombre vers mon lit a paru se baisser.
Et moi, je lui tendais les mains pour l'embrasser
Mais je n'ai plus senti qu'un horible mélange,
D'os et de chair meurtris et trainés dans la fange,
Des lambeaus pleins de sang et des membres afreus,
Que des chiens dévorants se disputaient entre eus.

Dangeau L. (et les faisans) : Louis de Courcillon, abbé de Dangeau (1643-1723), est le frère de l'aide de camp de Louis XIV, Gouverneur de Touraine. Excellent grammairien, dont Saint-Simon disait :

« Les bagatelles de l'orthographe et de ce qu'on entend par la matière des rudiments et du Despautère furent l'occupation et le travail sérieux de toute sa vie. »

Ce ne fut pas du temps perdu : désireux d'apporter un peu d'ordre à l'incroyable confusion que constituait (et constitue toujours) la présentation pédagogique des sons du français, il est le premier à en avoir donné une description correcte, mentionnant le *eu,* le *ou,* et les voyelles nasales, mal décrites ou pratiquement inconnues des manuels de l'époque. DUCLOS* (son élève), d'ALEMBERT* et tous les grammairiens du XVIIIe siècle lui ont rendu hommage, et nous lui devons beaucoup.

Il a beaucoup fait également pour éclairer les problèmes orthographiques, ainsi celui des lettres grecques :

« J'ai cru, dit-il par exemple, à propos du *p,* du *c,* par rapport aux *ph* et aux *ch* grecs, devoir laisser aux lettres françoises le son qu'elles ont naturellement, pensant que si les Latins ont ecrit ainsi certains mots dérivés du grec, c'est qu'elles gardoient une aspiration differente et qu'ils prononsoient les premieres silabes de *philosophia* et de *character* autrement que celles de *figura* et de *caput.* Aparemment s'ils les avoient prononcées de la même maniere, ils les auroient exprimées aussi par les mêmes letres. » (On peut juger par ce texte de son orthographe, dans laquelle beaucoup de lettres doubles sont supprimées).

Il raconte par ailieurs (se moquant des femmes), toujours par rapport aux lettres grecques, comment une dame bien née, lisant qu'un empereur « mangeoit des pâtés de langues de *phaisans* [ancienne graphie de *faisans*], et s'imaginant qu'un *p* se prononçoit toujours *p,...* avoit lu des langues de *paysans* », et s'était écriée : « O que ces empereurs Romains étoient cruels ! » Tels sont, ajoute-t-il, « les méfaits véritables de l'orthographe, qu'on ne se méfie pas d'elle, et qu'elle se prête à déformer la langue » (cf. ALLÉES* et venues).

Derrida J. : Philosophe français, né en 1930 en Algérie, et qui conçoit la philosophie, dit le dictionnaire, « comme une lecture critique des textes ».

S'il est un domaine où l'on peut à jamais être reconnaissant à Jacques Derrida, c'est d'avoir introduit la lumière aveuglante de la lecture critique sur le terrain réservé de l'*écriture,* se moquant avec brio de la légèreté avec laquelle, comme la femme au cours de l'histoire, cette face du langage a toujours été traitée tantôt comme une déesse, ou comme le diable, le « mal » absolu, tantôt comme un « double » inférieur, sans qu'aucune autre solution soit jamais sérieusement envisagée pour elle. Il y a l'Écriture (les Saintes Écritures), et il y a l'autre ; la mère qui est tout, et la femme qui n'est rien.

Rien de plus sain que le grand rire qui nous prend lorsqu'il se moque, avec une finesse, elle, réellement diabolique, des contorsions métaphysiques auxquelles nous nous sommes livrés depuis toujours s'agissant de l'écrit : signes présentés d'abord comme « porteurs de mort », comme une magie, comme l'invocation de métamorphoses ou d'appels de la divinité ; puis, par la suite, efforts de toute la tradition judéo-chrétienne pour ramener la parole à Dieu, et l'écriture à la parole ; mise en accusation de l'écriture, plus tard de l'imprimerie sa cadette, comme « l'œuvre du démon » ; et, depuis, ROUSSEAU*, pour qui l'idéal est toujours, là comme ailleurs, situé loin derrière nous, dans un monde sans écriture, « lorsque les hommes... n'avaient de société que la famille, de lois que celles de la nature, de langue que le geste et quelques sons inarticulés... ».

Et ensuite ? Ensuite, ajouterai-je, les fils et petits-fils du rousseauisme, qui voient toujours dans l'écriture une mutilation de l'homme initial, la perte pour lui d'une identité et d'une liberté, celle de la « parole vive », qui nous rapproche de la nature et de Dieu... (cf. LÉVI-STRAUSS*).

Comme si l'on ne pouvait pas tout aussi bien dire le contraire, ce que faisait déjà Paul-Louis Courier, parlant de l'art d'écrire (1820) :

« Les premiers mots tracés furent *liberté, loi, droit, équité, raison,* et dès lors on vit bien que cet art ingénieux tendait directement à rogner les pensions et les appointements. De cette époque, datent les soucis des gens en place, des courtisans... »

Distance : Associons, s'il vous plaît, les données du TEMPS* et de l'ESPACE* à notre approche des faits du langage. Qu'est-ce que l'écriture ? Comme le disait magnifiquement E. Raoux, professeur à l'Académie de Lausanne, en 1865, c'est « ... une voix parlant à mille lieues, ou éteinte depuis trois mille ans... ». Pour parler de façon plus prosaïque, c'est un « porte-voix », mais aussi le réservoir de la pensée humaine, un fabuleux « aide-mémoire » à distance, une *télécommunication.*

En tant qu'« aide-mémoire », elle doit se conformer à ses fonctions : conserver au mieux l'information, éviter la déformation, rester elle-même. Si on la compare à une bibliothèque, disons qu'elle devrait, autant que faire se peut, présenter à jamais intacts les documents originaux. Si l'on pense à présent à un monument historique (à quoi on compare souvent notre orthographe, et qu'elle est en réalité), sa destinée semblerait bien être, là encore, avant tout la permanence, pour ne pas dire l'éternité.

Oui, mais voilà, elle est aussi « porte-voix ». Non pas bêtement, comme on le dit trop souvent, comme un « reflet » ou une « peinture » de l'oral ; mais par un rapport à distance, original, qui à la fois garde ses caractéristiques et puise dans ses liens avec la langue une force incroyable, qu'il ne faut à aucun prix sacrifier. Or, le langage évolue.

Telle est la contradiction immanente de l'écriture.

Comment faire alors ? C'est ici que doit intervenir la notion de RELATIVITÉ*.

Domergue F. : François Urbain Domergue (1745-1810), que l'on cite toujours comme le grand spécialiste des questions de grammaire et de langue auprès des révolutionnaires de 1789, semble bien avoir une réputation légèrement usurpée. Il n'arrive pas, à mon avis du moins, à la cheville d'un d'OLIVET* ou d'un BEAUZÉE*, ses illustres prédécesseurs.

Après bien d'autres, il échafaude un alphabet nouveau, de 21 voyelles (!) et 20 consonnes, à grand renfort de crochets et de cédilles. Son principal mérite est d'avoir donné aux débats sur la langue une tribune durable avec son *Journal de la langue française* (de 1784 à 1791). Cette idée de débats suivis fut reprise au siècle suivant par MARLE* (sous le même titre) et la Société grammaticale (qui avant la Révolution de 1830 tint régulièrement ses assemblées et ne se sépara précisément que sur la question de savoir... s'il fallait se prononcer sur une réforme modérée ou « néographique » !).

Domergue était un homme d'action. Si une véritable réforme avait été décidée, et qu'il ait eu les pleins pouvoirs, voici ce qu'il aurait fait :

« Je promets, disait-il en 1803, que l'orthographe [nouvelle] sanctionnée par l'Académie française [que l'on appelait alors « troisième classe de l'Institut national »], sera sur-le-champ adoptée : dans tous les actes émanés des autorités constituées ; dans tous les journaux soumis à l'inspection de la police ; dans toutes les écoles nationales ; dans tous les établissements payés des deniers publics. »

Cela sent son centralisme napoléonien, auquel Domergue s'était rallié sans problèmes. « Cette heureuse révolution, ajoutait-il, peut être opérée par le concert de la force, à qui rien ne résiste, et des lumières, à qui rien n'échappe. »

Fort de cet enthousiasme caporaliste (qu'il appliqua surtout, comme on sait, à pourchasser les parlers locaux aux quatre coins de la France), Domergue lance au Premier Consul une véritable prosopopée :

« O Bonaparte, jette un regard sur ces lignes, elles t'appellent à la gloire, non à celle du guerrier, tes exploits ont lassé la renommée ; non à celle de l'homme d'Etat, la France, te bénit et l'univers t'admire...

La gloire que je t'offre est pure et n'appartiendra qu'à toi seul. Ose ordonner la réforme de notre orthographe ; et le mensonge abécédaire, qui prépare à tous les mensonges, ne déformera plus les jeunes esprits, et l'immense famille dont tu es le chef parlera partout le même langage, et les monuments immortels du génie et du goût de nos écrivains se présenteront d'eux-mêmes à l'étranger reconnaissant. Elevé au faîte du pouvoir par ta valeur, ta sagesse et notre amour, déploie la force pour la propagation des idées justes, mets ta gloire dans le triomphe de la vérité. »

Illusion ! Utopie pure et dangereuse ! C'est bien le cas de dire ici que « tout ce qui est exagéré n'existe pas », et de reprendre les vers de mirliton cités par le brave petit académicien Andrieux, ulcéré, en 1829, par la trahison de Marle :

> Il en est des habits ainsi que du langage ;
> Toujours au plus grand nombre il faut s'accommoder ;
> Et jamais on ne doit se faire regarder.

Duclos Ch. (et les femmes) : Charles Duclos (1704-1772), Secrétaire perpétuel de l'Académie française à partir de 1755, écrivait : « [...] C'est un peuple en corps qui fait une langue... Un peuple est... le maître absolu de la langue parlée, et c'est un empire qu'il exerce sans s'en apercevoir... » *(Remarques sur la Grammaire générale et raisonnée de MM. de* PORT-ROYAL*, 1760).

Et il ajoutait (en orthographe réformée) :

« Ce sont des savans et non pas des filosofes qui l'ont altérée [« l'ortografe »] ; le peuple n'y a u aucune part. L'ortografe des fames, que les savans trouvent si ridicule, est, à plusieurs égars, moins déraisonable que la leur. Quelques-unes veulent aprendre l'ortografe des savans ; il voudroit bien mieux que les savans adoptassent une partie de cèle des fames, en y corigeant ce qu'une demi-éducation y a mis de défectueus, c'est-à-dire de savant... »

Curieusement, on s'est, sous l'Ancien Régime comme sous le nouveau, toujours moqué de l'orthographe des femmes, même des plus célèbres (cf. Mme de SÉVIGNÉ*). En fait, elles n'avaient pas l'orthographe des « savans », et préféraient de beaucoup l'orthographe dite « moderne », qui ne nécessitait pas obligatoirement des connaissances de la langue latine. Elles n'avaient alors pour toute instruction solide que celle que leur donnaient, quand elles avaient cette chance, leurs précepteurs, leurs maris ou leurs lectures personnelles. Au XVIIIe siècle, on ne compte plus les ouvrages du type *l'Orthographe des dames, la Cantatrice grammairienne,* etc. Inversement, les têtes pensantes du siècle des Lumières, partisans fougueux d'une orthographe qui ne doive rien au latin, s'appuyaient sur celles qui étaient les soutiens les plus zélés (et les plus concernés) des simplifications.

Pourquoi ai-je dit : « curieusement » ? Reportez-vous à l'article AVANCES* féminines.

Du Marsais C. (et l'accent plat) : César Chesneau, sieur Du Marsais (1676-1756), précepteur des enfants de Law, illustre grammairien, encyclopédiste et auteur du *Traité des Tropes* (1730), n'était pas en reste sur ses collègues en ce qui concernait l'orthographe. Dans l'Errata de son *Traité,* il indique à propos de l'usage graphique adopté dans cet ouvrage :

« Etes-vous partisan de ce qu'on apèle anciène ORTHOGRAPHE* ? Prenez donc la peine de mettre des lettres doubles qui ne se prononcent point, dans tous les mots que vous trouverez écrits sans ces doubles lettres. Ainsi, quoique selon vos principes il faille avoir égard à l'étymologie en écrivant, et que tous nos anciens auteurs, tels que Villehardouin, plus proches des sources que nous, écrivissent home de *homo,* persone de *persona,* honeur de *honor,* doner de *donare,* naturèle de *naturalis,* etc., cependant ajoutez un *m* à *home* et doublez les autres consones, malgré l'étymologie et la prononciation, et donez le nom de novateurs à ceux qui suivent l'anciène pratique. »

Du Marsais, lui aussi, a soutenu l'idée d'introduire en français, à côté de l'accent aigu et de l'accent grave, un troisième accent pour les E intermédiaires, qui ne sont ni fermés ni entièrement ouverts, et que l'on appelait à l'époque des « E* moyens », ou « mitoyens ». Il dit en effet à l'article *Accent* de l'*Encyclopédie :*

« Il seroit à souhaiter que l'on introduisît un accent perpendiculaire qui tomberoit sur l'*e* mitoyen, et qui ne seroit ni grave, ni aigu. »

Cet accent vertical a été utilisé (en particulier dans *l'Alphabet pour les enfants* de M. de Launoy, Paris, 1750). Alors ? Faut-il choisir le vertical (proposé aussi par FIRMIN-DIDOT* père), ou l'horizontal (utilisé largement aujourd'hui sur les lettres capitales des titres de journaux, cf. ACCENT* plat) ? Le débat est ouvert : l'essentiel, c'est d'adopter aujourd'hui, pour remplacer nos quatre accents actuels si encombrants, une simplification si utile, si peu coûteuse, et qui serait accueillie à bras ouverts par les petits et les grands.

Échecs (pièces du jeu d') : L'écriture est un SYSTÈME* de signes, soit.

Mais fait-elle ou non partie de la langue ? Là est la question. Les « langages » des gestes, des nombres, des symboles, ou des oiseaux, des dauphins, ou, par extrapolation plus large encore, de la musique, de la danse, de l'image, etc., sont des systèmes de signes plus ou moins organisés, que l'on regroupe avec les « signaux » (code de la route, signaux maritimes, aériens, etc.) au sein de ce que l'on appelle la « sémiologie ». L'écriture n'est-elle qu'un de ces codes, indépendants ou quasi indépendants du langage parlé ?

Beaucoup d'arguments plaident en ce sens, et beaucoup pour la cause inverse. Après tout, on peut exprimer par l'écriture la quasi-totalité des messages parlés, avec quelques pertes, mais aussi quelques gains, ce qu'on ne peut faire avec aucun autre code.

Mais au fait, qu'est-ce que la langue elle-même ? Ne nous faisons-nous pas beaucoup d'illusions sur elle, en la confondant avec un seul de ses véhicules, le phonème ? SAUSSURE*, qui a tout dit, a dit cela aussi : « La question de l'appareil vocal est... secondaire dans le problème du langage... Ce n'est pas le langage parlé qui est naturel à l'homme, mais la faculté de constituer une langue, c'est-à-dire un système de signes distincts correspondant à des idées distinctes. » Autrement dit, la langue, définie ici comme la capacité la plus abstraite de l'homme d'organiser sa pensée en « idées distinctes » correspondant à des « signes distincts », n'est pas forcément dépendante (nous dirons : au moins à partir d'un certain niveau de développement) de l'un ou l'autre des supports qu'elle emprunte. Ce qui rappelle également une fort belle phrase du linguiste Uldall, disant que la parole et l'écriture sont « deux réalisations dans un nombre infini de systèmes possibles dont aucun ne peut être dit plus fondamental qu'un autre ».

Et Saussure utilise, pour se faire comprendre, une comparaison, comme on dit, « parlante » :

« La langue est un système, et ne connaît que son ordre propre. Une comparaison avec le jeu d'échecs le fera sentir... Si je remplace les pièces de bois par des pièces d'ivoire, le changement est indifférent pour le système, mais si je diminue ou augmente le nombre des pièces, ce changement atteint profondément la grammaire du jeu... »

Ainsi, disons si vous voulez que l'écriture emprunte des pièces de bois, et l'oralité des pièces d'ivoire, de vermeil, d'or, de cristal, je vous l'accorde. Mais la première est le seul code à posséder elle aussi quasiment toutes les pièces du jeu. C'est l'essentiel pour jouer.

Écriture(s) : Ce mot peut correspondre à l'*acte* d'écrire (la « scription ») ; aux *résultats* de cet acte, quels qu'ils soient (dessins, graphies, graphismes, calligraphies, manières d'écrire) ; aux résultats particuliers que sont les *messages* linguistiques écrits ou textes (les « scripta ») ; enfin, et c'est ce qui nous intéresse surtout, au *code* ou système de signes qui permet d'écrire ces textes, comprenant lui-même trois parties : une *batterie* de caractères (alphabets, syllabaires, etc.), un système de *transcription* et une série de *règles* et d'*usages* annexes que l'on appelle plus couramment ORTHOGRAPHE*.

Dans toute page écrite, on peut distinguer : du *graphique* (mise en page, illustrations, vignettes, blancs, etc.) ; du *calligraphique* ou *typographique* (choix des dessins et de la grosseur des lettres, des caractères, etc.) ; du *linguistique* (rapports des caractères avec telle ou telle partie de la langue) ; du *sémiologique* (caractéristiques psychologiques, artistiques, émotives du langage visuel, comme du langage sonore).

Il faut aussi signaler que, tout naturellement, le code écrit constituant une des marques de la langue écrite (langue élaborée, celle de la littérature et de la science), on parle de l'écriture comme du *style* d'un écrivain, ou d'un artiste, son *expression* artistique. Cela fait beaucoup de choses, et des choses de très haute sophistication. On voit combien nous sommes loin ici des amusettes des dictionnaires des difficultés, et du dogmatisme des pédants de tout temps et de tout bord.

Mais la tâche actuelle des LINGUISTE(S)* est d'ôter la haute main de la littérature sur le code lui-même, qui est un système de signes et par conséquent les concerne au premier chef.

Espace : Les grands empires ont les écritures les plus idéovisuelles. Plus on doit aller loin, plus on va vers l'image. C'est vrai non seulement lorsque ces empires sont vieux, et que l'échelle du TEMPS* a joué, mais aussi parce qu'il faut prendre en compte la DISTANCE*. La géométrie à l'échelle de l'univers, voyez-vous, n'est plus celle de Newton.

Le geste (une caresse à l'enfant par exemple) est le langage le plus proche. Puis, à quelques mètres, vient le regard, le cri, la parole. Au-delà, à quelques kilomètres, c'est le tambour, la fumée, les signaux sonores ou lumineux. Dans les grands espaces, seul l'œil peut intervenir. On voit les étoiles, on ne les entend pas. De plus, le SON* ne dure pas. Si les Égyptiens, par un coup de génie, avaient empli leurs pyramides de sons mélodieux, que nous serait-il resté ?

Il faut donc accepter le gauchissement de la parole par l'écriture, sa déformation inéluctable, sa simplification ou sa complication conservatrices. Au-delà de la France de Villers-Cotterêts, de l'Angleterre de Cromwell, de la Chine des Mandarins, de l'arabe du Coran, de toutes ces écritures véhiculaires qui rapprochent les peuples (ou devraient les rapprocher), peut-être aurons-nous demain non une langue, mais une écriture universelle à transmettre aux autres planètes habitées ? Ce sera peut-être celle des mathématiques, de la musique, de symboles ou d'IDÉOGRAMMES**, mais en tout cas, ce sera une écriture, non un cri.

Féraud (l'abbé) : L'abbé Féraud, lexicographe d'origine marseillaise (1725-1807), est un grand bonhomme, et pas seulement parce qu'il est de Marseille. Le connaissez-vous ? Il n'est même pas mentionné dans les dictionnaires usuels de noms propres, et c'est bien dommage. Excellent linguiste, auteur du *Dictionnaire grammatical* (1761) puis du *Dictionnaire critique* (1787), il a joué un rôle de tout premier plan dans l'histoire de notre langue.

C'est lui qui, le premier en 1787, reprend dans son *Dictionnaire,* entre autres innovations, la grande réforme voltairienne, qui consistait à écrire *ai* partout où l'ancienne graphie *oi* était prononcée *ai :* « J'aime trop Saint-François pour le confondre avec les Français », disait malicieusement VOLTAIRE*. Jusque-là, on écrivait indifféremment *Danois, Anglois, Chinois* et *François,* tout comme pour les verbes, j'*étois,* je *chantois,* je *chanterois* etc. (cf. aussi FRANÇOIS*/français).

Deux années après la parution de son *Dictionnaire,* la Révolution éclatait, et la graphie *oi* pour *ai,* pourtant presque aussi ancienne que la langue, était emportée dans la bourrasque (avec la fameuse S* longue), et disparaissait sans tambour ni trompette... du moins jusqu'au retour des émigrés, en 1816 (cf. LOUIS XVIII*). En tout cas, c'est à Féraud, autant qu'à Voltaire, que nous sommes redevables d'un progrès aussi appréciable, entériné en 1835 par l'Académie.

Frei H. : Henri Frei est un linguiste d'une grande originalité, qui a écrit, en 1929, l'un des ouvrages les plus fondamentaux et les plus drôles que l'on ait jamais écrits sur la langue, *la Grammaire des fautes.*

La grammaire traditionnelle, nous dit-il, range les faits d'après l'ordre des *signes.* D'autres linguistes, comme Ferdinand BRUNOT* ou Charles Bally, d'après leurs *significations.* Quant à lui, il estime qu'il faut ranger les faits d'après l'ordre des *besoins* (des *fonctions)* que ces signes sont appelés à satisfaire. C'est le *fonctionalisme.*

Il n'y a pas, selon lui, à recommander ou condamner tel fait de langue. Le linguiste est là pour observer, et comprendre à quel besoin (d'analogie, de distinction, de brièveté ou d'expressivité) correspond telle ou telle « faute » d'aujourd'hui, qui deviendront peut-être des faits majoritaires et reconnus du parler de demain.

Il relève ainsi pour la première fois, effectivement, de nombreuses expressions populaires, des tendances frappantes du français qu'il appelle « avancé », en général entièrement ignorées, occultées, ou rejetées. Et où les a-t-il recueillies ? Dans les chroniques mêmes des puristes, les seuls à en parler, pour les critiquer avec dédain !

« Je remercie, dit-il, [...] puristes, littérateurs et amateurs pour les abondants matériaux fournis par leurs écrits, dont la lecture est souvent plus profitable que celle des théoriciens ; ils opèrent au moins sur des faits. » ... Et pan sur le bec !

Une autre source importante de ses recherches a été les lettres des prisonniers de la Première Guerre mondiale. André Martinet a fait, lui aussi, de remarquables enquêtes sur ceux de la guerre de 1939-1945. Faut-il donc des guerres pour observer le français ?

Henri Frei ne se contente pas d'épingler telle ou telle tournure, par exemple la confusion sémantique d'*abstrus* avec *abstrait,* d'*auspice* avec *augure,* de *mièvre* avec *mignard,* de *hébéter* avec *bête,* etc. ; ou la confusion graphique de *essor* (écrit à tort *essort)* avec *sortir* ou *effort,* de *péage* écrit *payage,* de *plaids* (« plaidoyer ») avec *plaies* dans l'expression « ne rêver que plaies et bosses » ; ou des créations de nouveaux suffixes dans *avarde* (pour *avare), bizarde* (pour *bizarre), hilarde, ignarde, racontard,* etc. Il classe ces tournures en fonction des besoins fondamentaux (et d'ailleurs contradictoires) du langage, l'économie, l'analogie, la différenciation, la clarté ; et, au-delà même de ces besoins, il les intègre dans le cycle fonctionnel de tout ce qui vit : *déficits-besoins-nouveaux procédés.*

Ainsi, il faut lire (pp. 158-159) son analyse de l'interrogation actuelle, du type : « Il habite où ? il est fâché pourquoi ? ils sont combien ? » Ces types d'interrogatives s'accommodent déjà aux réponses, les devancent pour ainsi dire, ex. :

C'est *qui* qui est venu ? C'est N qui est venu.
Il t'a dit *quoi ?* Il m'a dit *ça.*
C'est le numéro *combien ?* C'est le numéro *n.*

Qu'importe ici les règles, devant la force d'une telle réalité ? Et comment continuer à l'ignorer ?

« Ma première règle, disait J.-J. Rousseau*, à moi qui ne me soucie nullement de ce qu'on pensera de mon style, est de me faire entendre. Toutes les fois qu'à l'aide de dix solécismes je pourrai m'exprimer plus fortement ou plus clairement, je ne balancerai jamais. »

A quoi Henri Frei ajoute, à l'adresse de son lecteur : « Ouvrez l'œil et l'oreille au langage qui s'écrit et se parle quotidiennement autour de vous : il forme le bain de vie de ce livre. »

Gak (V. G), ou l'homme venu du froid : Il a fallu qu'un étranger venu du froid, même pas un immigré, vienne nous apporter des lumières sur notre façon de tenir la plume. C'est un comble ! Et le plus fort de tout cela, c'est qu'on l'a écouté ! Il est vrai que l'on n'est jamais prophète en son pays, et que le sage est étranger dans la cité. Vladimir Grégoriévitch Gak, éminent linguiste soviétique, lexicologue, spécialiste du français, n'a pas considéré que son livre sur *l'Orthographe française* (paru en 1952, et sans cesse réédité depuis) constituait au départ celui qui était le plus digne de le faire connaître dans un pays qu'il aime tant. Et pourtant, le premier compte rendu le concernant, celui d'Irène Vildé-Lot, en 1962, a constitué comme un énorme pavé dans la mare. On parle de lui depuis comme si on le connaissait personnellement. Puis, sa commentatrice est devenue, en collaboration avec lui, son excellente traductrice (en 1976), et chacun a pu juger sur pièces, et quelles pièces ! Oui, il fallait un œil neuf, exempt de préjugés et de passion (cette passion mauvaise qui nous mine en France et qui nous détruit) pour dire calmement les choses comme elles sont, et non comme elles devraient être, comme on voudrait qu'elles soient.

« Votre système graphique, disait et dit toujours mon excellent ami Gak, n'est pas mauvais : beaucoup de langues, dont la russe, estiment qu'il est nécessaire de préserver à l'écrit une certaine unité de forme au mot et à ses satellites, malgré les accidents du discours. Il n'y a là rien que de très normal, et la fureur phonétique demande à être tempérée par certaines concessions à l'analogie et à la différence, à la pratique, à l'usage, à la rapidité de lecture, au sens. »

Dans une remarquable introduction, il rattachait les études orthographiques aux acquis du structuralisme alors en cours, et éclairait les « cinq principes » de l'orthographe française : phonétique, morphologique, distinctif, étymologique, historique. Ces données théoriques étaient confortées par une connaissance complète, nuancée et sans œillères des qualités et des défauts apparents de notre écriture, dévoilés sans parti pris. Ouf ! Tout devenait possible, et tout est allé très vite effectivement après cela.

Je lui donnai à lire, à sa parution, le fameux Rapport de normalisation graphique de notre Grand Timonier. Je me permets ici, pour la première fois, de livrer au public quelques-unes des réflexions inédites qu'il m'envoya, en juillet 1969, à ce sujet :

« L'orthographe, remarquait-il, peut dépendre du système de la langue, elle peut être conforme à un de ses aspects, elle peut lui convenir plus ou moins bien. Mais [...] l'histoire des langues connaît des exemples où une langue a changé d'orthographe deux ou trois fois au cours d'une génération sans que le système de la langue en question en soit affecté. Les gens qui disent que "modifier l'orthographe c'est corrompre la langue" ne jugent que superficiellement... Il ne s'agit pas seulement de "normaliser" les séries. Il faut fonder l'orthographe même des séries sur des principes efficaces... Le principe morphologique chez l'auteur, ajoutait-il, n'est pas étudié avec la précision nécessaire. Il y a deux aspects de ce principe :

« a. Le maintien de la même graphie pour un morphème à l'intérieur d'une partie de discours (verbe, adjectif, nom). C'est le principe morphologique étroit.

« b. Le maintien de la même graphie pour une série de mots appartenant aux parties de discours différentes (verbe + adjectif, substantif + adverbe). C'est le principe morphologique large... »

« Je crois, disait-il encore, que le principe fondamental de M.T., celui des plus grandes séries, est très vulnérable... A ce qu'il paraît, on se propose de maintenir par exemple deux séries différentes pour *honneur* et *honorer,* ce qui est tout à fait ridicule. Je crois que la proposition BESLAIS* est sous tous les rapports plus valable... Pour les familles de mots, on ne devrait pas aligner le radical sur les dérivés, *indigo* sur *indigotier.* L'analyse des corrections proposées pour les "familles de mots" montre combien sont faux les principes directeurs de l'auteur... M.T. maintient et multiplie les graphies bizarres et vouées à disparaître... »

CONCLUSIONS : « Si l'on s'aventure, dit-il, sur un terrain purement scientifique, on constatera que le français "simple et logique" au niveau du système, est très compliqué et "alogique" au niveau de la norme, c'est-à-dire qu'il est bourré de difficultés inutiles pour l'expression de la pensée ; de différences de forme qui ne reflètent pas des différences sémantiques... Il est vrai que l'orthographe française n'est pas aussi difficile et incorrigible qu'on le prétend ; il est vrai aussi qu'elle possède son propre système interne ; il est vrai également que le principe morphologique y joue un rôle important. Aussi bien la réforme de l'orthographe n'est pas à confondre avec les modifications de la langue. »

Et c'est signé (car notre homme a francisé même son nom) :

V. HACQUES*.

Peut-on rêver plus grande modération et plus grande sagesse que celle-ci ? Certes, cet homme est russe. Il n'a aucun intérêt particulier à parler comme il le fait. Mais justement, il est notre ami, il nous aime, il nous aime même mieux que nous-mêmes. Prenons-le pour arbitre, écoutons-le. Nous nous en porterons mieux.

Girard (l'abbé) : L'abbé Girard, membre de l'Académie française en 1744, est connu par d'importants travaux sur la langue et en particulier par ses *Synonymes françois,* premier ouvrage du genre. Il publia en 1716 un ouvrage dont le titre est tout un programme (j'en ai supprimé ici le système particulier d'accentuation, assez compliqué, tout en respectant son orthographe), intitulé : *L'ortografe française sans équivoques et dans ses principes naturels, ou l'art d'écrire notre langue selon les loix de la raison et de l'usage, d'une manière aisée pour les dames, comode pour les étrangers, instructive pour les provinciaux, et nécessaire pour exprimer et distinguer toutes les diférances de la prononciation.*

Il y formule entre autres une remarque intéressante sur l'avenir de notre langue, le rôle de l'écriture et l'influence inéluctable de l'orthographe sur la prononciation :

« [...] Prolongez, de grace, vos jours de quelques siècles, placez-vous dans ces tams reculés où le français, étint par tout ailleurs, ne vivra que dans les colèges, [...] [et] ne pourra plus être apris que par la lecture de nos auteurs [...] Si nous n'écrivons pas aujourdui comme on parle, alors on parlera comme nous aurons écrit [...] et ce sera dans l'ortografe qu'on étudiera la prononciation des mots. Mais, hélas ! quelle horrible confusion ne me samble-t-il pas voir ! Ne vous figurez-vous pas ce cahos affreux et ce bouleversemant general de langage causé par ces lettres inutiles en mille endroits et necessaires en mille autres, par ce protéisme continuel des caractères, par ces ambiguïtés et ces équivoques perpétuelles dans le son et dans la valeur des lettres ? Car cete langue si belle, si noble et si polie dans la bouche n'est plus sur le papier qu'un barbare langage, qui choque les yeux, et que l'oreille ne pourroit soufrir si la langue prononçoit tout ce que la plume a dessiné... »

Cela me rappelle une exclamation de Ferdinand Brunot* (ce n'est pas si vieux), disant : « Bientôt, on parlera de *sept femmes,* en prononçant le *t* de *sept !* » Lui-même prononçait *sept* comme *ses* ou *ces,* et ne pouvait pas l'imaginer autrement.

Plus il y aura de gens cultivés, et plus la langue écrite exercera son rôle naturel de guide de la langue orale. Pensez-y, bonnes gens : dans quatre ou cinq mille ans, on déchiffrera notre langue actuelle comme nous déchiffrons non seulement le latin ou le grec, mais l'égyptien ou le sumérien. Or, pour l'ancien égyptien, les plus grands savants en sont aux supputations en ce qui concerne la prononciation, et se gardent bien de reconstituer les voyelles. Les savants paléographes qui useront leurs yeux sur les hiéroglyphes du français auront surtout du mal avec les consonnes.

Goody J. : Les anthropologues, comme les philosophes, les psychologues, etc., se sont ces derniers temps beaucoup plus occupés de l'écriture que les linguistes.

Jack Goody, professeur d'anthropologie sociale à l'université de Cambridge, est l'auteur de nombreux ouvrages, dans lesquels il insiste sur l'importance de la découverte de l'écriture dans les sociétés humaines, et les répercussions, parfois mal mesurées, de cette découverte sur l'histoire des sciences *(la Raison graphique,* 1979).

Pour Jack Goody, l'écriture est une sorte d'« amplificateur » magistral du langage, qui a permis de multiplier à l'infini les bénéfices de la communication humaine, en permettant à l'expérience des générations de ne plus jamais se perdre. Pour lui comme pour DERRIDA*, il n'y a pas d'une part les littératures orales, d'autre part les littératures écrites. L'important, c'est la « trace », la préservation de l'information. Un singe, par exemple, peut apprendre, avec beaucoup d'efforts, à se servir d'un outil Mais cette expérience sera perdue, elle mourra avec lui...

Se livrant à une étude méthodique de ce qu'ont été les premières écritures, il les analyse non comme de simples projections de la parole, mais comme des procédés à part, fruits de toute la « verbalisation » de la pensée humaine. L'écriture a d'emblée un avantage sur le langage oral, c'est d'avoir plusieurs dimensions : l'écriture, c'est la liste, la recette, le tableau, l'ordre et la hiérarchie, toutes choses qui sont difficiles dans la parole. D'où leur rôle dans l'histoire des sciences, qui sont avant tout des classements et des « mises en ordre » visuelles (par « MISE* en page ») de la réalité.

Ce qui n'empêche pas Goody de reconnaître que cette fabuleuse invention est trop longtemps restée aux mains d'une poignée de privilégiés, « chasubles d'or » et « manteaux et rubans en sautoir », comme le chantaient les Canuts.

Mais le jour où elle tombera vraiment dans le domaine public...

Gougenheim G. (ou l'homme des deux points) : Georges Gougenheim, grand linguiste et historien de la langue, celui-là même qui a dirigé dans les années 1950 les dépouillements et l'établissement scientifique des Listes de fréquence du *Français élémentaire* et du *Français fondamental* (travaux remarquables, qui n'ont jamais été repris par la suite, et c'est bien dommage), avait coutume de conseiller aux réformateurs de l'orthographe (il faisait partie de la commission BESLAIS*), à propos du problème de savoir que choisir et par où commencer, pour réformer l'orthographe du français : « Un ou deux points bien étudiés, pas davantage » (cf. COMMENCER* par où ?).

Et il insistait sur le fait que tout éparpillement des propositions serait dommageable, tout simplement parce que les usagers (étroitement partie prenante en cette affaire) devaient comprendre aussitôt et mémoriser aussi rapidement que possible les modifications qu'on leur demandait. Sinon, rien ne se ferait.

Ce souci des usagers et cette profonde sagesse ne doivent pas être oubliés. Actuellement, personne, à part quelques centaines de spécialistes et de professionnels, ne comprend rien à ces problèmes, et l'on ne fait rien pour sortir les gens de leur paisible indifférence, assortie d'une confiance tout aussi totale envers ces princes et ducs qui nous gouvernent, dans le domaine de la langue s'entend.

Deux voies s'ouvrent alors à nous : ou bien, comme DOMERGUE* s'adressant à Napoléon, nous continuons à lancer vers des statues aveugles et sourdes nos suppliques et nos déchirantes prosopopées, en supputant *in petto* qu'un mot de l'une d'entre elles transformera la France aussitôt, comme par un miracle de Lourdes ; ou bien, plus modestement, nous nous tournons vers nos contemporains, et nous discutons. C'est long, mais c'est plus sûr.

Et alors là, essayez un peu, et surtout, demandez-leur d'appliquer vos propositions de mémoire... C'est ce qu'avait compris ce diable de VOLTAIRE*, et c'est ce qu'avait compris Gougenheim.

Oui, mon Maître, vous avez raison, cent fois raison. Répétons après lui sans cesse, tous ensemble, et n'oublions plus :

« Un ou deux points bien étudiés, pas davantage ! »

Gréard O. (ou le fou du village) : Octave Gréard est cet hurluberlu qui, avec Léon BOURGEOIS*, Ferdinand Buisson, Jules FERRY* et quelques autres grands responsables de l'Instruction publique française, a cru, à la fin du siècle dernier, qu'il pouvait prendre à la lettre la fameuse devise laïque de la toute jeune IIIe République, laquelle parlait d'instruction pour tous.

C'est aussi cet énergumène, membre de l'Académie des sciences morales et de l'Académie française, qui, le 27 juillet 1893, crut possible de faire honnêtement son travail d'académicien, et, après des mois et des mois de discussion serrée, fit voter en commission académique une Note en dix points, portant sur l'amélioration de l'orthographe du futur *Dictionnaire de l'Académie* (qui devait être la 8e édition), note parfaitement structurée et modérée.

Elle comprenait une révision de l'usage des majuscules, du trait d'union, des accents et signes auxiliaires ; des mots d'emprunt, de certains points litigieux d'accords syntaxiques ; elle prévoyait une francisation de certains mots à graphies étymologiques latines ou grecques, ainsi que l'alignement des familles de mots « à formes contradictoires », comme il *appelle* mais il *ensorcèle, sonner* mais *détoner, bonhomme* mais *bonhomie,* etc. ; le passage de certaines finales en *-ent, -ence* à *-ant, -ance ;* enfin, la rectification de certains pluriels en *-oux (bijoux, choux, genoux...).*

Quoi de révolutionnaire là-dedans ? C'était ce que réclamaient depuis fort longtemps les meilleurs savants et grammairiens, dont LITTRÉ*, FIRMIN-DIDOT*, A. Darmesteter, etc. ; c'était le fruit de l'expérience et du bon sens, c'est ce que nous rappelons sans nous lasser depuis plus d'un siècle à l'attention des autorités, c'est une bonne partie du Rapport BESLAIS*.

Mais quoi ? Croit-on que le premier venu, un garnement de la sorte, puisse ainsi affronter l'opinion bien-pensante ? Rentrez dans le rang, Monsieur Gréard, faquin de village. Le parti des DUCS* en a décidé autrement... Et la Note Gréard fut retirée.

Grimarest J. (et les noms propres) : On connaît davantage Jean Grimarest (prononcez *Grimaret*) pour son *Traité du récitatif dans la lecture* (1707), où il parle fort bien de la diction et de la ponctuation, que pour ses vues sur l'orthographe *(Eclaircissements sur les principes de la langue françoise,* 1712). Aussi n'en parlerai-je pas.

Je retiendrai seulement une petite histoire assez drôle qu'il nous conte quelque part : citant un écrivain, Touville, il nous dit qu'il avait posé trois écriteaux sur trois faces de sa maison, portant son nom, pour plus de sûreté, sous trois orthographes différentes : TOUUILLE (avec deux U, cette lettre n'étant pas alors distinguée du V à l'intérieur du mot), TOVILLE (OU et O étant souvent confondus), et TOVVILLE (à la façon latine). Pourquoi s'est-il arrêté là ? Il y avait au moins quatre faces à sa maison... Qu'importe : cela nous fait souvenir fort judicieusement que nos attributions nominales, nos noms eux-mêmes, partie intime et si chère de notre être, n'ont pas au cours du temps été épargnés par l'hétérogénéité fondamentale de tout ce qui existe, langue, hélas, comprise, naturellement.

Combien de personnages ne nous sont encore connus qu'à travers un brouillard ! Demandez aux notaires, qui n'ont actuellement pas de trop de leurs laborieux et ambitieux programmes d'ordinateur pour se débattre entre l'un et le multiple, les RENAUT, RENAULT, RENAUD, RENAULD, j'en passe et des meilleures, et parfois ces identifications d'héritage peuvent, on le sait, rapporter gros !

Rappelons encore ce célèbre imprimeur lyonnais du XVIe siècle, dont nous ne savons toujours pas s'il s'appelait ROUILLE, ROUILLÉ, ROVILLE... (sans compter la prononciation douteuse de ILL). Et cet autre écrivain de la même époque dont le nom s'écrit BOISTUEAU, BOISTUOT, BOESTUAU, BOUETUEAU... et qui était sans doute un vulgaire BOI(T)VEAU ! Et n'abordons pas même ici les noms d'origine étrangère, plus complexes encore à transcrire et à déchiffrer (cf. aussi FLOTTEMENT* et POLLUTION*). N'oublions pas que le respect (bien relatif, quoi qu'on en dise), associé à l'inviolabilité du nom (et tout bonnement à la propriété, industrielle ou autre) est chose plus récente qu'on ne croit. Comment et pourquoi le tremblement des formes serait-il plus faible dans un inventaire de noms propres que dans un inventaire de noms communs ? Il n'en est rien. Je vous l'ai dit : nous vivons sur un volcan. Et, à propos, comment prononcez-vous la rue de la Trémoille, près d'Alma-Marceau ? Après tout, Baudelaire ne signait-il pas souvent Beaudelaire ? Voici, pour votre gouverne, quelques noms d'académiciens, relevés dans les *Registres* de l'Académie française (1762-1793) : Chamfort-Champfort ; Le Mierre-Le Mière-Lemierre-Le Mierres-Lemière ; Brequigni-Brequigny ; Barthelemi-Barthelemy ; Delille-de l'Isle-de Lille-de l'Ile-Delile ; Rulhière-Rullière-Rullierre-Rhullière-Rulhières-Rhulhière ; Suard-Suart-Süard ; Morellet-Morrelet ; Vicq d'Azir-Wicq d'Azir-Vicqdazir-Wic d'Azir.

Idéographie : On comprend surtout le mot idéographie par son contraire, le mot PHONÉTIQUE*. Dans le langage courant, tout ce qui ne passe pas par l'alphabétique est dit idéographique, c'est un peu l'auberge espagnole.

Pour les systèmes d'écriture, le mot est totalement impropre : ainsi, les IDÉOGRAMMES** sont dits idéographiques (« qui passent directement de l'idée au signe »), alors qu'ils comportent souvent des éléments non seulement « concrets », picturaux, figuratifs (PICTOGRAMMES**) mais aussi phonétiques. Il vaut mieux, pour être clair, parler de signes non alphabétiques, de signes-mots (LOGOGRAMMES**), de signes-sons (PHONOGRAMMES**), etc.

Si l'on s'en tient au sens banal de « non-alphabétique », on peut effectivement reconnaître qu'il existe dans nos écritures toute une série de signes graphiques utilisés couramment, et qui ne passent pas par le procédé des lettres : la ponctuation, les chiffres, les symboles, en partie les majuscules, les abréviations, les sigles, les « logos », qui ne cessent de se multiplier pour représenter les marques, les administrations publiques, etc. (exemple les logos des marques de voitures, des aéroports, etc.). C'est dire que l'ALPHABET* est loin d'être la panacée, et il n'y a vraiment que les Européens pour le croire encore, envers et contre toute logique.

Mais le mot idéographie peut être également utilisé sur le plan psychologique : il existe une école qui se dit moderne et qui prétend que l'on peut lire sans passer par l'analyse des signes, quels qu'ils soient, c'est-à-dire d'une façon globale, par « saisie directe » (?) du sens, ce qui permet une plus grande rapidité (cf. LECTURE* rapide en Chine). Effectivement, la voyance astrologique est un procédé plus direct que l'astronomie, avec tout son attirail aussi lourd qu'inutile. On ferme les yeux et l'on voit tout.

Nous connaissons tous ces enfants qui lisent en ânonnant (cf. ÂNONNER*). C'est triste, mais provisoire. Tandis que ceux qui lisent *cheval* pour *chenal, bille* pour *fille,* pour ne pas dire *vélo, moto, auto* ou *avion à réaction* pour *bicyclette,* et *Paris* pour *Marseille,* ça, on connaît aussi, et c'est un peu plus grave. Ne confondons pas vitesse et précipitation, formation et confirmation, bon sens et idéographie, lecture et coup de foudre, qui pourrait être le coup de grâce...

Jullien B. : On ne se rend pas assez compte des sacrifices faits au cours des siècles sur l'autel orthographique. De véritables sacrifices humains, accompagnés de souffrances intolérables, comme aucune association humanitaire ne devrait les tolérer.

Je ne parle pas ici des sacrifices partagés, type TVA, par des générations de Français, petits et grands, depuis la nuit des temps. J'ai en vue ces vies obscures de bénédictins besogneux, qui ont cru, par un travail allant au-delà des forces humaines, parvenir au bout du tunnel de l'ignorance, et parfois de l'injustice. De milliers de pages en milliers de pages, d'inventaires en statistiques, de tableaux en résumés « parlants », de découvertes en recettes, de listes en « règles », de plaidoiries éloquentes en appels au peuple, par la colère et la douceur, la brise ou la tempête, le cœur et l'esprit, on ne compte plus les « sommes » accumulées, dans tous les sens du mot.

Et que reste-t-il de tout cela ? Que restera-t-il demain, si l'on excepte les petits veinards comme BLED*, de ces marins intrépides et de ces capitaines ? Que restera-t-il de nous, champions des chiffres et des lettres, ou humbles chercheurs perdus sur l'océan de la langue ?

Bernard Jullien (à ne pas confondre avec Julius Nepos, Empereur d'Occident, ni avec Julien l'Apostat, Julien de Brioude, d'Eclane, de Tolède, l'Hospitalier, et tant d'autres tout aussi chers à notre cœur), docteur ès lettres, licencié ès sciences, secrétaire de la Société des méthodes d'enseignements [?], qui vécut quelque part au XIXe siècle, est l'un de ceux-là. Ses livres sont aussi pesants qu'innombrables : *De l'orthographe et des systèmes néographiques, Cours supérieur de grammaire,* 1854 ; *Thèses de grammaire,* 1855 ; les *Principales Etymologies de la langue française,* 1862 ; « De la nécessité de quelques réformes dans l'orthographe française », article de 1864, et tant d'autres que je ne puis citer ici.

Peu importe ses idées, qu'il avait, cela se comprend, un peu troublées par tant de travaux pénibles. Cependant, il y a beaucoup à apprendre chez lui, et j'en retiens ceci :

Le 25 janvier 1864, le roi des Belges signa un arrêté pour former une commission concernant l'orthographe flamande. Belle affaire, me direz-vous ! Mais attendez : ces travaux avaient commencé en 1836, et *ils durent encore !*

« Le gouvernement, disait alors le ministre de l'Intérieur, dont je ne sais pas le nom, mais qui fut l'un des plus sages de tous les temps, [...] tout en respectant la liberté individuelle, pourra adopter et préconiser, dans les limites de ses attributions, les règles établies par la commission. » Et il ajoutait :

« Il n'est pas question du tout ici d'imposer une orthographe officielle », et B. Jullien ajoute : « Chacun reste libre d'écrire comme il lui plaira, à la seule condition de passer pour un ignorant si son écriture s'écarte trop des habitudes reçues... il ne faut pas croire qu'une réforme soit toujours une révolution... »

Il avait du bon sens, ce Jullien-là.

La Noue P. (ou l'âne et le cheval) : Pierre de La Noue, angevin, fils de François de La Noue, dit Bras de Fer ou le Bayard Huguenot (1531-1591), est moins connu que son père. Il est cependant l'auteur du *Grand Dictionnaire de rimes françoises* (1623), ouvrage estimable où l'on trouve (témoignage précieux) des rimes suprenantes pour nous, et qui nous apprennent beaucoup sur la véritable prononciation de ce temps.

Dans les réflexions sur l'orthographe qu'il a placées à la fin du volume, il s'intéresse, en bon orateur ami des poètes, à la façon dont nos voisins étrangers pourraient prononcer des vers, qu'ils écorchent et que nous aimons tant : « Il semble souvent, dit-il, qu'ils parlent un autre langage, bien qu'ils aient appris ce que nous leur enseignons. » Et ce n'est pas leur faute, ajoute-t-il. « Celuy qui a bonne veuë, voyant un asne peint en un tableau, seroit bien asne luy mesme s'il le prenoit pour un cheual... »

Mais qui s'occupe des étrangers ? Ni des femmes, ni des enfants, ni d'aucun de ces immigrés de l'intérieur que sont en réalité les exclus de l'écriture ? Âne ou cheval, que nous importe ?

Lartigaut A. : Où sont les neiges d'antan ? Je plains souvent, avec émotion, ces damnés de l'orthographe, tombés l'un après l'autre au nom d'une déesse qu'ils ne pouvaient pas voir en peinture (cf. JULLIEN*, et tant d'autres).

Cependant, je me trompe : ces hommes ne sont pas morts en vain. Comme MEIGRET*, PÉLETIER*, RICHELET*, VAUDELIN* et tant d'autres excellents phonéticiens, leur témoignage nous est resté à jamais, où l'on peut, comme le disait joliment LA NOUE*, ne pas voir un cheval là où était peint un âne, je veux dire voir un peu comment était faite réellement notre belle langue française.

Ce que j'apprécie, par exemple, parmi toutes choses chez un homme comme Lartigaut (grammairien français, auteur des *Progrês de la veritable ortographe, ou l'ortographe francêze fondée sur ses principes, confirmée par démonstracions. Ouvrage particulier et nécésêr à toute sorte de persones qui veulent* LIRE, PRONONCER *ou* ECRIRE *parfêtemant par rêgles,* 1669) — ce que j'apprécie, disais-je, c'est sa syntaxe élégante et pure, sa gouleyante diction, qui nous donne une idée de ce qu'était, par exemple, dans sa fraîcheur la conversation du Roi-Soleil. On s'aperçoit ainsi que nos ancêtres prononçaient (je ne fais que suivre sa façon d'écrire) :

— Cête matière et (pour *est) pluz* délicate...
— *dezir* (et non pas *désir), eil* (pour *œil)...*
— an *quéque* part qu'il se *treuve, prèque, quécun...*
— qui leur *sêt* opozé (pour qui leur *soit...)*
— qui ne me contredis *paz,* le *pluz* grant point...
— *sanz* tomber, *sanz* doute...

Et, à propos du mot *sêt* pour *soit,* rappelons cette précieuse remarque d'A. FIRMIN-DIDOT*, qui le cite. Elle montre que la séparation des *Français,* et de *François* (des mots en *-ais* et des mots en *-ois,* cf. FRANÇOIS*/Français) n'a pas été la simple opération de quelques instants que supposait VOLTAIRE*, et a duré une bonne partie du XIXᵉ siècle (on en trouverait aisément des traces aujourd'hui encore dans nos provinces) :

« J'ai entendu, dans ma jeunesse, dit Firmin-Didot, M. de Tracy prononcer il *crait* (pour il *croit)* et *endreit* (pour *endroit).* »

Heureusement que nous avons eu tant de problèmes d'orthographe ! Sans cela, nous n'aurions pas tant de livres qui traitent de la prononciation.

Lévi-Strauss Cl. : Claude Lévi-Strauss, ethnologue français, né en 1908, raconte dans un de ses livres les plus célèbres *(Tristes Tropiques,* Plon,

1955) ce que l'on appelle depuis la « Leçon d'écriture », d'après le titre de son chapitre XXVIII. Voici l'histoire :

Les Indiens Nambikwara (Brésil) ne savaient pas écrire, il ne dessinaient pas non plus. On leur distribue du papier et des crayons. Ils tracent alors des lignes ondulées, pour chercher à imiter ce que font les Blancs. Leur chef va plus loin : il donne son texte à lire, fait semblant de le lire lui-même, et prolonge ainsi cette comédie du savoir durant deux heures. Il avait, dit Lévi-Strauss, compris non la réalité, mais le « symbole », la « fonction » véritable de l'écriture : « Sa science s'accompagne de puissance », comme celle des scribes anciens.

Selon l'auteur, qui étend alors sa réflexion, l'écriture, en réalité, n'a pas tellement servi à accroître les capacités intellectuelles de l'homme, mais surtout à étendre et affermir l'asservissement du plus grand nombre :

« Le seul phénomène qui l'ait fidèlement accompagnée est la formation des cités et des empires, c'est-à-dire l'intégration dans un système politique d'un nombre considérable d'individus et leur hiérarchisation en castes et en classes... elle paraît favoriser l'exploitation des hommes, avant leur illumination... »

Alors ? Illumination ou exploitation ? C'est l'éternelle dispute de VOLTAIRE* et de ROUSSEAU* au sujet du bien-fondé du progrès, qui, comme la peinture des hommes « tels qu'ils sont » ou « tels qu'ils devraient être », la querelle des Anciens et des Modernes, la réforme de l'orthographe et quelques autres trésors de notre culture bien francophone, nous partagera dans les siècles des siècles (cf. aussi P.L. Courier, sous DERRIDA*).

Il est parfaitement exact, en tout cas, comme le souligne Lévi-Strauss, que l'emploi de l'écriture à des fins désintéressées « est un résultat secondaire... » mais était-elle vraiment et seulement « un moyen pour renforcer, justifier ou dissimuler l'autre » ?

Quoi qu'il en soit, je vais vous dire une bonne chose : il n'y a que cinq à huit mille ans que l'écriture est née. Les choses, du point de vue de l'asservissement de l'homme, ont-elles empiré depuis ? Ou faut-il dire que la parole (qui a au moins cent mille ans) était déjà en elle-même un moyen d'exploitation ? Ce qu'elle a certainement été, et est encore.

Arrêtons donc tous de parler, et tout sera dit.

Linguiste (origines du) : Personne ayant une préférence pour son père (le langage parlé) contre sa mère (l'écriture), par une sorte de complexe d'Œdipe (refus de la mère). C'est d'autant plus étonnant que la linguistique est véritablement née de l'écriture : *gramma,* en grec, qui a donné *grammaire,* a désigné d'abord la plus petite partie de l'écriture (de *graphein,* « écrire ») et aussi la « 24e partie d'une once » (appelée aussi *scrupule,* « petit caillou », cf. LETTRE*) et les deux sens, dans les domaines des poids et des signes graphiques, nous sont restés.

Le *grammatiste* (1575, « celui qui enseignait à lire et à écrire chez les Grecs ») avait pour art la *grammatikè,* « art de lire et d'écrire ». Cet enseignement avait un aspect magique : en Égypte, le *hiérogrammate* ou *hiérophante* interprétait les textes sacrés (de *phainein,* « révéler », d'où *hiéroglyphes,* « signes sacrés »).

Selon A. Meillet, les inventeurs de l'écriture « furent de grands linguistes ». Inversement, c'est grâce à l'écriture que le grammairien, puis le linguiste ont pu observer objectivement les éléments discrets (distincts) de la langue, à commencer par les phonèmes, les formes, les mots, etc. On ne peut donc rêver plus complète ingratitude...

Linguiste (démarcage du) : Pour le linguiste, la langue orale est son gagne-pain, comme la langue écrite pour l'académicien, l'imprimeur et le pédagogue (cf. PURISTE*). Se posant en s'opposant, le linguiste doit se démarquer de la grammaire dite « traditionnelle », et surtout de la littérature, qui est sa bête noire, terrain d'accueil et grand soutien de l'orthographe sacralisée. De même, aux siècles anciens, la grammaire a-t-elle dû se démarquer successivement de la philosophie et de la logique, la médecine des beaux-arts, etc. A force de se démarquer, le linguiste s'est retrouvé seul, prisonnier dans une tour d'ivoire, fermant ses fenêtres et ses oreilles aux plaintes et aux besoins criants de la société réelle (cf. PLAINTES* de la société française). Ce faisant, il a laissé faire et prospérer les véritables décideurs, défenseurs de la norme et même de la surnorme, ainsi que le train-train bête et méchant mis en place, bien malgré lui, par Jules Ferry, démontrant ainsi précisément et uniquement sa propre démission, à lui linguiste (cf. J. FERRY*).

Littré É. : Maximilien Paul Émile Littré (1801-1881) est présenté dans les dictionnaires, de façon surprenante, uniquement comme « philosophe, philologue et homme politique français ». Homme universel, grand connaisseur de la médecine, traducteur d'Hippocrate, il s'intéressait autant aux théories d'Auguste Comte et à la philosophie positiviste qu'à la littérature, aux sciences, à l'économie, à la psychologie, à l'histoire des religions, etc. Son savoir n'avait pas de limites, sa passion pour la langue non plus, comme le prouve son *Dictionnaire de la langue française* (1863-1872). Il n'a pas cru déchoir en s'occupant aussi, du mieux qu'il pouvait et à chaque fois qu'il le pouvait, de la forme graphique des mots, qui en est la partie la plus visible et la plus évidente, celle qui pour nous constitue LE mot. Il a beaucoup fait, entre autres, pour unifier les graphies de même origine *(bonasse* et *bonace, fond* et *fonds, résidant* et *résident...)* ; régulariser les séries (voir ses remarques sur *exclu* et *inclus, délai* et *relais, châtiment* et *remerciement, grivèlerie* et *coutellerie, grelotter* et *clignoter...*) ; respecter la prononciation (en écrivant par exemple *cèderai, sèmerai,* avec l'accent grave, et *argüer, cœuillir...*) ; diminuer les exceptions (j'*assoirai* et je *surseoirai,* verbes en -ELER/-ETER*, *complète* et *muette,* mots latins, mots nouveaux, mots étrangers, mots composés, cf. SENS*, ça n'a pas de).

Avec patience et méthode, il multiplie les recherches et les remarques (il y en a des milliers dans son *Dictionnaire,* qui portent très souvent sur l'orthographe). Ce faisant, il a participé pleinement aux luttes pour la langue de son temps, et on peut le considérer, avec Ambroise FIRMIN-DIDOT*, comme l'un des principaux initiateurs du grand mouvement de réforme des années 1900. Grand exemple, qui, comme ceux de Duden en Allemagne, de Webster en Amérique, de PLANTIN*, de RICHELET* ou FÉRAUD* chez nous, mériterait d'être mieux suivi.

Ménage G. (et les femmes) : Gilles Ménage (le « Vadius » de MOLIÈRE*, 1613-1692) est chez nous presque aussi célèbre pour son influence sur nos usages que Malherbe ou Vaugelas, et malgré son imagination sans bornes et ses célèbres erreurs en étymologie (moins nombreuses d'ailleurs qu'on ne l'a dit), ses *Observations sur la langue française* (1672) sont un livre remarquable, plus tolérant et plus nuancé que celui de Vaugelas.

Il y a entre les deux hommes une différence de conceptions, et aussi de générations : mondain, ami des femmes, ouvert aux nouveautés, Ménage est tout naturellement favorable à celles qui concernent l'orthographe : il supprime l'*x* final muet *(religieus, ceus, aus),* le *z* final *(assés, nés* pour *nez*), élimine beaucoup de doubles lettres et de consonnes étymologiques *(ataquer, pouroient, aquise, cors* pour *corps),* l'*y* grec *(stile, pais),* l'*h* initial parfois *(ermite, ébreu).* Il écrit *comancé, long-tans,* et aussi, en un seul mot, *apeine, apeuprès, aprésdemain, malapropos,* etc.

En cela, il ne fait que participer à un mouvement général, partagé par de nombreux écrivains de son temps, mouvement que l'on appelait de « l'orthographe moderne », et qui est à bien des égards l'orthographe des classiques (cf. GRANDS* Écrivains de la France). En particulier, il fut le maître de Mme de SÉVIGNÉ*, dont les tendances orthographiques étaient à peu de chose près les mêmes.

Mais comme il était un homme et qu'elle était une femme, c'est d'elle que l'on fait depuis des gorges chaudes, elle qui est devenue le symbole même de ces péronnelles sans cervelle et sans instruction, qui ne « savaient pas écrire » (cf. DUCLOS*). Quant à lui, on a cru que ces penchants coupables pour l'orthographe des femmes (plus coupables que de ne pas les aimer, les femmes), ne méritaient que le mépris, et on les a oubliés.

Mézeray (F. de) : François Eude de Mézeray (1610-1683), historien à l'esprit caustique et rebelle (il participa à la Fronde), se refit une santé à l'Académie dans une nouvelle et brillante carrière de lexicographe et de grammairien. Prenant le relais, en 1650, à la suite de Vaugelas, de la rédaction du dictionnaire, en échange d'une pension confortable, c'est lui qui fut chargé de consigner dans les célèbres *Cahiers* qui portent aujourd'hui son nom ses observations et descriptions, qui constituent à la fois un véritable traité d'orthographe et le corps de doctrine définitif de la première Académie (1673).

Plusieurs « commissaires » prirent une part active à la discussion de ce texte, et nous avons gardé leurs remarques autographes consignées sur le manuscrit : Perrault, Doujat, Tallemant le Jeune, Tallemant « Laisné » (sic), Segrais, RÉGNIER* Des Marais, Bossuet, Boyer, Pelisson...

Ce manuscrit n'est pas, comme a voulu méchamment le laisser croire Charles BEAULIEUX*, un ramassis d'âneries et de contradictions, prouvant seulement l'incompétence de « pédants intéressés et incapables » (cf. JETONNIERS*). Nous ne faisons guère mieux aujourd'hui, et ce n'était déjà pas si mal. Ce que l'on peut regretter, c'est que ces discussions passionnantes n'aient pas continué. On y retrouve, sous des maladresses de forme inévitables, les éléments d'une véritable théorie de l'écriture, celle de l'« orthographe ancienne ». C'est BOSSUET* qui a su le mieux dégager les fondements de ces valeurs académiques : prédominance à l'attachement au latin et aux familles de mots (d'où le classement du dictionnaire par familles, qu'on lui a beaucoup reproché, mais qui a son intérêt) ; concessions à l'usage, avec cependant autant que possible maintien des éléments de sens et des liens de fonctions entre les mots, etc. On peut ne pas être d'accord avec ces options, mais on ne peut pas les rejeter sans les examiner, et j'en tiens, en ce qui me concerne, le plus grand compte aujourd'hui.

D'autre part, n'oublions pas d'autres aspects, plus généraux et mieux connus, du *Dictionnaire,* aspects qui doivent beaucoup à Mézeray : ce que veut décrire l'Académie, c'est « la langue commune, telle qu'elle est dans le commerce ordinaire des honnestes gens » (Charpentier) ; on a, notamment, beaucoup reproché à l'illustre Compagnie du XVIIe siècle ses exemples tirés de phrases très simples, son parler rude et cru, ses innombrables proverbes populaires, ses gauloiseries, pas toujours du meilleur goût, où l'on retrouve la patte après tout bien attachante de Mézeray le Frondeur...

Mixité (des écritures) : Rien n'est « pur », et l'on peut le regretter. Rien non plus n'est parfaitement « lojiqe », surtout pas les écritures. Ainsi, pratiquement toutes les grandes écritures modernes sont « mixtes », en ce sens qu'elles utilisent plusieurs sortes de signes différents.

Le CHINOIS*, par exemple, bien que construit à l'écrit sur des signes « pleins », utilise certains d'entre eux comme signes « vides » (de sens). Il connaît également des signes adjoints, visuels, les « clés », qui servent à délimiter les champs sémantiques. Ces clés ne sont pas si loin de nos signes dérivatifs, qui marquent les familles de mots en français : ainsi, *il confie* sera rattaché à *confier, il confit* fera songer aux confitures, *chant,* à *chanter, champ* à *champêtre,* etc.

Le japonais est « mixte » d'une autre façon : il utilise côte à côte, selon les cas et selon ses besoins, des caractères sémantiques d'origine chinoise et deux syllabaires différents. Cela veut dire que l'on peut pénétrer dans un texte japonais soit par le son, soit pas le sens, chaque type d'accès ayant ses avantages.

En ce qui concerne la mixité, on pourra objecter que ni l'alphabet GREC*, ni le LATIN*, ni aujourd'hui celui du turc, des langues scandinaves, ni les systèmes des autres langues romanes, du serbo-croate, etc., ne sont mixtes, puisqu'ils répondent à peu près parfaitement à l'idéal PHONÉTIQUE*. C'est vrai, bien qu'ils connaissent un certain nombre de dérogations (renforts et asymétries) qui sont, en fait, les plus importantes, et qui en font malgré tout des systèmes mixtes : l'usage des BLANCS* entre les mots, de la PONCTUATION*, des chiffres, des MAJUSCULE(S)*, des ABRÉVIATION(S)*, des codes spéciaux, etc. De plus, cela n'élude pas la question : il y a toutes les autres écritures, parmi les plus grandes. Peut-on continuer à les considérer comme entièrement sémantiques, ou entièrement phonétiques ? Sinon, pourquoi ?

Monosyllabes : On ne peut surestimer l'importance du nombre de syllabes que présente un mot. C'est pourquoi je m'inquiète de voir nos mots tronqués un peu n'importe comment (cf. MÉTRO* boulot-dodo et SYLLABES**).

Un mot d'une syllabe a du mal à résister au flux et à la lamination d'un discours rapide, et risque de disparaître. Prenons, de Racine, ce qui est sans doute le plus magnifique vers de notre répertoire classique (dans *Phèdre)* :

Le jour n'est pas plus pur que le fond de mon cœur...

C'est un vers formé uniquement de monosyllabes, et les phrases de ce type ne sont pas rares en français. N'oublions pas que la moyenne de longueur d'un MOT*, dans une phrase quelconque de notre langue, est seulement de 4 ou 5 lettres, alors qu'elle est de 8 à 10 lettres en italien, en russe, etc. En discours rapide, qu'aurait-on ? Sans doute (blasphème et honte !) :

L'jour (n') est pas plus pur qu'le fond d'mon cœur...

D'où la nécessité, ou au moins l'effort, de donner à l'écrit, par un certain nombre de procédés (ÉTYMOLOGIE*, lettres HISTORIQUES*, etc.) un statut particulier à ce type de mots.

Une langue qui a beaucoup de monosyllabes se forge normalement une écriture adéquate. C'est en grande partie à cause de cette caractéristique que les orthographes de l'anglais ou du français (sans parler du chinois) sont ce qu'elles sont : on dit qu'elles se servent de LOGOGRAMMES**, ou signes-mots.

En réalité, tous les systèmes graphiques sont, d'une certaine façon, « logogrammiques », puisque aucune écriture au monde (et même pas, d'ordinaire, les transcriptions phonétiques) n'écrit aujourd'hui les mots à la suite, sans séparation (cf. BLANCS*). Les formes initiales, médiales, finales des caractères ARABES*, par exemple (sans compter celles des lettres isolées) sont destinées, elles aussi, à mieux distinguer les mots, comme les blancs, la MAJUSCULE*, etc. Ces procédés, dans l'écriture manuscrite, étaient peut-être insuffisants dans certains cas. Mais avec les procédés actuels, ils suffisent en général largement, et ont une efficacité telle que tous les autres apparaissent plutôt redondants. Par exemple, dans le vers cité plus haut, seuls trois monosyllabes font appel à des graphies caractéristiques :

— *est* (du verbe *être),* qui est d'ailleurs homographe de l'*est* (« point cardinal »), ce qui prouve la fragilité du système :

— *fond,* distingué de *fonds,* et dont le *d* assume également d'autres fonctions, ce qui est économique ;

— *cœur,* distingué de *chœur* et qui rappelle, indirectement, par son *o cordial, cordialité* (comme *chœur, choriste).*

C'est tout, c'est peu, et nettement suffisant.

Mot (réalité graphique) : Sans l'écriture, beaucoup de faits du langage deviennent flous, évanescents. C'est à travers elle que l'enfant s'habitue rapidement à classer ensemble dans sa mémoire, comme dans un article de dictionnaire (réalité graphique), les différentes formes sonores, variantes, accidents du discours, formes fléchies, préfixées, suffixées, qui composent cette nébuleuse que l'on appelle mot.

Le « mot » est, en français au moins, une réalité non orale, mais graphique. Ce n'est pas moi qui le dis, ce sont les spécialistes du langage. Et de même en partie la SYLLABE(S)**, et aussi sans doute, disent-ils, la notion de phonème, et de beaucoup d'autres signes distinctifs, dont on n'a pris conscience qu'à travers la lettre (cf. LETTRE*). En fait, le mot, pour les linguistes, ça n'existe pas, c'est un *mythe,* un *mystère* (termes de la même origine étymologique d'ailleurs que « mot », grec *muthos* « parole », latin, (faire) *mu,* d'où *muttum* qui a donné aussi... *muet).* En même temps, c'est une donnée première, de simple bon sens, ce qui devrait nous amener à réfléchir.

Prenons *il est* (rattaché à *être,* entrée du dictionnaire) : il s'agit de deux « mots » (graphiques, entourés de blancs, cf. BLANCS*).

Et *c'est ? Est-ce ? Est-ce que ? Il* et *elle, ils, elles* sont-ils 4 mots différents ? *Est* et *et, eh, hé, haie, es, ai, aie, aient,* comment s'inscrivent-ils dans la tête d'un enfant, d'un adulte sans écriture ? On peut réagir, devant de telles interrogations, de deux façons : ou bien, comme SAUSSURE*, en s'insurgeant contre une donnée, l'écriture, qu'il juge « factice », et qui « s'arroge, dit-il [...] une importance à laquelle elle n'a pas droit ». Ou bien (tout en soulignant, avec lui, que le langage premier, véritable, est « celui du son ») on se prendra d'un grand respect linguistique pour un tel instrument, aussi familier que méconnu, que l'on traite (je parle de l'État) avec autant de légèreté et de désinvolture, au point de l'avoir laissé dégénérer de la sorte (je parle de la pédagogie, mais aussi de l'absence de réformes), et d'avoir ainsi fâché la France avec son écriture.

Mythogrammes (ou signes ?) : Dessins, gravures et peintures de l'art figuratif de la préhistoire (A. Leroi-Gourhan, 1964-1965), qui, d'après l'auteur, symboliseraient déjà un certain « langage des formes », une « expression abstraite... antécédente puis parallèle à l'écriture ». Si l'on considère, par exemple, les grottes de Lascaux ou d'Altamira (paléolithique), on s'aperçoit que « la répartition n'a rien d'anarchique », et que chaque figure y a sa place : symétrie des symboles mâles et femelles, fusion au centre de l'homme et du bison, animal domestique, alors que le cheval lui est plus extérieur, ainsi que les taureaux et les vaches, plus loin encore les cerfs, mammouths et bouquetins, etc. (1965, pp. 240-242). Les travaux récents (Denis Vialou, 1986) vont plus loin encore et reconnaissent dans l'art pariétal paléolithique jusqu'à 35 catégories de « signes » (je dirais plutôt d'organisations symboliques), se répartissant en plus de 1 400 éléments, entourés de centaines d'unités « indéterminées », purement figuratives et « non structurées », parmi lesquelles ces éléments significatifs prennent forme.

Je suis certaine que demain on ira plus loin encore dans la connaissance de ces unités prétendument « non structurées ». Ce qui est sûr, c'est que la symbolisation a précédé l'écriture, comme elle a précédé le langage. C'est pourquoi il est proprement stupide de parler d'écritures « primitives », « picturales », « concrètes », et plus encore de « signes-choses », mots qui jurent dans les termes, puisqu'un signe est toujours au second degré, il est toujours abstrait, c'est le contraire d'une chose (cf. PICTOGRAMMES**).

Niveaux (des écritures) : Une écriture peut être « de surface » ou de « structure profonde ». En général, une langue qui passe nouvellement à l'écrit se contente, dans un premier temps, de la « surface », c'est-à-dire d'une transcription minimale, qui puisse répondre aux besoins les plus urgents (cf. ÂGE* des écritures). Puis, comme un bateau trop chargé, elle s'enfonce peu à peu dans la « structure sous-jacente » ou « profonde » de la langue. Ce n'est pas seulement que le temps passe et que la langue orale change. Ce n'est pas seulement le poids de l'âge. C'est beaucoup plus complexe. D'abord, les turbulences de l'histoire : ainsi, pourquoi l'anglais est-il si curieusement écrit ? A cause de la conquête normande et de l'imposition du français, à côté du latin et des langues locales, maintenus parallèlement durant des siècles (raisons externes). Ensuite, pour des raisons d'ordre psychologique, qui poussent l'homme à investir toutes ses connaissances dans l'écriture, connaissances étymologiques, morphologiques, lexicales, certes, mais aussi conceptions scientifiques, techniques, politiques, religieuses. A ce moment-là, une écriture devient une vision du monde, ce qui explique que l'on ne puisse plus la changer si facilement. Enfin, parce que certaines langues s'accommodent beaucoup plus mal que d'autres d'une écriture phonétique (cf. HOMOPHONES* et MONOSYLLABES*).

Nodier Ch. : Charles Nodier (1780-1844) est l'un des hommes les plus intéressants de sa génération. Ses prises de position sur l'orthographe ne sont jamais indifférentes. Ainsi, avec Chateaubriand et quelques autres, il n'a jamais accepté, et c'était son droit, les nouveautés hardies des académiciens de 1835, qui avaient introduits partout les finales en *-ants, -ents,* et la graphie voltairienne en *ai* (cf. FRANÇOIS*/français et LOUIS XVIII*). Tout en ne cessant de combattre les « néographes » de tout bord, il convenait que notre façon d'écrire est « une des plus mauvaises et des plus arbitraires de l'Europe ».

A propos d'Honorat RAMBAUD* (ce maître d'école de Marseille qui, au XVIe siècle, s'était résolu à concocter un nouvel alphabet après une vie entière à enseigner à de malheureux mômes « par contrainte et à force de coups »), Nodier nous livre ce qui, à mon sens, est l'une des meilleures réflexions que l'on ait jamais faites sur la difficulté de changer d'écriture :

« La difficulté n'est pas même de créer un alphabet meilleur que le nôtre, et besoin n'étoit pour cela des doctes labeurs d'un maître d'école. Le moindre de ses écoliers y auroit suffi de reste. Ce qu'il y a d'embarrassant, ce n'est pas de faire, tant bien que mal, une espèce d'alphabet rationnel et philosophique, propre à faciliter l'enseignement de la lecture et à rendre peu sensibles et même tout à fait nulles les équivoques et les ambiguïtés de l'orthographe. C'est d'appliquer cet alphabet à une langue écrite, sans altérer, sans détruire peut-être son esprit et son caractère. C'est surtout de le faire accepter par le peuple auquel on le destine, comme la forme d'un chapeau ou la coupe d'un habit. Voilà ce qui n'arriva jamais, et ce qui jamais n'arrivera. La religion en sait, je crois, la raison. Si la philosophie en sait une autre, qu'elle la dise. »

Palliot (et le commun langage) : Ne croyez surtout pas, à m'entendre, qu'il n'y ait partout en France que des partisans des changements orthographiques. Il n'en est rien, je vous jure. Là comme ailleurs, nous sommes depuis toujours comme des frères ennemis, avec une France déchirée exactement en deux parties, irréconciliables.

Palliot, Secrétaire de la Chambre du Roy *(Le vray orthographe françois,* 1608) est un vrai écolier limousin. Notre langue est « toute confuse en sa prolation [parole, façon de parler], mais heureusement nous tenons "la plus part de nos termes" du grec et du latin [...] qui servent de toute notoire distinction en l'escriture »...

Et notre homme poursuit, avec une modération et une civilité dont on remarquera les termes exquis :

« La vraye pierre de touche, qui servira à faire recoignoistre nostre orthographe plus reglé, sera à ces derivations, et nous arrester en cela à ce qui en a esté suyvy jusques icy par toute l'antiquité, sans vaciller à l'inconstance et incertitude des nouvelles prescriptions de ces innovateurs, d'un tas de caractêres nouveaux, de nouvelles escrivacheries et telles autres broüilleries modernes, qu'ilz veulent mesmement fonder sur un pilotis si mal asseûré que seroit le commun langage, qui peut estre perverty et corrompu d'ailleurs, soit par l'asnerie des vns, soit par l'insolence des aultres, s'il n'est retenu en bride et en son entier par ceste ancienneté d'escriture, sans laquelle nostre langage seroit mesmement desja autant depravé que noz mœurs. »

A quoi bon traduire ? Tel est donc, selon Palliot, et pour toujours, le vrai Langage, et le nôtre, depuis, est aussi dépravé que nos mœurs.

Lorsque Moïse reçut de Dieu, en double exemplaire, les Tables de la Loi, il reçut de lui en même temps la connaissance de la LECTURE* et de l'ÉCRITURE(S)*, et heureusement, c'était écrit en hébreu.

Palsgrave J. (et l'accentuation) : John Palsgrave (v. 1480-1554) est l'auteur du tout premier véritable dictionnaire anglo-français (daté du 18 juillet 1530), suivi de la *Grammaire* de Du Guez (1532-1533).

On sait ce que nous devons à nos amis ANGLAIS*, contraints à leur corps défendant de parler et d'écrire français, ce qui les a poussés très tôt à de remarquables travaux grammaticaux, dont nous avons amplement profité.

Ce que l'on ne sait pas, c'est que nous sommes redevables, selon toutes apparences, à Palsgrave de la toute première application de l'accentuation du français. S'est-il pour cela inspiré des idées du Français G. TORY*, auquel il rend hommage ? C'est possible, et l'histoire serait belle. Quoi qu'il en soit, on peut voir peu à peu l'ACCENT* aigu sur *é* final remplacer dans son ouvrage un simple accent marquant la syllabe tonique, à partir du livre III.

Trois mois après, en octobre 1530, Robert ESTIENNE* reprend cette innovation dans son *Mathurin Cordier.* La grande marche de l'accentuation typographique du français s'ébranle, et c'est elle qui, en définitive, après beaucoup de zigzags et de perte de temps, dus à l'inertie de l'usage, va permettre au XVIIIe siècle l'instauration de notre orthographe moderne. Mais rien n'est fini, et les transformations futures de notre accentuation n'ont pas fini de nous étonner (cf. ACCENT* plat).

Pautex B. (ou l'oreille de l'Académie) : Parmi ces grands érudits du XIXe siècle, à qui l'on peut peut-être reprocher de sacrifier la qualité à la quantité, mais qui n'en sont pas moins les ancêtres de nos sciences humaines (cf. aussi JULLIEN* et FIRMIN-DIDOT*), B. Pautex occupe une place à part.

L'acharnement de ces gens à dominer, en particulier, le secteur orthographique a quelque chose de fascinant. Si l'on pouvait y parvenir à force de travail, ils y seraient parvenus...

Il est l'auteur des *Errata du Dictionnaire de l'Académie française, ou remarques critiques sur les irrégularités qu'il présente, avec l'indication de certaines règles à établir* (2e éd., 1862), ouvrage de plus de 350 pages, portant sur la 6e édition de l'Académie (1835). Il allie une extrême sévérité pour les faiblesses de ce dictionnaire avec une tout aussi extrême civilité de forme, ce qui fait que ses remarques sont parvenues à leurs destinataires, qui en ont tenu le plus grand compte dans la 7e édition.

Sa conception même de la rédaction du *Dictionnaire de l'Académie* est à souligner : il faut, dit-il, que celle-ci, étant donné ses responsabilités, s'entoure de gens compétents. Fautes typographiques, indications fautives ou insuffisantes de prononciation, définitions manquées, exemples curieux, contradictions et inconséquences, « distractions », « anomalies », omissions (il en donne de nombreux exemples), tout cela pourrait en grande partie être évité en adoptant d'autres méthodes de travail.

Ainsi, il faut s'assurer que le mot introduit dans tel exemple se trouve lui-même à son ordre alphabétique, qu'il est bien écrit de la même façon, donné dans la même acception, etc. Les définitions du simple et du composé, des mots de mêmes constructions, doivent se répondre et se compléter, et être soumises à des traitements plus ou moins similaires. Il faut (au moins pour en décider ensuite) relever qu'une même expression est citée à cinq ou six endroits différents, mais que tel sens important est totalement absent, etc.

Il y a là déjà, pour l'ensemble de la lexicographie, une réflexion méthodologique de haut niveau, et son avantage est d'en fournir une multitude d'exemples. Car l'ACADÉMIE* n'est évidemment pas seule en cause, même si elle pousse parfois un peu loin le bouchon...

Ainsi, dit-il, pourquoi répéter les mêmes définitions, de 6, 8, 10 lignes et plus, pour *entendre finesse, malice, raillerie, raison,* etc. à *entendre, finesse, malice, raison, raillerie, plaisanterie ? « En rang d'oignon* prend 12 lignes à l'article *oignon,* et 15 à *rang.* » Un seul proverbe, qui plaît manifestement aux rédacteurs (« A laver la tête d'un âne, d'un More [ou plutôt d'un *Maure*], on perd sa lessive »), « figure aux articles *laver, tête, âne, more, perdre, lessive,* et... chaque fois occupe de 4 à 7 lignes, en sorte que ce proverbe en prend trente-trois à lui seul ! »

Suivent des centaines et des centaines d'articles de la 6e édition qui sont repris, redressés, assortis de remarques parfois fines. Toute l'œuvre de l'Académie est ainsi mise à plat, avec un soin et un souci constants de modération dans la critique qu'il faut souligner.

C'est que ce *Dictionnaire de l'Académie* était, si l'on peut dire, à son apogée : conçu comme l'étalon même de la langue française, il devait servir à tous d'exemples et de référence :

« Les instituteurs et les typographes, particulièrement ceux-ci, dit Pautex, appellent de tous leurs vœux une nouvelle édition qui réponde aux besoins actuels et qui facilite leur travail en supprimant le luxe de variantes que présente celle dont on se sert aujourd'hui. »

Fait remarquable : cet appel a été entendu, le dialogue s'est ouvert, et l'Académie de 1877-1878 (7e édition) n'est pas restée sourde à ces « réclamations qui s'élèvent de toutes parts », dont parlait Pautex. De même, après la parution de la 7e édition, le grand imprimeur G. Daupeley-Gouverneur, tout en publiant la liste de tous les mots (des centaines) de l'Académie qui avaient reçu une nouvelle orthographe (introduits sans problème dans les imprimés de l'époque), ne se prive-t-il pas de demander, comme Pautex, comme FIRMIN-DIDOT* et bien d'autres, la suppression des anomalies des consonnes doubles, des traits d'union et pluriels des noms composés, etc. *(Guide orthographique,* 1878).

A cette époque-là, comme au XVIIIe siècle, la sève circulait encore.

Port-Royal (Grammaire de) : On a l'habitude, à propos de l'orthographe, de citer la *Grammaire générale et raisonnée* de Port-Royal de façon incomplète, et donc profondément erronée. Voici le passage que l'on donne en général, passage qui constitue en quelque sorte le texte fondateur des écoles phonétistes modernes (p. 19).

« Il auroit fallu, disent Arnaud et Lancelot, observer quatre choses pour mettre l'usage des lettres en sa perfection :

1° Que toute figure marquast quelque son, c'est à dire qu'on n'écrivist rien qui ne se prononçast.

2° Que tout son fust marqué par une figure, c'est à dire, qu'on ne prononçast rien qui ne fust écrit.

3° Que chaque figure ne marquast qu'un son, ou simple, ou double. Car ce n'est pas contre la perfection de l'écriture qu'il y ait des lettres doubles, puis qu'elles la facilitent en l'abregeant.

4° Qu'un mesme son ne fust point marqué par de differentes figures. »

(Signalons au passage que ce qu'ils appellent ici des « lettres doubles » semble bien être, comme il est dit juste avant, non une allusion aux consonnes doubles graphiques, mais, par exemple, une allusion à *y* équivalent à « *deux i* », ou *x*, équivalant à deux sons différents, etc.).

En réalité, le conditionnel utilisé en tête de la citation ci-dessus n'est pas de pure forme, car ils continuent (p. 21-23) :

« [...] Il ne faut pas s'imaginer qu'il soit facile de faire changer à toute une Nation tant de caracteres ausquels elle est accoustumée depuis longtemps [...] Tout ce que l'on pourroit faire de plus raisonnable, seroit de retrancher les lettres qui ne servent de rien ny à la prononciation, ny au sens, ny à l'analogie des Langues, comme on a déja commencé de faire, et conservant celles qui sont utiles, y mettre des petites marques qui fissent voir qu'elles ne se prononcent point, ou qui fissent connoistre les diverses prononciations d'une mesme lettre. »

Ainsi, bien qu'ils reconnaissent en théorie les principes d'univocité de l'écriture alphabétique, ils se rallient simplement, en pratique, à ce que l'on appelait de leur temps l'orthographe « moderne » : remplacer les *s* muets et autres par des accents (pour « connoistre les diverses prononciations d'une mesme lettre ») ; noter pour la pédagogie les LETTRE(S)* muettes par des points (appelés ici « petites marques », ce qui se faisait déjà dans beaucoup de livres scolaires hollandais) ; en retrancher certaines, mais seulement, ajoutent-ils, lorsque ces lettres ne servent « ny à la prononciation, ny au sens, ny à l'analogie des Langues », et « conservant celles qui sont utiles ». Tels sont les véritables principes de nos maîtres fondateurs de la réflexion moderne sur l'écriture, et j'y souscris tout à fait. Pour dire les choses autrement, gardons ce qui est fonctionnel, et seulement ce qui est fonctionnel, ce qui ne veut nullement dire « ce qui se prononce ».

Rambaud H. (l'homme des fessées) : Honorat Rambaud *(Déclaration des abus que l'on commet en escriuant...*, édité par Jean II de Tournes, 1578, livre d'une admirable virtuosité typographique, imprimé en caractères entièrement nouveaux), obscur maître d'école de Marseille, qui pourrait servir de drapeau à tous ses confrères pédagos passés, présents et à venir, mécontents qu'on les serre entre l'arbre et l'écorce, entre la poire et le fromage, entre l'enclume et le marteau, en les obligeant à être sans raison et sans résultats à la fois victimes et bourreaux — Honorat Rambaud, donc, raconte comment il en est arrivé au bout d'une vie de labeur inutile, et au vu des tourments renouvelés des enfants, à imaginer tout bonnement un nouvel alphabet pour le français :

« Escrire est faire un chemin, par et moyennant lequel voulons conduire et guider nous mesmes, et les autres aussi. Et puis qu'il est necessaire que tous hommes, femmes et enfans, presents et advenir, y passent, il est tresnecessaire qu'il soit bien aisé. Et l'on a faict tout au rebours : tellement que peu de gents y peuuent passer : et quasi tous ceux qui y passent le font par contrainte et à force de coups. Et ie n'en parle pas par ouïr dire : car il y ia trentehuict ans que je contrains les enfans à passer par ledit chemin... »

Tu as raison, ami Rambaud. Ces gens ont tellement embrouillé leurs fils (et leurs fils) qu'ils ne parviennent plus eux-mêmes à les démêler ; comparables en cela aux néophytes de l'INFORMATIQUE*. Ceux-ci, éblouis par les possibilités infinies de leur machine, surchargent tant et si bien leurs programmes d'exigences exorbitantes qu'ils croulent ensuite sous des listings illisibles et ne se souviennent même plus de ce qu'ils ont demandé. Recevoir et transmettre un héritage, c'est comme transmettre un jardin, c'est pour que les jeunes, comme les vieux, sachent le cultiver.

Ramus P. : Pierre de La Ramée, dit Ramus (1515-1572) est, comme PÉLETIER*, un mathématicien (il fut le premier professeur de mathématiques du Collège de France) en même temps qu'un humaniste, grand philosophe et grammairien. Ces hommes de la Renaissance étaient tout à la fois. Et, de plus, ils n'hésitaient pas pour cela une seule minute à se mêler aux luttes de leur temps, sans faire la fine bouche, ce qui valut à Ramus de mourir assassiné le jour de la Saint-Barthélemy. Il se battit aussi, naturellement, pour une orthographe phonétique, allant même plus loin par certains côtés que MEIGRET*. On ne pouvait le suivre. Mais son souvenir est lié à ce que l'on a appelé longtemps les « lettres ramistes » (les deux consonnes nouvelles J et V, distinguées de *i* et *u* voyelles), avant de les appeler les « lettres hollandaises », introduites dans le *Dictionnaire de l'Académie* de 1694 à l'initiative de CORNEILLE*. On devrait, en réalité, les appeler les « lettres tournistes » (de Jean de TOURNES*), car c'est lui qui le premier (en dehors des phonétistes), dès 1558, les fit graver en grand nombre et dans tous les types de caractères, et les introduisit dans l'usage, suivi par les Belges, puis par les Hollandais, qui nous les rendirent ensuite (cf. MAROT* et CONSONNES* J et V).

Régnier Des Marais F. (les enfants et les étrangers) : Régnier Des Marais ou Desmarais (1632-1713), secrétaire perpétuel de l'Académie française de 1683 à sa mort, et principal responsable, à ce titre, de la 1re et de la 2e édition du *Dictionnaire*. Auteur d'un *Traité de grammaire* (1706) et de quelques phrases qui méritent, par leur éclat, de passer à la postérité :

« Que si dans la société civile, il n'est pas permis aux particuliers de rien changer dans l'escriture de leur nom, sans des lettres du prince, il doit encore moins leur estre permis d'alterer, de leur propre authorité, la pluspart des mots d'une langue et la pluspart des noms de baptesme et des noms des peuples, des provinces, des familles, des societez publiques et des choses de la Religion... » L'orthographe phonétique, ajoute-t-il, exposerait à « cet attentat... d'écrire des *cretiens* comme des *Cretois*... et *Jesu-Cri,* qu'on prononce ainsi... »

Il est furieux de constater, au début du XVIIIe siècle, que personne ne le suit, et que l'usage des auteurs et des imprimeurs a largement devancé l'Académie : « Il est bon, dit-il au début de sa *Grammaire,* de dire quelque chose de l'abus qui s'y est (dans l'orthographe) introduit depuis quelque temps, soit de la part de quelques personnes de lettres qui la defigurent sous pretexte de la vouloir reformer, soit de la part des imprimeurs qui, trouvant de l'avantage pour eux dans une nouveauté qui leur est commode, la suivent sans retenuë, mesme contre l'intention des autheurs dont ils impriment les ouvrages... »

Mettre un *s* muet pour marquer la prononciation des *e,* dit-il, est chose aisée à qui sait le latin, puisqu'en général cet *s* correspond à l'ÉTYMOLOGIE*. On allègue que ceux qui ne la savent pas sont embarrassés, surtout les étrangers, les enfants, etc. Cet argument a par-dessus tout le don de mettre hors de lui celui que ses collègues appelaient, à cause de son entêtement et de son mauvais caractère, l'abbé Pertinax :

« On a déjà respondu à cela, s'emporte-t-il ; quant aux enfants, qu'ils doivent apprendre à lire, comme leurs peres ont appris avant eux ; et quant aux Estrangers, que comme ils ne changent pas l'orthographe de leur Langue, pour nous en rendre la prononciation plus facile, ils ne doivent pas pretendre non plus que nous changions la nostre... »

Il attaque ainsi notre système d'accentuation (on voit par son texte qu'il accentue peu). En tout cela, nous ne l'avons pas écouté, et c'est tant mieux pour nous.

Relativité (ou l'en-soi et le pour-soi) : Ce que j'entends par relativité, ce n'est bien sûr pas la célèbre formule d'Einstein, assez mystérieuse pour moi, bien que j'admire à son sujet toute l'élégance que seul peut apporter l'écrit à la formulation des connaissances.

Je ne parle pas non plus de la relativité banale des choses de ce monde, ni même des choses du langage. Mais de la relativité des faits d'écriture.

Faites une écriture phonétique, elle deviendra, au bout de quelques siècles, idéographique. Faites-la idéographique, elle deviendra phonétique. Quintilien reprochait à Auguste son goût pour une orthographe qui soit l'image fidèle de la prononciation, en lui démontrant que le LATIN* en était bien loin. Le GREC*, écrit d'abord sans coupures de mots, était proprement illisible, il a fallu couper. Et que restait-il un siècle après Isocrate et Démosthène du grec du Vᵉ siècle ? Croyez-vous que l'ancien français était phonétique ? Quelle erreur ! Songez seulement aux terribles ABREVIATIONS* des chartes (cf. BEL* françois). Le turc ? Les premières distorsions avec l'oral apparaissent déjà...

Pourquoi ne pas accepter une bonne fois notre triste sort ? La perfection est impossible en matière d'écriture, comme d'ailleurs en matière de langage. Après tout, nous avons un peu d'IDÉOGRAPHIE*, pas mal de PHONÉTIQUE*, et le vieux chapeau est toujours le meilleur des chapeaux. Ravalons notre maison, et gardons-la. Nous y serons heureux.

C'est cela, voyez-vous, la relativité : rien n'est *en soi,* rien ne peut jamais séparer l'esprit qui observe de l'objet observé, le sujet et l'objet de la connaissance.

N'ai-je pas bien compris la formule d'Einstein ?

Saint-Pierre (abbé de) : De tous les membres les plus charmants qu'ait jamais accueillis en son sein l'Académie française, c'est « l'ami du genre humain », philanthrope, « père de la bienfaisance » et abbé de Saint-Pierre (Charles-Irénée Castel, 1658-1743, à ne pas confondre avec Bernardin de Saint-Pierre, 1737-1814, l'auteur de *Paul et Virginie)* qui l'emporte sans doute de loin par la générosité. N'oublions pas qu'à son époque (lorsque par exemple il écrivit son *Second Discours,* en 1714), nombreux étaient les Immortels peu soucieux de se conformer encore dans leurs écrits aux vieilleries de leur *Dictionnaire* (cf. BUFFIER*) :

« Après qu'il eut été résolu dans une *assemblée convoquée* de revoir le Dictionnaire, et de le refaire par ordre alfabetique, nous confie le bon abbé, il fut question de savoir si en le composant l'on suivroit exactement l'ancienne ortografe, ou celle qui s'établissoit tous les jours... Il fut résolu à la pluralité des voix que l'on suivroit l'ancienne, et nous l'y avons observée, quoyque la plûpart de nous autres nous nous éloignons souvent de cette même ortografe dans nos propres ouvrages [...] Nous avons constamment suivi nos regles jusqu'à la fin, quoyqu'étant devenus plus nombreux pour l'ortografe moderne nous eussions pu en divers tems changer ces mêmes regles dans des assemblées generales. »

Malgré tout, il tente sans relâche (en vain) de persuader ses collègues de s'occuper en priorité de cet important problème : « Quand la compagnie ne se détermineroit pas à faire dans ses conferences toutes les autres parties de la grammaire, elle devroit du moins se déterminer à faire l'ortografe. »

Il multiplie ses écrits en ce sens, toujours dans une graphie surchargée de points, de traits, etc., pour, dit-il, éviter de changer les mots *(Mémoires* de TRÉVOUX*, 1724, *Journal des Savans,* 1725, *Discours pour perfectioner l'ortographe, Projet pour perfectionner l'ortografe des langues d'Europe,* 1730). Sa première idée était qu'en la matière, comme partout ailleurs, la France devait donner l'exemple à l'Europe. Sa seconde idée, qu'il fallait d'abord ébranler les habitudes visuelles, en écrivant tantôt d'une façon, tantôt de l'autre, ce qu'il applique effectivement dans ses ouvrages, d'où des résultats assez surprenants. Orthographe, que de bizarreries ne commet-on pas en ton nom !

Saussure (F. de) : Ferdinand de Saussure (1857-1913), selon ce que nous savons de lui par son *Cours de linguistique générale* (reconstitué en 1916 d'après les notes de ses élèves, trois ans après sa mort) semble avoir eu vis-à-vis de l'écriture une position plus qu'ambiguë :

« C'est de l'énoncé oral qu'il faut toujours partir pour comprendre la nature réelle du langage humain », disait-il. Et il dénonce les « apparences immédiates » du discours écrit, « l'écran du mot » (graphique) derrière lequel se cachent « les traits réellement fondamentaux du langage humain ». Dès le début de son *Cours,* il s'efforce d'écarter l'écriture du champ d'étude du linguiste, qui, s'il veut atteindre en ces domaines à une vue véritablement scientifique, ne devrait s'occuper que de la forme orale des mots.

Tout cela est très légitime, et l'on sait la magnifique floraison d'avancées linguistiques qui depuis se réclament de lui. Ce qui l'est moins, c'est que, pris par une sorte de frénésie dévastatrice, qu'il faut sans doute mettre en liaison avec son époque (on était alors en pleine campagne pour une réforme de l'orthographe) autant qu'avec ses propres convictions théoriques, Saussure abandonne tout à coup toute objectivité, pour se lancer dans une mise en accusation totale et personnelle de l'écrit, traité de « travestissement », à la fois « superficiel », « factice », « facile », véritable « tyrannie de la lettre » (p. 53). Et Jacques DERRIDA*, qui a relevé ces curieux passages et les a brillamment épinglés, énumère les termes tout à fait excessifs de Saussure parlant de l'orthographe, « vice », « pathologie », « superstition », « chinoiseries », « pièges », et même... « cas tératologiques » (la tératologie est la science des monstres). En fait, il veut à tout prix mettre en garde les spécialistes du langage contre les erreurs historisantes du siècle précédent, le XIXe siècle.

« L'écriture n'est que la représentation de la parole : il est bizarre qu'on donne plus de soin à déterminer l'image que l'objet » (p. 45)... « Quand on dit qu'il faut prononcer une lettre de telle façon, on prend l'image pour le modèle : pour que *oi* puisse se prononcer *wa,* il faudrait qu'il existât pour lui-même. En réalité, c'est *wa* qui s'écrit *oi...* »

Qui existe, et où ? Tout en comprenant fort bien ce que veut dire Saussure, on pourrait lui faire remarquer que *wa* est, au même titre que *oi,* une *écriture,* et qu'il est bien difficile de parler des unités de la langue sans les noter d'une façon ou d'une autre. Et pourquoi se priver d'un instrument aussi précieux ? Au nom de quels « grands principes » (cf. RATIONNELLE*, orthographe) ?

Cependant, après cette grosse colère, Saussure se calme, et reprend ses esprits. Il analyse fort bien la LECTURE* (p. 58), le rapport, en définitive non essentiel, du phonème avec la langue (p. 26, cf. ÉCHECS*, pièces du jeu d') et surtout l'écriture du chinois, qu'il a l'air de fort bien accepter, et dont il dit (p. 48, cf. CHINOIS*, système, et CHINOISE*, phonétique) :

« Pour le Chinois, l'idéogramme et le mot parlé sont au même titre les signes de l'idée ; pour lui l'écriture est une seconde langue ; et dans la conversation, quand deux mots parlés ont le même son, il lui arrive de recourir au mot écrit pour expliquer sa pensée... »

Cher Saussure, tes contradictions ne sont pas si loin de nous. Nous connaissons encore ta passion, tes colères, dans l'un ou l'autre sens. Il est bien difficile, pour un philologue, de ne pas prendre parti pour l'écrit contre l'oral, ou, pour un linguiste, pour l'oral contre l'écrit (cf. ORAL* et écrit). Qui aimes-tu le mieux, ton père ou ta mère ? (cf. LINGUISTE* et PURISTE*). Ah ! si nous pouvions répondre : « Je les aime tous les deux, mon général !... »

Solutions de l'écriture (les quatre) : Si l'on jette un coup d'œil de par le vaste monde, on s'aperçoit que l'on y trouve, depuis que l'écriture a été inventée, quatre types principaux de situations de l'écrit :

— ou bien une option nette pour une écriture que l'on peut appeler « de surface » (cf. NIVEAU* des écritures), qui note les sons, ou plutôt les phonèmes, ce qui implique déjà un choix de notation, exemple : le turc ;

— ou bien une option phonétique moins nette, qui veut conserver des informations d'un autre ordre, aligner les séries et les flexions, rapprocher les mots semblables entre eux, etc., exemple : l'allemand ;

— ou bien une option encore moins phonétique, qui note le *sens* plus que le *son,* tout en conservant malgré tout des repères non négligeables pour la prononciation, exemple : le CHINOIS* ;

— ou alors, situation qui n'est pas si exceptionnelle que l'on pourrait le penser, nous avons affaire à deux systèmes, écrit et oral, si différents et si lointains que l'on peut véritablement parler de deux langues différentes, exemple : le latin dans la France du Xe siècle, l'arabe littéraire pour beaucoup de minorités islamiques en Afrique ou ailleurs, comme les Kabyles, les Berbères, etc. (cf. caractères ARABES*).

A votre avis, dans quelle catégorie peut-on situer le français ?

Réponse : dans toutes les quatre, et c'est bien là le problème.

Syllabaires : La syllabe est la véritable unité naturelle de l'articulation phonétique, mais, curieusement, comme le mot, autre unité naturelle, ce n'est pas l'unité des linguistes, qui ont beaucoup d'autres choses à faire et n'ont pas le temps de s'en occuper.

Un son n'est jamais isolé. Le souffle, l'intonation, le rythme du langage est fondé sur la syllabe, la poésie et le chant aussi. Ce serait si simple d'apprendre la langue aux enfants non seulement à travers les merveilleuses comptines, mais grâce à des oppositions nettement découpées par les sons, par la forme et par le sens, en prenant par exemple des MONOSYLLABES* nettement appariés comme :

bord/cor/dort/fort/hors/lors/mord/nord/port/sort/tord...

Ce serait si simple, au fond, d'avoir un signe, et un seul, pour chacun de ces mots... A vrai dire, la supériorité d'une écriture par phonèmes n'a rien d'évident, et elle se justifie, pour l'essentiel, seulement pour certaines langues, qui sont comme par hasard les nôtres, indo-européennes. Pourquoi ne pas penser, pour les langues à tradition orale qui passent à l'écriture, aux syllabaires, qui ont fait leurs preuves depuis cinq mille ans ? Pourquoi ne pas prendre exemple sur les nombreux syllabaires existant, en particulier indiens, qui ont non seulement des signes-SYLLABES*, mais aussi des signes pour les voyelles isolées ? Mais de tous, c'est peut-être le système coréen qui est le plus perfectionné : il sait allier harmonieusement le respect du phonème, de la syllabe et du mot, sans pour cela cesser d'être simple... il a compris la MIXITÉ*.

Sylvius J : Jacques Dubois, qui avait, comme c'était la mode alors, latinisé son nom en Sylvius (1478-1555), médecin anatomiste picard (il était né à Amiens), est l'un des premiers à avoir pratiqué des dissections d'animaux.

Il s'attacha avec le même esprit d'analyse à la langue française et publia en 1531-1532 chez R. ESTIENNE* un curieux livre, intitulé *In linguam Gallicam Isagωge,* qu'il appelle lui-même une grammaire « latino-française ». Elle l'est en effet, mais il faut reconnaître à Maître Jacques le mérite d'être à l'origine d'à peu près toutes les innovations qui vont permettre au français de se constituer en écriture nationale : apostrophe, tréma, *s* suscrit sur *c* « doux » (qui est devenu notre cédille souscrite), trois accents sur l'*e,* circonflexe... Il s'efforce aussi de distinguer par un trait d'union *i* et *u* consonnes d'*i* et *u* voyelles *(g-eux* et *ieux* pour les *yeux* par exemple), le *g* de *gare* du *g* de *gère,* etc. Il veut noter d'un point, comme cela se faisait en Angleterre ou aux Pays-Bas, les consonnes du français qui ne se prononçaient pas, ce qui aida peut-être à leur disparition en grand nombre par la suite.

Dommage que toutes ces belles inventions, reprises après lui avec profit, aient été accompagnées d'un asservissement encore total au latin, qui tendait, comme le disait Ferdinand BRUNOT*, à avoir une double écriture, une (la française) sur la ligne, et une autre (la latine) au-dessus. Écriture parfaite pour un peuple latino-français... (cf. BILINGUISME*).

Système (d'écriture) : L'étude en système d'une écriture s'efforcera de saisir les faits graphiques non seulement d'une façon littéraire ou normative, mais comme un code, un « chiffre » secret, d'une part sous l'angle combinatoire et distributionnel, d'autre part dans ses rapports avec la langue, comprise sous ses deux aspects, phonémique et GRAPHÉMIQUE**. En effet, lorsqu'une langue a tissé avec son système d'écriture suffisamment de liens en profondeur, les axes se dédoublent : en lecture entièrement visuelle, la chaîne écrite génère par elle-même son propre sens ; en lecture plus ou moins liée à l'oral (ce qu'elle est le plus souvent), cet axe se double de l'axe phonique, le lecteur pouvant jouer à volonté de toutes ces « possibilités systémiques » (cf. VACHEK*). Un élève qui ânonne se contentera de rapprocher chaque unité d'une chaîne avec celle de l'autre. Mais déjà, un enfant de sept ans sait reconnaître, par exemple, les lettres qui se prononcent de celles qui ne se prononcent pas, ce qui prouve qu'il a en lui une certaine « image » du mot oral, bien distincte de celle du mot écrit.

Temps (échelle du) : C'est curieux : on peut changer l'ORTHOGRAPHE*, mais on ne pas changer complètement l'ÉCRITURE* d'une langue, ou alors il y faut des circonstances exceptionnelles. Comment expliquer cette contradiction ? Comment peut-on dire en même temps que l'orthographe *n'est pas* la langue (ce que prouvait lumineusement Ferdinand BRUNOT*, par l'exemple du mot *vingt,* qui s'est écrit *vint,* qui s'écrit *20, XX,* et autrement encore dans les STÉNOGRAPHIES*, etc., sans cesser d'être toujours le même), et que l'on ne *peut pas* faire ce que l'on veut, sur l'écriture comme sur la langue ?

C'est *l'échelle de temps* qui est différente. Certes, le langage oral change, puisque le latin est devenu le français. L'écriture aussi à une moindre échelle : nous avons fixé les fondements de la nôtre au Moyen Age, et en fait, malgré les transformations par strates successives qu'elle a subies (en trois grandes étapes, ancien français, moyen français, français moderne), elle est bien restée la même, du moins dans la mesure exacte où le français est resté le français. Alors ? Que peut-on faire en un quart de siècle, l'échelle d'une génération ? Problème d'autant plus délicat à résoudre que le temps lui-même est élastique, et qu'il prend de plus en plus une allure haletante, difficile à suivre.

En principe, on peut *tout* faire, l'homme est là pour ça, dans la mesure où écrire est une technique. Mais voilà : tout changer, ça ne marche pas. C'est donc que l'écriture, dans une mesure à définir, participe aux caractéristiques du langage, et en tout cas qu'elle n'est pas à l'échelle humaine.

Un changement sur *un* point quatre fois par siècle, c'est déjà énorme. Mais *rien du tout,* c'est trop peu, parce qu'alors, elle perd son rythme, sa propre échelle du temps, qui suit, peu ou prou, l'évolution orale.

Thot : Le dieu Thot (ou Thotus, Djehouti en égyptien) était surtout vénéré dans l'ancienne Égypte à Kmounou, la ville des huit dieux, devenus neuf avec lui (ville appelée par la suite *Hermopolis* par les Grecs, qui ont assimilé Thot à Hermès, la ville leur étant consacrée).

Thot était, avant d'être déifié, l'ancien ministre (ou scribe, secrétaire) du Pharaon. Il est devenu le dieu lunaire, le comptable du ciel, dieu des nombres, des sciences et des techniques, et naturellement par là dieu de l'écriture, dont il était, dit-on, l'inventeur. Il fabriquait les remèdes, et connaissait les formules (écrites bien sûr) pour guérir, mais n'avait pas le côté voleur et menteur du dieu grec correspondant, ni le côté commerçant de Mercure, son homologue latin.

Thot, dieu à tête d'ibis ou de babouin, cherchait, d'après Platon (dans *Phèdre)* un remède contre « l'équivoque et l'obscurité du discours » : il trouva l'écriture, pour « mieux représenter les mots que les choses ». D'où, nous dit DERRIDA*, qui raconte cette histoire, une meilleure

« communication des ordres du Roi aux généraux et aux gouverneurs de provinces ». Invention donc réservée d'abord aux secrets militaires.

Curieusement, c'est l'écriture phonétique qui semble avoir d'abord été tenue secrète. Les prêtres, seuls initiés, s'en seraient servis pour déchiffrer les songes...

Ainsi, les écritures ont été de tout temps associées aux cryptographies, « écritures cachées », porteuses de pouvoir. En même temps, le « décrypteur », celui qui « décode », qui possède la « clé » du système, qui sait reconstituer le « chiffre », est le plus fort, car il écarte l'obscurité et inonde les esprits de lumière (cf. DECHIFFREMENT*) !

Trévoux (Mémoires de) : Les *Trévoltiens* (habitants de la petite commune de Trévoux, sur la Saône), sont passés dans l'histoire grâce à la création, en 1695, dans les antiques murs gallo-romains de leur bonne vieille ville, d'une simple imprimerie. Ce qui conduisit, au début du XVIIIe siècle, les Pères Jésuites à y fonder le grand périodique intitulé *les Mémoires de Trévoux,* qui joua un rôle si important dans l'histoire de la pensée philosophique française (cf. aussi BUFFIER*).

Au mois d'août 1719, soit une année seulement après la parution de la 2e édition de l'Académie, paraît dans ce périodique un texte qui devait faite date. Il s'agit du *Plan d'une ortographe suivie pour les imprimeurs,* désaveu cinglant de l'orthographe officielle, recommandations à l'usage des ateliers chargés des articles et publications du *Journal,* et à partir de 1704, des différentes éditions du *Dictionnaire de Trévoux.*

Que comprenaient donc les nouvelles normes d'impression fixées par les Jésuites, et qui ont été reconnues valables, en réalité, dans toute la France ? Il s'agissait d'une prise de position entière et sans réserves en faveur de la nouvelle orthographe. Qu'on en juge : suppression de l'*s* muet (de j'*ai esté, forests, fust) ;* adoption d'un accent circonflexe sur les voyelles longues *(forêt, fût)* ; suppression de « toutes les consones doubles qui ne se prononcent point » *(apeler, pardonera),* excepté, est-il spécifié, dans les mots courts et les « monosillabes, parce que l'usage n'a point encore accoutumé les yeux à voir écrire *ele, done, come* » ; suppression de l'*y* sauf dans *il y a ;* adoption de l'accent grave sur *progrès, accès,* etc. ; suppression de l'*e* dans *rendeu, conceu, aperceu,* devenus *rendu, conçu, aperçu,* etc. ; usage généralisé des accents, etc. Ce sont là les consignes données aux imprimeurs, non pour les leur imposer (car ils en étaient les principaux initiateurs) mais pour les généraliser.

L'abbé d'OLIVET* ne restera pas sourd à ces injonctions : de bon ou de mauvais gré, il obtempère rapidement, et ce sera là, vingt ans plus tard, pour l'essentiel, l'orthographe de la 3e édition de l'Académie (1740). Tout nous est donc venu d'une petite imprimerie trévoltienne, près de Bourg-en-Bresse, au bord de l'eau.

Restent cependant deux recommandations des Pères à mettre au jour, qui attendront peut-être bien encore quelques décennies ou quelques siècles : la suppression des « consones doubles » (sauf, ô sagesse, dans les « monosillabes ») et celle de l'*y* « grec », car l'autre, le calligraphique, a alors bel et bien disparu.

Beau travail, Messieurs ! Quelle équipe de journalistes en fera autant en août 2017, trois siècles après vous ?

Vachek J. : Joseph Vachek, phonologue, membre éminent de « l'école de Prague » (qui donna tant, entre les deux guerres, aux théories modernes de la linguistique) peut être considéré également comme le père de la « grammatologie » (ou science des écritures). Dès 1939, avec nombre de ses collègues, il se pose la question de savoir ce qu'est « la langue écrite » par rapport à l'oral. D'emblée, il va à l'essentiel : reprenant Frinta (1909), il dit, lui aussi, que la fonction de l'écrit est « en un sens, de parler rapidement et distinctement aux yeux, ce qui mobilise l'idée sans voiles et sans difficulté ».

Bien que le langage oral soit le premier, incontestablement, à la fois dans l'histoire de l'humanité et dans le développement de l'enfant, il existe en fait, dans nos sociétés développées, dit-il en 1973, « une correspondance structurale liant la norme orale et la norme écrite dans une seule et même communauté de langage ».

L'écrit est un facteur important du changement scientifique et technique (idée reprise par GOODY*), mais aussi du changement linguistique. La norme écrite est « le membre marqué d'une opposition où le membre non marqué est la norme orale correspondante ». D'où la spécialisation de l'écrit pour les « objectifs et fonctions culturels et/ou civilisateurs les plus hauts » (par exemple « la littérature, les travaux de recherche, l'administration d'État, etc. ») D'où cette magnifique proposition, porteuse entre toutes d'avenir pour les tâches futures qui nous attendent :

« Tout utilisateur du langage, appartenant à une communauté de culture langagière, doit avoir une égale compétence des deux normes du langage concerné, car seulement alors il sera capable d'exploiter les possibilités systématiques de son langage en son entier. »

Par la suite, des hommes comme Gelb, Pulgram, Haas, Goody et bien d'autres se réclameront de Vachek, et ce n'est pas fini...

Vaudelin G. : Le Père Gilles Vaudelin, augustin réformé, est avant tout, comme l'abbé de SAINT-PIERRE* ou H. RAMBAUD*, un philanthrope, donc un philographe (cf. PHILOGRAPHIE*). Rambaud n'en pouvait plus de fesser les enfants qui lui étaient confiés. Vaudelin n'en pouvait plus de voir les femmes, les enfants, les pauvres privés du plaisir de lire et de comprendre eux-mêmes les prières. Il écrivit donc pour eux (ou plutôt transcrivit, car il s'agit plus d'une transcription que d'une véritable écriture) la *Nouvelle maniere d'ecrire comme on parle en France* (1713), puis les *Instructions cretiennes mise en ortografe naturelle, pour faciliter au peuple la lecture de la science du salut* (1715). Il le fit à l'aide d'un alphabet phonétique de 13 voyelles et 16 consonnes, ce qui n'était déjà pas si mal pour l'époque (seul DANGEAU*, dès 1694, avait fait mieux, avec 15 voyelles et 19 consonnes, ce qui constituait la toute première description correcte jamais faite du français, mais, ayant été jugée impubliable pour d'autres raisons par l'Académie, elle ne put paraître qu'en 1754).

Voici cet alphabet, dans lequel chaque son était figuré par un signe unique :

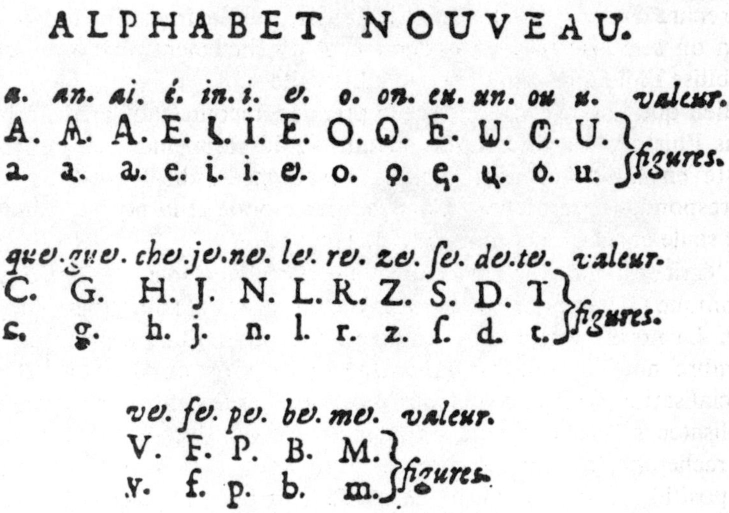

Fig. 7. *L'alphabet de Gilles Vaudelin*
Nouvelle manière d'écrire comme on parle en France, par le Père Gilles Vaudelin, Augustin, à Paris, chez la veuve de Jean Cot, Libraire, Fondeur des Caractères d'Imprimerie, et Jean-Baptiste Lamesle, Libraire, rue du Foin, à la Minerve, 1713. Suit *l'Alphabet nouveau,* avec valeurs et figures.

Je ne sais si les femmes et les pauvres ont été reconnaissants au bon abbé, ni s'ils ont véritablement profité de l'aubaine. En tout cas, nous y avons gagné, quant à nous, une description individuelle tout à fait extraordinaire de la façon dont on prononçait le français à Paris, à l'époque, avec toutes ses voyelles brèves et longues, mais aussi sa décision de suppression pure et simple, dans tous les cas, de l'E* dit « féminin » *(le rlva, vnu, brbi,* pour *le releva, venu, brebis),* son ILL* mouillé, son absence de consonnes finales (restituées depuis selon l'écrit), *leu livres* (pour *leurs livres), devni, servi, serait-i* (pour *devenir, servir, serait-il),* etc. (cf. aussi LARTIGAUT*).

Merci, Gilles Vaudelin, pour ce rare présent, qui n'était pas celui que tu désirais. Il nous montre combien notre écriture est loin, et c'est heureux, d'un alphabet phonétique comme le tien, qui se révèle aussi précieux sur le plan historique et scientifique qu'inutile sur le plan pratique, puisque lui aussi quasi indéchiffrable pour les simples gens...

CHAPITRE HUIT

RÉFORMONS NOS MŒURS

Accent aigu (changements récents) : L'Académie écrit *belître, demiurge, recepage, receper, seneçon, senescence,* les dictionnaires récents *bélitre, démiurge, recepage* ou *recépage, receper* ou *recéper, séneçon, sénescence,* etc. L'Académie écrit *afféterie, allégement, céleri, crémerie, créneler, empiétement, événement* (mais *avènement*), *féverole, réglementer* (*-taire, -tairement, -tation,* mais *dérèglement*), *sécheresse* (mais *sèchement*), *sénevé, vénerie...,* les dictionnaires récents s'avancent prudemment, mais sûrement vers l'accent grave dans beaucoup de cas.

En fait, devant une autre syllabe muette, la prononciation hésite, et la question demande une étude sérieuse : il n'y a aucune raison de passer automatiquement partout au grave, surtout en syllabe initiale. L'E* « moyen », de timbre incertain, a toujours été noté en français, depuis le XVIIIe siècle, par l'aigu, et les voyelles ci-dessus sont loin d'être toutes nettement ouvertes (voyez dans les préfixes, où le *e* devant syllabe « muette » est le plus souvent nettement fermé, *déceler, prévenir, prévenant*), ...surtout dans le Midi, où l'*e* qui suit n'a rien d'un *e* « muet » ! Donc, là n'est pas tellement la question.

Simplement, on peut faire remarquer combien est intenable la position qui consiste à dire : « Changer pour si peu de chose, cela n'en vaut pas la peine ! » On *change* de toute façon, « nous sommes embarqués », comme disait Pascal... Le tout est de savoir si cela doit continuer à se faire dans le caprice, le désordre et l'hypocrisie, comme par le passé, ou si ces changements de prononciation, et donc d'accentuation, ne mériteraient pas toute notre attention et notre considération.

Accord (du participe passé) : Pas de loi plus tatillonne et plus gênante aux entournures pour les Français (une vraie démangeaison) que cette fameuse *discipline*[1], qu'ils se sont eux-mêmes imposée, pour leurs péchés passés, présents et à venir. Pourquoi, comment, au nom de quoi ? Simplement pour se donner à soi-même la conscience du devoir. Marot n'y est pour rien. Cependant réfléchissons : on disait au Moyen Age : « J'ai ma lettre *écrite* » (elle est là, *écrite*). Il s'agissait d'un attribut (adjectival) du complément d'objet du verbe *avoir*. Ronsard dit encore :

Mignonne, allons voir si la rose,
Qui ce matin avait *déclose*
Sa robe de pourpre au soleil...

Comme dans la plupart des secteurs de sa morphologie et de sa syntaxe, le français n'a jamais entièrement rompu avec ses vieilles habitudes, et l'ancien continue avec le nouveau (on dit que notre langue actuelle est un *compromis*). N'insistons pas sur les interventions et le souci constant des éminents Grammairiens de ne pas tomber au chômage, cette seule question leur permettant de grassement se goberger depuis des siècles. Quoi qu'il en soit, nos temps composés verbaux se sont bel et bien implantés : passé composé, plus-que-parfait, etc. On les classe, avec leur participe passé, depuis trois cents ans dans les paradigmes *verbaux,* non dans les paradigmes nominaux ou adjectivaux.

Tout cela a pris du temps : c'est le 3 juin 1679 que l'Académie a décidé que le participe présent, indiquant l'action, surtout suivi d'un complément, resterait invariable : les filles *jouant* (et non *jouantes*) dans la cour. Que n'en eût-elle fait autant pour le participe passé !

Cependant, elle ne le pouvait pas, à cause de quelques verbes de très haute fréquence qui de temps en temps retrouvaient à l'oral leur individualité :

Quelle robe avez-vous mise (ou *mis*) ? *faite* (*fait*) ? *dite* (*dit*) ? *prise* (*pris*) ?

En fait, pour une dizaine de participes de ce genre (ni *été,* de *être,* ni *eu,* de *avoir,* ni *pu,* de *pouvoir, ni allé, vu, su, voulu, venu, dû, donné,* ni les 9 500 verbes du 1er groupe, ni les 300 verbes du 2e groupe, s'opposant aux quelques centaines du 3e groupe, ne manifestaient à l'oral le moindre goût pour un tel accord), pour un simple plat de lentilles, donc, nous avons perdu notre liberté. Je ne suis pas contre une redondance modérée et précise de l'écrit. J'apprécie mieux que

1. « Sorte de fouet fait de cordelettes ou de petites chaînes utilisé pour se flageller, se mortifier » (*Petit Robert*), (« serrez ma haire avec ma discipline »).

personne sa puissante efficacité dans la levée des ambiguïtés. Mais là, je ne marche plus. Écoutez-les : les plus grandes personnalités de ce pays, Charles de Gaulle lui-même, la plupart des hommes politiques, des comédiens, professeurs, avocats, académiciens, tous ceux qui ont le pouvoir de la parole, ne font plus l'accord à l'oral (pour une dizaine de verbes sur 10 000, ne l'oublions pas) qu'une fois sur trois ou quatre, et ils ont bien raison. Je ne demande pas la mort du pécheur. Que ceux qui sont pour *mises* écrivent *mises,* et ceux qui sont pour *mis* écrivent *mis,* accordant pour une fois leurs actes avec leurs paroles.

Pourquoi « elles se sont *ri* de nous » et « nous nous sommes *moqués* d'elles », « elles se sont *plu* à nous taquiner » et « nous ne nous sommes pas *souciés* de leurs railleries » (ex. de P. Burney) ? Dans tous ces cas, le complément (direct ou indirect) est *après* le verbe, et selon la propre logique de nos faiseurs de leçons, ces participes devraient rester invariables. Vaugelas s'en était déjà aperçu, et les meilleurs auteurs le répètent depuis, dans le désert.

Voici ce que dit, par exemple, un livre récent, signé de P.-V. Berthier et J.-P. Colignon, intitulé *le Français écorché* (p. 12) : « La conjugaison pronominale avec l'auxiliaire *être* est soumise à la même règle d'accord que la conjugaison ordinaire avec l'auxiliaire *avoir :* le principe passé du verbe au temps composé s'accorde avec le complément direct s'il en est un qui soit placé avant le verbe, mais reste invariable en toute autre circonstance. » Et ils donnent de cette règle de nombreux exemples, ainsi :

> La jeune femme s'est *senti* (et non *sentie*) la force...
> Elle s'est *rendu* (et non *rendue*) compte de son erreur.
> Les deux amies se sont *tenu* (et non *tenue*) la main.
> (Mais) La main qu'elles se sont *tenue...* (et non *tenues*).
> L'excuse qu'elles se sont *donnée...* (et non *données*).
> Ils se sont *vu* remettre des formulaires, etc.

Commençons modestement par là, puisqu'il faut bien commencer par quelque chose : posons que les participes des verbes PRONOMINAUX* ne s'accorderont que *lorsque le complément les précède,* et ne s'accorderont pas *dès qu'un complément les suit.* C'est comme d'écrire *chariot* comme *charrette,* c'est en attendant mieux. Vous me direz que ces règles-là sont loin d'être claires. J'en suis d'accord, puisqu'on croyait jusqu'ici qu'on accordait toujours avec l'auxiliaire *être.* Voilà qu'on nous dit que les auxiliaires des verbes pronominaux ont toute l'apparence de verbes *être,* l'odeur de verbes *être,* mais que ce ne sont pas de vrais verbes *être* et qu'ils s'alignent sur les verbes *avoir.* Soit ! N'importe quoi pourvu que ce soit clair. Mais, de grâce, pas de violence, laissez vivre aussi les autres...

Anglais (l'opinion des) : Sommes-nous au moins le plus inconséquent des peuples ? C'est si doux d'être le pire, à défaut d'être le meilleur. Eh bien non, et d'autres nous envient. Voyez un peu ce que disait, en 1868, un typographe anglais connu, Théodore Küster, dans le *Printer's Register* (FIRMIN-DIDOT*, pp. 462-463) :

« Le caractère distinctif de l'esprit français est une fine perception de l'ordre et une tendance à introduire en tout une règle et une méthode. Les tendances des nations saxonnes et teutoniques sont tout autres : là c'est l'action individuelle. Nous, Anglais, nous sommes intolérants pour la centralisation, comme ne pouvant s'accorder avec ce droit individuel. Nous laissons les choses suivre leur cours, tandis que nos voisins d'outre-mer assignent aux choses le cours qu'elles auront à suivre. Il est aisé de voir de quel côté est l'avantage dans l'emploi des anomalies de la grammaire ou du dictionnaire. Dans cinquante ans ils auront fait de leur langue une armée bien réglée et bien disciplinée, tandis que la nôtre ressemblera à une foule énergique et indisciplinée, qui se pressant dans les rues d'une grande ville, y cause de la confusion. »

Et il ajoutait, pensant que les propositions d'Ambroise Firmin-Didot seraient sans aucun doute acceptées :

« Nous sommes persuadés que beaucoup de personnes tenteront de s'opposer aux changements proposés dans l'ouvrage que nous avons sous les yeux. Elles ont appris le français d'après la méthode actuelle, et considéreront ces modifications comme une félonie à leur égard ; mais, quand nous mettons en balance les plus grands inconvénients qui peuvent résulter de ces changements et l'énorme perte de temps qu'entraîne, pour ceux qui étudient le français, le système actuel, il nous semble que toute personne impartiale décidera en faveur de la réforme... Ce travail sera probablement d'un tel poids dans l'amélioration de l'orthographe française qu'il ne peut manquer d'avoir de l'influence même sur notre orthographe... [Cette réforme] facilitera ainsi aux étrangers l'étude de l'une des langues les plus belles et les plus utiles du monde entier. »

Apparat (orthographe d') : Le linguiste Michel Arrivé, lui-même grand ami du travestissement graphique, racontait en 1983 :

« Les Membres de la Cocommission de Vêture du Collège de Pataphysique (1977)... soucieux de mettre en place une "orthographe d'apparat"... la fondent sur le très raisonnable principe que tout son est transcrit par un (et un seul) symbole, lui-même constitué d'un ou plusieurs graphèmes. »

Se fondant sur ce sain principe, et ne lui donnant comme condition que l'attestation de ce symbole dans la « graphie vulgaire », les doctes Pataphysiciens décident des transcriptions suivantes :

— /A/ sera noté par *igt* (comme dans *doigt*) ; — /p/ sera noté par *b* (comme dans *obscène*) ; — [Ẽ] sera noté par *ingt* (comme dans *vingt*) ; — /R/ sera noté par *rrh* (comme dans *logorrhée*) ; — /O/ sera noté par *u* (comme dans *album*) ; — /t/ sera noté par *ght* (comme dans *night-club*) ; — /g/ sera noté par *c* (comme dans *second*), etc.

Ce qui donne pour leur titre, intitulé *Projet d'orthographe d'apparat,* la traduction suivante :

BRRHUSGE GD URRHGHTUCRRHIGTPH GD IGTBIGTRRHIGT

Ce magnifique exemple d'« oulipographie » me rappelle les transcriptions bien connues de l'anglais *fish* (« poisson ») par *ghoti, f* par *gh,* comme dans *enough, i* par *o* comme dans *women* et *sh* par *ti* comme dans *nation !* ou, en plus simple, celles d'Alphonse ALLAIS*, qui, en une magnifique performance, fut capable de transcrire 19 mots par 34 lettres :

O DS FMR !

AID KN N E O PI DIN E LIA ET LV. L SMIT AT.

(Traduction : « O Déesse éphémère, Haydée Cahen est née au pays des hyènes et elle y a été élevée. Elle est sémite et athée. »).

Mais pourquoi aller chercher si loin dans le délire ? La graphie *ou,* en ANGLAIS*, peut se prononcer d'au moins *huit* façons différentes dans *Houston, Gloucester, labour, Donoughmore, South, Houghton, Doudney, borough... ; a* de quatre façons différentes dans *man, cake, ball, spiritual... ; ea* également dans *cream, sweetheart, yearling, Minneapolis...* Et l'on compte, selon S. Monod (1963), 66 façons d'écrire les six voyelles longues de l'anglais ! Ce qui explique, entre autres, que les gentils enfants de l'île de Malte, multilingues par nécessité (ils sont confrontés à l'arabe, l'italien et l'anglais) mettent deux fois plus de temps à lire et écrire couramment l'anglais que l'italien.

Mais la palme revient sans conteste à l'irlandais : selon cette écriture, *lanamhain* se prononce *lanoun,* et *oidhche* se prononce... *i !*

N.B. Le Collège de Pataphysique, créé vers 1950, a été suivi, à partir du jeudi 24 novembre 1960, par l'OuLiPo de F. Le Lionnais (« Ouvroir de littérature potentielle »). Boris Vian était du premier, R. QUENEAU* des deux, et leurs membres pouvaient tous se reconnaître dans la devise de P. Féval : « Je travaille pour des gens qui sont intelligents avant d'être sérieux. »

Barès J.-S. : A ne pas confondre, naturellement, avec Maurice Barrès, l'écrivain, qui a deux *r* et se trouve, lui, dans les dictionnaires de noms propres. Et pourtant, notre homme le mériterait.

Il s'agit, vous allez le voir, d'un véritable conte de fées, mais qui « finit mal ». J.-S. Barès, qui joue le rôle du magicien, est un gros industriel qui avait fait fortune « aux Amériques », comme on disait alors, dans les années 1900.

En véritable homme d'affaires, il se jette à son retour dans la bataille de l'orthographe qui bat alors son plein (cf. F. BRUNOT*, G. PARIS*, L. CLÉDAT*, É. FAGUET*, etc.). Il fonde un journal, *le Réformiste,* et le fait distribuer gratuitement à 35 000 exemplaires. Il crée un prix annuel de 70 000 francs, somme tout à fait considérable pour l'époque. Durant plus de sept ans, il n'épargne pour la cause de la réforme ni son temps ni sa fortune, et c'est en grande partie grâce à lui qu'elle ne cesse alors d'obtenir de nouveaux appuis et de s'implanter largement dans l'opinion.

En fait, ce philanthrope avait un large programme social et politique, qui dépassait la réforme. Son journal se présente ainsi :

LE RÉFORMISTE
en ortografe sinplifiée

« [...] Parait châque quinzaine et poursuit : la sinplificacion de l'ortogràfe, la supression des octrois, le relèvement de l'Agricultûre, la décentralizacion administrative et l'établissement d'un service militaire pareil pour tous... Il dézire établir l'égalité et dégrever le nécessaire en grevant le superflu »... Dans l'un de ses ouvrages, *l'Ortografe sinplifiée,* il nous annonce qu'il militait également « pour faire revivre les principes pour lesquels conbatirent nos pères de 1789 »... Les sujets abordés sont, par exemple : « Autonomie comunale et Conseils réjionaus... Nétoyage social et Colonizacion... Ortografe Etimolojique et Ortografe Fonétique... L'instrucsion publique de M. Rambaud et des Jézuites... Les Parazites sociaux... Les Juifs, les Jézuites et la Liberté », etc.

Au début de sa *Gramaire françaize* (1900) il indique qu'il a voulu « endiguer, dirijer, le courant » (des réformes), et que l'on s'est mis d'accord « pour n'appliquer que cèles qui ne soulèvent pas d'objecsions ». Le tout est de savoir auprès de qui...

En tout cas, c'est une chose assez extraordinaire que de voir, pour une fois, la chance sourire aux éternels exclus, militants de l'ABC : une bataille comme celle-là, pour J.-S. Barès, s'organise, à coups de sondages, de campagnes de presse, de montages de « pub », comme on dirait aujourd'hui. L'hôtel où il s'est installé devient une véritable fourmilière. Il expédie ses « hommes » (des universitaires, lunettes sur le nez et histoire de la langue dans la poche), aux quatre coins de la France. Pour la première fois, ils rencontrent les foules, tout ébaubis de ce qui leur arrive. Cours, conférences, publications, tracts, rencontres, débats, appels au peuple, on se croirait en pleine campagne électorale à l'américaine, et c'est bien là, en effet, que J.-S. Barès a fait ses classes. Sauf que ses démarcheurs sont constitués par l'ensemble de l'Université, mobilisée, engagée et combative.

Et ça marche ! La Fédération internationale des instituteurs, regroupant 300 000 membres, adopte lors de son congrès de 1906 une motion en faveur de la réforme. De nombreux congrès nationaux et internationaux de l'Enseignement public l'avaient précédée (inspecteurs primaires, directeurs et directrices, professeurs, anciens élèves, presse pédagogique...). Conseils généraux, organisations sociales et culturelles (Ligue de l'enseignement, Ligue des droits de l'homme, Alliance française, Mission laïque française) les suivent en foule. Les trois directeurs de l'Enseignement primaire, secondaire et supérieur, les inspecteurs généraux eux-mêmes prennent position. Cent députés et législateurs, dont Aristide Briand, ont signé la pétition qui circule. C'est toute l'opinion laïque française (la même qui s'est rangée derrière Zola et Dreyfus) qui est là, soulevée par le tonton d'Amérique. Tous misent sur Ferdinand BRUNOT*, magistral chef de file lui aussi, qui rend sa copie au ministre. Et que fait-il, le sauveur suprême ? Il n'aime pas trop cette copie, et il le dit ! J.-S Barès, découragé, abandonne. Et les derniers lampions s'éteignent, sur l'une des plus grandes fêtes de l'espoir d'une culture démocratique en France.

Beslais A. (et les cuisinières) : Parmi les projets de réforme récents, et malgré les déboires qu'il a essuyés (cf. orthographe PHONÉTIQUE*), c'est sans doute celui présenté en 1965 par Aristide Beslais qui s'est trouvé (et se trouve encore), non pas le plus près de réussir, mais en meilleure posture vis-à-vis de l'opinion.

Les démarches faites par ce courageux directeur de l'Enseignement primaire ont commencé dans les années 1950. En 1952, la commission qu'il présidait devait présenter un premier rapport. Devançant cette publication, Edmond Faral, membre de la commission, la quitte avec fracas, dénonçant publiquement ses excès (dont certains, hélas, bien réels), à coups d'énormes moqueries et calembours, et la presse s'est empressée de suivre : « *Un homme de petit pois, Paris la grande vile, les fames retrouveront un home »...,* telle était l'orthographe que nous préparaient ces dangereux phonétistes.

« Je ne veux pas écrire comme ma cuisinière », proclamait E. Faral, que la courtoisie n'étouffait pas, pas plus, en tout cas, que la loyauté envers ses collègues. Ce fut donc une belle campagne... de presse. Les cuisinières, notons-le, y tenaient une place honorable. Citons, entre autres, Jules Romains (*Carrefour,* 3 juill. 1952) qui se gaussait, lui aussi, de la cuisinière Zéfirine. Citons aussi l'article signé P.V. dans *le Figaro littéraire* du 9 août, titré gentiment : « M. Marcel COHEN* veut écrire comme sa cuisinière » : « [...] Le véritable progrès social, y est-il dit, ne consiste pas à abaisser la culture au niveau des masses, mais à élever les masses au niveau de la culture. Et nous applaudissons d'avance au premier syndicat de cuisinières qui inscrira dans ses revendications : "Nous voulons écrire comme Madame — même si ce n'est pas toujours une référence !" » (ici, il ne faut voir sans doute qu'une assimilation des cuisinières aux femmes en général, ce qui est normal). Cette profession étant en net recul, qui les remplacerait aujourd'hui ? Les bonnes portugaises, bien sûr. C'est à cette levée de boucliers contre les gens de maison que répond Ernest Kahane dans les *Lettres françaises* (4-11 sept. 1952), avec son célèbre article-drapeau : « L'orthographe, abcès de fixation de la culture ».

Quand au pauvre rapport, il ne fut même pas publié (il en est de même de celui qui l'avait précédé, le projet Pernot-Bruneau, établi en 1948, dont l'unique exemplaire se trouve toujours en ma possession, sous une forme dactylographiée).

En 1960, après quelques années de découragement, A. Beslais reprend son bâton de pèlerin, fait force visites, multiplie les sondages, et publie de nombreuses mises au point. Son prestige grandit. En particulier, tirant la leçon de son premier échec, et faisant le tour de l'ensemble des projets précédents, il s'efforce avec sagesse de ne retenir que les points pour lesquels semble s'établir un large consensus.

Le deuxième projet qui porte son nom, établi après cinq ans de travaux, n'a plus aucune prétention à une modification en profondeur du système. Il se propose simplement l'aménagement des points les plus controversés, qui se trouvent être en même temps ceux qui occasionnent le plus de fautes dans l'enseignement. En 1965, ce rapport, demandé à l'origine par le ministre, lui est remis officiellement. Puis, sans que l'on sache très bien sur quelle curieuse intervention *ex machina* de dernière minute, l'affaire est enterrée, et l'on n'en parla plus jamais, surtout dans la presse.

C'est ainsi que vont les choses dans notre France démocratique. Sans doute, le procédé était mauvais, et il faut agir autrement. En la matière, j'en suis à présent persuadée, l'usage doit précéder la loi. Créons donc un nouvel usage. Avec pour base, bien entendu, celui étudié, et bien étudié dans l'ensemble, par le dernier et le plus courageux des réformateurs ancienne manière, A. Beslais. Et suivons en la matière les conseils prudents et éclairés de G. GOUGENHEIM*.

Brunot F. : Ferdinand Brunot (1860-1938) est connu par sa monumentale *Histoire de la langue française* (1916-1938), ainsi que pour sa lutte intransigeante et inlassable en faveur d'une réforme de l'orthographe française. A plusieurs reprises, tant en 1905 (en tant que rapporteur au nom de la 2e Commission de réforme, après P. Meyer) qu'en 1933 (après la parution de la très discrète *Grammaire* de l'Académie française), il a su montrer en ces domaines à la fois la détermination de ses convictions de linguiste et la mesure de sa verve polémique.

Aucun texte cependant n'est plus franchement spirituel que sa délicieuse « Lettre ouverte à Monsieur le ministre de l'Instruction publique » (1905, cf. ALLÉES* et venues). Il répond ici aux observations de l'Académie sur les propositions de P. Meyer, déposées en 1903. Cependant, il a dû « épouvanter » l'Académie : « Peut-être, reconnaît-il lucidement, ai-je été cause que sa répugnance pour les réformes présentes s'est trouvée augmentée. »

On serait épouvanté à moins ! Jugez-en : Ferdinand Brunot, en toute innocence, déclare ne pas faire siennes les propositions de sa propre commission, jugées trop tièdes. « Tout n'y est pas bon, soit », dit-il avec condescendance du rapport des commissaires » (qui cependant n'y allaient pas de main morte, vous pouvez me croire)... « De là, ajoute-t-il perfidement, des timidités et des inconséquences que l'Académie a eu raison de relever... »

Après ce lâchage en règle, que propose-t-il en échange ? Rien de moins que de tout recommencer à zéro. On établirait d'abord, expérimentalement, « le parler de personnes réputées pour la correction de leur prononciation ». Ensuite, on adopterait un nouvel alphabet, qui n'est rien d'autre que l'alphabet phonétique utilisé déjà par les linguistes. Considéré d'abord comme une sténographie, cet alphabet deviendrait ensuite la « graphie normale ». L'orthographe actuelle « resterait en l'état », avant de disparaître progressivement devant la nouvelle (pp. 39-41). Ainsi, « il n'y aurait plus de question orthographique », conclut-il en toute simplicité.

« Je n'insiste point du reste, Monsieur le Ministre, ajoute Ferdinand Brunot, sur ces vues personnelles, et je vous engage moi-même à vous fonder sur le projet de la Commission. » Le bon apôtre !

Comment l'opinion publique pouvait-elle réagir à des propositions aussi incendiaires, et, surtout, à de telles zizanies internes entre LINGUISTE(S)*, qui laissaient bien mal augurer de leurs expertises et de leurs décisions ? Et que penser d'un chef de file qui descend ainsi ses collègues devant l'adversaire, sans aucun souci de déontologie ni d'efficacité ? « Ah, mes parents, que je vous veux du mal », disait Monsieur Jourdain, qui n'avait pas appris l'orthographe. « Ah, mes collègues, que je vous veux du mal », dirais-je volontiers, de vous être conduits si longtemps comme des enfants sans cervelle...

Clédat L. : Comme E. Raoux pour la Suisse, Léon Clédat, doyen de l'université de Lyon, peut être considéré comme le chef intellectuel, la « tête pensante » de ce grand mouvement en faveur d'un rajeunissement de notre écriture nationale, qui a soulevé les foules en France durant plus de vingt ans aux alentours de 1900 (cf. aussi LITTRÉ*, BRUNOT*, FIRMIN-DIDOT*, etc.). Auteur de livres multiples sur l'histoire et la grammaire, L. Clédat crée dans les années 1890 *la Revue de philologie française* (devenue en 1933 *le Français moderne,* sous la direction d'A. DAUZAT*).

Les universitaires se concertent et se mettent d'accord sur un petit nombre de modifications (écrire *deus, rous, sisain, dizième, prent,* j'*étiquète,* je *martèle,* et tous mots analogues, garder le participe avec *avoir* invariable dans certains cas) qu'ils appliquent non seulement dans la *Revue,* mais dans l'ensemble de leurs articles et ouvrages. Mais, dit L. Clédat (qui pour lui-même appliquait dans ses articles deux autres réformes, celle de la suppression de la plupart des consonnes doubles et des lettres grecques), « j'ai voulu appliquer le sistème de ma Revue dans plusieurs livres destinés au grand public : les éditeurs ont presque toujours refusé catégoriquement... ».

Des dizaines de linguistes, d'écrivains, d'hommes de science, se déclarent prêts à suivre ou suivent effectivement ces directives, et ils l'ont fait, pour certains, même après la guerre de 1914. Pourquoi ont-ils arrêté ? Tout simplement parce que personne n'a pris la relève. Pourquoi ne l'a-t-on pas fait ? Parce que personne ne nous a jamais parlé de cette histoire. Et pourquoi ? Parce qu'on nous a enfermés de plus en plus étroitement dans un cercle vicieux, de façon que nous ne puissions pas en sortir :

« Puisqu'elle est, disait Émile FAGUET* de l'Académie, avant tout GREFFIER* de l'usage, [elle se doit] d'être respectueuse de l'ordre établi et ne le guider, *ce qui est aussi son rôle* [souligné par moi], que très doucement et discrètement... »

C'est ce que dit l'Académie encore aujourd'hui : nous réformerons quand l'usage aura pris l'initiative. En même temps, on nous répète (à tort) que seule l'Académie est habilitée pour prendre une telle initiative !

« Lorsqu'il s'agit, remarquait Clédat, de modifier les programes d'histoire et de géografie ou de filosofie, on ne s'adresse pas à l'Académie française. Elle est encore moins compétente en grammaire... c'est comme si on disait : "Nous réduirons le service militaire quand l'usage en aura pris l'initiative"... »

Et pourtant, il suffisait d'un petit geste de l'État, d'Aristide Briand en l'occurrence (le même qui en 1904 avait signé la pétition pour la réforme, mais allez-y voir...). L'ACADÉMIE*, pour sa part, était tout à fait prête à suivre. Elle avait même précédé, puisqu'elle avait solennellement accepté une bonne partie des points demandés alors par le mouvement de réforme et les universitaires : *bijous, chous... ; charriot* comme *charrette ; pestilenciel, confidenciel... ; pié, ognon... ; enmener, enmitoufler... ; échèle, paysane... ; dizième, sizième... ; rapsodie, rume... ; analise, stile...* (1905).

Cette acceptation est-elle toujours valable ? La parole est, depuis, dans le camp de l'usage, sur le chemin ouvert dès 1890 par Léon Clédat.

Commencer (par où ?) : Il est aisé de se remettre d'un rhume, et beaucoup moins d'une pneumonie. Aussi les pays qui ont déjà une bonne écriture parviennent-ils mieux à l'améliorer que ceux qui sont, comme nous, accablés de maux. Par où commencer ? L'orthographe grammaticale ennuie beaucoup plus les lycéens et les adultes que l'orthographe dite « d'usage ». Mais celle-ci n'est pas drôle non plus, et l'on comprend les impatients qui disent : « Il faudrait tout changer, autrement à quoi bon ? »

Nos amis CHINOIS*, de peur de le regretter, n'ont pas pris ce chemin : un trait par-ci, un trait par-là, comme l'ont fait déjà les Japonais, ils simplifient leurs idéogrammes. Ils suppriment les signes qui font double emploi. Par petites touches, ils normalisent. Ils ont commencé par fixer leur transcription phonétique, ce qui est très important, pour eux comme pour nous.

S'il faut commencer, je ne commencerais pas par les fondations. Tout comme les Chinois, je les garderais, de peur de le regretter. Comme eux, je supprimerais d'abord les fioritures extravagantes, par exemple certains ACCENT(S)*, dont nous avons de trop. Une écriture ne peut pas et ne doit pas tout noter.

Tout conduit à une telle cure de sobriété : la phonétique (nos VOYELLES* non toniques sont devenues « moyennes », cf. E* moyen, et nous avons presque entièrement perdu nos oppositions de durée) ; l'usage, car personne ne met exactement ces accents, on se contente en général à la main d'un trait de plume indifférencié ; l'écriture de masse (qui ne peut que neutraliser les caractéristiques individuelles, faciliter les échanges entre les divers médias dont nous nous servons constamment) ; la technique (l'ordinateur veut bien nous remplacer, mais il n'a ni notre compétence ni notre docilité, et les extravagances coûtent cher) ; et je dirais même l'esthétique, car tout ce qui est exagéré est laid, et nos accents, en imprimé comme sur écran, font ringard, etc.

Naturellement, les CONSONNES* doubles diacritiques, qui elles aussi notaient, comme les accents plus tard, des nuances vocaliques pour les voyelles précédentes (ouverture, fermeture, absence de durée, etc.) disparaîtraient du même coup, puisque ce sont des accents déguisés et hypocrites, devant l'élégant ACCENT* plat, dont les imprimeurs une fois de plus nous montrent l'exemple. Et tout le monde reprendrait confiance.

Composons (des aménagements) : « Il y a, certes, beaucoup de flottement dans l'orthographe des mots composés », disait R. Georgin au moment du dépôt du Rapport BESLAIS* (« Que faut-il penser de l'ortografe nouvèle ? », dans *Lectures pour tous,* 1965). Et il concluait : « Certes, notre orthographe est pleine d'exceptions, de vieilleries, d'anomalies, de subtilités, de pièges sans nombre. Mais plutôt qu'une réforme véritable — le mot effraie — il conviendrait d'envisager seulement quelques aménagements... »

Encore René Georgin est-il l'un des rares grammairiens qui aient pris la peine d'examiner point par point, et sans œillères, les propositions faites alors.

La question qui se pose est celle-ci : qu'entend-on par « aménagements » ?

Prenons un exemple : les mots préfixés sur *entre-* (*s'entr'aimer, s'entr'égorger, entre-tisser,* etc.) comptaient déjà quelque 300 unités dans Littré ; *contre-* (*contrordre, contre-allée, contre-amiral*), près de 400. L'Académie, fait déjà remarquable, a procédé à des « aménagements » : pour *entre,* 35 composés soudés en 1878, 44 en 1935. Progressivement, depuis, les dictionnaires modifient tel ou tel mot, dans un sens ou dans un autre : 30 nouveaux préfixés sur *-entre,* ont ainsi enfin trouvé leur repos du 7e jour ; d'autres, à nouveau, sont retombés au purgatoire. Et tout le reste ? A ce rythme-là, d'aménagements en aménagements, nous en avons pour quelques siècles ou quelques millénaires. Ça n'a pas de SENS*.

Mais ce n'est pas tout : d'autres secteurs sont plus importants encore. Sur 100 catégories de mots préfixés, une vingtaine hésitent entre le trait d'union et la soudure (formées sur *non-, sous-, sans-, sur-,* etc., avec chacune des dizaines ou centaines d'unités). Sur près de 1 000 séries du type *mono-, radio-,* etc, certaines, comme *hydro-,* comptaient déjà 170 unités dans LITTRÉ*. D'autres, comme *électro-, micro-,* etc., augmentent si vite que les recensements ne parviennent plus à les suivre (notre vocabulaire recensé est passé depuis Littré de 100 000 à 1 million de mots).

Et je ne mentionne pas même les composés sur verbes (70 % d'anomalies, des *chauffe-pieds,* des *cale-pied,* etc., cf. CHASSONS* la mouche) ; les monuments historiques, comme des *bains-marie* mais des *sauf-conduits, arcs-en-ciel* mais des *pot-au-feu,* sans compter les *nu-pieds* mais les *nues-propriétés* (de qui ?). Près du quart du vocabulaire courant, ne l'oublions pas, entre dans l'une ou l'autre de ces catégories de composés.

On estime à environ 50 000 le nombre des idéogrammes nécessaires à une bonne connaissance du chinois. On peut, comme ils l'ont fait, fixer à 1850 le nombre de composés (sans parler du reste) à apprendre à l'école. On peut également prolonger la scolarité, ou décider qu'on ne fera rien d'autre de toute sa vie que des dictées sur les composés. Mais, je vous en prie, cher Monsieur Georgin, qu'appelez-vous exactement ici « aménagements » ?

Consonnes doubles (d'après l'Académie) : L'examen du problème des consonnes doubles occupe une bonne partie de l'espace des grammaires anciennes, qui toutes commencent par un inventaire des « lettres », puis par celui des correspondances graphie-phonie, des règles de la prononciation et de l'orthographe du français. MÉZERAY*, par exemple (1673), y consacre environ le tiers de son manuscrit, et examine successivement tous les cas de rencontres entre voyelles et consonnes, soit des centaines de cas différents, avec des listes approximatives.

RÉGNIER* Des Marais (1706) fait de même, avec un plus grand luxe encore de listes (différentes) et de détails (27 pages imprimées grand format, contre 36 pages manuscrites à grande écriture chez Mézeray). Il faut souligner que Régnier rédigeait sa *Grammaire* (grammaire « toute latine », d'après A. François, 1905, grand spécialiste du XVIIIe siècle) à la demande et au nom de l'Académie, qui, après bien des débats houleux de ce que l'on appelait alors le bureau des DOUTES* (joli nom, souvenir perdu, hélas !), lui avait délégué ses pouvoirs (cf. aussi POUMONS*).

Quoi qu'il en soit, Régnier se met courageusement à la tâche. Les consonnes doubles, nous dit-il d'emblée, sont utiles pour indiquer « une meilleure prononciation » de l'*e* précédent. Mais : « La règle générale que l'Académie françoise a suivie dans l'orthographe de son Dictionnaire, est de garder les consonnes doubles dans les mots françois, lors qu'elles sont doubles dans les mots latins d'où ils viennent ». Ce qui cadre mal avec la première règle. Avec cette bouée de sauvetage de fortune, il plonge hardiment, mais sans grand succès, dans la mer déchaînée des cas particuliers. Jamais plus, par la suite, l'Académie ne se hasardera dans ces parages dangereux.

L'abbé d'OLIVET*, le cher homme, tentera bien, pour l'amour de ses confrères et de l'humanité, de séparer les mots à consonne double étymologique des autres (ce qui nous vaut d'écrire aujourd'hui *abaisser, abattre, abreuver, abréger, agrafer, agréer, agresser, apaiser, apercevoir, aplatir* etc., avec la consonne simple). Mais, reculant devant une tâche positivement impossible, il y a vite renoncé. Aujourd'hui, l'Académie ne donne plus ses raisons. Elle simplifie, elle redouble, selon l'humeur du moment, parfois à l'aide de variantes, parfois non, contredisant sans justifications apparentes les éditions antérieures : elle simplifie par exemple en 1935 *agrégat, agrégation, agréger, je furète,* mais écrit, contrairement à 1878, (je) *harcelle* (mais *harcèlement),* (elle) *agnelle,* (il) *bourrelle,* (il) *becquette,* (il) *caquette,* (il) *craquette,* etc., qui s'écrivaient auparavant avec la consonne simple. Sur plus de 500 modifications graphiques recensées par GREVISSE* pour l'Académie 1935, 315 portent sur des suppressions de variantes de toutes sortes, comme celles de l'Académie 1878, *alonger, agraver, assujéti* à côté de *allonger, aggraver, assujettir.* Mais je me trompe : l'Académie a encore donné ses raisons sur le sujet, en particulier par la bouche d'É. FAGUET*, en 1905. La chose vaut d'être comptée par le menu (cf. ALLÉES* et venues de l'Académie). De plus, elle vient de le faire encore tout récemment : lors de sa séance du 12 mars 1987, en effet, elle a entre autres « rejeté la normalisation » de *bonhomie, boursoufler, boursouflure, chausse-trape, combatif, combativité, cahute, chariot, embatre, imbécillité, innomé, persifler, persiflage, persifleur, prud'homie, sotie,* et des verbes en *-eler* et *-eter* (normalisations qu'elle avait cependant elle-même adoptées en 1976). Il est dommage que les Immortels n'aient jamais été invités aux jurys d'examens, qui, eux, sont bel et bien confrontés au nouvel usage.

Contradiction (esprit de) : — Finalement, quel est le fond de votre pensée ? Apparemment, vous souhaitez que nous changions l'orthographe actuelle, dans le sens d'une meilleure adéquation phonétique ? Et voilà que vous critiquez vertement les zélateurs de l'alphabet, au point de soutenir même contre eux les idéogrammes de l'écriture chinoise ! Vous vous attaquez méchamment aux phonétistes, et vous vilipendez non moins vigoureusement ceux qui précisément veulent (comme vous, me semble-t-il) conserver à notre système toute sa charge d'information et ses finesses. Expliquez-vous !

— Si vous me dites que notre orthographe est PHONÉTIQUE*, je vous dirai non ; et si vous me dites qu'elle est « idéographique » (cf. IDÉOGRAPHIE*), je vous dirai non aussi. Si vous me dites qu'il n'y a qu'à l'ignorer, ne plus l'enseigner, ou faire une transcription minimale à côté, je dirai non. Mais si vous soutenez que, dans ces conditions, il ne vaut vraiment pas la peine de bouleverser nos usages pour faire quelques retouches çà et là, je vous dirai mille fois non, non et non ! Pourquoi ? Mais parce que ce n'est pas raisonnable. Faisons ce que notre pays a toujours fait, vaille que vaille, depuis le Moyen Age, en prenant précisément appui sur l'expérience du passé. Notre langue et notre écriture sont comme un homme et une femme, qui ne peuvent ni rester ensemble ni se séparer. Vivons avec cette contradiction, mais vivons-là au mieux. Par petites touches, sans trop de criailleries ni de drames, ajustons nos différences. Pouvons-nous écrire phonétiquement ? Non ! Pouvons-nous continuer à barboter non dans le système lui-même, dont les grands lignes sont bonnes, mais dans des lettres auxquelles nous ne comprenons plus rien, bien qu'elles aient eu leur utilité à un moment donné ? Non, pas plus que nous ne portons encore des perruques. En matière de langue, il n'y a jamais ni pause, ni décadence, ni révolution, mais seulement évolution. Notre écriture est ce qu'elle est, il y a mieux, il y a pire. Soyons réalistes, mais non inactifs. De toute façon, nous sommes condamnés à être raisonnables. Le tout est de commencer, il n'y a que le premier pas qui coûte.

Dauzat A. : Albert Dauzat, linguiste, spécialiste d'étymologie et d'onomastique, a pris la direction de la *Revue de philologie française* de L. CLÉDAT* (devenue *le Français moderne*) en 1933. Avec son collègue Jacques Damourette, il reprend en 1939 la tradition de la Revue en proposant un projet modéré de réforme de l'orthographe. Rendus prudents par les échecs précédents, les promoteurs du projet partent d'une idée intéressante et mobilisatrice, que par pur sens de l'humour et de la logique (la logique même de leurs adversaires) je reprendrais volontiers : celle, disaient-ils, de faire de l'étymologie « notre guide et notre garde-fou ».

C'est au nom de l'ÉTYMOLOGIE*, en effet, que Dauzat propose l'unification des familles de mots, deux *r* pour *chariot,* mais aussi un seul *n* ou *m* pour la plupart des mots contenant *nn* ou *mm, personne, honneur, nommer,* etc., et leurs dérivés (d'après *persona, honor, nominare,...* en latin). C'est une idée qui va loin. Effectivement, si nous nous conformions, pour une fois, à nos propres principes !

Avec la même habileté, il reprenait les différentes concessions, loin d'être négligeables, de l'Académie elle-même, faites au début du siècle.

Allons, enfants, rangeons-nous sous le drapeau de l'étymologie ! Nous avons toutes les raisons pour nous, même celles-là !

Ducs (le parti des) : Durant l'été 1893, une campagne est déclenchée dans la presse, en particulier dans *le Figaro,* contre une certaine « note » concernant l'orthographe et adoptée par l'Académie (note d'O. GRÉARD*, présentant une dizaine de points de réforme qui pourraient être introduits dans le *Dictionnaire*). Cette adoption suscita ce que l'on a appelé l'offensive du « parti des Ducs », avec à sa tête le duc d'Aumale, membre de l'Académie. Le 8 août 1893, on peut lire dans *le Figaro :*

« Il se fai gran brui dans la Press dé réform ortografic don M. Grear sé fai le champion é ke lacadémi fransèse a voté dans un de sé dernière séance [...] Son Altès [le duc d'Aumale] vient de protesté par letr contr ce vot, estiman kune décision de cet inportance noré pa du étr pris par un ossi petit nonbr de mambr »...

Tout l'été, *le Figaro* interroge sur ces problèmes de nombreux écrivains et hommes de lettres, qui se déclarent tantôt pour, tantôt contre l'adoption de la note. Interviennent ainsi G. Boissier, François Coppée et Leconte de Lisle, tous trois membres de l'Académie, P. Loti, H. de Bornier, Sully-Prudhomme, A. Renard, É. Zola, A. Daudet, C. Mendès, E. Renan, J. Simon. M. Du Camps, etc. Chose curieuse, au moment de la condamnation de Dreyfus, on retrouvera souvent parmi eux les mêmes clivages que sur la question de l'orthographe : sur 24 académiciens inscrits à *la Patrie française,* et réclamant la condamnation de Dreyfus, on retrouve F. Coppée, J. Lemaître, P. Bourget, de Broglie, E. FAGUET*, d'Haussouville, Hérédia, H. Houssaye, de Mun, A. Theuriet, Vogue, G. Boissier, Brunetière... Du côté de Dreyfus on ne trouve que cinq académiciens : A. France, M. Berthelot, J. Clarétie, L. Halévy, P. Hervieu.

Naturellement, dès le 26 octobre 1893, la fameuse « note Gréard » fut retirée.

Emprunts : Les emprunts sont par essence mutuels. Ils créent des dettes, mais aussi des liens. Il y a des emprunts à court ou à long terme, des emprunts consolidés ou perpétuels, dont on ne peut jamais exiger le remboursement. C'est le commerce, on ne peut pas être contre.

Rien ne se prête mieux au prêt qu'une écriture. A qui appartient, par exemple, l'alphabet latin ? Les mots aussi s'y prêtent bien. Il n'y a aucune langue à qui nous ayons plus emprunté, à part le latin et le grec, qu'à l'italien (cf ANDANTE* et RAVIOLES*). L'anglais nous a « emprunté » (de force) plus de 8 000 mots, qu'il nous a quelquefois rendus. A présent, la politique s'en mêle, et c'est, pour nous, sans doute avec quelque raison, chacun pour soi. Il faut savoir, cependant, une chose : les mots ne font pas de mal. Ils s'acclimatent, se glissent peu à peu dans leur nouveau moule. Ce qui fait mal, c'est la graphie. On prononce comme en français, on continue d'écrire comme en anglais. Par exemple, *cloun* s'écrit *clown, coctel* s'écrit *cocktail, craul* s'écrit *crawl, champouin* s'écrit *shampooing, yot* s'écrit *yacht,* etc. Rendons l'écriture, gardons les mots.

Et ne parlons pas de cet acharnement à affubler de nos corsets et de nos crinolines occidentales même ces pauvres mots arabes ou exotiques, qui n'en ont que faire, d'autant plus que jamais, hélas, on n'a pris tant de gants avec eux : *nénuphar, haschisch, schah, cheikh, képhyr, koumys,* ou *coomys* (à travers l'anglais), *muphti, pehlvi, radjah...* Nous accueillons en suffoquant de plaisir toujours d'autres et d'autres *sch, sh, x* (comme *Pixote,* qu'il faudrait prononcer avec la *jota,* sorte de *ch* dur allemand), *sc, sj, sk, stj, sz, č,* qui enrichissent notre stock, misérable, de 133 graphèmes. Et qu'ensuite, on fourche sa langue à prononcer les *tch, sk, sc* (*Solidarnosc !*), *sj, kh* (*Rhomeni* pour *Khomeyni*), ou n'importe quoi d'autre, quelle aubaine pour les censeurs ! Oui, vraiment, la France aime mal sa langue. Après cela, Messieurs, si nous parlions des emprunts que les autres nous ont faits ?

Épouvantail (phonétique) : Quatre choses, en dehors de la politique, ont l'heur de faire se dilater la rate des gentlemen français : le pinard, les petites pépés, les accents étrangers et l'orthographe PHONÉTIQUE*.

J'ai cité plus haut la diatribe des DUCS* dans *le Figaro* (du 8 août 1893) : On pourrait aisément retrouver dans la presse de 1900, 1903, 1905, 1939, 1950, 1965 (dates mémorables des derniers sursauts de ces meneurs dévoyés qu'étaient O. GRÉARD*, G. PARIS*, É. LITTRÉ*, P. Passy, P. Meyer, L. CLÉDAT*, F. de SAUSSURE*, l'Abbé Rousselot, A. Thomas, A. Darmesteter, F. BRUNOT*, M. COHEN*, A. DAUZAT*, J. Damourette, A. BESLAIS*, tous partisans d'une modernisation de notre vieille et combien chère orthographe), les mêmes franches rigolades gauloises. En voulez-vous d'autres exemples ? Prenons la seule année 1965, et feuilletons les journaux.

Le Rapport Beslais a été remis au ministre (Christian Fouchet) le 12 février 1965. La conférence de presse prévue pour le 2 mars ayant à la dernière minute été annulée sans ménagements (et sans justification connue à ce jour), 30 exemplaires ont été remis au ministère le 19 mars. Une violente circulaire, adressée au monde de la presse et de la librairie par René Vaubourdolle, sous un titre comme on le voit bénin (« Un attentat prémédité »), est à l'origine de l'alarme et parle, à propos de la Commission d'études orthographiques, de « gang, aux agissements duquel il importe de mettre fin ». Un très célèbre parlementaire radical, le citoyen Hippolyte Ducos, s'adresse de son côté au ministre pour « mettre un terme au trouble jeté dans les esprits » par « les théories subversives des partisans de l'orthographe phonétique ou de l'orthographe libre ». Il proteste vigoureusement, comme jadis le duc d'Aumale, contre « la dangereuse manie de vouloir réformer l'orthographe qui ne sévit guère que chez nous » (*le Monde,* 23 avril 1965).

La presse, jusqu'alors relativement perplexe, puisque l'initiative venait d'en haut, s'enflamme du jour au lendemain d'un enthousiasme spontané et crie haro sur le pauvre baudet « phonétique » :

« A no zami », « cè du pareyomem » (*Club français du Livre*), « Anfan, ouvré vo caïé é écrivé » (*Paris Hebdo*), « Orto Yé-Yé » (*Combat*), « Nouvelle ortografe » (*l'Aurore*), « Zazie va pouvoir passer son bachot » (*Paris-Presse*), « Problem pour le Gouverneman, la Raiforme de l'orthographe » (*Paris-Jour*), etc.

Quand on veut tuer son chien, on l'accuse de la rage. A la fin du siècle dernier, le doux Verlaine lui-même s'était soudain mis à mordre, avec la même imparable mais douteuse facilité :

> E coi vréman, bon Duvignô
> Vou zoci dou ke lé zagno
> E meieur ke le pin con manj
> Vou metr'an ce courou zétranj !...

Étapes (d'une réforme) : Les modalités d'application d'une réforme sont « aussi importantes que le texte même », disait A. BESLAIS* au début de son Rapport de 1965. En effet, il ne sert à rien, en matière de langue comme en matière de monnaie, de décider sur le papier que l'on va changer l'ancien contre le nouveau. Comment donc faut-il procéder ? Bien entendu, il faut « donner du temps, beaucoup de temps », affirmait encore A. Beslais. Ce qui paraît impossible aujourd'hui deviendra facile pour tous demain. Et surtout, « pour les générations prochaines, des habitudes auront été créées ».

L'exemple du passé et celui de nos amis d'autres pays peuvent nous aider : sans même parler des réformes successives de l'Académie dans le passé, parlons des deux dernières éditions, la 7e et la 8e : des centaines de mots ont été modifiés ; des listes ont paru, et elles ont été appliquées. A l'étranger, comme en France, malgré de nombreuses résistances, bien compréhensibles (mais est-ce là le seul changement, dans notre monde en mouvement ?) les choses, tant bien que mal, et point par point, se sont faites (cf. ÉTRANGÈRES*, réformes).

En ce qui concerne ce que l'on a appelé la Réforme Beslais, qui proposait dix points importants de changements, ce qui est beaucoup, une série d'étapes avaient été prévues : les textes étant supposés promulgués en 1966, d'année en année, leur application devait entrer dans les faits : au Cours préparatoire en octobre 1968, soit deux années plus tard ; au Cours élémentaire en 1969 et 1970 ; au Cours moyen en 1971 et 1972 ; pour l'enseignement d'orientation en 1973 et 1974 ; dans l'enseignement secondaire de 1975 à 1979 ; ce qui conduisait à la classe d'âge présentant le baccalauréat en 1980 et 1981 : « A cette date, dit le Rapport, la nouvelle orthographe serait enseignée et pratiquée dans les établissements scolaires et universitaires de toute catégorie et de tout degré. » Parallèlement, les ouvrages d'enseignement nécessaires devaient être préparés à la vente, ce qui permettait à la fois leur mise au point et l'écoulement des stocks anciens. Entre-temps, les documents officiels (État, départements, communes, établissements publics) étaient publiés dans la nouvelle orthographe ; elle était admise d'autre part dans les examens et concours, concurremment avec l'ancienne. Une liste alphabétique des mots modifiés devait être promulguée.

Ainsi (même si l'on s'était contenté, pour cette première tranche de temps de quinze à seize ans, d'un ou deux points seulement de réforme), nos enfants qui sont entrés en Cours préparatoire, depuis 1966, et au collège depuis 1972, et qui ont vingt ans et plus aujourd'hui, sans compter toutes les générations et même leur enfants qui les ont suivis, auraient mieux réussi, et perdu moins de temps à des balivernes sans aucun intérêt. C'est ainsi que se font les choses...

Étrangères (réformes) : — *Portugal, Brésil :* 1907 (Brésil), 1911, 1920-1921, 1931, 1938 (Brésil), 1940 (*Vocabulaire orthographique*), 1945 (Brésil), 1955 (application générale de la réforme de 1940), 1973, 1975, 1986...

— *Danemark :* 1889-1891 (*Dictionnaire orthographique*), réforme de 1948, mise à jour 1955, 1962...

— *URSS :* 1917-1918, 1920-1930 (échec), 1939-1941, 1951, 1956-1957 (*Dictionnaire orthographique*), 1962-1964...

— *Allemagne, Suisse, Autriche :* 1820 (Grimm), 1872-1876 (Duden), 1901, 1954...

— *Espagne, Chili, Argentine :* 1822-1936 (Chili, 18 projets), 1952 (Argentine, tolérances)...

— *Roumanie :* 1932 (réglementation), 1951-1954 (*Instructions, Vocabulaire, Guide de ponctuation*)...

— *Pays-Bas, pays flamands :* 1863 (fixation), 1895, 1934, 1943, 1946 (Belgique), 1949 (graphies des noms de communes), 1954-1958, 1963-1972...

Le breton, l'irlandais (1945), le bulgare, le serbo-croate, le turc (1928), le norvégien, le malais et beaucoup d'autres langues dans le monde, en Corée du Nord, au Japon, au Viêt-nam, en Chine, etc., ont fait l'objet de modifications constantes de leurs écritures. Ces réformes touchaient soit aux systèmes de transcription eux-mêmes, soit à l'étymologie (consonnes ou voyelles doubles, consonnes latines muettes, lettres grecques) à l'histoire (anciens graphèmes tombés en désuétude, comme en russe), aux mots composés, aux mots d'emprunt, à la morphologie (anciennes désinences, préfixes, etc.), aux mots nouveaux, etc. Elles s'accompagnent en général de nombreuses tolérances, surtout pour les écritures utilisées dans plusieurs pays (Espagne-Argentine-Chili, Brésil-Portugal, Pays-Bas-Belgique, etc.). Dernière en date, la Grèce a enfin procédé il y a deux ans à la réforme des accents que l'on attendait depuis si longtemps (depuis... la Grèce ancienne !).

Oui, mais, allez-vous dire (ou du moins penser, car on ne dit pas ces choses-là), ce sont là petits pays, petites cultures (exemple l'espagnol, 250 millions de locuteurs au bas mot !). Mais l'ANGLAIS* et le français, c'est autre chose... En fait, l'Angleterre a au moins essayé d'améliorer l'apprentissage grâce à un alphabet de transition, plus simple (Initial Teaching Alphabet, ITA*). Quant aux États-Unis, on sait qu'ils ont transformé ou admis de nombreuses graphies nouvelles, comme *connection, anemia, fetus, center, realize, mold, color, defence* (série de mots qui s'écrivent en Angleterre *connexion, anaemia, fœtus, centre, realise, mould, colour, defense...*). On trouve aussi aux États-Unis des réformes « sauvages », mais admises, comme *gal* (*girl*), *larnin* (*learning*), *close* (*clothes*), *forth* (*fortune*), *natral* (*natural*), *evry* (*every*), *sevral* (*several*), *nite* (*night*), *thru* (*through*), *tho* (*though*), *altho* (*although*), *droft* (*draught*), etc.

Et pourquoi un peuple comme le nôtre ne pourrait-il, lui aussi, sérieusement gérer ses propres problèmes, tout comme les pays que nous avons cités, pour lesquels, avec votre permission, nous nous contenterons d'oublier la stupide remarque avancée plus haut ?

François/français : Croyez-vous, messieurs les phonétistes, qu'il soit chose aisée que de bouleverser ses habitudes ? Modifier son orthographe, c'est comme changer de monnaie, rouler en voiture à gauche plutôt qu'à droite, changer le dimanche en un jour de la semaine ou de système des poids et mesures... Prenez l'exemple de VOLTAIRE*. Il s'intéresse à la graphie *oi/ai* dès 1734, applique en partie sa graphie *ai* dans ses *Lettres philosophiques,* puis dans *Zaïre* (1736), *la Henriade,* etc. Il l'étend aux formes verbales en 1752 (*le Siècle de Louis XIV*), et répond à ses nombreux contradicteurs en écrivant à Mme Denis :

« Ce qu'on vous a dit contre l'orthographe du *Siècle de Louis XIV* ne me convertira pas. Je suis toujours pour qu'on écrive comme on parle ; cette méthode serait bien plus facile pour les étrangers. Comment est-ce qu'un Palatin de Pologne distinguerait François Ier, ou Saint François, d'avec un Français ? Ne se croira-t-il pas en droit de prononcer il *voyoit,* il *croyoit,* au lieu de dire il *voyait,* il *croyait ?...* »

Il a tout le monde contre lui, non seulement, bien entendu, les tenants de l'orthographe ancienne, mais ceux de l'orthographe nouvelle, DUCLOS* (qui veut écrire *Francès, j'allès, connètre*), d'ALEMBERT*, Desfontaines, d'OLIVET*, l'abbé de SAINT-PIERRE*, DU MARSAIS*, DOMERGUE*...

L'abbé d'Olivet, par exemple, qui avait la langue acérée, lance aigrement à l'adresse des partisans de Voltaire :

« Plusieurs de nos jeunes auteurs se plaisent depuis un certain temps à écrire, *ils chantaient, je chantais :* et il n'est pas difficile d'en deviner la raison. Ainsi les courtisans d'Alexandre se croyoient être parvenus à être des héros, lorsqu'à l'exemple de leur maître ils penchoient la tête d'un côté. »

Mais Voltaire tient bon, et ses arguments sont intéressants, car ils prouvent, comme chez RONSARD* par exemple, que les écrivains peuvent avoir un sens de la langue plus nuancé et plus près des réalités que les spécialistes grammairiens (19 mars 1770, réponse à d'Alembert) :

« Il me paraît que *français* doit avoir la préférence sur *francès :* 1° parce que dans plusieurs livres nouveaux on emploie *français* et non pas *francès ;* 2° parce qu'on doit écrire *je fais, tu fais, il fait,* et non pas *je fès, tu fès, il fèt ;* 3° parce que la diphtongue *ai* indique bien plus sûrement la prononciation qu'un accent qu'on peut mettre de travers, qu'on peut oublier, et que les provinciaux prononcent toujours mal ; 4° parce que la diphtongue *ai* a bien plus d'analogie avec tous les mots où elle est employée ; 5° parce qu'elle montre mieux l'étymologie : *je fais, facio ; je plais, placeo ; je tais, taceo.* Vous voyez qu'il y a toujours un *a* dans le latin. »

Et l'usage va vers *ai,* et non pas vers *e.* Les livrets des pièces de théâtre, comme *le Cercle* de Poinsinet (1764), *le Mariage de Figaro* de

Beaumarchais (1785), l'adoptent les premiers. Puis le Marseillais FÉRAUD* (1787), la presse (*le Moniteur,* 1790), les imprimeurs (DIDOT*, 1798). La cause est gagnée, mais il faudra un siècle (de 1734 à 1835) pour que l'Académie entérine ce changement. Méditons cet exemple, et soyons modestes.

Historiques (lettres) : Une des raisons pour lesquelles les mouvements de réforme ont tant de mal à s'imposer, c'est que les rénovateurs ne sont jamais d'accord entre eux. Une réforme ? Oui, mais laquelle ? Le chantier est si vaste que l'embarras du choix lui-même bloque les meilleures volontés. A. FIRMIN-DIDOT* (1867), l'un des pères des mouvements modernes, et qui se disait modéré, proposait plus de 25 types de modifications, Ferdinand BRUNOT* (1905) et le projet Pernot-Bruneau (1948) guère moins. Même ceux qui aujourd'hui, et ils sont nombreux, se rallient au Rapport BESLAIS* (1965) ne parviennent pas à se décider à le scinder en plusieurs parties, et pourtant c'est encore trop. Mais que choisir ? Comme disait Agrippa d'AUBIGNÉ*, c'est une question d'autorité. Mais qui va prendre la décision ? Et peut-on supporter de s'en remettre entièrement au hasard ?

Heureusement, on s'aperçoit aujourd'hui d'une chose : ce que le Rapport Beslais proposait, avec raison, au nom des plus grandes difficultés pédagogiques (car à quoi bon une écriture, si elle ne peut pas s'enseigner et passer aux générations suivantes pour un bon et légitime usage ?) est confirmé, pour l'essentiel, par les études de système. Ce que les enfants, maîtres en logique, ne peuvent pas supporter, ce que les adultes, au bout d'une vie de pratique, ne connaissent toujours pas ; les fautes qui foisonnent non seulement dans notre environnement visuel quotidien, mais dans les meilleures éditions et sous les meilleures plumes... dites-le, oui, vous y êtes... ce sont ces inventions de nos ancêtres, inventions d'un temps, qui ont eu leur heure, mais qui n'ont plus aucun sens pour nous : ces lettres qui ne sont même pas étymologiques, qui ont changé dix fois au gré des époques, pour lesquelles nul, ni maître, ni grammairien, ni correcteur, ni surtout académicien, n'est plus capable de trouver une justification, « disparues sans laisser de traces » : ce sont les lettres entièrement et uniquement *historiques,* consonnes doubles NASALES* et accent CIRCONFLEXE* en premier lieu. Voilà pourquoi votre fille est muette, et comment elle peut, si vous l'en débarrassez, recouvrer au moins le goût de la santé.

Homographes : Qu'est-ce qu'un homographe ? C'est un mot qui s'écrit exactement comme un autre (cf. HOMOPHONES*). Qu'y a-t-il de particulièrement intéressant là-dedans, pour une langue qui s'honore d'avoir le top-niveau des types d'écriture, à savoir l'écriture alphabétique ? Pourquoi n'écrirait-on pas *le* article comme *le* pronom, par exemple ? *Leur* possessif et *leur* pronom ? *Que,* pronom relatif, et *que,* interrogatif, et conjonction, adverbe, etc. ? *Quelque,* adjectif et indéfini ? Et tous les mots d'origines différentes, ou de même origine, mais qui se sont suffisamment éloignés, comme *cousin* « insecte » et *cousin* « parent », *pêcher* verbe et *pêcher* arbre, *poêle* masculin et *poêle* féminin (il y en a même un troisième, qui signifie « voile »), ou, de même origine, *crochet, masse, marteau, grève, vol, point,* etc. ? C'est là une situation normale. On ne peut pas avoir le beurre et l'argent du beurre.

Non, ceux-là, on ne les voit pas, ils sont transparents. Ce sont les petits, les sans-grade, ils sont des milliers et des milliers, mais ce qui marche chez nous, tranquillement, sans problèmes, n'a pas d'histoire. De même, on ne compte pas les 95 % de mots corrects dans une dictée, seulement les cinq autres, et on met zéro (cf. ZÉRO(S)* et DOCIMOLOGIE*). On passe tout raide à côté des uns, qui forment la grande majorité des mots plus ou moins « phonétiques » (comme, pour les mois de l'année, *mars, avril, mai, juin, septembre, octobre, novembre, décembre,* et même *janvier, février, juillet*) et on se tortille du côté des autres, qui ne sont qu'une poignée (ici, le seul mois d'*août !*).

Ce n'est pas que j'ai le moindre doute sur l'efficacité des distinctions de certains homophones en français. Je vous dirais plus : rien n'est plus surprenant que le maintien chez nous, pays de précision et de clarté, d'ambiguïtés aussi graves que *nous portions les portions* ou *les poules du couvent couvent,* c'est-à-dire non pas d'homographes honnêtes, mais d'hypocrites, qui cachent leur jeu et induisent les gens en erreur. Ceux-là, il faut les détruire, les supprimer sans tarder !

La plus grave ambiguïté de ce genre réside, bien entendu, dans les mots en *-ent : excellent* adjectif/(ils) *excellent* verbe, *président*/(ils) *président,* sans compter il *tient,* il *vient,* qui se prononcent comme *chien,* mais ils *crient,* ils *prient,* comme *fourmi, souris,* etc. J'irai donc sans hésiter contre l'homographie dans le sens de l'*hétérographie,* en clamant qu'il faut, sans plus tarder, que cette situation intolérable cesse : nos informaticiens, qui veulent nous faire des voitures parlantes, des frigidaires, des cuisinières, des lampes et des radiateurs parlants, butent en vain sur un tel problème et perdent de l'argent. Il y va de l'avenir de notre industrie.

Il suffit de si peu : tous nos adjectifs et nos noms en *-ent* qui se prononcent comme *amant, chantant,* s'écriront avec *-ant.* Les autres, les verbes, resteront en *-ent.* C'est cela, le traitement de choc de l'homographie.

Homophones : Maladie naturelle des langues. Exprimer des centaines de milliers de mots (selon les dernières statistiques, 600 000 à 1 million de termes recensés en français) à l'aide de quelques milliers d'éléments grammaticaux, et ramener ceux-ci à 30 ou 40 phonèmes, voilà la « pyramide du diable » du langage, et aussi sa force. Le nombre des « homophones » (en principe mots d'origine et de sens différents, qui se prononcent de la même façon, appelés plus couramment *homonymes*) varie suivant les langues. Plus les mots sont courts, plus l'homophonie augmente, surtout s'ils se réduisent à un seul phonème (comme en français *ou/où/hou/houe/houx/août*).

Il existe de nombreux moyens de lutte contre l'ambiguïté. Ainsi, *chu* (du verbe *cheoir*) a disparu, de même que *ouï* (du verbe *ouïr*) devant *tombé* et *entendu,* pour éviter l'ambiguïté avec *chu(t)* (avec *t* muet) et la particule *oui !* On évite ou on explicite ce que l'auditeur peut ne pas comprendre. De plus, le contexte et la situation suffisent le plus souvent à éclaircir ce que l'on veut dire, ce qui explique que la polysémie (sens multiples d'un même mot) ne soit pas véritablement un obstacle à la compréhension. Cependant, ce qui n'est pas gênant en général peut le devenir pour les mots qui reviennent constamment, et qui peuvent être, grâce à l'écriture, saisis d'un coup d'œil. Ainsi, si vous voyez sur la feuille blanche *mes, mai, mets, mais,* et aussi *m'es, m'est, m'aies, m'ait, m'aient,* etc., quelle précieuse information, et immédiate !

Alors que l'italien ou l'espagnol ont très peu de cas de ce genre, et que l'anglais ou l'allemand n'excèdent guère le nombre de 3 termes homophones pour une série, le japonais peut compter jusqu'à 55 significations différentes pour une même syllabe, par exemple *kô !*

En français, les séries vont en général jusqu'à 5 ou 6 termes, mais bien davantage si l'on compte les « rencontres de discours », comme celles citées plus haut, *m'es, m'ait,* ou *t'es, t'ait, s'est, c'est,* etc. Les séries les plus longues que j'aie pu trouver sont les suivantes (en confondant plus ou moins *ai* et *e,* ce que font la plupart des Français) :

1. *lait*
2. *laid*
3. *laie* ou *laye* « coffre de l'orgue » (du néerlandais)
4. *laie* « espace déboisé » (du francique)
5. *laie* « femelle du sanglier » (du francique)
6. *legs* ou *lais* « don » ou « couplet des chansons de geste »
7. *lais* « de haute mer » (de « laisser »)

8. *lais* « baliveaux »
9. *lai* « poème » (de l'irlandais ou du celte)
10. *lai* (frère *lai,* du latin *laïcus*)
11. *lé* ou *lai* « largeur »
12. *les, lès, lez* (lat. *latus*)
13. *les,* article pluriel... et l'on pourrait encore rajouter *lei* « monnaie roumaine », ainsi que les formes du verbe *layer,* « marquer », (je, tu, il) *laie* ou *laye,* et quelques autres qui ont disparu !

1. *rai, rais* « rayon »
2. *raie* « ligne » (*riga*)
3. (je, tu, il) *raie* ou *raye,* de *rayer*
4. *raie* « poisson » (*raia*)
5. *rais* « rasé » (remplacé par *ras, rase*)
6. (je, tu, il) *rait,* de l'ancien verbe *raire,* « raser »
7. (je, tu, il) *rait,* du verbe *raire* ou *réer,* « crier, bramer »
8. *rets,* anc. *retz* « filets »
9. *rez* (*-de-chaussée*)
10. *rai* (*fort*) « racine »
11. *rai* (*ponce*) « rave »
12. *rée, raiz* ou *rayon* (de miel), du francique
13. *ré* « note »...

Pourquoi se priver du secours de l'écriture ? *Amende* et *amande, ancre* et *encre,* l'Association des *Maires* (ou *Mères*) de France, écrits différemment, n'empêcheront jamais les calembours, et c'est bien ainsi (cf. LARD*).

Latin (l'amour du) : Aimons le latin, mais jusqu'au bout. Donc nous déciderons une fois pour toutes, comme le souhaitait déjà A. Dauzat, de nous conformer à l'étymologie. Nous sortirons enfin de l'arbitraire, en commençant par le domaine le plus arbitraire de tous, celui des consonnes doubles nasales. Nous écrirons *pome, persone, consone, honeur, doner, doneur, monaie, soner, résoner, légionaire, dictionaire (comme R.* ESTIENNE**), rationel, courone, enemi, flame, détoner, traditionel, ordonance, démone, millionième, timonerie, cartonage, abandoner, patronage, patronesse, bâtonier,* etc.

N.B.1. — Naturellement, notre amour n'ira que dans le sens de la suppression de lettres surnuméraires indûment rajoutées.

N.B.2. — Certains des mots ci-dessus s'écrivent déjà avec un seul *n*.

N.B.3. — L'étymologie étant souvent traîtresse, nous le serons aussi, en élargissant notre amour à toute la série des dérivés des mots se terminant en *-on* (*onable, onade, onage, onaille, onaire, onais, onard, oné, onée, oneau, onel, onelle, onement, oner, onerie, onesse, onet,* *onette, oneur, oneuse, oneux, onier, onière*), ce que rien, à proprement parler, du point de vue étymologique, ne nous interdit, les rapprochant ainsi de leurs frères et sœurs en *onal, onalisme, onaliste, onaliser, onalité, onance, onat, onatoire, onateur, onation, onial, oniaque, onie, onien, onième, onifier, onisèr, onique, onisme, oniste, onite, onium,* etc., qui s'écrivent en général déjà avec un seul *n.*

Lumbago : Au XVIe siècle, par souci d'étymologie, on écrivait avec *un* (prononcé *on*) des mots comme *hirundelle, triumphe, punctuation,* etc. Nous écrivons aujourd'hui encore *acupuncture, acupuncteur,* et dans des mots d'autres origines *junte, punch,* etc. Voilà une modification à faire à peu de frais. On écrira *jonte, ponch,* comme *hirondelle* et *triomphe.* La bonne prononciation n'est-elle pas en tout point notre souci majeur ? Cela me rappelle une anecdote d'Ambroise FIRMIN-DIDOT*, racontant ce qu'un de ses amis, descendant de l'illustre grammairien de Wailly, et membre de l'Institut, lui avait rapporté (le texte est dans l'orthographe réformée de Firmin-Didot) :

« Ayant eu ocasion de chercher au diccionaire le mot *lombago,* conformémant à la prononciacion et à son analogie avec le mot *lombe,* là où il devait se trouver, [un membre de l'Institut] dut recourir à l'étimologie latine pour chercher à *lumbago* le mot que nous prononçons *lombago.* Ainsi, avant d'aprandre à lire, il faut savoir le latin et même le grec... »

Marle : On se souvient du célèbre procès qui opposa, en 1829, l'académicien Andrieux au réformateur Marle, auteur intrépide de l'*Appel aux Français.*

En l'occurrence, tous les torts semblent avoir été du côté du réformateur, qui avait poussé l'outrecuidance jusqu'à publier la lettre (fort courtoise et sympathique) de l'académicien dans l'orthographe invraisemblable qu'il préconisait lui-même. Ce faisant, le ci-devant Marle (au nom de ce qu'il appelait *l'Ortografe Raizonable,* autre de ses ouvrages, publié en 1828) a réussi au moins deux choses : se fâcher avec l'Académie et avec l'opinion publique (qui jusque-là le soutenait), et surtout disqualifier la réforme pour de très nombreuses années, mieux que n'auraient jamais fait ses adversaires les plus acharnés.

Malgré mon aversion pour l'orthographe phonétique (non pour elle-même, mais pour ce qu'elle représente de temps perdu), je ne puis résister au plaisir de nous récréer quelque peu en vous transcrivant cette fameuse lettre travestie du pauvre académicien (tirée de *l'Appel aux Français,* 4e éd., 1829, p. 161) :

« Mosieu,

« Il è d'un bon èspri de déziré la réforme de l'ortografe francèze aqtuèle, de vouloir la randre qonforme, ôtan qe posible, à la prononsiasion ; il è d'un bon grammèriin é même d'un bon sitoiiin de s'oqupé de sète réforme ; mez il è difisile d'i réusir. Voltaire, aprè soisante é diz an de travô, èt à pène parvenu à nou fère éqrire *français* qome *paix,* é non pâ qome *françois* é *poix ;* on trouve anqore dè jan qi répunet a se chanjeman si rèzonable é si sinple : lè routine son tenase, le suqsè vouz an sera plu glorieu si vou l'obtené ; vou vou propozé de marché lantemant é avèq préqôsion, dan sète qarière asé danjereuze : s'è le moiiin d'arivèr ô but ; puisié-vous l'atindre !

ANDRIEUX, manbre de l'Aqadémie fransèze. »

Mass médias (un accent pour les) : Un problème urgent, à mon avis, serait de procéder à la normalisation graphique de nombreux mots dits « latins » et étrangers, dont certains sont depuis longtemps parfaitement intégrés par ailleurs dans leurs emplois courants, et se conduisent en citoyens à part entière. Pourquoi (norme ou surnorme ?) *duodénum, linoléum, mémorandum, muséum,* mais *vade-mecum, petium, pretium doloris,* Académie *referendum* (aujourd'hui pourvu de deux accents dans les journaux comme dans les dictionnaires) ? Faut-il des ACCENT(S)* à *rebus, rhesus, numerus-clausus, placebo, satisfecit ?* Et *mass media* va-t-il attendre encore longtemps son accent et son pluriel ? Et *brasero, peseta, mehari, meïji* (mot japonais affublé de quatre points suscrits), sont-ils ou non accentués ?

Comme dit B. Quémada, « les dictionnaires sont plus couramment consultés pour vérifier une graphie que pour lever une ambiguïté de sens », ce qui ne nuit en rien à la vente de ce type d'ouvrages. Mais B. Quémada écrivait cela en 1968. Nos contemporains ont changé, comme les enfants d'ailleurs : on ne met plus guère d'accent nulle part, ou plus ou moins au hasard. Tant qu'à faire une faute, autant la faire avec le moins de dérangement possible ! Et pourtant, l'accentuation par l'aigu et le grave est l'une des réussites les plus totales de l'orthographe dite « moderne » au XVIIIe siècle. Pourquoi refuser un accent aux *mass médias* ? De combien d'années, combien de grands-parents de pure origine faut-il pouvoir justifier en France pour acquérir la naturalisation ? Ne faudrait-il pas créer une association antiraciste en faveur des mots jugés « intouchables » par notre société éminemment démocratique (je m'inscris pour la section MOT(S)* composés, cf. COMPOSONS* et MAJUSCULE(S)* accentuées) ?

Et tant qu'à mettre un accent aux *mass medias*, donnons-leur également (surtout pour ce mot qui ne s'emploie le plus souvent qu'au pluriel) le droit de se vêtir comme tout le monde d'un *s* final, allons, Mesdames et Messieurs, un bon mouvement.

Meigret L. : L. Meigret (né vers 1510, mort après 1560), l'un de nos plus grands grammairiens et connaisseurs de notre langue, apparaît méconnu, en tout cas peu apprécié en France, sans doute à cause de son mauvais caractère. Il s'est, il est vrai, toute sa vie battu, avec violence et maladroitement, pour une cause perdue d'avance, une écriture entièrement phonétique (« écritture q'adrant à la prolaçion françoeze, e les rezons... »). Alors que ses *Traités* (sur l'écriture, sur la grammaire) peuvent être considérés comme les premières œuvres scientifiques de description linguistique, il eut toutes les peines du monde à se faire éditer dans l'orthographe qu'il avait choisie (mais il y parvint, ce qui ne serait pas pensable aujourd'hui). Il se disputa un peu avec tout le monde, en particulier avec Jacques PÉLETIER*, son ami le plus véritable, qui lui reprochait son extrémisme, et s'attachait, avec respect mais aussi beaucoup de fermeté, à le faire revenir à des positions plus réalistes et plus raisonnables.

C'est bien dommage qu'ils n'aient pu se mettre d'accord. Ils auraient fait à eux deux de grandes choses, et nous auraient évité bien des problèmes. Tâchons de ne pas faire comme eux.

Nombre (de caractères) : Rien n'est plus risible que les arguments des néographes fondés sur « l'épargne du caractère ». Il est vrai que le correcteur des *Œuvres morales* de Plutarque, revues par Amyot, Simon Goulart, n'hésitait pas en 1584 à confesser avec aplomb que « pour accommoder l'imprimeur et rendre ce livre de mesme grosseur que ceux des éditions précédentes », il s'était contenté de « retrancher quelques lettres superflues ». Mais c'était au XVIe siècle. Trois siècles plus tard, les néographes faisaient encore ce type de calcul ridicule sur les résultats économiques d'une réforme phonétique :

« J'ai cherché, disait A. Féline en 1851, [...] quelle serait la diminution des lettres employées (en cas d'une réforme profonde), et celle que j'ai trouvée est de près d'un tiers ; supposons seulement un quart. Si l'on admet que sur 35 millions de Français, un million, en terme moyen, consacrent leur journée à écrire ; si l'on évalue le prix moyen de ces journées à 3 francs seulement (!), on trouve un milliard, sur lequel on économiserait 250 millions par année. »

Il calcule aussi 25 millions sur la composition, le tirage, le port, etc., des imprimés ; il ajoute, bien sûr, le fait que les livres coûtant moins cher, il s'en vendrait le double, « et le double encore parce que tout le monde lirait ». De sorte que « ce profit de 275 millions serait doublé ou quadruplé (pourquoi seulement quadruplé ?)... et l'économie imperceptible d'une lettre par mot donnerait un bien plus grand bénéfice que les plus sublimes progrès de la mécanique... ».

Oui, tout cela est risible. Non pas parce qu'il est inutile de faire simple lorsqu'on peut faire compliqué, mais parce que nous trouverions bien toujours un autre moyen de dépenser cet argent, sans pousser les gens à lire.

Olivet (l'abbé d') : Même si elle a tissé des liens de plus en plus « profonds » avec la langue (cf. NIVEAUX*), notre orthographe, comme toutes les autres, dépend davantage de la volonté des hommes en tant qu'individus que la parole : « Le peuple n'est pas maître de l'écriture comme il l'est de la langue », disait le philosophe latin Varron. Ainsi, on peut vraiment parler, à l'époque de la Renaissance, du rôle d'un Geoffroy TORY*, d'un RONSARD* ou de Robert ESTIENNE* ; au XVIIe siècle de celui des PRÉCIEUSES* ou de CORNEILLE*, au XVIIIe siècle de celui de l'abbé d'OLIVET* et de DUCLOS*. L'Académie était devenue une société de grammairiens et de philosophes. Tout en étant d'accord sur la nécessité d'accomplir des réformes (il le fallait, car l'usage les avait largement précédés), les Immortels ne parvenaient pas à se mettre d'accord : on ne se faisait entendre à l'assemblée « qu'à force de POUMONS* », disait d'Olivet, qui ajoutait : « Il était impossible que rien de systématique partît d'une compagnie. » On le nomma donc « plénipotentiaire » en matière d'orthographe, et c'est là la plus heureuse initiative que la Compagnie ait jamais prise. L'abbé d'Olivet nettoya et rajeunit sérieusement le Dictionnaire de 1740, continua en préparant, par lots, les réformes progressives à faire à l'avenir, en 1762, puis en 1798, et on a, en grande partie, suivi ses directives. Qu'on ne se trompe pas sur les chiffres (cf. IMMOBILITÉ*) : les accords grammaticaux (qui ne sont guère visibles dans un dictionnaire) ont été eux aussi largement transformés, en 1762 (pl. en *-ez* devenant *és, beautez/beautés*), et surtout en 1835 (*-ans, -ens* devenant *-ants, -ents,* les finales de l'imparfait, du conditionnel, etc. en *oi* devenant *ai,* j'*avois,* j'*aurois* > j'*avais,* j'*aurais,* etc.).

Paris G. : Gaston Paris (1839-1903), professeur au Collège de France, puis administrateur du même Collège en 1895, spécialiste d'ancien français, membre de l'Académie française (le dernier, notons-le, spécialiste de la langue reçu dans cette illustre compagnie) s'y trouvait, comme on dit, comme une oie dans une mare de cygnes : entièrement isolé, mais non muet.

Il prit vigoureusement sa part des combats de son temps en faveur des changements philographiques : s'appuyant sur l'orthographe de l'ancien français (cf. BEL* françois), il pouvait aisément prouver que là se trouvait notre véritable tradition, parallèle à celle de nos sœurs romanes.

« On jette, disait-il non sans humour (Préface de la *Grammaire* de L. CLÉDAT*, 1894) des regards pleins d'étonnement et presque d'effroi sur l'époque barbare où on n'apprenait pas la grammaire française... Henri Heine a dit que si les Romains ont conquis le monde, c'est qu'ils n'avaient pas à apprendre le latin ; je suis parfois tenté de dire que si PASCAL*, LA FONTAINE*, BOSSUET*, VOLTAIRE*, ont si admirablement écrit le français, c'est qu'ils n'avaient pas eu à apprendre la grammaire... »

Il est l'un des premiers à avoir attiré l'attention sur la nécessité de décrire véritablement le français tel qu'on le parle :

« Le mot "parler", remarquait-il, comprend des séries de faits très divers : il embrasse la prononciation, le choix des mots dont on se sert, les formes variées dont ils sont susceptibles, et la façon de les grouper en propositions et en phrases... De ces quatre parties essentielles de l'art de parler une langue, les grammaires françaises négligent presque absolument la première, laissent la seconde aux dictionnaires, confondent pour la troisième les règles de l'orthographe avec celles de l'émission vocale, et ne traitent, en général fort imparfaitement, que de la quatrième... »

Enfin, il disait à propos de ses collègues de l'Académie :

« Ce serait rendre un vrai service à l'Académie française que de la décharger d'un fardeau qu'elle n'a assumé que par hasard, qui pèse lourdement sur elle, et qu'elle n'est pas faite pour porter... L'Académie n'aurait à s'occuper que de la prononciation, du choix des mots, de la définition de leurs divers sens, et (ce qui a toujours été et est encore la meilleure partie de son dictionnaire) de la composition de phrases modèles où ils entrent. Quant à l'orthographe nationale, elle devrait être confiée à une commission peu nombreuse, composée de philologues et de gens pratiques, et qui en très peu de temps pourrait doter le pays d'un instrument commode, simple et bien approprié à cette besogne... »

« En très peu de temps » ? J'en doute. Pour le reste, comment ne pas être d'accord ?

Péletier (J., dit Péletier du Mans) :

> I'escri en langue maternelle
> Et tasche à la mettre en valeur
> Affin de la rendre eternelle
> Comme les vieux ont fait la leur...

(*Œuvres poetiques,* 1547)

Jacques Péletier du Mans (1517-1582), sympathique figure de la Renaissance, humaniste, poète, mathématicien, latiniste et traducteur, médecin, grammairien, principal de collège, correcteur, partisan convaincu de la nécessité d'une tolérance sociale et religieuse à la Montaigne comme d'une orthographe résolument moderne, s'est intéressé aux problèmes d'écriture dès la première heure (1545). Ami, tout comme Clément MAROT*, RABELAIS*, Robert ESTIENNE* et tant d'hommes brillants de sa génération, de Marguerite de Navarre, et aussi du jeune RONSARD*, alors à ses débuts, c'est lui qui le convainc de suivre Louis MEIGRET* dans son combat pour une orthographe phonétique.

Mais ses positions sont infiniment plus modérées et plus nuancées que celles de Meigret, lequel est résolu à ne faire aucune concession d'aucune sorte ni à l'usage (il veut renouveler entièrement l'alphabet), ni à une certaine sorte de permanence proprement graphique, respectant les mots à travers les accidents du discours. Heureusement, c'est Péletier que suit Ronsard, et non pas Meigret.

Il y a une rupture, un mystère dans la vie de cet homme. Comprenant très vite le rôle primordial de l'imprimerie dans l'extension des nouveaux usages, il quitte tout à coup, brusquement, ses multiples occupations, renonce à une carrière qui s'annonçait brillante, et s'attache successivement, en tant que correcteur, à plusieurs maisons d'édition, parcourant la France pour les convaincre. Il est vrai qu'il avait, comme on dit, beaucoup donné. A cette époque, seuls ceux qui habitaient tout près des ateliers avaient le privilège d'être consultés sur les épreuves de leurs livres, et ceux de Péletier n'avaient pas été épargnés. Aussi, pour l'un d'entre eux (les charmants petits *Dialogues sur l'orthographe*), était-il carrément allé s'installer chez son éditeur, où il avait vécu le temps de l'impression. J'ai souvent été tentée d'en faire autant...

Quoi qu'il en soit, son sacrifice sur l'autel de l'orthographe moderne a, en partie au moins, réussi. Il a fait beaucoup, et avec succès, pour implanter les nouveautés graphiques et typographiques partout où il est passé (Poitiers, Limoges, Bordeaux, Montpellier, et surtout Lyon, chez J. de TOURNES*, où il succède à A. de Moulin). Peut-être a-t-il, en tant que principal du collège de Guyenne à Bordeaux, influencé la façon d'écrire de MONTAIGNE*, avec plusieurs autres professeurs tout aussi modernistes que lui.

Son talent, sa maîtrise, le réalisme et la justesse de ses vues auraient mérité que, tout comme les célèbres grammairiens Alberti ou Salviati en Italie, il soit mieux reconnu et écouté par les grands décideurs de son temps. Mais la France n'est pas l'Italie, et chez nous, le sage est étranger dans la cité.

Perrot (N. d'Ablancourt) : Nicolas Perrot d'Ablancourt (1606-1664), entré à l'Académie française en 1637, était, comme ses collègues DANGEAU*, CHOISY*, Perrault, Tallemand le Jeune, Boyer (sans compter ceux que l'on appelait les modérés, comme Segrais, CORNEILLE*, BOSSUET*, Pelisson, et aussi RACINE*, Boileau, LA FONTAINE* et bien d'autres) partisan d'importantes simplifications de l'orthographe, dédoublement des consonnes doubles, suppression des autres consonnes superflues, etc. Il ne s'est pas privé de le dire à ses collègues. Mais, après avoir tergiversé, le bureau prenait d'autres décisions, on en changeait le lendemain, et le temps et l'inertie (l'élaboration de la première édition a duré soixante ans !) faisaient le reste. Découragé, d'Ablancourt s'est contenté d'appliquer ses idées dans ses propres œuvres. Il dit dans la préface de sa traduction de *Thucydide :*

« Je suy l'ortografe moderne qui retranche les lettres superfluës et je ne mets qu'un *t* à *ataquer,* à *atendre,* pour empescher qu'on ne s'abuse à la prononciation. »

Il écrit donc, ce que fera aussi RICHELET*, qui le suit pas à pas et se réclame à chaque instant de lui et de Patru, dont la célébrité était elle aussi très grande à l'époque :

Acuser, afaire, afection, alumer, aparence, aparent, apeler, aprendre, aquerir, atacher, atribuer, avanture, condanner, le diférent, embaras, exemter, faloir (*il a falu*), *flater, flote, frase,* etc. *Je voy, je suy ; je prens, je vens ; tems ; les grans hommes, les defaus,* etc.

Phonétique (orthographe) : Aucune écriture n'a été, n'est ni ne sera jamais « phonétique ». Les écritures sont, pour les plus régulières, « phonologiques », c'est-à-dire qu'elles ne notent que ce qui est vraiment utile à la compréhension et à la communication. Le choix des notations est assez strict, et relève d'une norme. Ainsi, ni l'alphabet du grec ancien, ni l'alphabet latin, ni aucune écriture dite « alphabétique » actuelle n'opposent systématiquement à l'écrit les voyelles longues aux voyelles brèves : le grec ancien (comme le latin) présentait à l'oral des oppositions de longueur pour toutes les voyelles, mais c'était surtout le timbre qui l'a préoccupé, et il n'a noté la longueur que très accessoirement. De même, très peu de systèmes d'écriture notent les tons, très peu notent la place de l'accent tonique, sauf dans les cas, très rares, comme en espagnol ou en italien, où cela peut faire ambiguïté.

Notre propre façon d'écrire au Moyen Age n'était pas non plus « phonétique », dans un autre sens encore : comme tous les systèmes alphabétiques actuels, elle se contentait de l'alphabet latin (très insuffisant), elle séparait les mots (ce qui est déjà hautement idéographique), neutralisait des milliers de traits phonétiques jugés peu importants, respectait la « visualité » de nombreux mots grammaticaux latins, s'étoffait de certaines lettres historiques et étymologiques, etc. (cf. BEL* françois).

A vrai dire, une écriture ne naît pas de rien. Elle sert de lien entre un pays et un autre, une époque et une autre. Elle a toujours un passé et vieillit très vite, retenant autant que possible le langage oral à ses côtés. C'est dans cette mesure seulement que l'on peut parler d'une « orthographe phonétique », et cela ne va pas très loin...

Phonétistes : J'avoue que, malgré toute mon indulgence, pour ne pas dire ma faiblesse, pour les si sympathiques phonétistes (on disait au XIXe siècle *phonographes*) de tout temps et de tout bord, qui ont tant fait pour simplifier notre orthographe, de Louis MEIGRET* à Ferdinand de SAUSSURE*, d'Honorat RAMBAUD* à Ferdinand BRUNOT*, de l'abbé de SAINT-PIERRE* à DUCLOS*, de Charles BEAULIEUX* à Marcel COHEN* (je ménage nos collègues actuels), il y a des moments où ils me tapent sur les nerfs. Leurs arguments sont tellement en béton que tout ce que l'on peut leur opposer apparaît d'hypocrites billevesées. C'est l'éternelle discussion entre César et Brutus, Auguste et Cinna, Sévère et Polyeucte, Robespierre et Saint-Just, l'homme d'État et l'homme de bien. Mon meilleur argument contre le phonétisme est la Chine (cf. CHINOIS*), avec son système tarabiscoté, en apparence « irrationnel » jusqu'à sembler le faire exprès, et qui tient le coup depuis quatre mille ans et plus. Mais on ne peut pas aller très loin avec ça, je le reconnais. Il faut les battre sur leur terrain, et leur démontrer que la transparence de la langue orale, à laquelle ils tiennent tant, n'est elle-même qu'un leurre...

Il y a une autre chose qui m'irrite : c'est bien difficile de se mettre en même temps avec eux et contre eux. Nous autres, les « modérés » (mais modérés par rapport à quoi ?), on nous confond volontiers (je dirais même, intentionnellement) avec eux. Mais il y a une grande différence entre nous, ne serait-ce que dans la façon dont on nous traite. D'une part indulgence et amusement pour leurs jeux d'éternels adolescents attardés, d'autre part silence et dureté pour les propositions raisonnables qui sont les nôtres. En France, sur ce terrain, le discours modéré a le tort non seulement qu'on ne veut pas l'entendre, mais qu'on ne l'entend réellement pas, car les uns et les autres s'égosillent tant, qu'il n'y en a que pour eux.

Et pourtant, c'est simple : Faisons une langue logique et je vous ferai une « ortografie lojiqe » (cf. H. BAZIN*). Jusque-là, laissez-moi procéder sans douleur et à petits pas. Mais voilà : c'est trop simple...

Physionomie (des mots) : Écoutons les confidences des grands hommes :

« ... Une page, dit l'un d'entre eux, est faite pour l'œil autant que pour l'oreille. Si j'écris "philosophie" ce n'est pas la même chose que "filosophie", quoi qu'en dise Voltaire. Philosophie avec ses deux *ph* a un aspect austère, majestueux, qui s'accorde secrètement avec les grands hommes qui ont pratiqué cette science. Je sentais cela déjà dans mon enfance. J'avais l'instinct de l'orthographe française et, aussi loin que je me souvienne, j'ai écrit sans fautes. Cette sorte d'instinct n'est pas si singulière qu'il y paraît. L'orthographe est quelque chose d'aussi intrinsèque à la France que son langage, que son histoire : elle a évolué dans le même mystère. Je ne sais quel atavisme, lorsque j'avais huit ans, m'empêchait de me tromper sur des mots difficiles, comme *abbaye* ou *chanfrein*... »

Ce genre d'arguments est vieux comme le monde. L'Académie, en 1905, s'était déjà déclarée attachée à la « physionomie des mots » qui comme il se doit « parlerait » d'une façon particulièrement sensible aux pupilles des « visuels », écrivains en premier lieu (mais les chansonniers ne sont-ils pas des poètes, et les poètes des « oraux » ? Et n'ont-ils pas leur mot à dire ?)

M. Gendelètre hume le *ph* d'*asphodèle* (pour sa légèreté), celui d'*éléphant* (pour sa lourdeur), il est ébloui du trait de feu (et d'union) d'*arc-en-ciel,* de l'*horrreur* de la *colerrre* (tiens, il n'y a qu'un *r* à *colère,* comme dans la publicité pour la lessive qui *rrracle,* qui est *rrrêche*) qui *rrroule* dans les deux *r* d'Oreste *courroucé.* Il trouve que Marguerite Gautier serait certainement moins malade de *phtisie* que de *phthisie,* le futur Louis XIX moins roi sur un *trône* que sur un *throsne,* son verre moins transparent avec un *cristal* qu'à travers un *christal* (anciennes graphies)...

A quoi Émile FAGUET*, rapporteur de l'Académie, répondait tranquillement :

« J'ai deux idées sur la physionomie des mots, la première qu'elle m'est indifférente, et que c'est la chose du monde aux changements de quoi l'on s'habitue le plus vite ; la seconde, que le mot, si l'on veut, peut être beau ou laid, mais que le mot laid, le mot affreux, c'est le mot surchargé et hérissé, et que le mot beau, c'est le mot simple, sobre, uni et dépouillé [...]. »

... A propos, le grand homme, auteur des lignes immortelles citées au début de cet article, a fait neuf fautes à l'une des épreuves des Championnats de ces dernières années... test épouvantable, certes, mais puisse-t-il être bénéfique !

Politique (de variantes) : En raison du FLOTTEMENT*, des PARLURES*, de la FÔTE* (qui est elle aussi une sorte de régulation autogérée de la langue), et surtout en raison du dramatique BLOCAGE* actuel de la société française, procédons au plus tôt, Messieurs, à une cure de variantes.

Rappelons tout d'abord que cette sorte de traitement homéopathique ne date pas d'hier. Les dictionnaires, depuis le XVIe siècle, la pratiquent constamment, et il est grand temps de leur rendre, à cet égard, le précieux pouvoir qu'ils ont toujours eu jusqu'à Jules FERRY*, et même après. L'ACADÉMIE*, du temps de sa grandeur, ne s'en est pas privée : « Parfois, disait-elle au XVIIe siècle, les deux formes d'un mot sont également bonnes » (1673). En conséquence de quoi, elle les consignait toutes les deux. « Pourtant, ajoutait-elle, il y en a parfois une des deux meilleure, et nous marquons la première par ce mot de *Plusieurs,* la seconde par celuy de *Quelques-uns* [disent]. » D'une édition à l'autre, avec beaucoup de sagesse, elle guidait ainsi tout doucement l'usage, écrit comme oral, vers les changements, par le système dit du « jeu de cartes » : ainsi, en 1798, *Haruspice,* v. *aruspice, cyme,* v. *cime,* ou *flegmon,* v. *phlegmon, filtre,* v. *philtre, citisé,* v. *cytisé,* etc. A l'édition suivante, la graphie favorisée était en principe suivie de l'article complet, tandis que l'autre ne faisait l'objet que d'un simple renvoi, puis disparaissait, en l'espace de deux ou trois générations. L'Académie de 1878, encore, tendait la main à la suivante avec la série des substantifs du type *maniement* ou *manîment, éternuement* ou *éternûment, enrayement* ou *enraîment, déploiement* ou *déploîment, dénouement* ou *dénoûment,* etc. Mais la cadette de 1935 n'a rien voulu savoir : le mouvement s'est arrêté, dans une fixation ankylosante (cf. aussi TOLÉRANCES*).

Poumons (la force des) : « Il faudroit commencer par faire brûler nostre *Dictionnaire* en l'estat où il est », écrivait l'abbé d'OLIVET* à son entrée à l'Académie (cf. aussi la déclaration de RACINE*). Les séances de discussion y étaient si agitées qu'on ne s'y faisait entendre, dit-il, qu'« à force de poumons ».

« [...] On s'assemble dix ou douze sans savoir de quoy il doit s'agir, on y propose au hazard selon l'ordre d'alphabet deux ou trois mots à quoy personne n'a pensé ; il faut faire la définition de ces mots... Ces définitions se font à la haste et sur-le-champ... » Et, à propos de l'orthographe :

« Nos délibérations depuis six mois n'ont servi qu'à faire voir qu'il était impossible que rien de systématique partît d'une Compagnie. Enfin, comme il est temps de se faire imprimer, l'Académie se détermina hier à me nommer seul plénipotentiaire à cet égard. » (Lettre au Président Bouhier, 1er janvier 1736).

Il est bien vrai, et cet exemple venu de haut devrait nous éclairer, que même si l'on consultait les 55 millions de Français de l'Hexagone, et tous les locuteurs français de par le monde (du moins ceux qui voudraient bien s'intéresser au « petit peuple » des lettres, comme disait VOLTAIRE*), les décisions n'en seraient pas pour autant facilitées, au contraire. « Le seul défaut est d'autorité », disait déjà Agrippa d'AUBIGNÉ* à la fin du XVIe siècle. Une réforme, oui. Mais quelle réforme ? Une des solutions est de dire : « Nommons un (ou une) plénipotentiaire, et cessons de crier à force de poumons. » Mais ce n'est qu'une des solutions...

Rationnelle (orthographe) : Qu'est-ce qu'une orthographe rationnelle ? Au XVIIIe siècle, tout devait être conforme à la « raison », qui le disputait à la « nature » des choses, la raison étant « naturelle » à l'homme. Tout devait obéir aux « Principes généraux et raisonnés », y compris les lettres. L'orthographe, comme la grammaire, devait être elle aussi « philosophique », « générale » et « raisonnée ». Un certain Pierre de Longue, philanthrope comme l'abbé de SAINT-PIERRE*, et donc adepte avant la lettre de notre PHILOGRAPHIE*, l'exprimait fort bien :

« Les homes, dit-il, ne peuvent se contenter dans leurs recherches. Ils voudroient trouver la perfection dans tous les arts, la vérité dans toutes les sciences, le souverain bien partout, dans les vertus, dans les vices mêmes ; cette agitation continuelle de l'âme ne prouve-t-elle pas l'immortalité ?... » et l'auteur ajoutait le souhait d'intégrer dans l'orthographe toute la science, « la logique, la rétorique, toutes les connoissances qui contribuënt à nous faire bien parler, et conséquemment à nous faire bien écrire... »

Cette manie de mêler la raison au langage avait naturellement commencé avec Descartes, mais surtout avec la *Grammaire générale et raisonnée* de PORT-ROYAL* dont le titre est tout un programme. Mais voilà : qu'est-ce que c'était que la *raison ?*

Jusqu'à cette stupide mode de l'orthographe moderne, lancée par les écrivains et les mondains, tous plus ou moins polissons et libertins, tout était clair : pour RÉGNIER* Des Marais, par exemple, grand prêtre de l'orthographe « ancienne », c'est en elle que résidait la vérité. Les sons n'étaient rien. Ce qui comptait, c'était l'essence des mots, leur nature intime et ultime, leur signification originelle. Comment douter que derrière l'apparence trompeuse des accidents du discours ne se cachât une vie de la langue infiniment plus précieuse, qui transgressait les siècles et les frontières, et nous unissait à la fois aux autres langues romanes et à nos propres racines, pour ne pas dire à notre âme et à Dieu ? Il le dit fort bien dans la Préface du *Dictionnaire* de 1718 : « Il est certain que l'ancienne manière d'écrire estoit fondée en raison »..., celle qui, ajoute-t-il dans sa *Grammaire,* « conservoit l'origine... et donc l'intelligence des mots... pour une connoissance plus juste et plus nette des régles de la grammaire... ».

Ce n'est pas du tout dans le même sens que le Recteur des universités Rollin, dans son *Traité des études,* l'un des ouvrages les plus importants dans l'histoire de l'école en France, emploie le même terme :

« La raison et l'utilité demandent qu'en écrivant on se rapproche autant qu'il est possible de la manière de prononcer. Car les caractères des lettres sont institués pour conserver les divers sons qu'on forme en parlant... »

La recherche des principes et de la perfection morale poussait, comme on le voit, les hommes de ce temps très loin dans la confusion de la philosophie et du langage. Mais où est la raison dans tout cela ? Du côté de l'étymologie ou du côté de la pure phonétique ? Où est l'orthographe « rationnelle » ?

Ravioles : Il existe une centaine de mots italiens en *-o* qui prennent sans problème leur marque de pluriel : *agios, allégros, altos, trios,* etc. Les mots en *-a*, sauf exception, sont intégrés depuis longtemps, *opéras, tombolas, divas,* etc. Les mots en *-e* (singuliers à l'origine) passent souvent à *e* caduc, et s'accordent (*dilettantes, finales*) ou hésitent (cf. ANDANTE*).

Quant aux pâtes italiennes, si appréciées, ainsi que les salaisons, dans notre pays, elles ne sont pas encore très bien dans nos assiettes : *ravioli,* selon le *Petit Larousse illustré* 1969 et le *Petit Robert,* est invariable au pluriel (des *ravioli*) ; l'Académie écrit des *macaronis,* avec un *s ;* mais *cannelloni ?* n'en mangez pas, on ne sait pas ; *spaghetti ?* pas davantage ; *gnocchi ?* il n'y en a plus, mangez donc français ! Il est vrai que ces pâtes sont mentionnées le plus souvent comme « nom masculin pluriel », ce qui est vrai et suffisant pour l'italien, qui n'a pas d'orthographe à respecter, mais qui se révèle une indication insatisfaisante pour l'utilisateur français, à la fois pour l'usage et pour l'orthographe.

Tout de même, me direz-vous, s'il s'agit de pluriels (les singuliers seraient en -*o* ou en -*e*), et que les pluriels italiens sont en *i,* on ne peut pas faire ça à nos voisins ! Mézalor, mézalor (comme dirait QUENEAU*), que deviennent les *confettis* (Acad.), *graffitis* (Acad.), et tous nos *mercantis, nervis, salamis*... (*Petit Robert*) ? Et puis, que diable, ne pourrait-on plus dire en France *un mercanti, un nervi, un bon salami,* ce qui est un véritable barbarisme pour l'Italie ?

Non, voyez-vous, il valait mieux garder *raviole* ou *raviolle,* forme qui remonte à 1376, et que l'on utilisait encore couramment au siècle dernier.

Heureusement que les pâtes italiennes, on ne les écrit pas, on les mange. Pourquoi donc, en ce cas, un tel acharnement à les rendre indigestes (cf. aussi LIAISONS*) ?

Réformes (de l'orthographe allemande) : Sans revenir sur les glorieuses étapes anciennes des réformes allemandes (1901, 1920, 1954, etc., au cours desquelles se sont établies diverses simplifications de graphèmes consonantiques et vocaliques, en particulier *ph, th, ch* « grecs » devenus, sauf exceptions, *f, t, k, foto, Tal,* etc.), nous avons au moins trois leçons à retenir des luttes passionnées qui ont agité et agitent encore nos voisins d'outre-Rhin à cet égard : d'abord, que rien n'est facile, puisque certains des points de réforme dont nous parlons étaient déjà en débat du temps de Luther (comme chez nous du temps de MEIGRET* et de PÉLETIER*), et que la seule question de la suppression des majuscules aux substantifs les occupe depuis plus d'un siècle ; ensuite, qu'ils ont malgré tout avancé, en particulier sur les mots d'emprunt, intelligemment intégrés au fur et à mesure (*Alfabet, Zilinder, Niwo,* pour *alphabet, cylindre, niveau,* etc.) ; enfin, que si l'on veut aboutir, il faut au préalable procéder à une étude sérieuse, scientifique, persévérante, des moindres conséquences et donc des moindres modifications d'un système qu'il s'agit donc absolument de connaître. C'est bien ce que pensent nos nombreux collègues allemands qui s'intéressent à ces questions, en particulier D. Nerius, de RDA, qui se livre depuis des années à la reconnaissance et au classement minutieux des secteurs phonologique, morphologique, mais aussi étymologique de l'orthographe allemande. Quant à nous, le moins que l'on puisse dire par rapport à cette façon sérieuse de voir les problèmes, c'est que notre indifférence fait la différence (voir *Cahiers pédagogiques* 1963 et *Études de Linguistique appliquée* n° 8 [*ELA*], 1972).

Réformes (de l'orthographe de l'espagnol) : Oui, vous avez bien lu, l'Espagnol pense aux réformes. J'ai pu constater, au cours d'un débat franco-espagnol à Madrid, auquel participaient des membres de l'ACADÉMIE* royale d'Espagne, combien ces problèmes passionnaient le public. « Qu'attendez-vous ? disaient certains participants aux académiciens (lesquels se justifiaient gentiment, ce qui ne pourrait se passer chez nous, nos Immortels étant comme l'Arlésienne ou le Saint-Esprit, tout bonnement invisibles)... Nos enfants sont pénalisés pour des stupidités, ils souffrent de dyslexie (intervention d'un psychologue), nous attendons depuis 1952 que vous vous mettiez d'accord, etc. » Effectivement, l'accord est difficile entre le Chili (18 projets de réforme de 1822 à 1938), l'Argentine, qui participe activement aux discussions, et Madrid, qui avec raison a le plus grand souci de préserver l'unité de la langue espagnole dans le monde, et donc retarde les décisions à prendre.

De 1844 à 1927, le Chili (avec d'autres nations sud-américaines) avait adopté la généralisation de *j* pour la *jota,* la substitution de *cs* ou *s* à *x* (prononcé *s*), et d'autres réformes assez radicales. Mais le désir de ne pas se couper de la métropole a fait que l'on est revenu ensuite à l'orthographe officielle, laquelle présente, contrairement à ce qu'on croit, des défauts assez nombreux. La méthode suivie pour régler les problèmes des prononciations différentes est la même qu'entre le Brésil et le Portugal : textes communs, puis remise à jour des guides et des dictionnaires, avec travaux et introduction d'un grand nombre de variantes graphiques (en particulier dans le *Dictionnaire de l'Académie royale*) ; d'où les 44 articles de tolérances proposés par l'Argentine en 1952 (*Nouvelles Normes de prosodie et d'orthographe*) entérinées ensuite par le Chili et par l'Espagne. Ce bel exemple de coordination devrait nous donner à réfléchir (cf. FRANCOPHONIE* externe).

Et que l'on ne dise pas qu'il n'est dû qu'aux différences quantitatives d'extension entre l'espagnol et le français : il y a au moins 250 millions d'hispanophones dans le monde, dont c'est la langue maternelle, ce qui est bien loin d'être le cas pour le français (200 millions, dit-on, mais c'est compter large, en incluant, semble-t-il, tous ceux qui *savent* bien ou mal le français, comme 1re, 2e ou 3e langue...). Nous n'avons donc aucun complexe de grande puissance à avoir vis-à-vis de l'Espagne, ni, d'ailleurs, d'aucune autre langue (voir *Cahiers péd.* 1963 et *ELA* 8).

Réformes (du néerlandais) : Heureux pays, les Pays-Bas ont, comme nous-mêmes sous l'Ancien Régime, des reines et des citoyens qui n'ont cessé de s'intéresser aux problèmes de l'écriture nationale. Ils n'ont ni surestimé ni sous-estimé les difficultés à trouver des solutions. Il est vrai que l'enjeu était d'importance (ce qui est le cas partout, mais n'est pas partout perçu). Il constituait avant tout un problème de langue, et également de démocratie. La bourgeoisie cultivée des grandes villes s'est trouvée aux côtés du petit peuple au XIXe siècle d'abord pour rajeunir et renouveler la langue sous tous ses aspects, littérature comprise, puis pour procéder, vers 1900, aux remaniements graphiques exigés par cette modernisation (qui serait comprise chez nous comme une « décadence »). Tout le système traditionnel des anciennes désinences sorties d'usage, cas sujet et cas régime, génitif et datif, distinction du masculin et du féminin, a été ainsi ébranlé ; on a renoncé à certains « alignements » graphiques des voyelles entre singulier et pluriel, certaines finales, certains suffixes, dont l'orthographe était devenue une gêne ; on s'est attaqué, comme en Allemagne, à intégrer au fur et à mesure les emprunts (ce que j'appelle les devoirs du « compte courant » des réformes, opposés au « contentieux » des modifications de système). Cependant, les discussions, parfois violentes, n'ont guère cessé jusqu'à nos jours. Sans aucun doute, c'est cette remarquable continuité dans la vigilance linguistique qui a entraîné, après la Seconde Guerre mondiale, la partie flamande de la Belgique à se joindre aux projets, d'ailleurs toujours extrêmement prudents. Les noms des villes eux-mêmes ont été révisés (1949). Depuis 1954, les propositions se succèdent sans discontinuer (1955, 1958, 1963, 1966, 1967, 1969, etc.). Ils s'attaquent à présent à l'orthographe d'usage.

Réformes (au Portugal et au Brésil) : Jusqu'aux années 1930-1940, on peut dire qu'aucune autre orthographe romane ne pouvait rivaliser en bizarreries avec la nôtre autant que celle du portugais : par certains côtés, elle était pire encore, car non seulement elle avait comme nous le triste privilège des consonnes muettes internes et finales, des consonnes doubles étymologiques, des lettres « grecques », du *h* initial, etc., mais la pluralité des correspondances phonèmes/graphèmes et graphèmes/phonèmes était plus large et plus confuse encore que la nôtre. La hardiesse et la justesse des positions prises tour à tour en 1945, 1967 (Brésil), 1973 (Portugal), 1975 (Brésil et Portugal, positions déjà discutées au Brésil, pays demandeur, depuis 1907) méritent l'admiration, compte tenu surtout des milliers de kilomètres qui séparent l'Amérique du Sud de l'Europe. C'est l'Académie des Sciences de Lisbonne (je dis bien *des Sciences*) qui a réglé ensuite les points de détail, mais le principal était fait et bien fait, en tenant compte (par de multiples variantes, soigneusement consignées dans les dictionnaires) des divergences de prononciation entre les deux pays. Tout le paquet massif des lettres étymologiques et historiques, consonnes muettes, consonnes doubles, lettres grecques (mais non *h* initial) était pour l'essentiel éliminé. Depuis, une commission commune réfléchit au fur et à mesure aux problèmes restants, et plusieurs étapes ont été à nouveau franchies, les dernières décisions étant toutes récentes.

En 1986, en effet, Portugal et Brésil, auxquels se joignent à présent des représentants des pays lusophones d'Afrique comme l'Angola, le Mozambique, la Guinée-Bissau, etc., ont lancé un nouveau train de réformes qui peuvent nous sembler, à nous qui ne faisons rien, peu de chose, mais qui n'en sont pas moins discutées âprement à la fois par les commissions et par l'opinion publique. Elles portent sur l'usage des accents, des signes auxiliaires, des mots composés, problèmes que nous connaissons bien (je parle seulement des problèmes eux-mêmes, et non de ceux qui pourraient être soulevés en soulevant ces problèmes). On a supprimé certains accents qui éloignaient pour peu de profit les différentes orthographes des pays concernés. On a soudé toute une série de mots composés. On a supprimé également des distinctions d'homophones jugées peu nécessaires, ce qui peut se discuter et se discute. Et nous, alors ? Nous avons formé, comme tous les pays modernes, des centaines de commissions, et faisons quelques dizaines de réformes de structure ou de réformes sociales par an. On fait des lois, on les défait. Mais nous n'avons pas le Brésil...

Que ne sentons-nous ainsi un jour l'appel du large et de la francophonie tout entière pour réveiller la France paresseuse ! (voir *Cahiers péd.* 1963 et *ELA* 1972).

Réformes (de l'orthographe russe) : Le système graphique du russe, comme celui de l'allemand ou du français, est « morphologique », c'est-à-dire que la graphie respecte dans une certaine mesure les paradigmes flexionnels, les rapports à l'intérieur des familles de mots, etc. Les Russes sont les premiers à avoir étudié sérieusement ces caractéristiques des systèmes d'écriture, et ils nous en ont fait profiter. Aussi leurs projets de réforme, qui font l'objet depuis toujours dans l'opinion de débats et de querelles dont on n'a pas idée en France (où ceux-ci se retrouvent vite ensevelis sous les sarcasmes et l'indifférence) sont-ils toujours très modérés. Jakob Grot, dès 1873, mettait en garde les rénovateurs contre tout changement brutal, prenant exemple d'ailleurs sur le contexte européen. Il a, à l'époque, fait l'unanimité de ses collègues contre lui, mais ses conseils n'ont pas été oubliés. L'Académie élabore en 1912 un premier projet, repoussé par le tsar, repris et appliqué en 1917 dès la Révolution, sur, il faut le souligner, proposition de l'Académie des Sciences (pourquoi n'en serait-il pas de même chez nous ?). A noter que ce projet préconisait certaines

TOLÉRANCES* (idée majeure des changements modernes) pour l'emploi des accents, et aussi du trait d'union dans les mots composés. Depuis 1939, une commission, composée des meilleurs linguistes, s'est fixé un programme de travail portant sur plusieurs points : orthographe, ponctuation, transcription des mots étrangers et des noms de famille russes, etc. D'où la publication, sans cesse mise à jour, de guides et d'études orthographiques (1941, 1947, 1951, 1954, 1956, 1967, etc.). Même remarque que pour l'Allemagne : ce n'est pas simple, mais eux, au moins, ils s'occupent de leurs problèmes (voir *Cahiers péd.* 1963 et *ELA* 1972).

Richelet P. : César Pierre Richelet (1631-1698) ne dispose que de quelques lignes dans les dictionnaires de noms propres, et c'est bien injuste. Comment ? On veut un témoin véridique de la langue des Classiques, on invoque sans cesse le patrimoine de la France, sa tradition et son passé prestigieux, sa langue universelle ?

Or, cette langue, elle est là tout entière, et nul autre témoignage n'en est plus éclatant. Le *Dictionnaire* de Richelet (1680) est le premier dictionnaire purement français. Il constitue le miroir le plus fidèle d'un instant privilégié de l'histoire de notre littérature. Voulez-vous savoir quelle était « la façon de parler de la plus saine partie de la Cour, conformément à la façon d'escrire de la plus saine partie des Autheurs du temps » (Vaugelas, 1647, *Préface*) ? Mais ils sont là, plutôt que chez Vaugelas, c'est là qu'il faut les chercher, et non dans la fameuse collection des GRANDS* Écrivains de la France, qui, au XIXe siècle, les a habillés à la mode napoléonienne.

Richelet est également, et peut-être au premier rang avec RONSARD*, VOLTAIRE*, d'OLIVET* et quelques autres, parmi ceux qui ont de leurs mains expertes bâti l'orthographe moderne. Le XVIIIe siècle écrit comme Richelet, non comme l'Académie. Et nous pourrions avantageusement, encore aujourd'hui, nous inspirer de nos plus grands lexicologues : Richelet, FÉRAUD* et LITTRÉ*. Nous n'avons plus des hommes de cette trempe, conscients de leurs responsabilités langagières sur tous les plans, y compris graphiques. L'Allemagne a eu son Duden, l'Amérique son Webster. Nous, nous avons eu notre Richelet (cf. TRADITION*).

Sciences (vœu de l'Académie des) : Le 12 janvier 1960, A. de Gramont et Maurice Fréchet, le célèbre mathématicien, tous deux membres éminents de l'Académie des Sciences, ont pris, au nom de *plus des deux tiers* des membres titulaires de leur corps, une initiative historique, que malheureusement ils n'ont plus renouvelée : s'associant aux initiatives d'Aristide BESLAIS*, Directeur honoraire de l'Enseignement du Premier degré, ils rappelaient « que l'orthographe française présente des anomalies et des complications contraires au bon sens et à l'étymologie » ; « que ces difficultés freinent l'expansion de la langue française à l'étranger et dans les territoires d'outre-mer » ; « qu'elles alourdissent sans nécessité l'enseignement du Premier et du Second degré à l'heure où seraient particulièrement opportuns des enseignements plus féconds ».

Tout en se démarquant de toute réforme « susceptible de défigurer et de rendre méconnaissable notre belle langue française », ils proclamaient « que l'heure est venue, après bien des tentatives infructueuses, d'adopter une réforme prudente de l'orthographe ». Ils rappelaient qu'au Conseil supérieur de l'Éducation nationale, « l'unanimité s'était faite, sinon sur l'ensemble, du moins... sur un certain nombre de points ». « En conséquence, concluaient-ils, les membres soussignés de l'Académie des Sciences, constatant l'utilité et la possibilité d'une réforme *strictement limitée* de l'orthographe française, expriment très vivement le vœu qu'une telle réforme soit réalisée par les autorités compétentes. »

C'est cette initiative tout à fait légitime (il revient, en effet, à toutes les Académies, et non pas seulement à l'Académie française, d'exprimer des vœux au ministre, et la langue est à la garde de toutes) qui est à l'origine de la formation de la Commission d'études orthographiques, présidée par M. Beslais et qui siégea de 1961 à 1965.

Les points qui avaient reçu l'accord des membres du Conseil supérieur de l'Éducation nationale et de ces membres de l'Académie des Sciences étaient les suivants (Rapport Beslais, p. 111) :

1 — « Alignement de mots à doubles CONSONNES* sur des mots de la même racine à consonne simple (ce qui est presque toujours conforme à l'étymologie). On écrirait donc *honeur* comme *honorer, soner* comme *sonore, rationel* comme *rationaliste,* etc. ;

2 — unification des pluriels : des *bijous* (cf. BIJOUX*), des *chevaus,* des *cheveus,* et.. *heureus, faus, rous...* ;

3 — emplois de l'accent CIRCONFLEXE* (...) et du TRÉMA* ;

4 — unification de la conjugaison des verbes en ELER/ETER* ;

5 — simplification des règles du pluriel dans les mots composés » (cf. COMPOSONS*).

« Bilan modeste », concluait Aristide Beslais. Cependant, c'est ce seul et unique bilan, trop ambitieux déjà, que sa commission aurait dû prendre pour bases, selon les conseils éclairés des meilleurs juges en ce domaine, comme Georges GOUGENHEIM* et bien d'autres.

Je fais entièrement mien ce premier programme, et n'en démordrai pas. De plus, je formule ici très officiellement et respectueusement le souhait que la présente Académie des Sciences renouvelle son initiative.

Sens (ça n'a pas de) : Il y a chez nous beaucoup de mots qui s'écrivent de plusieurs façons. Sans que nous nous en rendions compte, de nombreuses variantes s'introduisent sans cesse (cf. FLOTTEMENT* et POLITIQUE* de variantes) : ainsi, sur 700 mots d'EMPRUNT(S)* environ relevés dans le dictionnaire de Littré il y a un siècle, et qui n'avaient qu'une seule orthographe, 200 en ont acquis une ou plusieurs autres depuis, par exemple :

Littré : *astracan, cari, cirre, fiord, gnole, cabale, lis, mafia, pouding, tartufe, trucage, vermout...*

Orthographe actuelle (*Petit Larousse illustré,* 1962) : *astrakan, astracan ; cari, cary, carry, curry ; cire, cirre, cirrhe ; fiord, fjord* (Acad.) ; *gnole, gniole, gnôle, gnaule, niaule ; kabbale, cabale ; lis, lys* (Acad.) ; *mafia, maffia ; pudding, pouding ; tartufe, tartuffe ; trucage, truquage ; vermout, vermouth* (Acad.)...

Comme on le voit, ces nouvelles variantes ne vont pas toujours dans le sens d'une simplification : 50 % environ des mots recensés ici vont au contraire vers une graphie plus complexe, sans compter ceux où une complication en remplace une autre. En tout, dans 71,7 % des cas pour les mots français, 65,6 % des cas pour les mots étrangers, les changements accomplis dans les divers dictionnaires actuels (et continués, notons-le, à chaque édition) n'apportent rien de bon, et l'Académie n'y est en général pour rien, puisque ces mots ne se trouvent, bien souvent, pas dans son dictionnaire.

Il est vrai, malgré tout, que la 8e édition académique elle-même donne l'exemple.

Ainsi, pourquoi avoir en 1935 ajouté un *l* ou un *t* à : (elle) *agnelle, becquette, bourrelle, caquette, craquette, décolette, harcelle,* qui n'en avaient qu'un auparavant (cf. -ELER/-ETER*) ? Pourquoi avoir préféré *herminette, herpetologie, hendécagone, heptacorde, heptagone, hexaèdre, hexagone,* etc., aux formes sans *h ?*

Au bout du compte, un mot sur deux, parmi les modifications qui ont été faites lors de la dernière édition, est écrit d'une façon plus compliquée qu'auparavant (avec rajout de lettres doubles, étymologiques, etc.).

Ainsi, non seulement on ne veut pas changer d'orthographe, mais, quand on change, c'est pire !

Ça n'a pas de sens.

Tolérances : La tolérance, ce n'est pas renoncer à soi-même, c'est accepter l'autre et aimer son voisin comme soi-même. Sans transformer la langue en maison de tolérance, on pourrait, non pas « admettre », « excuser », mais tout bonnement accepter de se comprendre, dans tous les sens du terme.

Lorsqu'il s'agit de pays majeurs, comme ceux de l'Amérique latine avec le Portugal ou l'Espagne, ou de l'Amérique du Nord avec l'Angleterre, cela semble aller de soi. Les divergences de prononciation sont patentes, et c'est l'un des points faibles des orthographes phonétiques que de ne pouvoir se détacher de la prononciation. Que faire alors, sinon s'entendre ? L'Allemagne avec la Suisse et l'Autriche, les Pays-Bas avec la Belgique flamande, sont dans le même cas, et en tirent les conséquences à l'écrit. En France même, quoi qu'on en dise, la tolérance (trop souvent comprise, hélas, comme une condescendance à sens unique, et non comme une liberté réciproque) n'a pas pu et ne pouvait pas disparaître, étant donné les différentes façons de parler du Nord et du Sud, des villes et des campagnes, des ouvriers et des patrons. Mais à l'écrit, c'est une autre affaire ! Au Moyen Age, et en fait jusqu'à l'enseignement obligatoire, plusieurs orthographes coexistaient pacifiquement pour le même mot. Deux ou trois, guère davantage. Une bonne cure de variantes, politique qui a toujours existé jusqu'à la dernière édition de l'Académie (la plus « intolérante » de toutes) ne nous ferait pas de mal. Pour quelques séries de mots seulement, plus ou moins en marge du système : mots d'emprunt, archaïsmes, néologismes, mots savants ou techniques, difficultés inutiles, anomalies criantes. Quelle meilleure médecine douce que celle-là ?

Elle aurait de plus un avantage : libérer une situation complètement bloquée, atténuer les peurs et les complexes, et, qui sait ? créer petit à petit un nouvel usage et surtout, surtout, une nouvelle mentalité... (cf. POLITIQUE* des variantes et FLOTTEMENT*).

Volant (partie de) : Il se confirme tous les jours que l'Académie ne se considère que comme le GREFFIER* de l'usage. Ainsi, l'illustre et regretté académicien Georges Dumézil, dans cette fameuse interview accordée au *Nouvel Observateur,* et intitulée « Mme Mitterrande ? Mme Fabia ? » à propos de la féminisation des noms de métiers (7 sept. 1984), précise une nouvelle fois (cf. GENRE féminin) :

« Les messieurs et dame de l'Académie défendent la liberté. L'Académie d'aujourd'hui ne prétend pas régenter la langue. Au XVIIe siècle ou au XVIIIe siècle, elle l'a fait généralement avec bonheur. Mais... elle a, comme les rois et les reines qui sauvent leur trône, adapté son rôle à l'esprit de la nouvelle comédie. Le cours de la langue vivante lui échappe. Elle donne simplement, sur la forme ou le fond des nouveautés, l'avis d'un groupe d'hommes d'origines et de formations très diverses qui, après avoir confronté leurs expériences et leurs goûts... et dûment informés par des spécialistes de chaque science (linguistique incluse) — [?] —, recommandent ou déconseillent. Un avis parmi d'autres, un groupe d'hommes parmi d'autres ? Bien entendu. Mais un groupe moins accessible que d'autres aux pressions de la politique et aux engouements de la mode... »

Sages paroles ! L'Académie demande donc simplement à donner son avis (cf. AFF*), ce que l'on peut lui accorder bien volontiers. Mais alors, qui décide ? Je l'ai dit et le répète : c'est nous, et c'est l'État. Prenez les commissions de terminologie : « Leur rôle, dit P. M. Couteaux, du Commissariat général de la langue française, est seulement de faire des propositions au Commissariat général. Celui-ci les étudie et transmet ses avis au ministère de l'Éducation nationale qui, d'ordinaire, les entérine et publie des arrêtés. La nouvelle terminologie devient alors obligatoire pour toutes les administrations de l'État, et elle est recommandée dans l'usage courant » (*la Croix du Midi,* sept. 1984).

Remplacez « la nouvelle terminologie » par « la nouvelle orthographe »... et voyez le processus nécessaire et suffisant qui, en droit et en fait, entraînera enfin l'évolution et la modernisation de notre système d'écriture nationale. Une fois passés, ce qui est bien normal, les différents niveaux de réflexion, nationaux et internationaux, et pris les avis de nos GI (Gentils Immortels), les arrêtés peuvent être et seront pris en définitive par les ministères concernés. L'Académie, pour sa part, ne demande pas autre chose.

Non seulement aucun ancien décret royal ni aucune OPA académique sur ce champ de désordre public ne nous en empêche (cf. DÉCRET(S)*), mais les principaux intéressés se sont eux-mêmes interdit d'intervenir (cf. SÉANCE*, la dernière).

En 1900, l'Académie et l'État se renvoyaient la balle, et c'est ce que Marcel COHEN*, ironique, appelait l'éternelle « partie de volant » orthographique. Ils ont encore essayé, depuis trente ans, de faire croire aux Français médusés que c'était là une vraie partie, qui allait aboutir. La partie est finie, les réalités commencent. On sait à qui s'adresser, ou plutôt (pourquoi cette éternelle dépendance ?) par où commencer : prenons des initiatives.

GLOSSAIRE

Archigraphèmes : Graphèmes fondamentaux, représentant d'un ensemble de graphèmes, qui sont par rapport aux autres ensembles dans un rapport exclusif, et correspondent au même phonème ou au même archiphonème. Ex. O pour *o, ô, au, eau,* etc. Cet ensemble peut ne contenir qu'un élément (ex. GN représentant *gn*). En français, les archigraphèmes sont au nombre de 33 :

A	E	I	O	U	EU	OU
AN		IN	ON	UN		
		ILL				
		Y				
			OI			
			OIN			
P.B - T.D - C.G. - F.V - S.Z - X - CH.J - L.R - M.N - GN						

Fig. 8. *Tableau des archigraphèmes*
Les 33 signes graphiques fondamentaux du français.

Certains n'ont pas un rapport terme à terme avec le phonème. Ainsi, X, OI, OIN sont des « idiotismes graphiques », ils correspondent chacun à deux phonèmes. L'archigraphème est noté par la majuscule (O).

Ils constituent le véritable ALPHABET* du français, ou *système graphique standard.*

Cenèmes : Unités écrites distinctives, non significatives, « vides » (du grec *kénos,* « vide ») de sens, en opposition aux PLÉRÈMES**. Elles peuvent correspondre sur le plan de l'oral soit à des phonèmes, soit à des SYLLABES**. Certaines écritures, comme les écritures sémitiques, en particulier l'arabe, transcrivent en général seulement les *consonnes,* rarement les voyelles. Ainsi, en français, les quatre premières unités écrites du mot PETIT* sont des cénèmes, le *t* est un plérème (sauf lorsqu'il entre en liaison).

Le mot *cénème* permet de décrire de la même façon les diverses unités distinctives de l'écrit, qu'elles correspondent à un système phonétique complet, à des syllabes ou seulement à des consonnes. De plus, on peut lire sans oraliser, et dans ce cas le mot *cénème* permet d'éviter toute référence à l'oral, et se suffit à lui-même.

Graphèmes : On appelle ainsi les plus petites unités distinctives et/ou significatives de la chaîne écrite, composées d'une lettre, d'un groupe de lettres, de lettres accentuées ou pourvues de signes auxiliaires, ayant une référence phonique/et/ou sémique dans la langue, parlée ou écrite.

Ainsi la LETTRE* de l'alphabet n'est pas en elle-même un graphème : l'alphabet latin comprenait 6 signes-voyelles *(a, e, i, o, u* et *y)* mais le français compte 16 voyelles, qui ont leur notation propre. Des signes comme EU, OU, AN, IN, ON, UN, pour les consonnes CH, GU, QU, GN, pour les semi-voyelles OI, OIN, ILL sont des *graphèmes* et non des lettres. L'alphabet latin sert à des multitudes de langues différentes, qui utilisent les mêmes lettres, mais en font des graphèmes différents.

Le graphème n'est pas seulement l'équivalent du son (ou phonème). Ainsi, un signe de ponctuation est un graphème, dont la référence correspond soit à une intonation (donc certes à la langue orale, mais pas au *phonème*), soit à un sens sans référence directe à la langue orale (par ex. les guillemets, le trait d'union, etc.). Parfois, le même graphème (en tant que *forme*) peut emprunter plusieurs valeurs : ainsi *s* dans *sac* (cf. PHONOGRAMME**), *murs* (cf. MORPHOGRAMME**), *temps* (mot transcrit par un LOGOGRAMME**, comprenant un *s* à valeur distinctive, mais qui est encore parfois prononcé dans certaines locutions).

Il y a deux sortes d'unités écrites, utilisées en général côte à côte dans chacune des langues, dans des proportions différentes : les PLÉRÈMES** et les CÉNÈMES**.

Graphémique : Terme qui désigne l'étude des signes écrits pris sous l'angle linguistique, c'est-à-dire dans leurs rapports et leurs oppositions intrinsèques. Ces signes constituent un SYSTÈME*, capable de générer n'importe quel message ou *texte* sous sa forme écrite (cf. PLURISYSTÈME**). Contrairement à la GRAPHÉTIQUE**, qui traite des graphes et des substances, la GRAPHÉMIQUE** traite des formes et des GRAPHÈMES**.

La graphémique n'est pas l'équivalent exact de la phonologie, tout comme le GRAPHÈME** n'est pas forcément le seul pendant du phonème.

Le rôle de la graphémique est précisément d'étudier pour chaque langue particulière quels types de graphèmes elle utilise : soit des PHONOGRAMMES** (ou signes-syllabes, signes-consonnes), soit au contraire des « signes » à plein titre, appelés PLÉRÈMES**, comme les caractères chinois, les chiffres, les signes de ponctuation, etc.

La graphémique comparée ou générale s'occupera de regrouper toutes ces données à la recherche d'une typologie universelle des systèmes d'écriture : diverses théories s'affrontent pour tenter de décrire les tendances générales des systèmes de la « langue graphémique », opposée à la « langue phonémique » qui est la langue orale (cf. VACHEK*).

Graphétique : On pourrait dire, du moins pour les écritures phonétiques, qu'il y a le même rapport entre graphétique et GRAPHÉMIQUE** qu'entre phonétique et phonologie, entre un son et un phonème.

Mais toutes les écritures ne sont pas phonétiques, et le terme *graphétique* s'applique à *toutes* les formes matérielles des systèmes graphiques : par exemple, celle des signes de l'alphabet Braille, du morse, de la sténographie, des chiffres, des pictogrammes et idéogrammes des aéroports, etc., et leur apparence extérieure relève non du système lui-même, mais de la *substance* de l'expression.

Étant donné la nature matérielle et durable du signe écrit, la place de la graphétique dans l'étude des systèmes d'écriture sera infiniment plus grande que celle de la phonétique dans la phonologie, bien que celle-ci soit déjà très importante.

La graphétique étudie les *supports* (pierre, argile, papyrus, volumen, codex, livre imprimé, cassette, disquette, etc.) ; les *instruments* (pinceau, stylet, plume, presse, machine à écrire, ordinateur...) ; les *positions* du corps, de la main ; le *sens* des signes (vertical, horizontal, droite-gauche ou gauche-droite, ou les deux) ; les *dessins* des lettres ou des types d'imprimerie, les abréviations, ligatures, signes diacritiques, accents... ; l'*histoire* de tous ces éléments, etc. Elle sera en rapport avec le dessin, la poésie visuelle, le lettrisme, les arts plastiques ; elle servira à la graphologie, à la graphométrie, à la paléographie, aux sciences de l'édition, aux déchiffrements des écritures inconnues. Son domaine est immense, mais il ne se confondra pas avec celui de GRAPHÉMIQUE**, étude proprement linguistique des signes écrits.

Idéogrammes : Dans la terminologie traditionnelle, d'ailleurs flottante, tantôt ce terme s'oppose à celui de PICTOGRAMMES**, pour désigner des signes abstraits, sans rapport figuré avec la réalité extérieure ; tantôt il désigne les signes-mots en général, « représentatifs d'une idée », que ces signes soient figurés ou non (*Petit Robert,* cf. HIÉROGLYPHES*). Pour la science moderne, ce terme est inadéquat, et on le remplace par ceux de LOGOGRAMMES** et de MORPHOGRAMMES**, qui désignent des unités de langue (cf. aussi IDÉOGRAPHIE*).

D'un point de vue GRAPHÉTIQUE** et non GRAPHÉMIQUE**, on continue cependant à utiliser ce terme pour désigner les caractères qui, dans nos écritures, ne passe pas par la voie alphabétique (ainsi les symboles du code de la route, les chiffres, les signes £, $, &, etc). Cependant, il est nécessaire de bien noter que rien n'est plus « idéographique » qu'une lettre de l'alphabet, hautement abstraite et rappelant « l'idée » du phonème. C'est donc par convention qu'on peut désigner par *idéogrammes* les signes non alphabétiques et non figurés, et par PICTOGRAMMES** les caractères non alphabétiques figurés, comme la cigarette barrée pour « défense de fumer » (cf. aussi Fig. 2).

Logogrammes : Terme générique qui désigne dans l'écriture les *signes-mots,* et qui s'applique à de nombreuses écritures anciennes et modernes. D'après Gelb (1973, p. 120), le terme date de 1838 (Du Ponceau). On le retrouve chez Bloomfield (1933) puis chez Gelb (1944 et 1952). Bien qu'on puisse avoir, naturellement, des signes-mots de deux syllabes ou plus, il semble que la plupart des langues qui ont utilisé cette sorte de signes aient noté ainsi avant tout des mots d'une syllabe, des MONOSYLLABES*. C'est ce qui fait que Gelb, qui en distingue au moins sept sortes différentes, propose l'adoption du terme *logo-syllabique,* qui semble dans ce cas plus exact. French (1976) parle à propos de l'écriture chinoise plutôt de *signes-morphèmes* que de *signes-mots,* car un mot peut y comporter un ou plusieurs « caractères » (idéogrammes) regroupés, alors que l'on n'a pratiquement jamais une notation syllabique qui n'ait en même temps un sens. On peut dire qu'en gros, en chinois, chaque caractère est à la fois un signe de syllabe, de morphème ou de mot (porteur de sens).

Dans nos écritures européennes, c'est l'anglais qui semble le plus proche d'une écriture logo-phonétique. On reconnaît en anglais certains éléments phonétiques d'un mot, mais, au moins pour les plus courants, la façon de les écrire est indissociable à la fois de son sens et de sa prononciation, ce qui fait qu'on doit les apprendre pratiquement un par un (ex. *cut/put,* à prononciation différente, mais *see/sea, right/write,* etc., graphie différente mais même prononciation).

Une des raisons essentielles d'une écriture de mots est la lutte contre l'homophonie : en français, dont l'orthographe est surtout phonétique et morphologique, les logogrammes sont en général limités à des graphies différentes d'HOMOPHONES*, comme *sain, saint, ceint, cin(q), seing,* ou *tant, temps, taon, tend,* etc.

Morphogrammes : A l'écrit, signes-morphèmes, ayant à la fois une forme, une fonction et/ou un sens (PLÉRÈMES**). En français, ils sont en général formés d'unités très petites, se réduisant à un seul graphème.

Les *morphogrammes grammaticaux* sont essentiellement :

— des marques de liens entre masculin et féminin : *petit/petite, grand/grande.*

— des marques de liens entre singulier et pluriel : *œuf/œufs.*

— des marques de flexions verbales : *il chante/ils chantent.*

Les *morphogrammes lexicaux* servent de liens entre les radicaux et les dérivés : *enfant/enfanter, canard/canarder.*

Les premiers sont des signes *supplémentaires,* qui s'ajoutent aux mots pour bien spécifier leurs fonctions dans le discours (marques syntagmatiques) ; les seconds sont des signes *fixes,* intégrés au lexème, tel qu'il apparaît dans le dictionnaire (marques paradigmatiques). Il faut reconnaître que ces derniers ne sont pas toujours très conséquents et ne peuvent pas l'être : comment rapprocher *tabac, tabagie* et *tabatière ?* La dérivation est multiple et il est impossible de prétendre la régler entièrement par l'orthographe.

Phonogrammes : Unités graphiques chargées de transcrire les phonèmes. On reconnaît les graphèmes-phonogrammes, par rapport aux *sous-graphèmes* (graphies rares, d'emprunt, etc.), selon quatre critères :

— leur fréquence ;

— leur degré de cohésion et d'autonomie ;

— leur degré de rapport direct avec les phonèmes ;

— leur degré de rentabilité et de créativité linguistiques.

En principe, une écriture ALPHABÉTIQUE* devrait établir une correspondance biunivoque et terme à terme entre phonème et graphème, ainsi que cela se passe dans les notations scientifiques comme l'API* (Alphabet phonétique international). Biunivoque veut dire qu'à une unité phonique devrait correspondre une unité graphique et une seule, et inversement. En fait, cette réalité n'existe pas en français, et très rarement ailleurs. Même des lettres comme le *k,* le *j* et le *v,* qui n'ont, c'est vrai, qu'une seule correspondance phonique, sont, dans l'autre sens, en concurrence avec *c, g* et *w,* qui peuvent avoir la même valeur (*toc* et *kapok, geôle* et *enjôler, varech* et *wagon*). C'est pourquoi une hiérarchie est nécessaire : nous comptons environ 133 phonogrammes en français, dont 70 semblent répondre suffisamment aux critères posés plus haut.

La hiérarchie établie (33 archigraphèmes, 45 graphèmes de base, 70 graphèmes-phonogrammes) devrait permettre un resserrement de la pédagogie et une progression plus sûre des exigences.

Pictogrammes : Dans la terminologie traditionnelle, ce terme désigne les signes plus ou moins « concrets » (figurés, iconiques) qui auraient constitué les premières écritures : le dessin d'un oiseau pour indiquer « oiseau », d'un soleil pour désigner « soleil », etc. (voir Fig.2). Cependant, tout prouve qu'il en est rarement ainsi : ou bien il s'agit de *dessins* ou de peintures, dont le rapport est celui qui va de l'image à la pensée (motivation *directe,* qui est celle de la statue ou des bas-reliefs de l'ancienne Égypte par exemple, figurant un dieu, un roi, etc.), ou bien, insérés dans un système, ces « icônes » perdent plus ou moins rapidement leur motivation primitive, par le jeu des oppositions, des polysémies, des glissements de sens, et deviennent tout aussi « arbitraires » qu'une lettre de l'alphabet (motivation *indirecte,* par l'intermédiaire du son).

Ainsi, la fameuse « tablette votive de Mlle Sagesse » (voir Fig. 9) est entièrement formée de signes *arbitraires,* même si l'un d'entre eux comporte une figure d'oiseau, laquelle, accompagnée du symbole de la féminité, désigne la déesse de la sagesse. Bien loin de se référer à un objet précis, ou au soleil, les anciens « pictogrammes », tout comme les « idéogrammes », recouvraient toute une nébuleuse de notions, par exemple non seulement « soleil », mais « dieu », « jour », « lumière », etc., tout comme nos mots actuels. C'est pourquoi il vaut mieux parler à leur propos de signes-mots (LOGOGRAMMES**) ou de signes-morphèmes (MORPHOGRAMMES**).

Fig. 9. *« Sophie's book », tablette votive*

« Tablette-sceau de Mademoiselle Sagesse », environ 3100 avant J.-C. (traduction approximative). En écriture sumérienne archaïque, la plus ancienne forme d'écriture connue à ce jour. Mélange d'« idéogrammes », représentant les signes d'appartenance, de la féminité, de la sagesse, de la dédication ; et de « phonogrammes », parfaitement lisibles à haute voix, sous la forme : « Gadub^{geme}nam-igi-gál ». Présentant déjà par conséquent pratiquement tous les niveaux de l'écriture, telle qu'elle fonctionne aujourd'hui et qu'elle a toujours fonctionné.

(G. Sampson, *Writing Systems,* Londres, Hutchinson, 1985)

Plérèmes : Unités écrites significatives, ou « pleines » (du grec *pléros,* « plein ») de sens, en opposition aux unités seulement distinctives, appelées CÉNÈMES**. Elles correspondent sur le plan de l'oral à ce que l'on appelle des morphèmes, c'est-à-dire des signes linguistiques ayant à la fois un signifiant et un signifié. Ainsi, en français, le *t* de *petit,* le *d* de *grand* (prononcés en liaison) ne correspondent pas lorsqu'ils sont muets à des unités seulement signifiantes ou distinctives, comme les graphèmes qui les précèdent. Cependant, ils ont une valeur, un « contenu », puisqu'ils permettent de prédire la formation avec *t* de *petite, petitesse,* ou, avec *d,* de *grande, grandeur.* Ils ont ainsi une fonction à la fois distinctive, grammaticale et sémantique, ce sont des plérèmes.

Autre exemple : le japonais utilise plusieurs types d'unités qui lui permettent de transcrire tout aussi complètement sa langue : il est écrit en caractères plérémiques, ou signes-mots, empruntés au chinois ; mais aussi en graphèmes-syllabes, qui n'ont pas de contenu en eux-mêmes, et qui sont des cénèmes.

Plurisystème : Il y a longtemps que l'on a reconnu le caractère hybride de beaucoup d'écritures : par exemple, le mérite essentiel de CHAMPOLLION* est d'avoir renoncé à chercher dans une seule direction (signes sémantiques *ou* signes phonétiques) et d'avoir admis qu'il y avait, dans le système de l'ancien égyptien, plusieurs sortes de signes côte à côte (d'ordre sémantique et phonétique, mais aussi de morphologie, signes de pluralité notamment). Toutes les grandes écritures anciennes, égyptienne, sumérienne, maya, aztèque, chinoise, etc., présentaient presque dès les origines le même caractère de plurisystèmes dans des proportions bien entendu différentes entre les signes. Il en est de même du français (qui constitue si l'on peut dire le type même du plurisystème moderne « complet »), comme de l'anglais, et aussi, dans une moindre mesure, de l'allemand, du russe, etc.

Ce qui a empêché jusqu'ici que l'on admette ce principe comme quasi général et universel, c'est le rideau que constituait l'exemple des systèmes alphabétiques grec et romain, dont nos écritures sont issues, et qui représentent, à certains égards, l'exception qui confirme la règle (cf. ALPHABET*). Mais il y a une autre raison : une conception mécaniste et eurocentriste de l'HISTOIRE* des écritures, qui mettait les uns tout en bas et les autres (nous) tout en haut (cf. CHRONOLOGIE*).

Une écriture n'est pas seulement une projection du langage parlé, elle est une projection de la pensée, une sémiologie à plein titre. S'exprimant soit par le dessin, soit par l'abstration, une écriture reflète toute la conscience langagière d'une société évoluée, à une époque donnée : conscience du flux de la parole, et d'abord de la SYLLABE (S)** ; conscience du mot, de l'unité de sens, qu'elle transcrit naturellement à l'écrit de façon de plus en plus stable ; mais conscience aussi de ses racines et de son passé, dans une sorte d'équilibre composite entre la diachronie et la synchronie, équilibre réalisé avec plus ou moins de bonheur, jusqu'à ce qu'il éclate. Ce ne sont donc pas à proprement parler des SYSTÈMES*, où tout circule dans tout. Ce sont des *plurisystèmes,* des sortes de structures architecturales faites de pièces séparées ou rajoutées, que l'on a pu comparer, pour le français, au château de Blois (cf. E. Jung, 1974). Cependant, ces microsystèmes créent entre eux, en synchronie, des liens suffisamment forts pour ne pas être considérés seulement comme des strates historiques, mais comme des ensembles assez solidement construits.

Syllabes : S'il est un domaine où l'écrit et l'oral doivent être soigneusement distingués, c'est bien celui de la *syllabe.* En français, la *syllabe phonique* n'est pas la *syllabe graphique :* à l'oral, *sec, sèche, sucre, prêtre* forment une seule syllabe phonique (ce sont des *monosyllabes phoniques*), alors que les trois derniers mots comprennent deux syllabes écrites. Ce décalage (qui n'en est pas un dans le Midi, où l'on prononce les *e* caducs) provient d'un état de langue dépassé pour le nord de la France, qui a été conservé à l'écrit (peut-être à cause du Midi...). Cependant, comme cela se passe largement ailleurs en français (sur le plan grammatical en particulier) il est impossible de ne pas tenir compte des deux types de syllabes, et nous avons bien deux systèmes, un système oral et un système écrit.

Il faut donc distinguer quatre catégories de syllabes ;

— syllabe	phonique	ouverte	*saut*
«	«	fermée	*soc*
«	graphique	ouverte	*dé*
«	«	fermée	*det-te.*

C'est la syllabe *graphique* qui détermine l'accentuation du *e :* l'accent n'apparaît, s'il y a lieu, qu'en syllabe graphique ouverte : aigu (*dé*) ou grave (devant consonne + *e, cède*). Il n'apparaît pas devant consonne graphique (*det-te*).

Ce décalage ne manque pas de voiler et de gêner les lois phoniques générales de la prononciation du français : ainsi, normalement, la voyelle est fermée en syllabe phonique ouverte (*saut*), ouverte en syllabe phonique fermée (*soc*). Mais beaucoup, se fiant à l'écrit, s'efforcent d'ouvrir les voyelles devant consonne double, et prononcent *lunet-tier*, *toilet-tage* et même interpeller, *dentellière*, avec un *e* ouvert !... !

Autre exemple de la gêne causée par ce décalage : normalement, un graphème AN, EN, par exemple, indique une voyelle nasale dans une seule syllabe (en fin de mot ou devant consonne, *sul-tan, tan-te*). Mais à cause des consonnes doubles (encore et toujours !), on a du mal à voir que ce n'est plus une voyelle nasale que l'on a dans *a(n)-née, a(n)-nuaire, chie(n)-ne,* etc.

Index*

A

B

* Les numéros en caractères gras renvoient aux titres des articles. Les mots du Glossaire sont suivis de deux astérisques.

M

N

O

P

Q

R

Table des illustrations

Achevé d'imprimer en août 1989
sur presse CAMERON,
dans les ateliers de la S.E.P.C.
à Saint-Amand-Montrond (Cher)
pour Plon
éditeur à Paris

N° d'Édition : 4874. N° d'Impression : 1620.
Dépôt légal : août 1989.
Imprimé en France